民办学校经略

张永俊　刘　祥◎著

九州出版社
JIUZHOUPRESS

鹊桥仙
《民办学校经略》读后感言

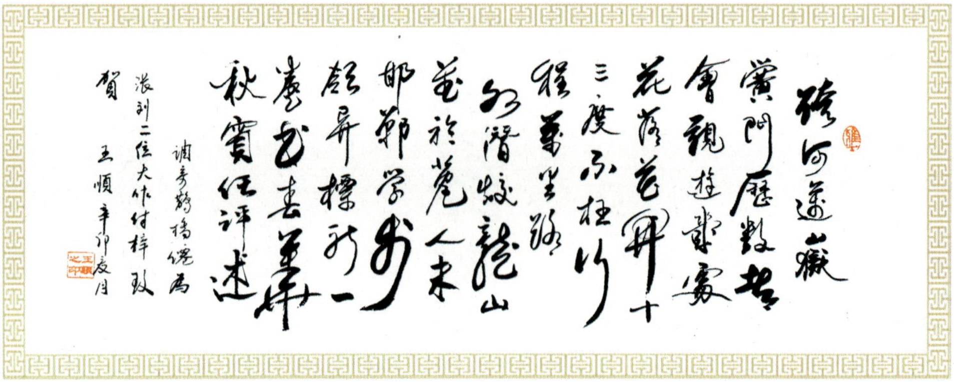

跨河迈岳
黉门历数
都会亲游几处
花落花开十三度
不枉行程万里路
水潜蛟龙
山藏於菟
人未邯郸学步
领异标新一卷书
春花秋实任评述

王　顺
庚寅初夏

右图：原团中央第一书记周强亲临学校调研，张永俊（右一）陪同。

上图：原山西省省长王森浩视察豪洋中学，作者张永俊（右一）陪同。

上图：作者（张永俊右一）陪同山西省副省长牛仁亮同志。

上图：原大同市委书记来玉龙来豪洋中学视察，张永俊（左二）陪同。

上图：豪洋董事长（左一）张永俊向原山西省委秘书长张长珍同志汇报办学成果。

左图：本书作者张永俊，在报告会上。

右图：作者（张永俊左二）与名师在一起。

左图：张董事长（左二）与西部开发创业公司李总一行在家乡合影。

左图：刘祥校长办公照。

上图：作者刘祥在广州任校长时陪同视察领导。

上图、左图：作者在广州长隆与夫人留影。

左图：《民办学校经略》编审组刘祥（右一），省作协张田（右二），王顺（左二），刘广运（左一）工作照。

右图：编审组正在就焦点问题进行深入研讨。

左图：编审组全体成员合影。

民办学校经略

民办学校是教育市场化的产物。

国有教育体系主要源于计划经济环境,为民族和国家意志服务。民办教育以市场为基础,在为国家和民族服务前提下,为需求服务。

教育需求随地域经济和家庭经济的发展升级、膨胀。

与国有教育相较,民办教育的办学基础、办学目标和服务对象等均发生了变化……民办学校需要以目的、目标为前提构筑新的教育服务体系和确定新的人才素质标准……所有这一切均指向了一个焦点,即民办教育需要形成和成熟适合区域和学生需求的思想、理念。

前　言

如何让民办教育发展进入规范的轨道？

如何让新生的民办学校少走些弯路？

当教育进入市场后，以往的教育思想、管理、人才素质、能力结构等均需要在新的标准下重新衡量。以前的成功也许不再成功，以前的合格也许不再不合格……民办教育需要构建新的以市场为基础的教育服务体系。

随着社会的发展、文明的进步、人民生活质量的提高……家长对子女的教育欲望与要求在不断地膨胀，学校如何面对？如何满足？

教育的市场化产生了民办教育。教育人才的素质、能力如何进行市场化转型？

学校如何提取市场中的教育需求，如何依据需求进行满意需求的设计，如何进行操作、考核、评价？

认识上的突破是民办教育实现长足发展的前提，也是在教育市场竞争中取胜的保障。在认识领域起决定作用的往往不是学校的校长，而是办学者本身！

一些民办学校停办是市场竞争的必然结果，但有许多教训值得后人汲取。值得强调的是，人为是多数学校倒闭的决定性因素；观念陈旧是人为因素的核心。

观念陈旧的严重后果是生源困难。生源困难说明学校所奉行的教育理念不太被家长、学生接受；采用的方法不太被学生接受；得出的结果，家长不太满意。

同级中，最受家长、学生欢迎的老师是不是在考核中排在第一，考核第一是不是待遇也是第一；待遇第一的老师是不是对市场的影响最大，是不是招生也是第一……

被家长、学生喜欢的老师原因何在？是不是因为老师理解、把握了学生、家长；是不是因为老师的工作是依据对学生的理解设计的；是不是老师知道家长需求是什么而尽职工作……民办教育的员工，只有找到了“上帝”，知道为谁工作，知道谁在想什么，知道怎样去做，才能被上帝所接受。思想清晰、目标明确不仅是教师做好工作的前提，也是学校部门设置与职能分工的前提。

分数是家长对教育最直接的需求，但家长对教育的需求不只是分数。过重地强调分数的（民办）教育设计，往往使学校步入到传统办学的境地，这种设计往往对需求不加区分。民办学校是用教育的方式服务于民众！教育是学校向市场提供的产品、服务的工具，对市场教育需求的把握是民办教育设计一切教育行为的方向和前提。分数满意是市场的重要指标，但绝对不是全部。所以一所连市场需求都不清晰的学校，是不知为谁工作的学校，是盲目的学校。

招生不同于促销，也不是民办学校特殊时期的产物。市场对学校教育的满意程度不只是靠宣传得来的，更需要满意需求的过程和结果。学校需要在服务于市场的过程中主动把握、控制市场。在满意环境中主动影响市场更易收到良好的效果。

市场对学校的满意程度，就是对学校宣传的信任度。

对市场的策划、宣传是学校对市场需求的理解与总结，是学校面向市场做出的承诺，是回答如何用教育的方法解决家长、学生面临问题的工作思想及过程……但若没有有力过程支持，宣传就会显得十分干瘪和缺乏说服力，市场的成熟度越高，对整体的要求也就越高。市场中不存在一成不变的策划。

宣传也起着激发、提升教育需求的市场作用，是学校渗透市场和招生不可或缺的方法之一。市场需要策划、宣传的艺术，一所只靠口碑影响市场的学校遇到的是眼前发展缓慢的问题。

招生就是面对家长、学生的需求与实际，提出解决方案并征得认可的过程。招生是用市场的思维与方法，教育的思想与工具，营销学校教育的工作过程。所以策划招生需要对需求的高度凝炼与对教育“工具”使用的熟练水平。这就需要“通市场的教育专家”，或“通教育的市场专家”，更需要需求——方法——学校教育理念形成的“因”，“果”整体。

人事是民办学校管理的基础和前提，如何在人才市场化环境中赢得高质量人才和疏通人才渠道？如何展开与其他学校的人才竞争？如何在各校形成的公共（待遇）竞争环境中保持学校人才队伍的稳定？

民办学校的人才机制、待遇机制、管理评价机制被激活后，如何确定优秀和合格的判断标准？学校的目的、目标改变，因素激活，评价标准改变，管理的难度不仅仅表现在体系构建上，还表现在操作层面上和细微过程中，更体现在艺术上！

由于围墙的阻隔，至使民办各校间的信息难以沟通，也使得经验交流渠道不畅。一所学校发生的悲剧在另一所学校再重演的现象频频发生！民办学校几乎都要经历“摸着石头过河”的艰辛历程。

笔者盼望能和诸位关心民办教育发展的同仁们携手，共同致力于民办学校的探究；希望共同推倒民办学校的“围墙”，建立起能让民办学校少走一点弯路的中国民办教育理论框架。

十五年来，作者从民办学校的策划运作到管理操作，不断地思考，不懈地探索，力求从经济、市场和教育的角度，多层面与同仁们进行讨论。希望能成为民办教育人才成长的一石一砖，希望能为中国的民办教育规范、发展略尽绵薄之力。

当然，本书苦于缺少参照理论，只能靠自己长期的实践经验和一点素材积累，难免有偏颇、舛漏之处，恭请诸位同仁斧正！

在本书的编著过程中，豪洋中学王顺、张田、刘广运给予了大力的帮助，在此，真挚地表示感谢！同时也向多年来共同致力于民办学校筹策、管理的同仁们表示谢意！

张永俊　刘祥

2011年1月

目　　录

第三篇　民办学校的管理

第四篇　民办学校的招生工作

第五篇　某学校制度手册(简例)

第一篇　民办教育观念

教育要为学习者服务、为学习服务、为学习过程服务，要成为学生学习的帮助者和个性发展的促进者。民办教育应满足人们对教育的自主性和选择性日益强烈的需求。

民办教育是在需求条件下产生的市场型教育服务机体。需求是学校策划、目标，思想理念形成和建设职能体系的根本依据。

为便于论述，这里不妨将教育需求人为地分为社会需求（公共需求）、家庭需求（意志需求）和个体需求（客观需求）三类。民办学校所面对的需求，是三者的融合体。

下面我们一起探讨民办教育。

第一章　认识民办教育

民办教育是面向市场的教育服务机体，他为市场的教育需求提供教育服务。

民办教育既是教育的，也是市场的。

从市场角度讲：他是面向市场的教育，也是市场要求的教育。

从教育角度讲：是提供给市场需求的教育，是满意市场教育需求的服务“工具”。

从服务角度讲：民办教育要满足公共需求、面对家庭需求和针对客观需求；要寻求适合每位学生的教育。

一、产品中心与客户中心

但凡企业的产品要进入市场时，决策者首要的是明确其市场目的和态度，即：是建立产品中心还是客户中心体系。

（一）产品中心体系

简单地说，产品中心就是以产品的质量为核心，用产品质量赢得市场份额的生产、销售体系。

确立了产品中心市场目标之后，紧接着就要构建与质量过硬相匹配的组织机构和赋予机构职能，如：

收集同类产品信息以便在设计中体现质量优势；

高质量的原料筛选；

先进的加工设备及精细的加工过程；

严格的质量检测和出厂把关。

（二）客户中心体系

客户中心，是以让顾客满意为核心建立起来的产品生产、市场销售及发展体系。满意体系建立要求：

顾客需求什么——以市场需求为向导。

产品如何体现需求——按需求设计。

销售体系与完善的售后服务体系——为消费产品提供过程保障，解决后顾之忧。

让顾客放心地使用产品。

综上简述，需求决定市场，企业面对的是需求市场。市场要求企业，企业必须明确表示出“质量”或“满意”的服务需求态度。所持的市场态度不同，要求的条件和建立的体系就完全不同。实际上对于立足于市场中的学校而言，也需要参照以上原理去慎重思考自身的市场态度！

谁都清楚，名校的学生人格健全、习惯良好、成绩优胜、升学率高……社会评价高、影响大！如果在此牵强地将“学生”比喻为“产品”的话，这无异于“质量中心”的产品。然而，要建立名校的质量体系，需要客观条件支撑，如：优秀的生源，名校管理团队，名师队伍等。

在此，我们不妨将两个“中心”与学校做如下对比：

对比项	产品中心	客户中心	质量型学校	市场型学校
市场目标	1、质量取胜	1、顾客放心	1、赢的社会效益	1、赢得生源
设计重点	2、质量	2、满意	2、升学率	2、家长学生喜欢
计划重点	3、质量计划	3、满意生产、营销计划	3、升学率和各项评价指标优胜	3、提供满意的教育服务计划
管理重点	4、质量关	4、解决顾客问题解除后顾之忧	4、严把教学关	4、解读需求，满意服务
人才观	5、能保障质量的人才 销售人才	5、适合市场需求的设计加工人才 营销人才	5、拔高力 转差力 升学率	5、针对需求的策划，营销教育人才让家长放心、学生喜欢的人才
过程重点	6、优质原料 精细加工严格检测严控出口	6、前卫新潮 顾客喜欢 售后服务 注重反馈	6、名生名师 环节把关 分槽喂养 紧抓时间	6、理解需求 设计工作 满意考核 反馈改进
考核重点	7、优质率 合格率 出厂率 维修率	7、满意程度 服务质量 跟踪服务 处理速度	7、优秀率 合格率 升学率 重点率	7、满意程度 学生稳定率 市场影响力 经济效益值
必要条件	8、优质设计 优质源料 优质加工	8、前卫的产品 营锁渠道 完善的服务	8、优秀的新学生 优秀的教师 良好的条件 管理群体	8、生源量 通教育，懂市场 满意的体系建设

通过对比不难发现，企业对市场的态度居于链条的顶端，即，企业只有在明确市场态度的前提下，才能构建生产和市场体系。

民办学校同样也是进入市场的教育机体，他是否也需要明确其市场的态度呢？其体系建设是否也需要在这一前提下产生呢？通过上述比对，回答是肯定的。

二、民办学校市场态度探讨

民办教育需要明确其对市场的态度,更要在这一前提下构建与其态度相一致职能体系。

要建立"产品中心",凭质量进入市场和赢得市场份额。

我们知道,"产品中心"对设计、原料和加工者素质的要求十分严格。我们暂将民办学校中的办学者或操作者比喻为"策划、设计者",将学生视为教育的"原料",优秀的教师喻为"产品"的"加工者"。那么,建立学校的"产品中心"体系(除硬件条件外),管理团队,优秀生源和优秀的师资队伍就是缺一不可的条件。在这三个条件中,管理团队和师资队伍可以通过待遇和其他优厚政策获取,优秀生源则受到源于家庭经济条件和社会影响力等多种市场因素制约。

现实中,对于一所处于发展期的民办学校来说,生存是发展的基础。生存首要条件就是赢得足够的生源量,在这一条件制约下,学校几乎无权筛选学生。十分明显,处于发展期的学校"缺乏优质"原料条件的支撑!在"原料"质量得不到保障下,任何前卫的设计,精细的加工,严格的检测等都不能保障"产品"的质量。所以,处于发展的民办学校或生源质量得不到保障时,宏观上不宜设立"产品中心"体系。

进入成熟期民办学校的标志是,学校解决了生源问题,即:可通过筛选择生。这类学校宏观上具备建立"产品中心"的条件。

以上我们讨论的建立学校体系,只是宏观主体问题。实际上,处于发展期的学校并不是没有优生,成熟期的学校也不是没有"差"生,只是比例差异而已。无论是发展期还是成熟期学校,家长、学生对质量的需求还是最大的。在"客户中心"体系中,也必须有"质量"机制,在"产品中心"体系中,也要有"满意"的服务职能。所以学校在"产品中心"体系中,针对需求群体的也要有"客户"的成分。相反,在"客户中心"体系中,也要有"产品中心"的机制。市场态度只能在宏观上影响学校主体体系建设,但不是绝对的。

下面我们深入探讨学校在不同市场态度下的主体体系建设问题:

(一)民办学校的"产品中心"

学校确立了"产品中心"的市场态度后,进而就要确立学校的目的、目标,即经济目标和社会目标,即回答"什么样的目标对应学校什么样的输出绩效问题”，如：要创办本地区名校，学校的优秀生招生目标、升学目标、市场评价、社会评价及各种“率”、均需要达到什么程度，最后获得什么部门，什么样的认可等。

要取得以上绩效，就要构建与“质量”相匹配的组织机构和赋予机构职能了。如，质量保障计划、管理操作计划、检测与评价、激励与奖惩方法……学校的人事、制度、考核评价、待遇等均需要围绕质量展开。

（二）民办学校的“客户中心”

“客户中心”以“满意顾客”为宗旨。

如何才能让顾客满意呢？

首先要知道顾客在想什么，他们最需要什么，即了解和把握市场需求。

其次，就是回答学校能为哪些顾客群体提供服务？（需求分类）能满足哪些需求？这就是学校的服务定位。

其三，设立满意目标。

其四，要达到各类需求的满意目标，需要做好哪些工作（学校职能），做到什么程度？（学校职能目标）

其五，这些职能及目标由哪些部门、单位完成？（设立部门）

其六，什么样的人才、具备怎样的素质才能够胜任这些工作？（人员的素质、能力要求）

其七，做好这些工作多分别需要多少人？（人员配置编制）

同时还得回答，什么时间做到什么位置？（分期计划目标）

做好了如何，做不好又如何？（奖惩体系）

……

三、持民办教育观学校的特点

学校对市场需求的认识与所持的主导态度一致；

职能体系与态度一致……人员的素质要求与岗位职责一致。

那么，这所学校即具有清晰的民办教育思想、理念。

能用学校的教育、教学过程回答市场需求问题；用管理和过程说明学校与市场的关系或者是学校对市场的态度。它能够将学校的体系准确地建立在市场基础之上，将学校的任何工作绩效有效地作用在市场之中。

此类学校的共同性是：

（一）学校以市场为基础

学校的思想代表市场需求，是对需求的高度概括与理解；

学校的办学目的、目标源于市场，是回答满意哪些市场需求和满意到什么程度的准确分析与定位。

学校的体系回答“满意度”与“量”等满意过程与效率问题。

学校的人员编制回答“要做好某此时工作，达到某种目标”需要哪些人，做哪些工作问题的。

对人员的素质、能力结构要求回答“要做好这些工作，人员必备才能”问题的。

（二）办学目的与思想理念

目的：经济效益目的与社会效益目的。不同目的需要确立不同的服务标准，如：用所提供的服务档次，满意需求的面和满意程度等。

思想、理念：面向市场需求提供满意的教育服务。或者说思想、理念是面向市场，达到学校目的所采取教育服务措施的总和，是回答“采取什么样教育服务，才能实现目的，达到目标”问题的总和。

（三）体系观

学校职能：要面向市场提供满意的教育服务，都需要做好哪些工作？

体系，即达到目的、实现目标的分工与布局。这些工作需要怎样分工，由哪些部门，哪些人来做？如何设立分期目标，如何考核、评价等。

（四）教育、教学观

教育、教学是学校向市场提供服务的“产品”。是学校面向市场需求提供服务的手段与“工具”。

（五）市场观

市场是学校生存、发展的基础，是达到学校目的的唯一作用对象。是学校所有绩效的作用点。学校的一切工作均是从不同层次、角度主动作用市场。

（六）员工

员工是服务的载体，学校通过员工作用市场。

（七）家长

家长是学校在市场中的“员工”。家长用直接或间接行为影响市场。

家长是学校教育满意的主要对象。

（八）学生

学生是需求的主体，是学校服务的主要工作对象，是学校设计效果的体现者，是家长评价学校的依据，是学校作用市场的桥梁。

（九）生存和发展观

在市场中生存的民办学校，说明能为市场所接受，市场的接受程度就是学校的生存空间。

市场用认可表示满意，一所被市场认可的学校，具有发展的契机。认可度高低或认可群体大小，决定着学校的发展空间与速度。

发展是学校对需求不断地细分，工作更显示出个性化教育特征，无限地贴近市场的过程。

（十）评价

市场用生源评价学校，赢得生源就赢得了市场。

满意度，认可度等评价均是用生源来体现的。从发展意义上讲，学校的一切绩效均是为了赢得生源。

生源量与质量是划分民办学校成熟与否的标准。

与多数公立学校相较，民办学校应对需求有更加细分的服务职能。要提供满意服务，不把握需求就失去了工作目标；没有了工作目标，学校的思想、方法就成为“摆设”……学校就降低了作用市场的力度。

民办教育是向教育提出的新的课题，所以需要我们用创新的精神和严谨的态度去研究、总结。

第二章　影响民办教育理念形成的因素

民办教育思想是什么？它的形成条件是什么？

经济环境影响市场需求。需求影响民办学校的密度和服务层次。

市场是需求的载体,是学校服务的环境。学校用生源地切分某区域的市场。

教育是学校面向市场提供服务的“工具”。

因此,形成民办教育思想需要经济、市场和教育的知识、经验。

一、影响民办教育思想形成的因素

(一)经济要素

区域经济环境和家庭经济直接影响教育的需求层次和需求量。正常情况下,教育需求随家庭经济的发展而被激发、膨胀。

同一地区教育需求层次,直接影响民办学校的办学档次(或所提供教育服务的档次)。教育需求量直接影响民办学校的密度。

在一定经济条件下,民办学校的办学绩效和正面宣传,对同市场中的教育需求有一定的激发、推动作用。

同一所民办学校,提供的教育服务层次差异不大,所以其对应的需求层次差异也受到局限。

不同层次的民办学校提供不同层次的服务,对应不同层次的需求。

一般情况下,同一市场中同层次的民办学校,提供同层次的服务。

所以,民办教育要用经济的观点去宏观定位学校的教育服务层次(级、档)。或者说是民办学校对市场所提供的教育服务标准。

服务标准就是学校的市场定位。它向市场回答学校的设施条件、硬件配置标准,聘请什么样的管理人员和教师,提供怎样的教育服务和生活服务,学生能够享受到区别于其他学校的待遇条件和达到什么样培养目的等。

民办学校的服务标准用学校的收费标准形式体现出来。

在同一市场环境下,收费标准不同,其服务的层次不同,收费标准越高,服务层次越高,反之亦然。如果在市场策划等非正常情况下,就另当别论了。

影响标准的因素很多,如市场竞争环境、文化环境、教育环境……即使是各方面配置相同,提供相同标准教育服务的学校如果所处的环境不同其定位也会不同。相反,不同环境下定位相同的学校,不一定提供的是相同的教育服务。

(二)市场要素

民办教育是服务市场的教育。

笼统地讲民办学校的办学目标是:在某经济环境中,某市场需求层次与量的前提下,制订的学校生存、发展目的体系。目标体现对市场与服务能力的综合判断。

民办市场观就是办学者和操作者对教育市场的看法。是立足教育,对市场中教育需求的分析、概括、提纯能力。

“市场中的教育需求就是对民办学校所提供教育服务的要求”。所以民办的教育内涵是源自市场的,确切地讲源自市场对教育的需求,这就要求设计和操作者要把握,并予以浓缩、提升需求,以便产生学校的目标、理念、体系……

准确地把握了教育需求,学校满意市场才有了工作的方向,这样,才使得民办学校寻找到了服务的“顾客”,或者说,民办学校才找到了要服务的“上帝”,知道了市场需求的教育,才会知道学校需要“生产什么产品”。

相反,一所对市场盲目的学校,就是对市场中的教育需求和市场需求的教育盲目的学校,也就是自身盲目的学校。其必然是为市场提供盲目的教育服务,这样的学校最突出的特点就是生源困难。

(三)教育要素

教育是民办学校服务市场的“工具”,也就是向市场营销的“产品”。

民办教育不仅要对不同的教育需求群体设计需求的教育,而且更需体现区别对待原则。对于民办教育而言,它更强调服务,开拓和补充等职能。

服务职能:民办教育要针对服务对象的不同需求和存在的个体差异设计、提供适宜的教育服务。

开拓职能:要求民办教育要以不断创新的精神去面对和满足市场中日益膨胀、升华的教育需求。用创新精神向个性化的需求渗透。

补充职能:民办学校与国有学校相较,教育服务更要贴近学生。要用教育、教学实际明确回答“学生为什么要选择民办学校就读,为什么要花费高昂的费用”等问题。

有人这样讲过“如果一所民办学校所操持的教育与公立学校只是在硬件和‘封闭’上存在区别的话,那么这所民办学校就失去了高收费的意义了。”

宏观经济环境上的准确定位,明确的市场向导,依据需求适宜的体系、内涵设计,是办好一所民办学校不可或缺的要素。

任何一所民办学校的成功,首先必然是认识上的成熟。形成成熟的民办理念,是办好民办学校的先决条件。

传统模式最大不足在于,生硬地要求市场、需求去适应教育。

所以,我们需要深入思考的是,当学校的办学基础发生了质的变化时,原有的“尺度”,“标准”……理念还适合吗?

民办学校需要适合需求的教育,她呼唤着新的教育思想、体系。

(四)定位需求与协调目标

学校面对的需求是广泛的,存在切割需求,回答满意哪些需求的问题。从市场角度讲,市场中存在不同的需求,相同的需求也有层次区分。即便是某一个体的需求,在不同的条件下会无限地扩展。需要注意的问题是,一所学校不可能,也不能够面对和满意所有的需求。

谁都清楚,服务需求的面越广,招生量就越大,一所提供“万能服务”的学校,操持的往往是“共性”教育。步入的是与传统教育相似的轨道。实际上也是远离了需求和市场的学校。因为面对了所有的需求就等于没有面对需求。

学校需要定位服务需求和需求层次。

我们在上文讨论过,学校用自身的市场定位对应需求层次。

学校用自身的服务设计,明确地划定和针对某些需求,明确为哪些对象服务。只有这样,学校的一切工作更会直接指向目标,更会取得绩效。需求的主要对象是学生,学生实际是学校教育、教学策划的基础,也是招生工作的内涵,是教师工作的实际。

综上所述,民办学校的定位要以学校所处的经济环境为前提;民办学校的教育、设计要以市场需求为导向;民办学校要面向市场中的教育需求营销教育服务;民办学校的教育、教学管理要以服务市场、满意市场为宗旨。民办教育要把握经济规律、市场规律和教育规律,要将三者融会贯通。

二、民办教育理念

从教育角度理解市场:

市场是民办教育赖以生存和发展的基础;

市场是民办学校教育服务的目的、目标;

市场是民办学校的教育、教学和管理服务设计和满意的对象;

市场是民办学校作用的终端;

市场是对一所民办学校的办学进行综合评估的终端“机构”。

市场用生源的方式评价一所民办学校。一所生源困难的学校从某种意义上讲,就是不被市场接受的学校,也是民办教育理念薄弱的学校。其主要原因:

其一是学校的市场定位不符合当地的经济承负能力实际;

其二是学校的教育、教学设计不能被市场接受,学校所提供的教育服务远离了市场需求;

其三是学校的市场影响力度不够,在市场管理上处于被动位置。

但是,有一点可以肯定的,市场中的“上帝”没有从这所学校获取到应有的回报,就不会有好的市场影响,学校招生就不会有好的效果。

由此可见,民办教育理念就是:能够为市场需求与要求提供满意教育服务的思想,或者说,是回答教育与需求间满意关系方法的总和。通俗地讲,是学校针对市场需求进行满意服务策划,实施的指导思想。

三、理念与市场

民办学校运作过程中出现过许多“理念”。这种“理念”实际上是传统意义上对某教育、教学方面的侧重,如“质量”论,“严格”论,“特长、特色立校”论等。实际上,脱离了本土市场的学生需求实际,任何“成功”理论、经验只能面对某个需求集体。只有将需求摆放在第一位置的策划和设计产生的理论,才是学校所需要的。所以,评价一所学校的软件体系,适用于市场比其他任何的高谈阔论更有价值。

当然,民办学校也不是建立在现行教育轨道之外的教育体系。由于她面对的需求群体要更进一步细分，所以对教育规律、思想、方法的要求就更加细化和精确。她既要立足现行教育高度去针对性地应用，更需要立足市场需求实际在原有基础上的创新、发展。

理念与市场之间的差异主要体现在市场需求与目标，目标与职能，职能与体系，体系与机构，部门职能与职责，岗位职责与人员的素质、能力结构，个人的绩效与满意市场的协调、一致方面。

市场对学校的"认可度"具体是用生源的方式表现出来的。所以一所在生源上存在问题的学校，更需要仔细地研究市场需求的教育，研究学校的教育设计与市场教育需求的关系，研究学校的教育服务过程对需求目标群体的作用……研究学校的体系建设问题。而决不单纯仅考虑学校的宣传、广告和市场的投入等问题了！

生源困难，是说明学校所奉行的教育不达被市场接受。这是市场用结果对学校提出的警告。现实中，多数生源困难的学校往往没有形成成熟的民办教育理念。

四、市场盲目"综合征"

现实中不乏这样的实例：

家长、学生对学校各层面的工作提出近乎苛刻的要求和意见。董事会迫于市场要求，对学校的工作"施压"，校内学生稳定率低，市场中招生"难"，在校生出现了负增长。学校疲于应酬，工作沦为了"110"，"119"。

为了生存与发展，学校应当重视源于学生、家长的"问题"。走访家长、改进伙食、更换领导，辞退教师……董事会采取了一系列迎合家长、学生，"主动贴近"市场的管理措施。然而，这种治"表"行为，取得的效果是微不足道的，有时甚至适得其反。原因是"董事会用市场需求要求学校，学校用传统教育的思维、方法反映"。学校很难将市场的需求问题"翻译"成有效的教育行为。他们只能笼统地将一切需求，用那种近乎相同的方式回答："质量过硬……严格管理"。教师流动频繁，领导更换过速，又会造成文化沉积难的"表浅"现象。工作过程中，这类学校往往存在"学校怕家长，教师怕学生，相互推诿，怕担责任"等问题。

家长为什么要选择民办学校?

这个问题是每一位民办教育工作者必须明白的！

在选择民办学校就读的学生中，为数不少的学生、家长的原因是：对传统的教育体系不适应或者是不能为个性需求提供满意的服务。学生的成绩不理想或达不到培养目的，家长无奈。

然而，令家长、学生无法接受的是，许多学校“换汤不换药”的传统做法！入校后，许多学生亲身感受到了这一切，于是他们的信心开始低落……一位学生表示“只不过是老师不骂了！好像是怕学生什么似的。”家长在等待，在消耗着耐性……家庭的教育投入目的出现了落差。

家长说：“我们花那么多钱为了什么?”

教师说：“我们尽力了!”

这种在期盼中的消耗，让学生、家长有一种“受骗”的感觉。部分学生以各种“理由”离开了学校。学校对市场需求的迷失，流失了生源，污染了市场，招生日趋困难，出现了生存、发展危机。在民办教育，习惯性地将源于市场和源于结果的问题统称为“市场综合征”。

“市场综合征”的终端表现在生源问题上。“民办学校的一切问题均会不同程度地在生源上体现出来”，这与企业的产品一样。

“市场综合征”结果表现在生源问题上；过程表现在员工与学生、家长的关系上；表现在学校与市场的关系上面；其实质说明学校的教育设计与市场教育需求的关系；核心问题说明，学校的教育理念与需求之间的距离。

一所学校，局部出现了问题，可能是因为管理或者说是人为因素原因；如果所出现的问题是多层面的或是“结果”性的，那就得考虑根本问题了。

办学者往往将造成被动后果的责任归咎于学校领导或个别教师；管理者往往认为是“个别教师导致的结果”，其实都不完全这样。据调查显示，出现结果性问题的学校往往就是民办教育理念混乱的学校。下面我们再简单讨论一下“市场综合征”的其他表现的特征。

（一）传统的教育理念

出现“综合征”的学校，思想理念与机构职能大都是传统型的。这是学校操作者的传统教育观念使然，在这一问题上，办学者往往持相同的观念。原因十分简单，办学者对教育的理解往往受到自身受教育过程的影响，而这一过程就是传统的（我们在此讲的传统是，脱离市场的教育行为）。

（二）市场目标

处于发展期的多数民办学校持生存发展目的、目标。这不难理解，因为任何长远的办学目标,都必须以生存为前提。在这一目标下和竞争环境中,赢得足够的生源量就成为衡量一切工作的核心。

(三)学校职能

在现实中,此类学校的职能往往分为主动职能与被动职能,即:在思想上出现“两层皮”现象。

主动职能是指传统学校职能(如:一所公立学校所能提供的学校职能),这是此类学校的强势。

被动职能是指市场需要学校提供的服务(如:学生的个性化教育、教学需求、接、送、生活服务、管理等),这是传统型民办学校的不足所在。

传统的学校理念,与学校的市场型目标不相匹配;

学校的“产品中心”体系,与生源质量不相匹配;

人员的素质、能力与服务市场的需求和要求不相匹配……

综上所述,传统型民办学校建立的是与公立学校相似的体系;它是用最终绩效作用市场的体系,其理念不能准确地针对市场需求,其职能不能直接为个性化需求提供服务,其人员素质、能力结构不直接支持学校的市场建设,其工作过程和过程绩效不直接作用市场。学校的教育观与董事会的市场目标要求不相统一。

第三章　办学者的人才观念

民办学校竞争的核心是人才竞争！

现实中最常见的是“事业留人，感情留人，待遇留人”的三留人原则；但“三留人”均指向了一个焦点即，思想统一。只有人才观成熟的学校，才会理解人才的价值；才能做到赏识和尊重人才；才会留得住人才！所以，民办人才队伍建设，需要办学者和管理者先从自身的思想建设上入手。

什么才是人才？具备什么样的德行、素质和能力才是能办好民办学校的人才？对这一问题的回答要比如何获取人才更重要。

公办学校中优秀的人才，在民办同样优秀吗？

在现有的考核、评价体制下合格的人才，在民办学校是否同样也合格？

具有成熟的民办理念，才可能产生成熟的民办人才观。因为只有清楚了让他去做什么事，才会知道什么样的人能去做。

下面就民办学校的人才观念，再作如下的阐述。

一、民办学校董事会的人才观

在公立学校“一位好校长，就是一所好学校”。这一原理在民办学校就不会那么通用。因为在民办选择校长的权力往往掌握在董事会手里。董事会有什么样的人才观念，就会有什么样“好校长”的标准。所以，在民办学校更确切地讲“一位好的办学者，就是一所好学校”。办学者的人才观念，对办好学校起着至关重要的作用，因为“校长是办学者人才观的‘产品’”。

办学者的人才观就是其民办思想的具体体现之一。现实中，由于办学者所持的观念不同，所以其人观不同，其中表现最普遍的有传统人才观、市场型人才观、独立人才观和民办人才观等。

（一）传统教育人才观

用现行的公立标准衡量人才，如：工龄、学历、职称、奖项、业绩等。

一般，发展期民办学校持传统型人才观的办学者，大多持传统型教育观；学校持“产品中心”市场态度；构建的是“质量”体系。

这种观念、体系下,学校往往遇到“生源质量”困扰,市场“质量”竞争尴尬和发展过程中的生源困难!

办学者形成传统教育观念的主要原因是:办学者受公立教育模式影响根深蒂固;对教育的理解与认识局限于自身受教育过程;对以市场为基础,以需求为目标的民办学校与以计划经济为基础,以民族和国家需求为目标的国有教育没有明确区分。

另一重要原因是,办学者对教育人的“神秘感”驱使。

(二)市场型人才观

市场型人才观产生于市场型办学观念,即,单纯地用市场思想、方法思考民办学校的问题,如:用对市场的直接作用效益来衡量、评价人才(办学的经济效益,市场策划人才,招生人才)等。

经济、市场和企业管理型办学者往往持“市场教育观”,即:不加区分地用市场需求要求教育;用市场效应要求学校,用市场方法解决学校与市场的问题,如:注重宣传承诺、迎合家长、讨好学生、“万能”教育、“运动”式市场活动等。

这些急功近利的做法,不仅收不到长效效果,还对学校的正常教育、教学秩序不同程度地造成了干扰。

此类学校最突出的特点是:董事会与学校操作者间存在着观念上的矛盾。操作者常怪怨董事会“不懂教育,乱插手!”,董事会则为操作者“不懂经营……不会招生。”烦恼。

实质上,董事会的市场目标及要求,因缺乏教育思想、方法支持,显得简单、偏激和孤立。

学校的操作者不能够成功地将市场需求“翻译”成教育、教学方法。学校提供得只是一般性教育服务,满意得只是一般性的需求,这与公立学校无异。正如家长说道“我们为什么要来你们这里读书,是为多花那么钱吗?”。

(三)独立人才观

“做什么事,用什么人”。

学校的教育、教学是校长和老师的事;做市场是市场人员的事,两者责任明确,各行其是。

现实中,民办学校招生、宣传与实操;市场管理与学校……“两层皮”的脱节现象屡见不鲜。

我们在招聘广告中常常会看到“聘市场副校长,招生办主任……”

我们在一些学校中常常看到“市场部”,“招生办”之类的部门。

我们有现实中常常遇到专业“招生员”和“市场管理员”这之类的员工。

以上“专职”部门和人员,许多是在董事会“独立人才观”前提下产生的。

当然,并不是说具有民办思想的学校不能对市场进行专业化管理。但严格的区别在于“做市场者,是否具有营销教育的经验、能力?做教育的是否能够认识市场需求和服务市场需求?一方面是熟知”上帝“需求的承诺;另一方面是找不到”上帝“需求的服务……”

(四)民办人才观

通市场的教育专家和通教育的市场专家。

“通市场”:熟知市场需求。

“教育专家”:能准确为需求设计满意的教育服务。

“通教育”:能协调学校教育,指向市场需求。

“市场专家”:用市场需求策划和要求教育。

能力:教育满意市场需求的策划、设计、管理运作能力。

以上是现实中(从思想、能力角度)表现较突出的人才观。实际上,办学者对人才的认识与评价标准各异,可谓是“仁者见仁,智者见智”。办学者的个人嗜好也会起到至关重要影响作用。

办学者都想聘请一位好校长!但他们更多得往往倾力于寻求,而不从形成和完善自身人才观念着力,所以办学者的自我学习与成熟是形成民办教育观和人才观的必经之路。立足于市场需求的土壤,立足于办学的高度,立足于欣赏人才和发现人才的层次,办学者应首先完成观念的转化。

二、办学者的观念转化

办学者通过学习实现观念转化。

办学者的学习范围十分广泛,除教育、经济、市场外,还要向办学成功的学校学习,向自己的学校学习,向民办人才学习,向自己的员工学习等。

有位成功办学的董事长在总结几十年的创业、发展路时感慨地讲道:“事业的成功得益于总结和反思……多年来我们一直走的是创造发展道路,没有哪一所学校的经验能够移植,没有哪一所学校的经验能直接使用……我们在向市场学习的过程中逐步明确了办学的方向;我们在向学生、家长学习的过程中更加明确了工作目标；我们在向自己的领导、员工学习的过程中，更加丰富了设计、服务方法；在向离开的学生、家长学习的过程中，我们花钱买到了教训！花钱买到了改进和发展！”

办学者的学习目的在于形成民办思想观念，在于完善人才观。有人将办学者的学习称为民办学校的“核心”建设，也称之为“核心充电”！

教育学习

现实中为数不少的办学者处于经济专家、市场专家和企业管理专家位置。

此类办学者需加强对现行教育的学习。须立足市场思考教育，即：“拿着锁头配钥匙”的问题，如：用教育如何解决市场中需求的问题；面对需求如何策划和应用教育；学校的教育主要满意哪些需求等。

市场学习

也有许多出身于教育的民办学校办学者。他们有的具有成熟的教育思想，有的有丰富的教育、教学经验，这一群体是办学者中的佼佼者！令人遗憾的是，此类办学者往往存在民办思想观念和经济、市场经验方面的不足。

他们理想中的好学校，经常以某公立学校为“模板”，持与公立相近的办学理念。

在操作中，甚至存在简单的“利益”核心思想。

此类办学者须加强自身的经济、市场知识、经验的修为。需立足教育考虑“用什么样的教育工具解决市场需求问题”即，“选择开锁的钥匙”问题。

当然，作为办学者通过用人来弥补自身不足不失为至上策略。然，用人之难，难于突破自身的认识，尤其是用人于自身不足补充时更需要清醒的自我定位与认识，更需要在思想领域的超越。

纵观办学的成因与败果，并不缺少教训！二十余年来，可以这样总结：民办学校的办学中，成有因败亦有因，但成败均在于用人！老板人才观成熟与否决定事业的成败！办学者不一定是全才但必须是通才！办学者需要立足于办学的发展高度、民办思维高度形成选拔人才的思想、观念和标准，在人才市场中赏人、识人、择人。

附例一：

“民办校长的考题”

某校公开招聘校长，待遇条件优厚！到截止时间已有63位校长报名。

为筛选一位好校长,董事会特从省城邀请了三位教育专家和两位著名民办校长参与评审,并精心策划了评审、考核程序:

一、校外考核:

1、初审:从提供材料中按设定的要求进行筛选;

2、电脑面试:测试电脑的基本操作能力,文字表达能力等;

3、视频对话:普通话、个人形象、气质及思想、经验等;

二、校内考核

1、《市场及学校考察报告》

2、《治校方略》

3、《如何办好学校》演讲及答辩

4、实操:策划和解决具体问题

5、“擂台赛”——校长互相提问答辩(每人限提两个问题,每问题最多思考五分钟)。

经过前三轮筛选有26名进入“校内考核”。最后有6名进入“校内考核”和第四关。

第二天8:00,六位校长被服务人员带到了不同的办公室。办公室只有一台电脑!

电脑台上端端正正地摆放着一个公函用信封,工作人员将密封的信封双手捧到校长面前,只是微笑,没有言语。封面上醒目地写着“实操试题”!

“您可以拆封了”。

工作人员边说边走出了办公室,顺手带上了房门。

“试题”的扉页是做题的要求……测试题目是:

“请策划、设计一套《招生简章》”

要求是:

1、实操性要求:简章要与本地市场、本校实际相结合,要有明确的目的性与目标指向。

2、要求:以招生的实际影响效果为核心。色彩、图案自行设计;要重点体现针对市场需求的教育思想与方法(欢迎用体系和流程方式体现)。

3、图案用空白“□”代表,“□”与图案的实际大小相符,图案要有要义和文字说明。

4、交稿(电子板)时间:一天,即:某年某月某日8:00。注:所需学校的基本资料，以桌面“学校资料”文件夹所提供内容为准，可依此自行编撰、删略。

……

评：这里，对校长的全面性筛选姑且不论。实质上，最后的“试题”分明是在测试校长的民办观念及操作能力、经验。能否将教育思想、能力应用到市场中去，作用到需求上来，这是对民办学校校长的核心考核。

民办校长要将学校的教育服务内涵恰当地与市场需求对接；将市场需求准确地“翻译”成学校的教育报务内涵。

附例二：

校长提出的“要求”

某校聘请校长。

通过一系列竞聘，最后确定了三名校长人选。评审团决定通过与应聘校长进行单独谈话，以便进一步核定。在准备的提问设计中，核心问题是“假如您当校长，具体有什么要求？”

三名校长，对此问题的回答各异。

其中一位校长提出的要求如下：

1、校长参加董事会。校长与董事会实行垂直管理。

2、权力要求：

人事权：

校务会成员的人事组阁权：中层领导的任免权。高层领导的（校级干部）的任命审核、管理、考核和奖惩权。

具有学校教、职员工的考核、聘任和解聘权。

财务权

提出学校年度财务预算，执行财务预算。

依据学校工资制度和实际工作考核，具有对领导和教职员工工资的分配权。

校内300元以下的计划外支出审批权。

物品使用和管理权

乙方具有学校设施、设备的使用权和管理权。

基建工程建议权。

学校小修、小补金额在500元以下审批权。

物品采买的计划权和金额在300元以下的物品采买审批权。

学校车辆的管理、使用权……

听完"要求"，评审组组长感慨地讲道："这都是干活，干好活所必需的！"

评：清晰的思想，清晰的要求，这是做实际工作的校长，这是具有民办思想、经验的校长。"要求"符合民办学校的管理特点，是做好民办学校校长必备的保障条件。

附例三：

为什么校长要离去？

某校在校生出现了负增长，董事会认为"问题"出在现任校长身上。对此办学者不满地表示："总是用'以不变应万变'的方式面对一切！"，"没办法，不论你说东、指西他都是那个样子……"

通过长期的"挖掘"终于与某校现任的校长达成了初步意向。在最后的"拍板"会晤中，新校长面向办学者提出如下问题："在您的心目中，什么是好领导，好老师？"

兼任董事长的办学者对此提问，自然是侃侃而谈……"有生源、有稳定、有发展……社会认可，家长学生欢迎……"

"有生源？"

"校长的知名度高，学校的社会认可度高，学生的成绩突出，家长投诉率低……学校管理严格！"

新校长恭敬地说："老总，对不起！我不能接任您学校的校长！"

"为什么？！"老板一头雾水，十分诧异。

"因为学校当前的一切问题，就出在您本人身上！"，新校长十分坚决地说。

"真正的原因究竟是什么？"老板仍是不解。

"我们观念上的差异太大，而且您是个放心不下学校的董事长"，看到老板仍在发愣，校长接着说："思想是判别纷杂事物的基本准则，有思想的人坚决，没思想就易受别人的左右……您的教育思想、市场思想都不够成熟，所以学校的目标迷茫、人才观和体系建设……都不清晰！我要是继任，首先面对的是您，改变的也是您，我自认为没有那么大的能力。"

……

评：在办学者观念环境中施展才华，办学者自身的成熟度，和与办学者理念的统一度，是决定"好校长"前提条件。

就民办学校的人才而言,“三留人”的核心是观念留人。作为老板,当事业不尽如人意时,当“留不住”民办人才时,不要去考虑如何归咎于他人。更应从自身的人才观上去寻找原因。因为,在目前的民办学校人才市场中,真正持有成熟民办观念的校长不多。许多办学者在谈及到聘请校长问题时发出了这样的感慨:“真正中意的好校长,可遇不可求呀!”是啊!打工族中,趋炎附势者有之,自命不凡者有之,妄自尊大者有之,趋名逐利者有之……好校长可谓是“砂中淘金”!

诚然,要聘请一位好校长,犹如大海捞针!大有人才难得之慨,也有失之交臂之痛!只有具备了“相马”的才识,才有赢得“千里马”的机会。

办学者用什么去衡量?依据什么去识别筛选?答案当然是民办学者拥有思想!产生了民办教育思想,才会产生人才的分析、判断、评价标准!同样,人才思想的成熟也伴随着人才观的成熟。

以下,我们再就民办学校的人才问题作进一步的讨论。

第四章　人才分层意见与共性不足问题

一般情况下，人们习惯地将人才团队分为策划层、思想层、管理层、操作层、执行层。民办学校，又依据什么标准分层？又凭什么判断和结论不同层次人才合格与否呢？在人才的评价方面任何的“标准”均会显得干瘪、偏执。以下划分意见，仅为笔者的经验总结，目的在于让民办教育工作者有所裨益，不足之处敬请斧正。

一、民办学校人才分层意见(供参考)

(一)教学层次

这是民办教育工作者通过学习、总结或培训须达到的基本要求标准。

素质、能力	要　求
思想观念	认同民办与公办间的差异。
服务	有细分需求的教育服务思想。 对市场服务性质有“区别对待”认识。
教育、教学	具有“寻找适合每位学生的教育”的设计和操作能力；依据学生学习实际，能制订适合不同层次学生的学案，并取得实效。
市场能力	主动沟通家长，取得家长认同与支持。
经验要求	教学功底扎实，对本专业课程驾驭能力强；有较好的心理学理论基础和一定的实践经验，能够胜任学校某学科的教学工作和担任班主任工作。
其他	可塑性

(二)教研层次

素质、能力	要　求
思想观念	体现服务。 细分需求和努力满意不同需求
服务	依据学生实际设计工作,并实施。 主动协调家长,赢得家长协力。 用工作过程和绩效长期作用市场。
教育、教学	有针对需求的设计,和取得一定的操作效果。
市场能力	师、生、家长思想、目标基本统一。 学生、家长欢迎。 家长普遍认可学校。
经验要求	对本专业教材、教法有独到的见解与看法。能渗透教育规律,对共性问题具有概括总结能力,并能够在共性的指导下深入挖掘,创新工作;具有一定的教育能力,有较强的心理学应用能力。
其他	创新能力。

(三)教育层次

素质、能力	要　求
思想观念	明确的民办教育市场服务思想。 能结合当地市场实际设计服务。 结合现行工作,提出服务意见、建议。
服务	依据学生实际设计工作,并实施。 主动协调家长,赢得家长协力。 用工作过程和绩效长期作用市场。
教育、教学	将教育、教学与学生实际相结合。 成型的教育、教学策划、设计方案。具有实施总结经验,并能将经验提升到共性层面上。

续表

素质、能力	要　求
市场能力	用思想影响学生、家长和市场。 假如有人这样问家长“孩子在某校怎样?”,回答“很好!”,“送对了!这是一所好学校!” 对学校与学生、家长,学校与市场的认识清晰。 对学校的工作过程、发展目标与市场间的因果关系认识清楚。有一定的管理市场经验。 能实施“1+1”招生;有自己的学生介绍亲戚(新生)入学。
经验要求	教育、教学:立足本专业,能将本专业的规律提升到共性规律层面。在规律的指导下,将本专业的共性特点、经验指导其他学科领域。 民办经验:“翻译”需求,灵活应用教育“工具”;立足教育构筑市场管理网络。能够将教育、教学和心理规律与民办服务市场理念相结合并能依此指导行为和影响他人。
其他	创新认识。

(四)思想层次

素质、能力	要　求
思想观念及层次	具有民办教育思想。 升华教育需求,策划匹配体系。 制定目标体系,确定学校职能; 具有显明的人才观; 构建保障体系。
服务	明确学校与市场的因果关系; 明确需求与职能的因果关系; 明确人员的素质、能力要求与服务需求的关系; 明确考核、管理与发展的关系…… 具备策划与管理学校与市场关系的能力。

续表

素质、能力	要　求
教育、教学	形成适应本市场的教育思想。 凝聚需求形成思想，切分需求配套服务。将教育规律、原理与学生需求实际结合起来；能应用教育、教学和心理学原理对个体和群体进行分析并能够提出有效解决方案。具有针对学生实际和市场需求，设计教育、教学服务方案的能力，即：具有应用教育“工具”能力。
市场能力	具有市场管理思想。 用过程长期作用市场，推动良性影响深入形成长效市场管理机制。 面向市场应用教育，策划、组织和赢得招生成功。
经验要求	教育理念前卫，有实绩； 招生策划、组织操作经验（或市场运作经验）； 具有民办教育的操作经验。
其他	创新思维。

（五）策划层次

素质、能力	要　求
思想观念及层次	依据实际，策划思想。 策划市场，影响需求。 学习、凝炼和利用竞争对手，使学校始终处于引领位置，赢得人才、生源和发展先机。
服务思想	让公办学校、民办学校、家长、学生及市场服务于学校。
教育、教学	形成市场推崇和家长学生追求的教育。
市场能力	筛选学生
经验要求	通市场的教育专家和通教育的市场专家
其他	创新思想。

由此可见，民办学校中处于不同层次的人才应具备相应的

素质、能力，相反处于不同层次，应具备相应的素质、能力。一般情况下：

教师应具备“第一层次”；

中层要达到“第三层次”；

校级要达到“第四层次”；

学校的策划、设计者，应达到“第五层次”。

总之民办教育需求三类人才：

其一是教育型市场人才。立足于教育，能用教育服务的眼光审视市场，即：具有面向市场应用教育的能力。

其二是市场型教育人才。立足于市场，用市场需求的标准要求教育，即：具有用市场需求要求教育的能力。

其三是民办综合型人才。用教育服务于市场需求，能用市场检验教育，并能及时地对教育进行适应性调整。立足市场求要求教育，能够设立与需求相一致的教育。

在这里需要极力规避的是，用单纯的教育人才去运作市场和用单纯的市场人才运作教育的种种行为。

二、民办学校人才群体中存在的共性问题

（一）知识、经验的局限

不得不承认，许多教育工作者对市场陌生的现状！由于自身受到经济知识和市场知识、经验局限，他们所操持的教育不能准确地与市场对接。

为数不少的办学者受到教育思想、经验的限制，他们对市场的理解与对需求的把握很难转化为相应的教育思想、方法。

民办教育需要“经济、市场和教育”三者融合。人才自身在某方面的缺欠，就会阻挠民办教育观念形成，就会导致人才观念混乱。

规范民办学校，应先规范民办教育者的思想观念；

规范思想观念，应先弥补民办教育者形成观念所必需的知识、经验……

（二）无意识群体

他们（教育工作者）从来不考虑“为什么要这样做”……反正“教育就是这样，教我的老师、同事们都这样做，异曲同工嘛！”。

一谈及教育，习惯性思维就是“天下教育是一家”。在他们的潜意识中认为“只有一种，而且是唯一的教育”，大有“不沿此路走，更往何处去？”的无奈。

中国的民办教育工作者几乎全部产生于国有教育(如:受教育过程,求学过程等),多数工作经验也是在公立模式下获得。他们对公立教育及运转模式耳熟能详,烂熟于胸……公立教育几乎占据了他们对教育理解、习惯的全部。

他们很少考虑民办教育环境下应奉行什么样的教育……更多的是走在习惯的路上。

这种群体性的"无意识"行为,束缚了民办教育者的思想,限制了他们教育工作的创造性,也降低了民办学校对细分需求的服务能力。

(三)学习机制

目前,在我国师范类院校中并没有开设经济、市场类课程;也没有"教育市场化"及"教育市场需求"等类的专项研究。处于公立的教育人才和现行培养的人才均需要在民办学校中学习民办教育。需要通过自身的总结和积累获取民办教育能力。

由于民办学校的发展时间较短,所以市场中没有成型的民办教育理论体系。

这一局限也使得民办教育缺少了可持续发展理论的直接指导。

保守和隔离,使得各民办学校校际间的学习、交流不畅。

……

(四)创新教育

民办教育更需要面对细分市场;更需要致力于满意个体的教育需求。这一切都是对民办教育创新提出的要求。

民办教育的创新在于"立足市场要求教育";在于如何应用教育规律和原理方法去有效解决市场需求问题。

教育是科学,所以需要我们严谨的态度;

教育是创新,所以需要我们以探求的精神去面对每一位学生。

当教育的基础改变之后,其思想、体系、方法及对人的要求必须随之改变。所以,民办教育的改变就在于,一切都需要探求。

第五章 民办校教师的素质能力要求

【附:一位民办优秀班主任的《学生成长档案》】

在学校总结表彰经验交流会上,某老师在介绍成功经验时展示了全班学生的《成长档案》。

《档案》封面的背面,是学生“各科成绩登记”(包括入本校前后六年的成绩)。

扉页是用活页纸做的《教育计划》和《学习计划》

第二页的标题赫然写着“需求备忘录”(以下共三页)

第一项是“学生心理特点及教育导航”;

第二项是“某某某学生教学导航”(分列学生对各科的学习、兴趣特占和注意项等)。

第三项是“成长环境与成长关系”……

第四页是:“教育设计与实施情况及反思”

接下的内定内容依次是“各科教育、教学设计及实施情况”,“家长录”,“学生录”,“学生生活档案”……最后的内容是“教育总结和反思”(成因与败果分析等)。

通过密密麻麻的修改和不同笔色的区分,谁都能看得出来,该档案仍在下断地完善之中。

该老师讲:“要多问个为什么?”,“为什么要这样教育?”,“为什么要这样教学?”……“要多看看效果如何? 因为我觉得,教民办学校的学生就是‘摸着石头过河’,就是‘试钥匙开锁’……是创新!”

……“没有哪一名学生的成长与他相同,任何人的成长轨迹都不与他吻合……他是一个独立的个体! 一个渴望理解的个体,一个需要设计适合教育的需求者。”,“今天我接受表彰,我只是个代表,因为任何学生的进步,都是我们团付出的结果……这不是我谦虚,大家看到《档案》上不同颜色的笔迹,实际上就是我和各科老师研究学生具体问题时做的补充记录……”。

“适合学生的教育,源于对学生的理解!”这是校长听完后的评价与感叹！

民办学校的教师究竟要具备什么样的素质、能力呢？

教师应具备“教学层次”、“教研层次”要求，因为：

1、教育观要求

观念是现代教育最突出的问题。

教育观是指派教育行为的思想核心，不同的教育观就会产生不同的教育行为，民办学校教师需要区别于传统的教育、教学思想、行为。

公立学校和民办学校最大的区别就在于教育观念的不同上。

用公立的观念和方法对待民办学校前期的学生，其结果是可怕的！学生之所以选择就读民办学校，大部分原因是因为民办学校和公立校相比较，能够相对地满足其某些膨胀的教育需求。如果一所民办学校所提供的教育服务内容和公立学校没什么差别时，这所民办学校就失去了比公立学校高出“几十倍”收费的意义了。

2、解读需求、创新教育

教师是需求的解读者。

任何满意服务均源于对需求的理解。不理解需求，满意工作就会处于“源头”的盲目之中，工作就失去了方向性指引，过程就陷入了被动之中，服务结果就会处于失控状态，学校对市场无任何主动作用，生存、发展就会听命于市场！

教师直接面对学生，直接面对需求，他们是学校解读需求的中坚力量。所以，解读能力是一位教师，一所学校做好服务工作的前提性保障。

【附：一位迷失需求的老师】

招聘工作有秩开展，供需比例很大。

人力资源部主任十分兴奋地向校长报告，“刚才有一位十分出色的老师……省级优秀教师，模范班主任，特级教师……课讲得也很好！”，校长有所顾忌地问：“多大啦？”

“五十六岁”显然，主任对这个年龄满意。

“好是好，就怕观念上出现问题呀！”，“要不，你把他请到我这儿来谈谈”

主任没吭声，转身走出了办公室。

不一会，他随主任走了进来。

“请坐吧！”校长微笑着说。主任习惯地张罗着茶水。

“您在民办学校做过吗?”校长问。

“没有,今年刚刚退休,是病休。”

“民办学校的学生可不好教呀!”校长直接拉开话题。

“天下教育是一家嘛!”

“噢！看来您很有信心呀!”

“搞教育工作就是这样,脚踏实地、勤勤恳恳,备好每节课,讲好每节课……”

“哪——您是如何做到区别对待的?”

“拔优、促中、辅差啊!”

“教育方面呢?”

“多与学生交流,把握学生的心理……”

……

将老师送走后,主任返回来问“校长,感觉如何?”

“还是担心那个问题!”。

主任沉默不语,转身走了出去。

……

开学了。

按照主任坚守的赏识,这位“优秀”教师显然被重用了,代两个班的主科,任一个新生班班主任。

一个月过去了,这位老师再次来到校长室。一进门怒气冲冲地将一页纸拍到了办公桌上,“没法儿干了!”

“怎么啦?”

“反正我已经尽力了！在原来的学校,我一节课讲十道题,学生还嫌慢,在此我一道题讲几遍,还是不会！……更可气的是,家长不说孩子笨,还怪老师！说什么‘我比公立还公立’,讲不讲道理！……学生呢,简直是不可理喻,本周《问卷调查》给我打的全是低分!”

“您觉得原因在什么地方?”校长静静地听着,平和地顺口问。

“你抓得紧、要求严他们说死板……我向来如此,这是我的工作作风!”

……

“不妨你多听听别人的课,看看他们是怎么上的……再与其他的班主任交流交流……”

“不瞒你说，校长，在我原来的学校，是别人到我这儿取经……不可思议！”

最后校长沉思着，缓缓地说：“要我看，你再仔细品品学生，围绕他们改改方法，或许会好一些”。

老师愤然地说：“我做了一辈子老师，谁能理解我的苦心呀！”

……

在这位老师身上出现的问题在民办学校中较为普遍，即：用一个“公式”解题，用一把“钥匙”开锁……设计一种轨道，自己形成一种教育、教学习惯，然后极力地要求所有学生去适应。适者为好，不适为差……这种“看齐”的做法是传统教育指派下的行为。

是让学生适应你，还是依据学生需求设计和寻找适宜的教育？只有解读每位学生的需求，为每位学生“量身”打造教育才有了设计依据，这才是民办学校推崇和奉行的。

理解学生，设计教育能力是民办学校教师必备的素质、能力。民办学校老师的这种能力，就是对市场的作用力和吸引力。

既然民办学校是立足于市场之上的教育。那么我们也可以用市场的方式去思维上述问题。你的产品不为市场接受，或让你的直接消费者不满，你总不能怪怨“是消费者费解你的苦心吧”。

民办教育工作是一种依据学生实际的创新，绝不是模仿，也不能套“公式”。

3、推动学校发展素质、能力

为什么要拟此标题？教师的作用有那么大吗？回答是肯定的！我们就此做如下分析：

民办观认为

教师与学生的关系是与家长关系的基础。

民办学校中，员工与家长的关系构成学校与市场的关系主体。

正常情况下，学校主要通过师生关系主动影响市场。

民办学校中，教师与学生的关系最为密切。

学校的员工中，教师与家长的距离最贴近……

家长是学校直接作用市场的“员工”，那么教师就是学校管理市场“网络”的编织者和经营者。

概括言之：

其一、民办学校中教师与市场的关系最为直接、紧密。

其二、具有市场观和发展观的教师群体，用服务过程固化师生关系，深化家长关系，促进学校与市场关系，推动学校的发展。

大家都知道，学校作用市场的特点是：

其一、教育工作产生结果性绩效的周期长。

其二、“软件”处于学校的核心位置。用服务过程和满意度（含绩效）面向市场证明或运载软件，较任何广告更具说服力。

其三、与赢得最终绩效（如：升学率，优胜率等）相比，学校更容易用服务过程赢得良好的口碑。

其四、民办学校的一切工作过程与绩效，均服务于生存与发展目的，或者更直白地讲，是为了赢得生源（量或质量）。

通过上述分析，不难得出这样的结论：教师是市场的全程作用者，是推动民办学校发展的主体。可以这样讲，一所发展中的学校必然有一支让家长满意的师资队伍；一所生存困难的学校首先遇到的是师资上的困难。

只有明白自身对总体作用的“士兵”，才会采取对整体更灵活的措施；才更会富有创造力；才会对整体发展做出最大的贡献。

所以，民办教师在具备教师素质的前提下，还要具备一定的市场知识、能力，还需要明确自身在发展的位置和作用。学校须重视教师的培训学习，致力于观念转化和培训，这就是在锻造学校的发展。

长期以来，中国只有一种教育模式——国有教育。这一模式在教育者的思想中已根深蒂固，成为习惯。如果学校不引进民办观念，不重视教师民办观念的形成，很容易导致他们“滑落到习惯的轨道上”，出现“穿新鞋走老路”的民办学校公立化运作现象，“无它路可走，自然就得走老路嘛！”。教师盲目服务，学校盲目发展……正是这一问题，导致了许多民办学校出现生存困境问题！这也是大多民办学校倒闭的主要原因之一。

4、可塑性筛选

既然教师的观念是能力的核心，可否以观念为标准去筛选教师？当然，用观念筛选人才的做法不失为明智之举。操作中，民办学校更多的是选择用经验、能力筛选（如：民办学校工作经验，教育、教学、招生能力等），或是用社会认可条件筛选……因为，在民办的人才群体中真正持有民办观的人才较少。所以,教师观念的可塑性是民办学校在筛选教师时需慎重考查的重要内容之一。

我们讨论过许多教师对市场陌生的现状及原因,也论述了教师对学校发展的作用。如果学校不去极力弥补,教师这种市场能力缺陷,学校的生存、发展就会十分被动;服务和作用市场也将限于形式化。

通过培训和工作实践,让教师获取一定的市场知识、能力并不是一件十分困难的事情,真正困难的是教师是否具有可塑性。

为什么说教师的可塑性是真正的困难呢？原因在于,本来认识领域的建设工作是艰难的,更何况群体已有"定型"认识！要让他们放弃已成型的思维模式和工作经验;要让他们建立起全新的观念,接受工作、创造性工作……其难度会可想而知。

现实中,越是对传统的教育模式认识定型的教师,可塑性越差。越是在公立"驾轻就熟"的老师,其公立化的操作"惯性"越强。当然,这只是一种概况,不是绝对的。

民办学校应重视教师的可塑性选择!

5、教师的心理素质、能力

实操中,民办学校更多的需求来自教育,如:学生人格辅导与完善,良好习惯养成,兴趣保持与培养等。作为民办学校的教师,仅限于教学水平,就很难胜任这种多层面的工作。对教师教育能力的严格要求,也是许多民办学校在人才素质能力要求上的成功经验之一。

总之,民办学校师资队伍的建设工作,体现了一所学校民办思想和人事思想的成熟程度;也是一所学校的总体设计在人事环节上的终端表现。

教师素质中的市场能力含量比例也是民办学校作用于市场的直接"输出功率"。一所拥有民办教育理念的学校,要走向成功,还需要把"理念"渗透在各个环节中。所以,打造一支具有民办观念的教师队伍是办好学校的核心工作。

在对诸多学校的考察中发现,许多生存困难的学校都存在以下共性问题:

一是学校缺乏明确的民办学校办学理念;

二是教师的传统操作问题。

关于成因与败果问题,我们将在以后的章节中阐述。

第六章 民办学校校长素质、能力要求

校长是实现教育走向市场目标的核心人才群体。民办校的校长群体应具有“思想”或“策划”层次。下面就民校校长群体的素质结构和能力结构做如下讨论：

注：以下提及的校长，是指处于学校决策层的领导群体。

民办学校校长应具备的素质、能力：

一、敬业博爱，具有良好的修为和德行

高尚的德行和良好的修为是一名教育工作者应具备的基本素质，更是一名校长必备的人格基础。“厚德载物”德是才华的寓所，也是事业的寓所。

校长的人格魅力和良好的修为是建立群体威信的基础，也是形成学校凝聚力的核心。在民办学校人事管理还不够完善的环境中，校长的德行和人格魅力，尤其是在稳定员工，减少流动方面发挥着重要的作用。同时，校长作为学校的代表，他宽厚的德行也是企业在社会中、市场中、学校中建立良好信誉的前提基础。

敬业爱校、富有爱心和责任心也是校长高尚品德的重要体现。一位敬业的校长，能在潜移默化中塑造出学校良好的工作风气。爱心是形成凝聚力，向心力的基础。

二、具有理代教育思想高度

民办校长首先是教育专家。他应对现行教育有深入的研究和独到的见解。

对现行教育深入的透析与把握是深入理解市场教育需求和高度凝炼需求的基础。只有用现代的教育观去审视现行教育，才能提出对现代教育的补充意见，策划满意需求体系。

三、成熟的民办教育观念

融合当地经济、市场和教育规律，提出明确的民办教育思想。

能够用民办教育思想指导学校的体制、体系建设；

能够始终将整体工作准确协调到作用市场的目标上；

能依据反馈对学校的工作体系不断进行调整，使学校始终处于代表市场需求的巅峰。

用民办的人才观去选拔和培养人才；

用对市场的作用评价和考核员工；

让学校每一项工作、每一个环节始终有效作用于需求。

用每位员工的工作过程和绩效不断作用市场。

与时俱进，开拓和创新，能适应和满意不断升华的教育需求。

主动把握和管理竞争市场，准确地把握竞争对手，及时了台针对性的竞争策略。

四、良好的口才

准确表达思想观念，具有生动的演讲能力和感召力，胜任校内培训和校外演讲。

五、通市场的教育专家和通教育的市场专家

能够立足教育，从市场的需求中概括总结出学校的教育服务。

能够用市场的理论、规律审视教育服务；构筑市场管理机制，推动机制运转；

能将校内工作准确地协调到市场目的、目标上来，形成学校管理和市场管理相融合的民办学校管理体系。

六、良好的文字表达能力

能够将自己的思想、观念用图文形式生动、准确地表达出来。具有策划图文广告和驾驭市场媒体的能力。

七、具有很好的组织、协调能力和管理能力

组织校内和组织市场，协调校内和协调市场；管理学校和管理市场。将管理的能力、方法、技巧准确地应用到学校和市场的运行中；通过评价、激励、协调、调动等管理方法使学校和市场始终保持良好的运营状态，达到“管理是艺术”的境界。

八、灵敏的反应能力和良好的应变能力

及时把握市场契机，能够根据市场的需求变化和竞争变化对学校内、外工作进行及时的调整。能够针对竞争实际做出策略性反应。应用思想，联系实际，准确回答家长和社会中各界人士提出的各级、各类问题。

九、良好的心理学应用能力

校长既是学生的解读者，更要成为设计的指导者。同时民校以市场需求为向导，需求和需求下的教育都离不开理解。

在工作实践中，民办学校往往要面对许多来自公立学校的“问题”学生。这些学生成绩较差的原因大都由心理因素造成，如：自信心不足、毅力差、意志品质脆弱、内向、压抑等；有的学生则是“情商”原因所致：没有良好的学习习惯、生活习惯等。这类学生不仅在招生工作过程中需要解读，而且在学校内仍需要做针对性较强的教育工作。

十、既有公立学校的管理经验又有私立学校的运作经验

教育是民办学校服务于市场的手段，作为民营校长必须有扎实的教育、教学功底和丰富的学校管理经验。

民办校的学生大部分源于公立学校，民办学校只有在公立校的基础上拿出更具针对性和更加精确的教育服务来，才会更有吸引力，而这源于对公立体制和运转过程深刻的理解。

民办学校的学生家长几乎都是在公立教育环境下长大，或者是身处在由公立氛围形成的教育环境之中。他们也在期盼着“区别”或“弥补”公立教育的学校。因此，无论学生还是家长，民校必须站在相当的公立教育高度，建立自身的教育服务体系。公立教育无论是从理论上还是人才上均是民办

教育的基础和前提,民办教育不可能也不能脱离公立教育。校长对公立教育的造诣是民办学校的思想、理论和实践基础。

校长的民办学校运作经验主要表现在其提纯思想、构建体系、管理市场和管理教育上。

十一、能够独立经营,善于理财,具有良好的成本意识

赢得市场、赢得生源、赢得经济效益是发展期民办学校一切工作指向的核心。

民办学校的成本意识就是管理的思想核心;经营和理财就是管理的方法、过程。从经济效益上讲:一所民办学校的年效益增长值是对该校校内、外体系运转综合评价的重要指标。在这一目标下,教学质量,教育服务等目标就成为是达到经营目标的条件。如何将财力准确地分配到学校工作计划中,如何在成本一定的前提下将工作绩效扩大?财务是管理的终端,对终端的管理,体现着管理者的总体管理高度和管理设计的整体性和完整性。当在学校定位的前提下,经济目标的载体是"生源"目标。

民办学校校长应具备的素质、能力是一个非常复杂的综合问题。人为地予以限制和评价就会显得十分机械起来。应从多个侧面、多层次去正确看待和评价民办学校校长。但可以肯定的是:民办校长必须具备的思想素质是:民办教育思想,市场、经营思想,管理思想。

从另一方面讲,校长是学校领导班子的代表,真正学校"校长"的意义是一个领导群体,群体的形成关键是思想认识上的高度一致性。校长对管理群体思想的管理能力是整个管理的核心。能否做到群策群力,能否调动班子集体,发挥众人智慧之优势,也是一位带头人必不可少的素质、能力。

无论校长的水平,能力多高,务实的工作作风是民办学校校长的常规素质。民办学校作为开拓型事业,务实、扎实的工作比任何高谈阔论更有意义。

第七章　民办学校董事会与校长

校长与董事会之间首先是思想关系，其次是素质、能力上的互补或协作关系。他们既可以是策划者与执行者，也可以是“市场目的与教育方法的协作者”，即：“设计师”与“工程师”。

他们从同一或不同角度指向市场，推动学校的发展。他们的关系集中体现了市场与教育，市场目的与教育思想方法等一系列的关系。这种关系是办好民办学校不可回避的问题之一，在此，我们有必要对此做专题讨论研讨。

本书在本章以前的讨论中，从不同侧面也涉及过这一问题。并提出两者关系的根源在于理念层面上的观点，同时认为：两者间的关系核心仍是观念。两者的素质，能力结构是决定理念统一度的主要因素。

董事会是民办学校的最高领导机构。董事长由控股股东或大股东提名，股东会2/3股东通过产生。一般情况下，董事长由办学者担任。董事长为董事会最高领导人。董事会行使对学校的领导权力（通常通过对宏观如审批计划下达目标任务，监督执行过程等的管理）。校长由董事会核准后报请教育主管部门审核批准后任命，校长可参加董事会或不参加。

一、董事会与校长立足点

学校的最高领导机构为校务会，校长为校务会最高领导。校务会成员由校长提名，并报请董事会批准，也可经校长与董事会协商产生。

通常情况下董事会与校务会的分工为：校务会在董事会的领导下，执行董事会决策，负责学校具体事务的管理。董事会对校务会下达目标、任务，审批学校工作计划，并督查分期目标和计划的执行过程。校务会，依据目标，制定计划，并组织实施核准的计划。董事会对计划的执行情况进行阶段性和结果的评价。对执行计划过程中发现的问题，定期向校务会回馈，并提出意见建议。校务会依据回馈情况，修改计划和调整工作，并将修订情况向董事会通报。

学校负责阶段(如学期)和年度的计划执行情况进行总结,并将总结报告和意见、建议上报董事会。在人事方面,校长负责组阁校务会,并将组阁情况上报董事会批准。

一般校级领导由校长推荐,董事会聘用;

中层领导由校长聘用,报董事会备案;

教师和员工由校务会依据人事制度要求聘用。

校长是董事会民办观与目的的载体与"作品"。要创办民办学校,通常办学者首先要立足市场考虑教育问题,即:以市场为基础,以需求为向导,以经济或社会效益为目标。他们要求的教育多为其切入市场的"手段",即:立足市场看待和要求教育。

民办校长大多处于教育环境中,以教育为本、为业。他们用教育为社会提供服务,即:是立足教育,服务和满意市场。

附例:专家与董事会的分歧

某校招聘校长。

通过初选和竞争最后还剩下四位。董事长决定邀请省民办专家做最后权威审定。专家采取直截了当的措施——与四位"准校长"单独见面。

单独谈话结束后专家没有做任何的评价只是约请董事长见面。一见面,董事长迫不及待地问"怎么样?有底了吧?"

"嗯!"

"怎样?"

"想再征求一下你的意见?"专家胸有成竹地说。

"各有所长,真是难取难舍呀!"董事长摆出了老朋友架势"逼宫"。

"这是给你娶'媳妇'嘛!想先听听你的看法。"

"好!你不说我说!……"董事长列举了各人的所长之后,最终将重心落在了'一号'身上。

"嗯、嗯……"专家听得很认真,不住地点头附和着。

"你怎样认为?"董事长说完后,严肃地问道。

"一号,有重点学校的运作管理经验,教育水平高,有经验、有方法,有思想……气质口才均不错,是个不错的选择!"。

"二号,有民办学校的办学运作经验……教育上欠火候……"

"三号,对教育和民办学校的看法独到,有自己的办学思想、有方法、有实绩……就是‘软件’上突出！”……“的确难取舍呀！就看你好哪一口喽！”

“别绕啦，直说吧！”董事长急着追问。

“这样吧，咱俩把排名写在纸上？”

“好！”

当两张便笺滩在桌面上的时候，董事长愣住了！专家唯一写着“三”号！

“能说说理由吗？”董事长开门见山地问道。

“一号谈及的教育十分前卫！思想、经验和方法围绕的全是‘质量’核心……没有做过民办学校，基本没有民办学校的概念。一个小时的谈话过程几乎没有提及市场的概念……我认为不懂市场的人做不了市场。”……

二、董事会与校长的思考角度

共同面对教育市场，共同使用教育“工具”，共同管理学校……共同的目的、目标，这是董事会与校长的相同点。他们最突出的不同在于，各自从不同的角度，用不同的方法思考和处理学校的问题。就达到和实现学校的目的、目标方法而言。

董事会的思考往往是：

1、如何设立学校的目标体系？近期目标、年度目标等用什么来体现？是用经济效益目标，招生目标，社会评价目标，还是谋发展目标……

2、关注竞争对手和环境，策划运作市场。

3、把握学校的“过程”，重视源于家长、学生的反馈意见。

4、为学校争取条件，获取优秀人才……

通常校长的思考为：

1、董事会在市场中的经济目标，如何以教育服务目标和质量目标的形式体现出来？

2、在市场教育需求的基础上、前提下，如何构筑教育服务体系？

3、用什么样的标准去要求和考核评价——管理这一体系的运作？

4、什么样的人才支持学校的市场目标？或这样讲，在市场目的、目标前提下，人才的素质能力结构要求是什么？

三、董事会与校长（或校务会）在观念上的差异

学校的管理目标，是以经济目标形式体现的，经济目标体现学校的生存

与发展目标,有很大比例的董事会最终是用经济指标来衡量评价学校的近期生存、长期发展问题的。而体现经济目标最有效也最直接的就是学校的生源量问题。影响生源量的两要素就是在校学生的稳定率和学校的招生量。

稳定率直接反映家长、学生对学校教育服务的满意程度,招生量则反映出学校教育设计被市场的接受、认可程度和学校营销教育的能力。

通过以上简述,不难得出这样的分析观点:董事会考虑的侧重点是学校——市场——发展目标。“学校”:是立足点,是提供教育服务的能力;“市场”:学校的定位在市场环境下,被接受的程度;“目标”在学校定位,市场分析定位的前提下,各期目标的准确性、可能性。

很显然,董事会是从市场经济的角度分析问题的,学校只是达到目标的经营项目和手段,从某种意义上讲,学校更像董事会推向市场的“产品”,所以“不”的需求、设计,产品进入市场的态度(如质量中心或产品中心),产品的营销方式,住处回馈与“售后服务”等,就成为办学者必须考虑清楚的问题。无论是教育工作者办学还是非教育界人士都需要遵循市场规律,都需要建立起市场的思维程序,需要用市场法则,思考教育问题。

然而,令人感叹的是,办学者往往是经济型专家,市场型专家,他们对教育的把握理解程度相对浅显一些,大有“工具”不随心、不称意的感慨。

民办学校的校长层,几乎全部是在国有教育环境下成长起来的,他们是研究教育的,研究如何提高学生的教育质量,提升教学成绩的,他们对经济、市场的理解处于一般水平,有的甚至不及家长、学生。受国有“质量核心”的长期影响,他们的思维方式几乎成为定式,学校——教师——学生——质量(考试成绩),他们管理的目的几乎是相同的,那就是质量胜出,质量立校,以质量促发展,一切生存问题发展问题、市场问题都要从质量这个“水龙头”里出水。许多学校在发展中,逐步走上了公立化的道路,“时间抓得紧,学校管理严”,领导有辉煌的办学成功历史——称为“专家治校”,教师有用丰硕的成果编织的奖项光环——手握“名师”的教鞭,无论论资历、论职称、论获得的奖项均光彩夺目,即使是与公立名校相比也在伯仲之间,董事对此也很有兴致,得意于胸。通过对比分析,不难发现:董事会往往缺乏专业化高层次化思考和修为。校务会缺乏市场的、经济的能力素质经验,而对此共同操作的却是以市场为基础的教育实体——民办学校。差异的根源在于素质、能力结构和思维方式上，我们曾指出："观念和素质能力结构是民办学校面临的普遍问题"。办学者受到教育的局限，操作者受到市场知识，经验的限制，致使民办学校在教育市场化进程中出现教育手段单一，方法简单，甚至远离需求的问题。致使民办学校董事会感到，学校对市场作用力度不够，学校的工作对目的目标的直接支持力度不够，内心的愿望和要求与现实间差距过大等的无奈境地。

民办学校需要用教育的工具，完成作用市场的工作。一者是有"工具"找不到工作要求；一个是有工作要求，"工具"不能称心如意。

民办教育需要将市场与教育焊接在一起，需要通市场、通教育的专家型人才，需要具备教育专业能力，又具备市场意识的领导、员工……然而解决观念上的问题，比起素质、能力结构问题要艰难的多。因此，现实中越是在公立学校具有成功经历、经验和资历的教育人才，离市场的距离越远。从这个意义上讲，职称越高，资历越深，光环越大，公立化思想就越牢固。可塑性就越小，向市场营销教育的过程就越缺乏，对"上帝"的理解服务工作的盲目性就越大。

因此，这也是董事会与校长在思想上、工作上等合作过程中出现分歧的根本原因所在，现实中，校长更换频繁，合作不畅，大多源于此，并非是校长不敬业之故。

"我问心无愧尽力了"，这是一位校长在与朋友诉"委屈"时的言语，"董事会根本上就不懂教育，还乱插手，乱干预，没法搞，这所学校怎么发展？学校是百年大计，不是一朝一夕的事，他（董事长）急功近利，一副商人嘴脸，这哪能做好学校！我是搞教育的，我不会骗人，看他（老板）每天搞策划，欺骗家长，迎合学生……我做了几十年校长，哪有见了家长点头哈腰过？哪有见了学生也怕的？这不是做校长是做奴隶！"，这是校长的苦衷，也是忠诚、踏实的工作中憋在心里的话语。为数不少的校长在与老板的合作中采取了放弃的原则，听老板的，按老板的意图做事。有的干脆成为办学者思想上的"附庸"，工作上的"工具"，在学校的操作中，以董事会的理念为"车头"，而拖动的却是传统教育的"车皮"，因为广大教职工的观念问题，没有得到彻底的改观。领导、教师还在原有的轨道上以惯性运转，令人啼笑皆非感叹至深，这样的"扭曲"体系，引发出了诸多董事会与教职员工、董事会与领导的矛盾，极大地阻挠了学校的正常发展。"嗨！打工嘛，就是这样的干法，干活不由东，累死也无功！”，“是老板的学校，又不是自己的，皇上不急，急死太监”，“忍吧，当一天和尚，撞一天钟，反正这里又不养老”……在与老板的理念斗争中，许多人放弃了与老板融洽合作的机会，沦为了“打工者”，其实质根源于双方都没有形成民办观念之故。

第八章 实际工作中的理念差异

董事会与校长的关系，均会从双方的理念差异上寻找到原因。学校的人才素质、招生发展也会从理念上寻找到成因、败果。理念直接影响着学校的各个层面、各个环节、甚至细节上面。下面结合操作实际，从不同侧面论述理念差异在现实中的表现。

一、理念在招生工作中的体现

上一章我们谈到，许多董事会用市场观念要求学校，正是在这一观念的指导下，许多学校出现了脱离学校的招生行为：如，市场工作及招生工作由董事会直接组织、领导。招生队伍由对当地市场熟悉的市场人士组成。他们虽然编制在学校中，但基本上是独立于学校管理之外。较为典型的实例如："学部机制"。

下面我们以"学部制"为例，说明剖析当市场理念和教育理念在没有得到统一时，学校主要层面遇到的"问题"以及对学校整体形成的影响。

"学部机制"A B C

学校将独立的招生队伍(具有招生能力的人)按生源区域划分职责；将划分的区域称为"学部"；负责本区的招生员叫"学部主任"，其主要职责如：

负责本区域招生工作；

教学过程中负责本区在校学生的监理。

负责本区市场及家长的组织与管理工作等。

联络和通报家长，沟通家校，处理、解决源于市场中的"问题"……

负责向学校及时反馈市场中家长、学生的信息。

……

"学部主任"是片区市场的维护者与经营管理者。他们可以是市场人员，也可以是教育工作者。校内可以专职岗位，也可以兼职上课。他们直接受董事会的领导，是一支独立于学校管理体系之外的市场运作队伍。

学部主任队伍，总体上对学校的运作持监督作用。个别问题向校长通报,并跟踪处理;普遍问题向董事会汇报,以求推动学校的宏观调整。

有的学校组织了“专业”的招生队伍。这支队伍由具有渗透能力的各种人士组成。干部、市场营销人员、大多产生于街道商人、家庭老太太等等。他们受招生办领导,按约定享受待遇,如:每月基本工资,每招一名学生提成多少费用等。

……

用民办教育思想观念评价,这种由市场人员做市场的“专业化”做法存在以下不足和问题:

1、市场与教育融合问题

学校运作教育的内涵是否源于市场需求?是否与市场需求的教育保持一致?

一方面,招生过程中,招生员必须顺应需求,甚至承诺家长学生的要求(不然就不会顺利达到招生目的)。

另一方面学校能否兑现。

假如不能,两者间就会出现“两层皮”现象。就会从招生开始为学校的整体工作制造出许多不和谐因素,如:招来学生留得住留不住的问题,家长学生要求“学部主任”,“主任”要求学校,学校无此职能难以应对,认为“不懂教育”……“官司”就打到了董事会!

2、学校的长效发展被动问题

市场工作人员不懂教育却为学校招生。因何说服家长?只能是“好!好!先生”,“一流大师”,“拍胸脯”承诺了。面对学生出现的教育、教学问题如何进行针对性的设计,指导?

招生员的“承诺了不能如期兑现!”就等于伤害了家长,学校就会失信于市场。

传统操作下,学校的工作过程对市场的持续作用力度就会减弱。就会形成用终端绩效阶段性作用市场的渗透市场局面。此时的招生就是“特殊时期”的工作。

3、驾着民办学校的车走着传统路

校内的教育工作者不去做市场工作,不仅不能弥补自身市场知识、经验的不足与缺陷,而且会使自身的教育教学工作失去需求指导,沦为盲目服务境地,继而“拿起传统的教鞭”陷入“习惯性教育轨道”之中。个体迷失“上帝”陷入盲目，学校就会脱离实际市场走上“老路”！

民办学校是针对性需求的教育服务创新；创新贯穿民办学校发展始终；创新是推动民办学校的动力。当教育者远离需求之后，创新就成为了空洞的表象。当民办学校的教育、教学走上传统道路后，实际上他的竞争对象就瞄准了公立学校。

4、内耗

招生队伍与学校管理是两种观念下的产物。

招生员以招生为目的，以完成招生任务为目标，大肆迎合家长

学生，对家长提出的愿望他们一味的“承诺”，对家长担心的问题他们一味“保证”，大有好好先生的味道，这在教育上是缺乏过程支持的。

对校内而言，学生是我招的，是我向家长承诺保证的，我承受着家长的指责，学生的不满等，我需要如何解释？怎样面对？如果因此导致学生流失，一来自己负责的生源区域会受到严重污染，另一方面，会因学生流失招致“责任”……他们被家长和学校夹在中间，解决问题的途径就是频频向学校反映。问题的投诉对象当然就是董事会，“我不只一次地向学校反映了！”，有的则将“问题”、“反映时间及次数”、“家长的态度”等上报到了董事会……某某学生流失不是我本人的责任！

学校方面，由于学校持公立化观念，教师凭无意识的习惯性教育教学行为操作，学校自上而下缺乏为市场广泛教育需求提供个性化服务的机制和能力 ，即没有“工具”，他们积极因素地将已有的工作细化，用粗犷的方式将学生的分组，用特色特长的培养办法提供着服务。这种在公立模式下的“加密”做法，还是不能满足家长的要求，学生的需求，“尽力了、众口难调”……认为学生的其他要求是“过分要求”认为招生员不满的指责是“无理要求”、“外行干政”。认为董事会支持招生员意见的做法是“不懂教育、乱搞学校”。

家长方面，部分不满意家长认为招生中招生员描绘的承诺保证与实际差异很大，一次次地向学校要求，强调仍没有实质性落实，希望一点点在消磨，期盼在降温，与招生宣传相比，有一种被“欺骗”上当的感受，于是要求转化成意见，意见逐步向不满升级，源于家长的压力由面向招生员，升级到面向 学校，由学校到董事会。

董事会面对来自招生员的“报告”，将问题安排到了学校解决，对源于家长的“投诉”也压向了学校。从市场角度重视“上帝”回馈的意见，解决反映

的问题,是经营链必备的环节。所以,董事会十分重视问题的解决情况和结果。

如此种种学校就成了"洼地"!"仿佛谁都是为了学校的生存与发展,就是学校的领导和老师们在怠工!"。学校承受着源于董事会、家长、学生等各方面的挤压,承受着招生员的指责,担负着学校招生、发展不利的"罪名"……他们抱屈叹息,十分费解,认为"这就是民办学校"。

不难总结,在董事会的市场化观念和校长的教育观念没有融合形成教育市场观念(民办观)的前提下,学校的教育思想方法手段不能转化成有效的作用。员工的素质,能力未得到转化提升的前提下,人员也缺少了主动作用市场的效能。整所学校的服务输出绩效就受到了限制,就不能更准确有效地作用市场目标。

董事会要"弥补"学校职能上的不足,成立运作市场的专职部门的举措无可厚非,"生源是学校的生命之源","没有学生装学校不存在",主动招生,主动对市场的管理,主动与市场沟通,就是学校主动面对生存、发展。然而,由于搞教育的市场能力差;搞市场的教育知识、经验不足的原因,导致学校的工作与招生工作脱节。人员的素质、能力结构与工作对象要求不吻合;学校的管理与家长要求、学生需求有差距;学校的工作绩效作用在"理想目标"上而非实际目标上。因此,这一系列问题的原因,不仅在于学校,同时董事会和招生员也各有因素。

实质上真正的"根"在董事会,在于没有形成民办教育观念。

假若董事会在聘用校长时,将营销教育的能力列为必要素质的话,学校就不会出现教育服务与市场"两个阵营","两层皮"的脱节现象。

二、理念在人才观念上的体现

大凡事业中的任何问题都能从人才观上找到原因,人才是事业的核心,民办学校也是如此!

不同的思想理念形成不同的人才观念,人才观直接影响学校与市场的关系。

许多办学者教育观是在传统教育环境下形成的。往往他们心中的好学校模式是"好学校 = 好校长 = 好教师 = 好成绩"。自身理想中的学校就是"办一所像某某学校一样的学校",这一"模板"往往是公立学校。所以这类董事会往往持传统的人才观念。

传统人才观念突出特征如下：

1、通用的公立化指标，如，文凭、学位、职称、工龄，名校工作经历、任职经历，获得的奖项等。

2、对教育教学行为的“标准化”规范要求。

3、抛开条件说结果和业绩的终身制。

4、年龄与知识，教龄与经验均成正比例关系。

5、“教育与市场是两回事。”

一位董事长明确指出：“搞教育工作和搞市场是两码事，隔行如隔山嘛！”，“市场的工作我来安排，学校的工作你们搞好就行了！”

……

传统的教育人才观念，没有将学校的市场服务职能和人才的市场作用摆在决定性的位置层面上。

尽管民办学校的校长是办学者人才观念的“杰作”，但当学校遇到生源困难时，当接到招生员和家长学生的“投诉”时，当在校学生出现较大流失时……办学者并不是从自己身上深刻反思，而是更多地认为：“校长不称职”！

同样，校内教师队伍是校长人才观念指导下的“作品”。但当学生、家长投诉时，当学生流失时，当学校的招生工作变得十分被动时……校长却往往将责任归咎于老师。

一所理念较为成熟的民办学校在聘用校长时，明显地把理念（民办观念）作为必要的考核条件之一，如：“在民办任职五年以上，有自己独特的办学理念，有成功办学经历、经验等等”。一位民办学校办学专家感慨道：“需要能用教育做市场的校长。”，在与他谈及人才观念时，他一针见血地评价道：

“就拿今年我们招生的高中部来说吧，重点中学用成绩筛选学生，我们用家庭经济条件选择。人家的生源质量要比我们好得多！同样是高中三年，要同样面对高考，同样要面临社会相同的评价……就好像同样时间，同样终点的赛跑一样，你别忘喽，它是以不同起点为前提条件！”

是啊！对于一所新学校来说，建立“产品中心”首先会遇到源于“原料”的限制问题；建立“客户中心”受到自身的观念的束缚……

如果董事会作为“懂教育的市场专家”的话，聘的校长时就应侧重考虑

“懂市场的教育专家”要求。当然,这只是理想状态,实际上办学者和校长群体中拥有如此思维能力的人并不多见,但如两者能清醒地认识到各自的不足,进而形成互补和协作,便是务实之举了。

民办学校的人才就是能在市场“轨道”上“开车”的教育工作者;

就是能面向市场应用教育的市场工作者;

就是能将教育与需求对接的策划人才;

就是能面向市场应用教育的设计人才;

就是能满意需求的操作人才。

三、观念与发展

董事会站在懂教育的市场专家高度,从市场角度考核校长,如校长的教育理念对市场需求的代表程度,校长的教育教学策略、方法被市场的接受程度和适应程度等。校内的工作与市场的接轨程度。校长对校内管理与市场管理的过程结果关系等。

董事会与校长拥有民办观念是指,立足教育看待市场和立足市场看待教育的统一程度。

在观念观念统一前提下,校长的市场高度、能力、经验越突出,他与董事会的认识就越贴近,关系就越和谐,对学校发展的推动力就越大。

在观念统一前提下,对教育设计、操作的赏识程度取决于董事会教育的认识高度。认识高度越高,董事会对学校发展的判断力越强,越具有发展的远度,校长及员工就越稳定。

相反,离开了市场作用能力,在单纯的教育条件下选聘校长:

越具有名校管理经验,年龄越大,经验越丰富……其离市场的距离就越远。对学校的发展支持力度越小,随着操作的深入与董事会的关系越紧张!

在开玩笑时,有人提过这样的奇怪问题:“民办学校假若校长年龄大,一般教师队伍的平均年龄也较大”,这样不奇怪,实际上,举什么样的旗帜,招什么样的兵。如果在招聘时,注重条件的话,一般有这样的规律:年龄与任职经历工作经验、成正比关系;职称与年龄成正比;奖项与年龄成正比;(如教师和班主任等均需要有一定的成长、成熟期)。但招人是重要的,民办学校通过工作过程和培训对人才素质的补充和“加油”是解决这一问题更有效的途径。

一位校长应聘者，经过前期考核，董事会对其观念、策略、实际操作等能力都很满意，于是决定进入最后的“拍板”程序。

“您在本地任校长几年了？”

“四年了”

“看来您对本地教育市场和竞争环境十分熟悉了？”

“有一定了解”

“请您做一个招生简章的策划好吗？”

“好的！”

“您看要多长时间？”

对方迟疑片刻，“一天吧，明天的现在交卷如何？”

“好！”

……

评：这是对“教育的市场应用能力”的直接考题！

首先，招生简章需要在教育思想的指导下，形成对市场的吸引力。他需要思考和回答“假若你是家长，当收到十所学校的《招生简章》后，能否判断出先去哪所学校参观的问题”。这种吸引是对市场的理解，也是面向市场应用教育能力。吸引力的“大”、“小”就是对竞争对手及需求的理解深度。

其次，在小小的篇幅中，用图文来表达学校的整体及优势，如果他不处在一定的教育高度上很难做到。

其三，《简章》是思想观念的“浓缩”。它是较好的辅助判断参照。一般在传统思想指导下策划的是“质量保障式”《简章》，如，校长的知名情况，教师队伍的素质，如何提高分数等将成为重点表述内容。

在招聘时应重视对理念的考核。

民办学校应将理念的渗透，纳入到工作过程中，培训中，学校的工作计划中。

第九章　民办学校董事长与校长的关系

思想统一是董事长与校长关系的基础。

“一位好校长就是一所好学校”这是被公立学校普遍接受的观点。在民办学校“有一位好老板才会有好校长”。怎样才是好老板？必要条件之一是“具有民办观念”。另一条件就是聘到好校长并处理好与校长的关系。我想通过以下几个实例，谈谈董事长与校长的关系。

【案例一】：教育市场操作

某民办学校因故经费运转出现困难，董事长几经奔走，终无功

而返……1400 名学生的伙食、教师的工资和其他各项支出均在“等米下锅”！

（学校基本情况：在校学生 1400 名。教职工近百名，学生年收费 22000 元/年，月支出 60 余万元。学校校风良好，教育教学质量被家长认可，在社会中的影响较好）。

无奈之下董事长找校长商议对策。

“现在财务仅剩 40 余万。到支撑到本学期结束尚有三百多万元资金缺口……这还不算启动招生费用……”。接着董事长一口气讲述了融资遇到的困难，“……该想的想、该做得也做了，我实在没有别的办法喽！”。

校长沉默着听得很仔细，仿佛在听故事，十分从容！“财务困难”员工们都在议论他岂能不知！更何况这也许就是董事会专程聘请他来担任校长的根由。

他不由得想起探望老校长的情景。

仅上任三天，随着对学校的深入了解，对老校长的崇敬逐日递增！于是他向董事长提出了“请老校长继续任职”的请求。

“这……恐怕不行吧！”

校长理解董事长的反对理由。继续道：“我去拜访拜访老人家。”

“那……要去就让主任随你一起去吧！”

……

拜访十分成功！

与老校长分别时，校长又提出了让他返校任职的请求："您知道，要搞好学校不是我一个人的事，而是需要一个团队……学校是您一手做起来的……不能再让她走弯路，也走不起呀！"

面对真诚，老校长终于答应了下来"我老啦！我可以去帮你望望风，看看摊！"

"不过……"老校长欲言又止。

"有什么您尽管直说"校长用期待的目光看着说道。

"老师们三个月没开资了吧？"

"这……这可能是让我来的理由吧？"

"得病乱投医吧！"老校长长叹着。

……

"现在没办法，只能告诉你实情！"讲到最后，董事长加重了语气。

校长仍一声未吭。

"有办法更好，最主要是要做好学校的稳定工作。"董事长最后点明了谈话的主题。

此时，校长才应到："好的，我知道了"。

第二天，校长拿着《融资计划》来到了董事长办公室。董事长十分惊愕地看着《计划》！

"坐吧……"显然董事长的说话语气仍有激动的成分。

校长平静地说："凭我校多年来良好的口碑，我想用教育方法，解决问题！……我把《计划》向您汇报会一下……"

【《计划》内容：

一、计划目的

1、融资400万，（解决学校运转经费）；

2、解决暑期招生问题（解决远期学校经费，在原招生计划基础上多招生200名）；

3、达到继续推动学校良好社会影响和提升硬件目的；

4、全面提高教育教学质量。

二、方法：利用家长提升学校配置

1、建立校园网，与名校网校接轨，引进优质教育资源；

2、实施网络辅助教学，加大知识容量，拓宽学生视野；

3、学生人员配置一台电脑，由家长提供，产权归家长所有。

4、除学生电脑外，其他设备（如主机交换器，学生学习电脑桌椅等）由学校负责，购买和施工。

5、将水泥地板更换为木质地板。

6、利用市场电脑价差，争取让多数家长选择由学校组织集体购机。

说明：将四十间教室的水泥地板更换为木质地板，将学生的传统课桌椅，更换成具有学习电脑操作双重功效的桌椅，极大地利用教室空间资源（50人标准间，现为30人小班），将学生桌椅设计成了学生个人学习空间。

三、零投资操作

1、目前品牌电脑市场价6500——8000元/台，经与电脑厂家（经销商）初步协定，同样配置的电脑集体购机可降2000元/台左右，向家长宣传，并争取“集体购机”每台按市场价下降1000元/台为标准，购1200台电脑，可获得差价1000元/台×1200台=1200000元。

2、控制：限定学生学习平台电脑嵌入式安装规格。

投资预算

建立服务中心，购主机、教师机（40万元）；

铺地板（四十间教室，一间间信息中心），6000元/间；

布网线，电线和定做学生学习平台，1200元/间，以上初步与厂

家和装修公司议定。合计总投资：40+24.6+49.2=113.8万元

注：1、学生学习平台，厂家装修公司，按校方要求标准和设计配置报价表后附。

2、学校已与两所网校建立合作关系，教育资源引进不需要再行投入。

四、融资四百万计划

与电脑经销商洽谈，购机1200台，汇款方式为：

1、签订合同，预付10%（总体的）；

2、全部电脑到位再付10%；

3、安装调试验收合格，至验收后一周内再会10%；

4、令年十月三十日前支付60%，余款10%作为维护保证金和质量保证金，按合同电脑正常运行三年后支付。

在11月前，约有1200台×5500元/台×70%=462万元。可

用学校运作经费和招生经费。

五、还款计划：

在学校社会影响良好、质量稳定的条件下，去年暑期招生约有862名家长来校参观，决定入学就读的为268名（约占参观总数的30%），未选择我校就读的学生除部分因客观原因外，约有总数的30%左右学生是因为我校硬件配置之故（招生调查总结数据）。

今年招生在与去年相同前提下（近五年招生统计显示，我校平均每年以85递增），由于我校班级木质地板，学生人手一台电脑等提升因素，可大增加参观学生的择校率。

由于名校资源的普遍使用，学生的学习兴趣会大大提高，在校生稳定率会相应提高。学生的学习成绩也会有相应的促进。

综上分析，今年暑期招生较去年可提高200名以上，总数可达到500名左右。计划不足部分，另由稳定率上升量补充，净增200名学生，收入可增大：200名×22000元/年名＝2200000元。

新增学生收入可作为还款款项，200名新生会导致班额（约3——4个班），教师工资和伙食投入增加，引发财务预算增加。

【实施计安排】

主题：家校共同打造孩子明天的成功。

向学生家长宣传主题：让孩子聆听名师的教诲，走入名师课堂，受益名校优质教育资源的慧泽，乘时代教育的快车，实现全面提升教育效果、教学成绩之目的，学校经横向联络，终于与名校（×××学校），达成共享优质教育资源的协议，经学校研究，决定建立网络学校。

教师宣传主题：走出课堂，走出校园，与名校接轨，拓展视野，拓展思维，成就自我，成就学生。

一、准备期（一周、二周）

1、**学校宣传资料准备：**

a、网校优质教育资源介绍；

b、校园氛围营造；

C、家长通知书；

2、**宣传准备：**

a、班主任、教师培训；

b、网校专家报告会；

c、班级动员会；

d、推荐电脑配置；图文介绍资料电脑价格说明；

e、全校学生动员会。

3、展示、演示、准备：

a、两周内做好“样板间”；

b、两周内确定演示内容、讲解员和讲解稿。

4、宣传原则和操作口径要求：

a、投资原则：学校出大头，家长出小头；

b、家长购机：自愿原则。要求：能安装嵌入学生学习平台之中达到统一目标，不准在桌面上摆放。电脑配置符合上述要求，学生可将家庭电脑搬至学校中，也可自行按要求标准购买。

5、集体购机说明原则：

a、配置、价格、优点介绍；

b、购机、产权归家长所有；

c、学校投入项目，内容和投入资金说明。

二、推动执行

1、培训安排（略）；

2、环境安排（略）；

3、班级动员时间安排；

4、报告会（学生）安排；

5、家长通知书下达时间（略）；

6、家长会安排；

7、班级评比、班主任考核；

8、学校总结、表彰。

……

董事长认真地听取了汇报后指出，“我看这个计划可行，时间急迫你就组织实施吧！”

【《计划》实施情况

全程实施时间为五周，结果如下：

1、集体购机学生，1243 名；

2、家长反映，98%的学生家长对学校的做法支持，60%以上家长认为，学校为了孩子做了件实事、好事。学校收到家长送来的感谢信53封，锦旗14面。

3、在校学生稳定率为历年新高。

4、本年度暑期共招收新生603名，较去年增加335名，参观家长1024名，择校率由去年的30%提高到今年的58%；

5、在招收的603名学生中，有167人是由在校学生家长带来的新生；

6、本年度暑期参加市级测试，学校成绩提升幅度创办学以来最高；

7、5月份学校开通了家校平台窗口，家长与教师、与学校的沟通量增加了几倍。给老师留言，与学生交流成为家长交流的主渠道。

……

在民办学校中要达到“市场目的”就要以教育为载体。上述《计划》通过教育专家的策划和组织，不仅变得合理，也使得达到“目的”变得轻松。所以，校长与办学者之间形成了合作，协作和互补关系。

同样，教育工作者，尤其是校长需要有经济头脑和应用市场杠竿的能力。经济头脑就是运作民办学校时，有目的指向，有经营理念；市场杠竿就是学校的任何策划、组织都要从市场中寻求可行性理由。

董事长需要教育“翻译”，教育载体，教育方法。校长需要市场可行性目标，可行性论证……需要市场感觉。

【案例二】：角色与搭档

某校办学六年，在校学生二千余名，六十多个教学班，属贵族学校，教师中本地教师约占50%，占二十一名班主任份额。学校因更换校长引发教师动荡，新校长上任一个多月，九位本地班主任先后向董事会递交了《辞呈》。

……

为有效配合新校长工作，董事长采取“各个击破”的方式，逐一与辞职班主任谈心。

“行！看在董事长真诚的份上，我留下来！”每位应邀来谈话的班主任答应的很好。一天就谈妥四位，董事长十分欣慰！

第二天下午，已谈话的四位老师陆续来到了董事长办公室，均表示出同样的意愿“经考虑再三，还是决定要走！”

当最后一名老师离开办公室后，董事长感觉到了问题的严重性！

当晚采取了“重点突破”策略，邀请教师“代表”共进晚餐。

这一招果然奏效！除一名表示考虑外，其余二位都应承了下来，并答应，回校后协配合董事长做其他老师的稳定工作。

又过了两天，递交《辞呈》的班主任不仅没有减少，反而上升到了十六位！且十六人的态度基本相似“月末离校”。

就连三位“代表”都言语搪塞，面有难色……

董事长陷入了困境。

只好向校长通报了这一情况

“怎么办?”

新校长一个多月来，对学校情况基本把握，进入了角色，对班主任集体辞职的现象早已深入了解。窗户纸捅破后，校长将老师集体辞职的原因，大体分析为：

一是老校长在任八年与大家朝夕相处，几乎所有的老师都是他聘请的，大家对老校长离职，在感情上无法接受。

二是老校长居家离校不远，大家经常看望，会加重恋情。

三是副校长作为老校长的老搭档，本次校内人事更迭，没有达到继任的愿望。

四是董事会的人事决策前期铺垫不够。

由此，校内形成了忠诚老校长的情感环境。这样一来，很容易在部分“骨干”带头下，造成集体行为。“董事长找你谈什么了?”与您谈完话的老师回去后别人一定这样问。答应留下来的老师也一定会招致他人的抨击，被“环境”改变态度。

……

董事长听后焦急地问：“该怎么办?”

“这是好事啊！员工们对老校长有感情，对学校、对学生就一定有感情！我们就从感情入手改变环境！”

董事长只是呆呆地看着校长，表示茫然。

“你别管啦！明天八点钟开车在校门口等我就是了”校长显然表示出胸有成竹的样子。

董事长一头雾水……

第二天一早，校长提着酒菜不来到了校门口，董事长的车子早就等在那里。

“走吧!”校长上车说。

“去哪儿?”

“看望老校长呀!”

“这……我怕老校长对我有误解啊!”董事长有点担心,边说边挥手让司机小张启动车。

“你看看这个。”校长递一张纸条给董事长——

《稳定教师工作计划》

一、董事长,校长去拜访老校长。

拜访原则:“抚慰、承认其贡献、邀请其参与学校管理,争取同一立场”。安排:

感情交流;

校长实际汇报工作;

董事长提出要其配合工作的请求。

二、由董事长和副校长谈话,并给副校长下达硬性任务。

三、扭转大环境,以“是谁要砸大家的饭碗?”为主题,让继续坚持辞职的人成为不负责任的人。

计划执行十分顺利。老校长还专程来学校找教师们座谈。教师辞职风波得以缓和,但仍没有一位教师表示主动放弃辞职,僵局仍在继续,仿佛大家都在等待着什么。

董事长又把校长召到了办公室,讲“虽然缓和了下来,但还是干柴一堆,我总感觉到,有一触即发的危险。”

校长平静地说,“他们希望老校长重新出山”。

“那怎么行,换他是迫不得已,换掉他,学校才能生存发展!若再换回来,还不如批准教师辞职呢!”董事长十分坚定地道出了换人的观点。

“那我们就执行第三步计划!”,校长接道。

“怎操作?”这次显然董事长很有信心。

“还是明天八点钟,您开车在校门口等我就行了。”

“干什么?”

“别问了,明天车上再说”。

第二天7:30,《领导日工作碰头会》按时召开。

校长用凝重的口气开始主持会议。

“同志们,四十天的合作十分愉快!目前,学校面临的困难大家也都知道,今天,我向大家辞行,决定辞去校长职务!”

大家都静静地注视着校长,教务主任起身示意被校长手势压住。

“我们的学校目前遇到了生存困难问题!”

“由于不再允许收取‘教育储备金’,去年我们毕业生中有106名需返还‘教育储备金’12万元/人!共需1272万元。

去年招生342名,收费14000元/生年,共收取478.8万元。

仅去年一年就要多支出7923000元!

今年,也就是再过八个月后,我们还将面对同样的窘境。”

会场鸦雀无声,大家呆呆地注视着校长。

“为此,董事会在想办法!遇到的问题得到了有效的解决……但政策变了,环境改变了,学校也得随之转变……当前,部分教师提出辞职我十分理解。在此,我只讲几点我辞职的理由:

其一,我是个外地人,你们中多数是本地人,遇到困难,‘亲娘’都要跑了,我这个没来几天的‘后娘’凭什么为‘亲娘’顶黑锅?

其二,学生是你们招来的,是你们向家长承诺的。家长首先戳你们的脊梁,绝不会说我背信弃义!

该挨骂的要跑了,我不早走,难道等着替人挨骂吗?

有道是君子不立危墙之下!

其三,学校面临困难,大家不思同心协力,不研究怎样克服困难,却选择了逃跑,推卸责任,是你们欠家长的,是你们无法面对学生,而不是我。

你们与家长同处一个城市,家长、学生熟知你们的门槛,如果我先走,你们想不想也得面对家长,不管是不是在学校。

如果我不走,就得‘代人受过’家长就会找我!有道是‘谁酿的酒谁喝’,我不做这种傻事!

其四,你们与家长、学生多少年来建立起了良好的感情。感情好的要走了,我这没感情的留下来做甚?”

“散会!”

所有的干部都怔住了,呆呆地还没有缓过神来,校长怒气冲冲地走出了会议室。

……

校门口董事长在车上如约等着，校长拉开了车门，坐上车……

“走吧！”

“上哪儿去？”

“找地方喝茶呀！”……

车刚开，董事长手机响了……接完电话，董事长似乎有点明白了。接下来又是一个个电话……“我知道了”……“你们想想办法！”……

转身望了望沉思不语，恕气未消的校长淡淡地笑了笑。

校长悠闲地呷着茶，细细地品着……董事长几番欲言又止，只好勉强地陪校长拉着闲话…… 不一会儿，董事长的电话又响了起来了……校长忙示意道：

“告诉他们，就说你和我正在一起！对了，说你正在做着挽留我的工作。”

……

十点二十分，校长对深思中的董事长道：“给副校长打电话吧！要他召集几位领导商量一下，如何配合您做留下校长的工作。”

给副校长的电话通了，董事长显然有些生气地对着电话说：

“我不知道他到底为什么生这么大的气，现在他的态度很坚决！你们有什么好办法？……要不，你们商量商量，想想办法……”校长伸出拇指会意，董事长浓重地对校长讲道：

“中层干部都在会议室，一直没有离开……他们都已分工，分别去做教师的工作了……你怎么关机了？他们很着急！想和你直接通话”校长摆了摆手，示意不可。

学校与董事长的电话一直接连不断。快十四点了，董事长接完电话后慎重地说：

“全体领导和全体教师都没有去就餐，都表示，校长若不回去，连晚餐他们也不去吃了！……现在，中层以上领导全部都在会议室，老师们都在大会议室，已经等了快两个小时了。”

“走！我们回去吧！”

十五分钟后俩人走进了小会议室。

一进门，全场立即响起了掌声，今天的掌声与往常有些特别，令人感到严肃、沉重！当董事长与校长坐下来之后，会场上立刻响起了初中部韩主任的讲话声音——

“恳请书！”

“亲爱的校长，您虽然来到我们身边不久，但在短短的四十几天的工作中，您让我们全体的领导、员工感受到了温暖，看到了希望。我代表全体领导、员工恳请您留下来吧！”

韩主任在学校可谓是德高望重。她是学校领导的核心成员，也是学校教科研的领军人物，来校工作三年多了，是家长、学生公认的专家。

“校长，我们是教师，我们不能不管孩子啊！”

“学校遇到了困难，我们都知道！您是我们在这种环境下盼来的呀！”

读到此，她声音沙哑，泪水夺眶而出……

“聆听了您的演说，我们感到多么的庆幸！与您一天天相处，看着您有序地展开工作大家无不叫好。跟随着您默默在努力工作着生怕拖了后腿，影响了学校生存。校长，我们对您的举措是心服口服啊！”

此刻，她两手抖动讲稿，泣不成声！

高中部主任接过讲稿接着读道：

“当学校面临困难的时候，一些人不思主动面对、只知索取，甚至反过来还给学校施加压力！这种不顾全大局私利行为，这种不管孩子的逃避行为……我们予以坚决抵制！”

“校长，我代表全体领导向您表示：我们与学校在一起，要与学生在一起，要与您在一起……我们风雨同舟！”

“校长我们恳请您留下来吧！”

“为了孩子，为了让我们完成家长的托付！为了我们每位员工在家乡父老面前的尊严！”

……

会场静悄悄，每个人的眼中都溢出了泪水。

董事长的表情木然，但却流下了感动的泪水。

“我答应大家，留下来！”校长坚定地表了态。

“同事们！听着你们恳切表态，我想到了这样一则故事……一位老师带领着他的学生到野外活动……

突然，天上狂风大作，阴云四起——要下雨啦！

老师环顾四周，发现不远处有一茅草屋……‘同学们快往小屋跑！’……同学们飞快地奔向了小屋。

当最后一名学生挤进小屋时，天下起了瓢泼大雨！

谁都庆幸，旷野上有这样一间茅草屋，不然可真要饱受风雨之苦了。

茅草小屋在风雨中摇晃起来！

老师急迫地喊道：‘同学们，大家从四周用手撑住墙壁！’

孩子们都伸出了双手，把小屋撑在了风雨中……

同事们！

我们的学校就似这间茅草屋哇！

有了他，才使得我们免受风雨之苦！可目前它正在风雨之中晃动、摇摆…它需要我们共同用手把他支撑起来啊！”

……

副校长向悄悄地向校长提醒道：“老师们都还在大会议室等着呢！”

一行领导在校长的提议下，来到了大会议室。一阵掌声过后，领导在主席台就座。

会场上鸦雀无声。教师代表开始发言

“我们懂得感恩”

……

“天下哪有不管孩子的父母?!”；

“人间哪有丢下孩子的老师?!”

最令人感动的是，讲话的代表是来校就职不久的张老师。她是某所学校倒闭后被特聘过来的。讲话触景生情，声泪水俱下，让人闻声惊心！

……

“诸位同事，我至今都难望那一幕，家长哭我也哭……孩子们抱成一团哭……当孩子被家长带走再回首的时候，那是一种对人性、对师道尊严怀疑的眼神——很长时间令我挥之不去，刻骨铭心，终生难望啊！”

此刻，全场肃然。

……

“校长，作为一名教师，丢弃了自己的学生，一生有此番经历是莫大的耻辱，寝食难安啊！”

“校长，我们共同请求您留下来带领我们。我们将与您不离不弃，患难与共。”

“老师们，丢掉孩子的教师，就是失去孩子的父母啊！”

……

教师代表的讲话结束了，此时，董事长坐在台上，双手叉于胸前，眼里浸满了泪水。

一位中年女教师，走到台前进行表态发言：

“……不利于学校的言辞咱不讲，不利于大家的事咱不做，谁要再做出砸大家饭碗的事来，就是同事和孩子们的罪人！当我们要离开学校的时候是笑着走的！”

“我也不由自主地进入了角色！”这是董事长散会后与校长讲的第一句话。

提出辞职的十六位班主任，陆续与校长谈了心；除一位因特殊原因被批准离职外，还有七位老师主动递交了“检查”。

校园内大家众志成城！一个团结、凝聚的机体迎接着前途上的困难。

【案例三】：朋友

像往常一样，每逢周日董事长总会抽空陪陪校长，散步、喝茶、野餐，兜风、游览形式多样，但俩从喜欢郊外散步。

今天又是周日。

上午九点多钟董事长来到学校，俩人一起驱车来到了郊外……

这是经常来的地方。俩人照例并肩漫步在那条曲折的小路上，边走边聊……

那是一条羊肠小道，前方一直延伸到荒芜的小丘上。路边草木茂盛，遍地开着各式各样的野花，地上也爬满了植物，只有小径的中间能看出有人走过的痕迹。

校长轻松地撕扯着旁边较高的植物，一阵微风过后，突然在一种长得像野葡萄一样的植物被掀起的叶隙间，显露出几枚鲜红的果实。

“真漂亮！”

“这是什么？”

一种好奇心催促校长径直地走了过去。嗬！真诱人！那是一种玲珑剔透的红！

校长送手摘了几粒捧在手心，捧到董事长眼前。

“这是什么？能不能吃？”

董事长显然还未走出聊境，对校长的提问，只是礼貌地点了点头。

校长仿佛听到了命令，拭净果实，随即送入了口中。

“嗯——味道不错！”

随后又摘了几枚，送到董事长面前

“挺好吃得，您也尝尝。”

董事长此时才缓过神来，迟疑着接过果实，放入了口中……

第二天，董事长没来上班，秘书告诉校长“董事长生病住院了。”

校长十分纳闷“昨天还好好的，我们还在一起散步呢！……是不是出了什么意外？”

“听说是肠胃病。”秘书补充道。

校长这才松了口气，忙通知办公室主任：“通知司机，马上去医院。”接着转身问秘书“在哪个医院？”

“市中医院”

“哪个病房？”

“内科，707 病间”

……

病房里董事长正在输液……夫人和董事长办公室主任小王陪着。校长走进病房，将“礼品”放到桌子上后走到了病床前……

只见董事长仰卧在床上，面色全苍白，嘴唇乌黑！身体软弱地瘫在床上……“怎么这么严重！？”

“没……没什么，是……是老毛病，不会有事的……”董事长弱弱地回答道。

夫人撇了撇嘴，显然对董事长的说法不信！校长此时一头雾水，心中充满了疑惑“连夫人都不相信，能是老毛病吗？”。

“究竟怎么啦？”校长显然是在追问。

董事长忙说：“大概是食物中毒吧……”

“哪能呢？他平时对食物是很讲究的！”夫人显然对董事长的说法不信。

此时小王也如梦初醒，“我去问个明白！”。

“小王！还是我去吧！”校长争要去。

“你们都别去了”看到大家的阵势董事长知道瞒不过去了，终于道出了原委……

“昨天,我和校长去散步,他摘了几粒‘蛇草果’问我‘能不能吃’,我当时正在思考问题,没有在意他和我说什么,只是随意点了点头,哪知他还没等我开口,就扔到嘴里一口掉吃了!”

“真是个呆子!不知道有毒吗?!”妇人嗔道。

“他……他又摘了几枚请我也吃,我这才反应过来……”

“可他已经吃了……我也就跟着吃了……”

“知道了还吃?”妇人的口气里显露着怨和爱。

董事长欠了欠身子,接着说“当时只是想,要出事俩人一块……”

校长如梦初醒,回应着董事长说:“原来是这样!怪不得我昨天晚上一回去就拉肚子,我还正纳闷呢!”

……

从医院出来,校长深深地被感动着!

他把你当成了生死与共,患难与共的朋友!这还用知道在董事长心目中的位置吗?。

董事长此举,我只有用工作来回报了,而且还得默默地、无怨无悔地把学校当成自己的产业去经营!

【案例四】:不成文的“命令”

“其身正,不令而行;其身不正,虽令不从!”这是董事长经常引用的话。

校长像往常一样,每月定时向董事长汇报“下月工作计划”与“本月工作情况”。俩人正在就“边缘问题”讨论,秘书推门进来了。

“董事长,有两位客人要见您。”

“让他们等一会儿”

“好的”

汇报完工作校长起身要走。等校长站起身来,董事长连头都未抬,说到:“有客人,一起吃个便饭再回去吧!”

“好的”校长回答得很干脆,因为这是不成文的规矩,汇报月工作董事长总是要“请客”。

董事长的两位客人很年轻,二十几岁,看起来一个比另一个年长二三岁的样子,两人打扮得像农民……

菜还未上,两位客人就先开口了。

“姑,我爸让我俩给你带个好!”

“哥的身子还行吧?”

“行!”说着,两位侄子又从座位上站了起来。

“坐吧!有什么事说吧,这儿没有外人。”董事长好像是猜透了对方的来意,直奔主题。这也是她一贯的做法,做事从不兜圈子。

两位侄子不好意思地看了看校长。

“这位是校长,不见外!”董事长顺势向两位侄子介绍了校长。

哥哥先开口道:“……我爸……让我们俩来找你……想……想找点活干。”

“哪怕烧水也成”弟弟忙补充着。

“家里就那点儿地,爸说有他一个人就够了,用不着我们俩。”哥哥又接上了话茬。两人的话好像是预先准备好的“台词”,说得特别僵硬。

“我知道了。”董事长打断了话题,接着说:

“你们俩回去告诉我哥,就说我这里不需要你们。”

“那……为什么?”哥哥十分诧异地鼓起勇气问。

“就是因为你们是我侄子!

你们过来不仅帮不了我,还会坏我的事。”

这个结论让人无法理解!一个勤杂员工怎么会“坏事”呢?有点过敏了吧!是不是故意做给我看呢……校长心中嘀咕。

想到此,校长有点看不下去了,“董事长……”

董事长挟了一筷子菜,放到校长餐碟中说“吃菜吧!”,接着为她的两位侄子上起了人生课:

“你们过来工作,虽说是一个干粗活儿的,但身份不一样。”

“一来,别人怎么管?看不看我的面子?给我留不留情面?

二来,你们看到的,听到的,认为不合理的人和事说不说我听?肯定要讲的嘛!我该听不听?”边讲,董事长转身对校长微笑着说:“来、来、来!边吃边聊吧!

我听的话,你们就会用提供的低层次信息干扰我的思维……因为你们有经常接触我的渠道。

其三,我把你们安排了,其他董事的亲戚安不安排?学校领导的关系安不安排?教育主管领导的安不安排?……

经验告诉我,要做好企业关键在于,建立什么关系!如果关系复杂和话工作就会复杂起来。

我的原则是:人际关系最简单,工作关系复杂”。

她转身对校长说道:“这一点得先要从我们领导做起啊!在民营企业,工作上没有领导,在决策上有领导。”

她又进一步解释道:“工作上没有领导,要求领导在处理工作关系上,要让每位员工动脑筋,体现主动工作、主动参与的原则,工作就是面对细节,不可能我们将所有的细节都考虑得到嘛!决策上有领导,就是要求领导要有决策高度,决策力度……一旦拍板了就要坚决执行!领导嘛,就是为员工不能所为。

与我有关系这不是坏事,我并不反对亲戚来做事,举贤不避亲嘛!……我的两个侄子,有多大的能力我清楚。

他们来学校做事,弊大于利。你今后要把握这个利、弊原则。”校长点着头,两位侄子毕恭毕敬地听着。

“你们俩回去,看看做点什么生意吧!下午到我办公室,每人拿点儿本钱。”

事后从会计那儿得知,她让每个侄子拿了五万元,并给她哥拿了二万元的家用钱。

此消息在董事会和校务会中不胫而走。从此亲戚不能来校工作就

成了一道不成文的规定。

董事长与校长的关系是学校的第一关系。

董事会与校长的关系,体现办学者“应用”教育的能力、水平。这种关系是市场与教育的关系;是“目的”与“方法”,“产品”与营销策略的关系。

从对市场的作用角度讲,两者是协作、互补、合作关系。

从工作上讲,双方均使用教育“工具”,以教育为“载体”通过作用市场,实现学校目的、目标。

从管理角度上讲,董事长是校长的领导,他们是决策与执行策划关系。校长是董事会决策的智囊、参谋。

董事长与校长还是朋友关系、服务关系、劳资关系等。

当然,董事长要识校长,这是关系的前提。在此前提下,处理好与校长的关系是董事长管理高度的艺术体现。

第十章　民办学校校长考核

实质上在民办学校目前最紧缺的人才就是校长。而市场中校长群体中的校长却形形色色。

在以前的章节中我们谈到了，民办学校的董事会是“伯乐”群体。问题在于“伯乐”怎样选择校长？用什么样的参照标准？校长需要达到什么样的条件？对这些问题的回答可谓是“智者见智，仁者见仁”。本章笔者也试图也加入到评说、讨论的行列之中，希望诸君评点、指正。

公立教育环境是产生民办校长的主渠道，当然，也有部分校长产生于民办教育环境。下面我们先从民办校长成长的诸多不足面谈起。

一、民办学校所处的客观环境与办学者的困扰

民办学校走着开拓创新的道路！

然而“车已行驶，路未修好”民办学校急需共同修筑可持续发展的道路！

民办教育作为教育的市场化产物，急需要教育的、经济的和市场的知识、经验。

时至今日，在教育人才的培养体系中、机构中很少开设教育与经济、教育与市场如“教育市场”，“教育经济”等专业课程。正是因数这样，才使得民办教育不得不借用传统教育体系的人才，以至出现传统教育人才“领导”市场化机体的摸索前进局面。

在民办教育的市场时程中，在人才的素质、能力结构中，由于经济知识、市场知识、经验不足，使得学校在为市场提供教育服务时出现了远离市场需求的问题。使得学校，在面对发展时出现了被动局面……

我们尚未健全民办校长培训、成长的整体机构。

目前众多的民办学校，采取较为封闭的办学模式，这种相互间的“分割”局面，使民办学校只体现出数量上的“堆积”，没有形成整体优势！尚未形成能供民办校长参照的成熟民办教育理论、操作指导体系，一所学校出现的“问题”，另一所学校“重蹈覆辙”的现象频频发生！

我们缺乏规范的民办学校公共交流平台。

同一市场中，各校间的竞争关系，使得相互间采取了“保密”、“抵防”措施……

不同市场中，相对的“保守”，使得校际间的交流受到围墙的阻隔。

各校间对人才和的“挖掘”，和对生源不正当争夺，致使民办学校所处的市场环境处于“营造”与“污染”动荡之中。

现实中，办学者往往用市场和经济指标要求学校。学校用教育的思想、方法予以回答……办学者立足市场，对教育的研究不是十分深入。许多办学者的教育理解程度，仅限于自身受教育的过程，再加之对市场教育需求的理解。他们有时像家长一样，只是在“希望”中勾勒着教育蓝图。他们中有许多并不具备教育专业水平，然而“伯乐”不够专业却在考核、聘任校长，评聘老师……指点学校。

对民办人才缺乏可参照的评价标准。什么是好校长？什么才是好老师……民办学校需要什么样的人才？用什么尺度去衡量?

理论不成熟，标准人为化，这就为市场中的校长“伪装者”“包装者”留下了欺骗、投机的余地和空间。

欲骗取“民办校长”职位的求职者，其教育水平足以敷衍许多办学者！更兼其“包装”的“完美”程度和对老板的迎合技巧，足以突破“非专业评委”的甄别层次。“吹牛大王”……故事编造得活灵活现，让人啼笑皆非！

一人得道，众人仿效，市场中出现的“造假者”让人眼花缭乱，且大有泛滥的势头！造假手段多种多样，造假范围涉及到了方方面面。

民办校长群体中的种种不规范行为，对人为地为民办学校的正常发展构成了阻碍和危害！有多少学校为此付出了沉重的代价！

实质上，我们盼望民办教育宏观规范的同时，更应努力提升自已怕甄别能力。避免“用人不当”造成的损失，已成为当今民办学校必须重视的问题。

理论不成熟就意味着标准不成熟。

二、常见的校长考核方法

办学者聘用校长考核标准多样，可谓各持目的、各站角度、各有侧重，综合起来常见的有:公立考核，经验考核、“特长”考核和综合考核等。

(一)公立考核

公立考核,就是完全套用公立学校校长评价标准的做法。其特点是:对校长的任职经历、经验,成果,任职学校的社会认可度,学校和个人获得的奖项十分重视。校长本人的资历、职称也是重点参照标准等。

公立考核产生的校长,擅长“产品中心”体系建设与操作。

常见的不足往往在于市场运作,及教育与市场的接轨方面。

现实中常常存在这样的规律:在公立学校工龄越长、任职时间越长、学校的知名度越高,其公立“产品中心”观念就越牢固;思维的市场化程度就越低;员工队伍的思想观念越接近公立校;学风的公立学校化越严重;学校整体脱离市场需求的程度就越大。这种学校面向市场提供公共性教育服务。

处于“成熟民办学校”宜考虑聘请“产品中心”型校长;处于发展期的民办学校则不宜。

(二)经验考核

以在民办学校的任职经历、任职时间、招生、获取的业绩、成功经验及对疑难问题的处理等为标准,进行校长考核的体系。

目前“经验考核”为越来越多的学校所使用。这不失为一种行之有效的聪明做法!

谁都知道,有民办学校任职经历的校长,必然会遇到民办一些不可回避的问题,如:招生、广告宣传、市场管理、工资待遇、人才招聘、稳定人才、协调和处理与董事会的关系等(以上有些问题虽然在公立学校也有,但其性质完全不同)。

我们可以这样认为,在民办学校中获得了成功和取得了业绩,这是“果”! 她蕴藏了设计、过程和对每一个细节的控制……她是思想、能力的有力证明。

当然,经验型考核也有其不足的方面,如:由于民办学校缺乏宏观的信息机制,各校之间相对“保守”或怀有个人私欲等原因,为一些投机者预留了很大的造假空间。制作伪证、编造谎言、捏造事实、刺探“情报”投其所好者大有人在。立足教育,应聘的校长们似乎对办学者求才目的了如指掌。他们的应聘和展示更能够抓住“主题”,表现更能让老板“动心”。表面上,招聘校长老板占据主动位置,实质上老板在明处,学校也在明处,而校长却处在暗处。另一被动就是论教育老板也处在被动位置上……在校长应聘时,老板在面对许多“答案”显得无法判断。现实中即使是多年的“办学专家”也经常“着骗子的道”！可见骗术之高超。

“经验考核”的另一不足面就是，只能从形式上进行结果性评价，而不能对高层人才进行高度定位。有没有民办思想？是不是具有因市场、学校实际策划、组织的能力、水平……一句话，是不是一位“照抄”、“模仿者”？尤其是在招聘对象众多时，用什么去比较，甄别？

(三)“特长”考核

此类应聘者熟知民办学和办学者的“头痛”所在，兴兴趣所指。他们选择展示自己的“强势”，且往往是民办学校的“薄弱点”、“敏感点”！希望“特长”对应学校的“求解”问题……进而赢得办学者特殊欣赏。

民办学校“薄弱”、“敏感”问题如：策划、组织招生，市场运作管理，特殊关系，人力资源等。

此类求聘校长职位者大都是为了“争取升职发展机会”，或是“提升待遇”所故。

不足在于：整体高度不够。欠缺对学校整体的策划动运作思想、能力和经验。

办学者应高度重视对此类人才。他们是民办学校某领域的“专家”！如果他们的观念与校长的观念相统一，则会对整体发挥出推动、带动的引领作用。相反，也能起到弥补学校在这一领域不足的作用。

需要指出的是，这类人才的另一可贵之处在于，他们将是校长的继承者。原因是，他们已有了民办学校的雏形观念，并且在这一观念指导下取得了绩效。

(四)综合考核

综合考核：从对教育、市场和管理的认识、设计、操作等全面考核校长的做法。

这种考核广泛地被成熟的民办学校使用。

综合型应聘者的最主要特点：市场观、教育观和管理思想——民办观念相对成熟。

评价定位要点为：

有一定的市场认识、经验，但市场观念不够成熟。

有一定的教育认识、经验，但教育思想不能突出地代表市场需求。教学操作以基本上是模仿公立体系。不能围绕需求设计和应用。

人才观念是在公立标准前提下的改良,没有独立的人才标准。自身缺依据目标的考核待遇体系。

有一定民办校管理经验,但对学校、市场的管理没有融为一体。

……

综合型校长的考核评价难点:

难点之一:

要从全局上去衡量,不要从一个侧面或某个局部定论。要评价校长的综合素质,就需要评价人员具有立足于整体之上的高度。如果评价人的“高度”不够,要对此做出准确的结论就会有一定困难。值得强调的是,“整体”高度是指民办教育,而不单纯指教育、市场和管理。

难点之二:

评价综合型校长的核心问题是民办教育观念的成熟度。从评价角度上讲,观念就是标准。在民办学校的实际操作中,会听到对董事长或校长的许多“议论”,其中最普遍的就是“没主见”,“耳朵软”,“爱听小报告”之类的话。我以为,如果真存在这种现象的话,就是董事长或校长没有形成民办教育思想!思想不成熟,标准就不成熟!自己没主见,不听别人的行吗?

但是,如果评委的观念不成熟咋办?有两种自然渠道即:“公说公有理,婆说婆明理”各执己见,将“难题”抛给董事会,“看董事会的决策能力”;要么就是“殊途同归”统一回到公立的标准上来。

(五)民办校长的考核

民办校长考核,是考核校长的最高层次,即:就是对依据市场实际,创造理念,策划体系和操作应用的考核。关于此我们在下文中重点论述。

三、聘任校长评价方法参考(意见)

民办学校要在聘用校长时,应提前明确拟定聘用、考评校长的标准。拟定标准应参考市场教育需求、学校特点和竞争环境等客观思想因素。

下面我们列举出民办考核校长的一些“问题”,当然这不是简单的罗列,而是从对这些问题的回答中收集到供判断的依据。

(一)理念考核

对校长的思想理念考核,重点不是有没有的问题,而是能否结合学校和市场实际应用的问题。

首先,理念在学校中需要以教育管理的方式体现出来,如:

人才观念考核如:

什么是民办学校的优秀人才?

优秀教师?

民办观念考核如:

教育思想是什么?

民办教育思想?

市场思想?

在民办学校中什么才是“优秀”?

民办学校与公办学校的区别?

什么是教育市场?

民办学校如何定义“家长”的概念

如可看待在民办学校中的工作经验?

……

人事考核如:

学历观、职称观、工龄观和能力观?

工资待遇思想?

如何稳定人才?

什么样的人可以升职、晋级?

……

管理考核如:

在体系建设中如何体现思想?

思想与管理体系的关系?

思想与制度体系的关系?

思想与考核体系的关系?

考核与评价体系的关系?

评价与待遇奖惩的关系?

……

发展考核如:

市场与发展的关系?

市场需求与学校工作的关系？

竞争对手观？

……

理念务实，学校的一切工作就会围绕它一层层展开。理念空洞，它与学校的各层工作就会脱节。对上述问题的回答是否归结为同一焦点？这一焦点是否与表述的理念相符？表述的理念是否能够回答学校满意市场需求的职能？方法是否适宜满意市场需求的目标？制度体系是否体现了保障服务市场人才的利益……这样就不难判断应聘者是否具有民办观念了。

（二）能力考核

教育能力如：

民办学校《班级学生档案》的重点内容是什么？

档案中对学生的解读内容与教育的关系是什么？

教育强调环境和整体性作用，要达到教育目的，你如何建立环境？

建立什么环境？组织什么整体？

如何修筑“良好的习惯养成”轨道？

如何解决学习、生活不良习惯问题？

你认为学校的规范与学生习惯养成的关系？

假如下属提出，因为了某种原因停止或改变某项工作时（如，不上早操，停上习、课间操等）你和答复应当是？

你对“教育源于对学生的理解”如何认识？

请举例说明，教育设计对学生的针对性。

请举例说明，教育设计与取得效果的因果关系。

你认为家长在民办学校的教育中饰演什么角色？

你如何让家长配合教育？

……

教学能力如：

你认为“好”教案的标准是什么？

你认为什么样的课才是一节“好”课？

在教学中如何体现对不同需求学生群体的服务？

谈谈教学设计、课堂实施、取得效果和总结改进与“学生需求”间的关系。

民办学校与公立学校在教学上的区别有哪些?

在教学中,你对家长角色如何理解?

你是如何利用教学平台与家长沟通的?具体方法有哪些?

当家长对教学成绩不满意时,你如何指导教师做疏导工作的?

……

管理能力如:

你如何理解“民办教育是教育创新”?

你对员工实施“奖惩”的评价核心依据是什么?

如何理解管理“弹性”?

学校管理与市场管理间的关系?

你的思想理念如何向员工群体渗透?

让员工把握如何的前卫空间,进而展开开拓创新工作?

除常规外,你对什么样的“突出贡献”进行特殊表彰?

如何处理家长对教师(或领导)提出的意见?

你的工作安排体系是?日工作、周工作、月工作、学期工作与目标,你是怎样分解、把握和控制?

当员工认为考核“不公正”,并列举出相应事实时,你的态度是?

……

市场策划能力如:

不同目标前提下,校内如何转化成不同的工作标准?市场中如何转化成不同的满意标准?

在相同待遇条件下,怎样取得人才竞争优势?

请策划一则“招聘广告”,并说明在同样待遇条件下如何吸引人才的机理。

谈谈你对本校市场教育需求特点的理解?

谈谈本校所处公立教育的优势与不足?

谈谈本校现存的实际问题?

谈谈本市场中各竞争对手的优势与不足?

针对需求、环境和问题,并结合对手情况,谈谈你对本校的策划意见?

请依据对以上问题的理解,策划一则招生广告或《简章》。

招生期间,择校家长看到多所学校的招生信息……你如何让他对本校更感兴趣？

你对招生过程中家长心态变化过程的理解？

随着各时期家长心理的变化，招生工作应随之如何调整？

谈谈你对市场的长期管理思路？

……

总之，能力考核的核心是教育的市场化应用。民办学校无论采取怎样的教育策划，最终都需要将学校的工作协调到作用市场上去。市场策划的效果，要以学校对市场的作用力为前提，为基础。脱离了市场目标，任何策划均不会收到长效效果。一般情况下，董事会对市场理解程度较校长要深刻。用教育对市场的作用来考核校长，既能得出教育市场化结论，也能直接从传统教育人才的“短板”入手，使得考核更具实际意义。

如果单纯地用教育和教育管理知识、经验回答出上述问题的话（即传统人才），董事会很容易用市场和竞争实际予以判断，进而得出结论。

（三）“翻译”水平考核

能够将董事会意图“翻译”成教育行为，能将教育行为与市场需求接轨，进而作用市场。

在同样收费条件下，年招生净增值 100 名如何实现目标？300 名又如何？

“净增值”等于招生总量减去毕业生减去异动生的所得数。如何有效减少学生的流失？

民办学校不存在绝对的稳定。让哪些人保持稳定？你的“稳定公式”如何？怎样达到这一目的？

同一市场中，“同工同酬”前提下，采取怎样的策略吸引他校的优秀者？

“思想是实现目的、目标方法的总和”，请列出在三种不同目的、目标下的思想及做法。

你怎样看待董事会与校长的关系？

你认为某校出现董事会与校长关系紧张的原因何在？

你如何认识“思想是关系的基础”？

……

当然，在聘请民办学校高层人才时就执行如下原则：

首先求“策划层次”的人才，其次求“思想层次”，再次求“翻译”者，再次求“执行”者。倘若还未求到，求一种创新服务能力的拥有者总该可以吧。不谋全局谋一域，不谋一域谋一事，即便是谋一事未成，亦较引进传统，偏离民办“轨道”要好得多。求取民办学校策划、设计人才，宁肯采取宁缺毋滥的态度。另择时机，随机就缘也不失为一种策略。

毋庸置疑，办学者在聘用校长上持慎重的态度。但这种慎重一定要建立在明确的级、档标准之上，知人才能善任，办学者只有明确聘用校长的优点，劣势，才能够有目的地放手。在民办学校，一所好学校需要有好的办学者，同时还需要有好校长。从这一意义上直接地讲，一所不成功或遇到困难问题的学校，主要原因在办学者身上；主要在办学者的聘用校长的环节上。

以上标准只是指考核、测评的思维侧重点，不指方法，即使是同一种类型也有许多方法，方法因校、因人、因时、因事而异。当然，现实中对校长的考核也是综合进行的，没有绝对的分类。

现实中以“难题求解”，“得病求医”，带特殊问题招聘校长的学校也并不乏缺。我们在此就不再赘述了。

立足教育，应聘的校长们似乎对办学者求才目的了如指掌。他们的应聘和展示更能够抓住“主题”，表现更能让老板“动心”。表面上，招聘校长老板占据主动位置，实质上老板在明处，学校也在明处；之二是论教育老板也处在被动位置上……在校长应聘时，老板在面对许多问题上更显得无法判断和鉴别。

聪明的办学者于是想到了求助，他们邀请教育主管部门、公立学校和民办学校的权威、专家组成“评委”。意图从众多的应聘者中筛遴选好校长，这一举措是值得推崇。我们应当认可专家把关的准确性。就常理而言，一位资深校长，只要与对方交流，便会知他所处的档次。正如与教师交流，无论他讲得怎样好也可以判别出在教学、教研、教育、思想等方面体现出来的层次差异一样。但如此操作产生的校长，有不少出现了走公立道路的学校。

第十一章　民办校长分类

上一章我们粗略地提及到了五种民办校长的考核问题。实际上，这五种考核对应的正是五种民办校长的类型。当然这只是为讨论方便人为区分而已。

我们对各类校长进行如下讨论。

一、各类民办校长的表现特点

(一)公立型校长

公立型民办校长，一般表现特点和不足：

1、持公立学校思想观念。

有公共立学校的任职经历、经验，业务素质高，管理规范、条理，

思维清晰。对教育的理解有深度，有观点，有思想。对学校的操作有方法、有经验。

看重公立校中获得的“荣誉”，倚重公立“经验”。思想高远，理论前卫，往往较为空泛。只能面对宏观市场，不能实际回答个性化需求问题。

2、用教育“成规”要求市场，大有要求市场适应教育的倾向性。

3、市场知识、经验不足。

往往持用质量作用市场的长效观念。有些人对市场化的教育运作认为有“欺骗”的色彩；对主动宣传的招生行为认为是“非君子行径的市侩行为”；对学生、家长提出的要求，认为“过分”；对家访、接待等主动渗透市场和主动与市场联系、接轨等行为，认为是 “低三下四”的“求人”做法；对市场人员持不欣赏态度……有的甚至认为是“胡闹”！

4、人才观上，几乎套用公立人才观和标准。对人才的任职“条件”十分敏感、在意。

5、市场管理被动，无奈招生工作。但恃才矜己，往往对招生结果不屑一顾，认为是“杀鸡取卵”行为，或是“不求质量的滥招生行径”。

对生源往往持“宁缺毋滥”态度。

反对市场用语，不主动“策划”。

6、对董事会的市场要求，或市场运作等往往认为：“不懂教育”“乱插手”……

7、持质量市场观和长效发展观。

认为只有教育质量，才能赢得信赖，赢得市场，才能使学校走上可持续发展的道路……

“办学是百年大计，非一朝一夕之功”。

8、经营观认办“教育本身就是投入嘛！”，“教育是获取长效效益”。

9、对市场与教育间问题，常常采用“息事宁人”的处理方法。

……

从与“公立型”校长的“主动”接触中，分析其表现特征，以便于辅助判断和收集甄别素材。在缺少“标准”时，借助表现特征判断的做法在实际操作中已得到一定的有效性验证。当然这只是辅助和参照而已，绝非是武断确定。尤其是对人的定位上，在采取全面、多层次、全方位的分析同时，还应一分为二思考。

（二）市场型民办校长的特点

市场型民办校长持市场观念，用市场观念要求教育行为；强调教育适应和顺应市场需求。有时甚至采取“迎合”市场的工作方式。

他们对教育的理解程度、思想高度和经验处于一般水平，即：市场观鲜明，不能够灵活应用教育“工具”。其一般特点为：

1、持市场思想观念。

市场观念和传统教育思想并立。教育观与市场观念未完成对接，民办观念含糊。

2、过分强调市场对学校及教育的要求。注重招生及宣传，注重学校的“包装”。

3、学校基本上按传统操作，市场要求是附加于整体工作之外的“加量”。

4、校内“迎合”学生，校外应付家长，“活动”密集，承诺多，保证多，兑现少……

5、学校工作不是围绕市场需求策划设计，而是简单地被市场“琐碎”问题牵着。“朝令夕改”，“密会”，“110”式管理。

6、计划执行率低。

7、工作头绪多，员工“身心累”，整体输出效率低。

8、员工和学生稳定率差。

9、人才观念不明确，沿用公立标准，也有市场能力要求成分。

公立型出现“市场盲目症”，使得学校的教育服务因缺失了“上帝”而蹈入已成型的传统轨道。

市场型出现“教育盲目症”，教育服务在市场的需求和要求下沦为了“奴隶”。

（三）“特长”校长的特点

1、在某侧面对民办教育有深刻的认识，但未形成完善的民办观念。能与董事会在市场、效益等方面相对保持统一。

2、思想不明确。

思想不能完全指导体系建设、设立制度和实际操作。

高度不够，整体策划、设计能力差。

管理不清晰，层次概念，因果关系等不够明确。

3、没有“成型”的轨道可循，也没有成规的“经验”体系参考，但反对用传统教育操作民办学校。

4、工作热情高，有投入激情，积极性高。

5、他们中有的备受家长、学生欢迎；对家长、学生有深入的理解。有的市场业绩突出，深谙市场需求，对教育市场的发展有一定的思考深度……

6、创新能力强。

围绕“如何满足各类需求”问题，展开积极思考。他们知道，家长学生在想什么，在期盼着什么校样的教育。所以他们对用什么样的教育手段，方法满意需求有一定的探索和研究。他们对什么样的家长、学生群体需要做到什么程度才算是“满意”有一定度的把握。

7、他们知道领导、教师和员工具备什么样的素质、能力才能够做好民办学校的各级、各类工作。

8、对源于市场和校内的评价十分在意。敏感校内外的“意见”，十分在意员工与董事会的接触和“小报告”。

9、希望得到别人的肯定与赏识。常常存在“报喜不报忧”的情况。

特长校长，是民办优秀校长的学习者、探求者。最可贵的是，他们已有了市场认识，也在使用着教育“工具”，只是不够熟练而已。如果用作校长，要特别注意团队的组合问题，如，采取“补充”性策略等。如还不是校长，他们会是独当一面的中坚。

(四)综合型校长的特点

1、对教育和市场均有一定的认识，但教育思想不能突出地代表市场需求。能够认识到学校与市场之间的关系，但缺乏策划、应用能力。能从宏观上将学校的工作方向协调到作用市场上来，能在某些环节上体现学校对市场的作用过程，但环节存在脱节现象，学校的整体作用绩效不能充分体现出来。

2、对现行教育的认识和经验仅限于一般水平，对传统教育中存在的不足与问题认识有限。教育、教学基本沿袭传统的“惯性”模式与操作。

3、有一定民办人才观。但只是在公立标准前提下的改良，没有独立的人才标准。

4、有一定民办校管理经验，但对学校、市场的管理没有融为一体。工作目标的阶段化，工作形式化，用“严格”和“投入”体现工作热情。

5、一般没有公立“一把手”任职经历。

6、学校“忙”，员工“累”，“额外负担”重。员工“怨气多，牢骚多”，“打工思想严重”，稳定差。

7、校内缺少思想，“公说公有理，婆说婆有理”，会议时间长，决策难度大。

8、制度版本多，“受控”、“非控”不加区分。随意性强，人为和随机管理现象多。学校“自然”运行，被动管理，被时事牵扯，出现“110”式“应急”管理现象，缺少学校整体的反思总结制度。

工作职责不清，经常出现让某领导、教师专门解决和“跟进”某项突出问题的现象。

9、制度、考核、评价、待遇不成体系，出现脱节现象。

10、“大企业病”，“人浮于事”，“大锅饭”等现象较普遍。

11、往往持“息事宁人”，“得过且过”工作态度。

在民办学校的校长族中，综合型校长所占的比例较大。概括地讲，他们持有一定的民办观念，但不清晰。他们有学校管理的“整体”性特点，但各层级间的因果关系不明确，科学性不够完善(尤其是在问及层级间的关系时，往往论述不够清晰，如：“如何在体系、考核评价、待遇奖惩中体现某某思想”

等问题)。学校的待遇不能充分说明工作过程等。

(五)民办型校长特点

这是我们期盼和追求的校长。理想中的民办校长的特点是:

1、具有成熟的民办教育思想。

能够将教育、市场、经济三者融合形成民办教育思想。

市场与教育融合,是通市场的教育专家,通教育的市场专家。

教育专家,指对现行教育的认识独到,既有自己的教育思想,又有对现行教育不足的深彻理解。

通市场,能从市场需求中提炼出需求的教育。

“融合”指:依据需求策划、设计出切实可行的学校教育服务体系,并能推动这一体系有效运转。

教育服务体系:以服务和满意市场需求为学校的职能;依据学校职能确立部门职能,依据部门职能确立岗位职责,依据岗位职责确立人才的素质、标准要求和培训要求……即,依据市场建立起了对应的服务运作体系。

“教育专家”在此是指,具有教育思想的策划、应用层次。他的教育理念,总是能代表市场需求。

2、在思想的指导下,建立有机的学校服务体系。

3、建立学习型领导、教师团队,走教育创新道路,围绕“需求与方法”问题广泛展开工作研究。

4、学校具有整体、全程作用市场的效能。能有效地总结和利用竞争对手。

5、注重人才的素质、能力培养与建设。组建与学校各层次服务相统一的人才团队。

6、市场需求与教育、教学手段、方法呈现因果关系;教师的教育、教学行为与学生的需求特点呈因果关系。

7、与董事会的关系融洽。主要表现在思想统一方面,体现在市场目标、经济目标与策划、方法的层次关系上面。能够有效地将办学者的经济意图、发展意图,用教育原方式体现出来。

8、受到市场中家长的普遍认可,对市场采取主动管理和长期管理,用经营的方式管理学校。

9、员工稳定、生源稳定。

值得肯定的是，校长的分类并没有绝对的界线，无论是哪一类型校长，只要极力探求教育与市场之间的因果关系，都会建立起学校联系市场的“桥梁”——学校的教育服务体系。都可以步人民办学校发展的坦途，进而达到造福民众之目的。

二、民办校长的不足表现

校长艰辛的创造有力地推动着民办教育发展。民办教育发展至今成就了一大批有高度、有思想的专家群体。他们摸索前行，创造了思想，形成了体系，积累了丰富的经验！他们是民办教育的中流砥柱！

随着教育市场化进程，也使得人才相应进入了市场。

然而，在人才的市场化环境中，造假欺骗、编造谎言、捏造事实、夸大其词、奉承迎合、滥竽充数、吹嘘伪装者也大有人在！他们无孔不入，钻着民办宏观机制不健全、理论体系不成熟、人才标准人为化的空子……他们给民办教育正常发展带来了极大的损伤！我们不成熟地讨论民办校长的分类及表现特征，就是想要达到规避之目的。为便于判断，我们在此罗列一些“钻营”者的实际表现。

（一）极端关系表现

一些校长，由于自身在群体中的威信缺乏思想和足够能力支撑。

为保位，他们往往在校内大肆营造关系网络。“关系网”一来是为了强化自身力量，寻求稳定依靠；二来就是对办学者施压（调整同进退阵营，很易让老板担心学校的稳定和考虑学校的负面影响问题）；其三就是弥补自身能力上的不足；其四是“信息包围”……

“网络”成员几乎分布在学校的各个层面上，这些成员广泛地收集源于基层的“信息”，起着影响、渗透、监视和掌控作用。

对领导层，他们十分在意领导的服从态度……并依据态度决定领导的去留。

对上欺瞒。他们往往“上下一气，相互印证”。有的甚至“遵照

策划”从不同层次和角度向老板报告“得出相同判断结果”的信息……歪曲事实、混淆视听、为所欲为、乌烟瘴气！“言市有虎者何止三人！”。

这种管理环境下，学校关系非常紧张！

值得一提的是，有些校长十分在意与老板个人的关系。在他们认为与

老板的关系是校长职位的最好保障。他们总是想让老板感觉到“不可取代的作用”;总是想让老板看到,在不遗余力,认真踏实地工作……总是让老板理解他对事业的忠诚。实质上,这正是缺乏能力支撑的突出表现。

为了经营好这种关系,有的对老板的研究几乎达到了让人难以置信的地步!老板的喜、怒、哀、乐,甚至是某一个细微的变化他们都了然于胸。在此列举这样一个细节性的实例:

学校组织活动,要向上级领导机关递交由全体领导、教师签名的“决心书”。

第一个程序就是全体领导签名……

老板对此十分重视,并特意组织专题会议。

会议由老板亲自主持……开讲就开门见山地强调了本次签名的重要性,并一再要求“签字要认认真真,工工整整!”

老板第一个签字。

第二位签字的是董事长办公室主任。

第三位轮到了校长……她没有动笔,只是仔细地看,看后随手把“签字簿”拿到了老板面前,并用手指了指……

老板看后勃然大怒!狠狠地将簿子甩到了台下!毫不客气地当众批评了办公室主任“签字潦草”……“重签!重签!”

会后,一位抱不平的主任讲出了,“签名”怒斥办公室主任的“幕后”玄机……

“他(董事长办主任)是由董事会聘过来的……她最烦打小报告和不经过她向上汇报工作的人……”

“他这个人,做工作的习惯就是‘只对工作,不对人’……前几天那边还传出话来说他干不长久”

“她这是在故意整他!她比谁都清楚老板最烦什么!哪怕是一个眼神,一句随意的话!”……

是啊!这确实有点故意的味儿!

一来,老板强调“认认真真,工工整整!”时,办公室主任正在忙碌张罗着签字用的纸、笔事宜,根本就不在会场。

二来,熟悉的人都知道,他(办公室主任)写了一手好字!签字是特别设计过的。

……

果然,此后不到一个月,办公室主任就提出了辞职。

为此,老板还十分感慨“怎么就留不住人才呢?!”

对顺从者过分拉近距离,以至出现“关系范围”,甚至演化为“帮派”;对异议者持“压抑”态度,以至出现排斥现象……他们以种种理由阻塞信息渠道……把持校内考核、关系化待遇……这种学校实际结果表现为:

1、人才流失严重;

2、学生流动量大。

3、新聘领导、教师入职频率高(从入职到离校时间周期短)。

4、学校员工的地域分布失衡(老乡关系,同学关系,原某校的同事关系等较为集中)。

5、学校绩效低,但“客观原因”多,“个人”(排斥对象)原因被放大。从工作过程和结果处理“严实”,很难找到“人为原因”。

6、校长与老板的关系密切。

无能才靠关系支撑!有层次的校长需要的是人才团队。

(二)“有力”的解释

“办学嘛!十年树木,百年树人,办一所好学校,需要积淀历程,需要几代人的努力,不是朝夕的事情”。

“办学校,成绩最能说明问题嘛!没有成绩说明不了任何问题。”

“教育永远也走不出升学率、优秀率、拔高率、合格率的框子。”

“要招到学生,首先要取得突出的成绩,策划招生是急功近利的做法,有悖教育之道。”

……

其实,民办教育利用其人才、投资优势等优势,完全可以在公立

校基础上实现继承发展和持续发展。因为我们的软件源于公立,并可利用机制从各公立资源中提取。

更何况民办学校是市场的服务机构,市场中的家长、学生不会持等待的态度?他们是否也允许“十年树木”的积淀过程?他们是否能够拿孩子的前途、命运去等呢?教育对于每个孩子,每个家庭都单向性的,他们花高学费选择民办学校的目的只有一个,就是希望孩子成长的更好!

生源是学校的生命之源,没有学生的学校不存在!

(三)生源困难,市场盲目

思想不清必然导致行为上的盲目。

市场盲目总体表现在对市场的主动作用上。市场是民办学校的基础,也是考核和检验学校绩效的唯一“评委”。就像产品一样,市场不认可就是淘汰的“判决”。

市场对学校的评价通过生源量和质量体现出来。所以,市场盲目的学校会出现招生量或质量困难的现象(当然也有其他原因,在此暂不做讨论)。学校招生困难,无论校长如何解释……都回避不了“学校操持的教育不被市场欣赏”的因素。

出现“校长不抓招生工作”,“好老师只教学不招生”,“招生是特殊群体的工作”,“招生是特殊时期的工作”等现象,且处于发展期的民办学校,是市场盲目的学校。这种学校即使不存在招生量问题,也会现招生质量问题。有的即使解决了“量”与“质量”的问题,也不能说明不是“市场盲目”的学校;这一结果也许是由市场竞争因素或其他因素造成的“假象”,如:某校(中学)处于发展期,传统型操作,生源量充足,也能招到部分优秀生。

据悉,在该校所处的市场环境中,教育资源不足。每年需要上中学的学生量远远大于公立、私立学校学位的总量。

“市场盲目”大多是“驾民办车,走公立路”的学校。在这样的发展期学校中,校长及人才团队往往缺乏民办教育观念。

(四)“不和谐”因素

理念思想不同,是许多民办学校出现“不和谐”的根源。除个人感情因素外,出现“不和谐”往往是因为校长没有形成民办教育观念。

大多数校长与董事会“不和谐”是因为教育观念与市场观念不融合,或者说,董事会的市场目标出现教育“翻译”困难;学校的教育过程不直接支持市场目标。

传统的待遇体系,往往产生校内“不和谐”问题。

“无能”校长,表现在缺乏民办教育思想,思想与体系不协、调不配套方面,如思想与要求,制度与考核,考核与评价,评价与待遇不相配套,工资“标准”不能与能力对应,待遇不能充分说明工作过程等。

员工“累”,并不能充分说明“抓得紧”,往往“累”的根源是“心累”。让员工产生“心累”的学校,说明校长的管理水平不够。

“你有说法,我有做法”,“说在于你,做不做在于我”……校长“以不变应万变”的做法,表现得是观念问题。

附:稳定“定理”:

有思想就有了旗帜

有了旗帜就有了凝聚力

有了凝聚力,班子就有了稳定源;

班子稳定,教师队伍也相对稳定;

教师队伍稳定,学生群体就稳定;

学生稳定,家长群体就稳定;

家长群体稳定,生源市场就稳定发展;

市场发展,学校就发展。

第十二章　民办学校校长ABC

随着民办教育逐步走向成熟,校长的职业化趋势已初现端倪。

“做校长的求职校长”这似乎已成定式。为了规范民办校长队伍和推动职业化建设进程,达到让学校少走“弯路”,让广大学生受益之目的。我们再对校长的环境做进一步了解。

一、校长的劳累与“烦恼”

“在民办学校担任校长身累,心也累!”这是一位民办资深校长的感言。

“走到哪里都不是一样在搞教育吗?”

“累”在哪里?

“身累”如何?

“心累”又如何?

1、校长的“不安全感”

民办学校就是“市场需的服务机器”。校长带领学校走得是一条开拓进取道路。

要办好一所学校,校长需要创造“思想”、构建体系,培植人才团队,配套考核待遇……宏观上构建市场体系,微观上掌控每个环节、每个人!

首先,董事会交给你一所学校,交给你一个目标……作为校长就得依据地域文化特点、经济特点、公立环境、教育需求、市场竞争、学校实际、人才实际、家长、学生需求……这些“可变”因素,须回答“如何达到目标”的问题!

谁都懂得“任何结果上的成功,首先是思维上的成功”。要实现目的,达到目标,首先要修筑“软件”道路,这是一个艰辛的创作过程……

许多公立学校面对“公共教育需求”。市场环境对“公共需求”基本上影响不大,并且在“需求、课本、进度和结果要求”基本相似的条件下运转“立品中心”体系。一所公立学校获取的“经验”,可“挪用”到另一所学校。在民办学校,无任何“照搬、套用”的捷径!

其次,民办学校间的“保密”,阻隔了信息交流渠道。很少有与他校“资源共享”的条件。所以,一些基本的“信息”素材都需要亲自收集、整理、提纯。

其三,学校与市场的关系,与竞争对手的关系,待遇与人才稳定的关系,教育教学与需求的关系,员工队伍素质与服务目标的关系,校长与办学者间的关系……任何一种关系都会直接影响学校的效益目标。校长需要经营这些关系,处理和管理好这些关系……

其四、学校除受经济、市场、人力资源、竞争环境等影响外,还要受到民办教育宏观管理环境、(老板的)办学实力、董事会内部矛盾、办学者个人的思想高度、工作作风、素质、喜好等影响。

对于一位初任校长来讲,校内外环境陌生、关系生疏,又要面对“校内问题”(一般,没问题的学校不更换校长)和承担董事会期待目标……面临茫然是可想而知的。茫然,会不同程度地让校长产生“不稳定感”、“不踏实感”、“不安全感”……

以上问题都会从各个角度直接影响校长与董事会的聘任关系。

2、校长为什么要和其他老板建立关系

校长为什么要和校外的“老板圈”建立关系呢？这是一个不容忽视的现实问题。

谁都清楚,要办好民办学校,就需要稳定员工队伍,但首要稳定的还是校长。然而,现实中校长的流动却十分频繁！因为校长承担着重责,是学校一切问题的焦点人物。

现实中,为数不少的校长通过关系“跳槽”。

我们已经论及办学者接触校长的目的与态度。实际上,校长也希望围绕办学者建立关系网络。有人这样讲过“要想走职业校长的道路,需要在你的身边有十位办学的老板。”

校长与老板间形成合作关系,但在这种合作中,校长处于被动位置。

首先,好校长需要办学者的理解与赏识。校长要做好工作,需要权力保障,权力下放“度”就由办学者控制。

其次,办学者与校长间需要“磨合”过程,在这一过程中,校长的思想、能力、人格及与办学者的个人脾性、生活细节等都会影响两者间的关系。

其三,好校长对自身在市场中的价值定位明确,老板往往从市场的宏观角度横向对比……在待遇上要求“高”的校长即使老板“答应”下来,往往期望值随之也高！在高期望值的环境中工作,老板对绩效的期待期“缩短”,

过程中取得的成绩会被“打折扣”……

其四,“十月怀胎,一朝分娩”。学校要取得明显绩效,需要过程,需要整体的长效作用,“市场不是一天做成的” 。如果在不应该评价的时间做出评价“也不过如此嘛!”;在不应该做结论时做出结论“与某某没有多大差别嘛!”……

如果在这一环境中,再充斥一些“耳边风”、“小报告”,再有一些“唯利者”,出现一些“策划者”的话……

以上种种,都会伤及到校长,影响校长的稳定。正是因为存在诸多人为影响稳定因素,校长往往对老板持一定的“戒备”心态,“总是有一种不踏实感”——需要考虑下一步的问题。

解决“下一步”问题,最直接的就是认识更多的办学者

“没理! 铁打的营盘,流水的兵嘛!”这是校长离任时,常常讲的话。

“此处不养爷,自有养爷处,民办校长属于民办学校,不属于某一个老板!”这也是校长们对此的平常心态。

以上问题对于办学者来讲“有则改之,无则加勉”。要办好学校,办学者应立足于校长位置,深切地理解校长,有效地做好稳定校长的工作。

3、校长“跳槽”

校长如何与办学者建立关系呢?

与办学者建立关系的渠道很多,如:各校校长间的互访交流,原任职学校的下属、搭档、朋友等。

在谈到民办学校的人员流动问题时,一位校长这样讲道“在同一所学校的搭档、下属和朋友,五到十年后,其他学校中都会有”。一位让员工钦佩的校长,就很易成为他们向(其他学校)老板推荐的对象。这不仅能向老板表示忠诚,更能让自己受益。

为什么讲,许多校长通过“关系网络”“跳槽”?

校长“跳槽”的过程

关系网络的存在,校长对关系范围内民办学校的情况了如指掌,如:哪所学校缺校长,哪所学校打算更换校长……他们通过联络,交流信息(且信息内容丰富,包含:学校的基本情况,存在的问题,办学者对校长的态度,以及办学者本人的性格特点、喜好等)。“跳槽”校长经过对获取的信息筛选之后,就锁定了重点“出击目标”。

锁定目标学校后，择业校长就开始做下几方面的工作：一方面，调动所有关系获取目标学校资料。尤其是现任校长的和办学者的信息会被列为重点核心信息。其次，就是深入了解、进一步核实了。校长会以直接参观学校或邀请目标学校的第一关系成员聚会、座谈等形式进行。“深入”主要以进一步理清临界问题和关系为主。第三，就是确定应聘方案。

通常，在实施应聘方案时，首先要在第一关系圈内选择出“代表”。经“策划”后，由代表在办学者面前进行“铺垫”。

铺垫推荐不受职位、地位等的限制。学校中的任何职员和任何关系都权力向老板举贤。然而在“策划”下的铺垫，目的是在老板面前赢得“第一印象”，“建立良好的第一感觉”。此时的推荐词语具有很强的针对性和美化作用，可以说是“对症下药”恰到好处，非常附合办学者的心思……这样常常会赢得老板的好感。

应聘的第二步骤就是与办学者会面了。

会面以多种形式进行，可以是与老板会面、就餐，也可以参观学校或参加集体竞聘等，有的老板干脆直接要求上交“治校方略”。

需要注意的是用关系渠道入围的校长，往往成功率很高。原因在于：校长有备而来，对学校及董事会的情况十分了解。在应聘时，对学校的弊端看法准确，针对问题的措施得力。校长的表现与考核目的接近。其次就是，有第一印象‘先入为主’优势；其三是，在回答提问时，准是能准确地抓住评委的“心”。

笔者并不反对校长的就业策划行为，只是想就此作如下提议：

一是董事会应该用整体的观念去测评校长。学校遇到的“问题”也需要从整体的角度去分析，去寻求原因，却不可持“头痛医头，脚疼医脚”的观点，按“以题求解”的方式测评。这样不仅能达到筛选称职校长人选的目的，而且还能够有效规避“再次上当”的危险。

二是尽管对学校现存的弊端看法准确，且采取的措施恰当、可行。但还需要从整体的角度去考核，需要论证“措施”与整体的层次关系。

聘用校长的不慎行为，突出的表现是，更换校长频繁。有的学校竟然出现一年更换两名以上校长现象！一位老板十分为难地谈到“不是驴不拉，就是磨不转！为什么就留不住人才呢？”，实质上，还得从自身对入口的把关上寻找原因。其次是学校的校风“怪异”；其三是员工和学生的稳定率低。

在聘用校长上无疑办学者是“伯乐”，任何“千里马”的出现的问题均于“伯乐”有直接的关系。所以，在一所好的民办学校，不仅需“千里马”，更需要好“伯乐”。

所以再次强调，无论是什么关系，什么条件，什么感觉，对校长入职的把关，均应执行整体考核法则。

二、人才竞争

一位资深校长这样看待：“目前，市场中的民办学校相对稳定，新建学校不多，对校长的需求量少，董事会在聘用校长时主要依靠两个途径，一是关系，二是公开招聘……其中最直接有效的就是关系途径。”

筛选校长

校长是学校之间竞争的焦点，选择出色的校长是办学者共同的心愿。但如何才能聘到优秀校长却是摆在办学者面前的难题。

无论本校的经验还是它校的教训，都指向一个焦点——在聘请校长问题上要持慎重态度！

如何才能慎重呢？

公开聘请，甄别难度大！“搞得轰轰烈烈，最后还是不尽如人意……”。

推荐产生吧，又缺乏对比选择余地，“说一套，做一套”。

“好校长可遇不可求呀！”一些老板无奈之下，感发斯言。

聪明的办学者将目光投向了其他学校……认为“工作过程和实际操作才是考核好校长最适合的方式”。在关注的多所学校中，既可以横向对比，又可以排名……这样又规避了本校为“实践检验”付出的代价。于是，他们把其他学校当成了“考核校长的实验基地”。所以办学者热衷于他校的信息渠道，希望与校长建立一定的关系。

获取优势

办学者希望通过人事运作(聘用)获取竞争优势。

市场中民办学校的优秀人才已被家长、学生广泛接受。他们是家长学生追逐的目标；他们通过影响生源市场，直接影响学校的生存与发展。他们就是市场份额，就是市场认可，就是学校在市场中体现优势的载体。

办学者希望获取其他学校的优秀人才，并依此赢得竞争优势和市场优势。

他校成为其“人才培养”和前期市场渗透基地。

学校通过长期的工作过程检验后，产生出一批优秀人才。如果这批优秀人才被“挖”走，也就意味着挖走了该校的市场优势。如果出现“培养一批被挖一批”的情况……该校就沦为了它校的“人才培训基地”和“市场培养”基地。

办学者认为，来自同一市场中的其他学校的人才，对市场的熟悉程度和携带的“市场份额”更易让他的学校直接受益。

……

“学校间的竞争终究还是人才竞争”。

如此种种，所有的一切均源于一个焦点——校长。更何况，校长也是“打工者”，是办学者切入的薄弱点。

于是，办学者通过各种渠道(如：参加主管部门会议，校际间的交流、及关系网络等)希望与竞争学校的领导者接触，进而建立“朋友”关系。

三、校长范围与甄别

(一)校长圈

目前在招聘校长的操作中，为数不少的学校采用了“加密”措施，明确地提出了“限制条件”如：

“五年以上民办学校任职经历”

“有民办校长经历……有鲜明的民小思想观念”

“在民办学校取得过突出业绩”

“对民办学校有观点、有看法、有思想”

“年龄在五十五周岁以下”

……

反过来我们是否可以这样理解：

对“民办学校任职经历”要求，翻转过来就是“无民办学校校长任职经历者不予考虑”；

对“年龄”的要求应该解释为“观念可塑性较差者不予考虑……”。

对“业绩”的要求，就是“对教育市场应用能力结果性的考核”“理念”就是“教育的市场策划能力……”

还有的办学者对招聘校长持“拿来主义”的观点。他们“以题求解”，“得病求医”，希望得到“补充”，希望用“试题”来考核校长的思想能力水平。

……

值得肯定，对校长的“要求与限制”这是一种成熟的做法！当然，这也是长期以来办学者思考、“总结”的体现。

这样就从宏观上为民办校长划定了一个范围，且要求条件越多、越详细范围就清晰，这就形成了“民办校长圈”。民办校长圈具有如下特征：

1、有一定的民办认识，对民办学校有自己的操作特点。

2、有民办学校工作经验和校长任职经历；

3、年龄在一定范围之内；

4、有关系环境；

……

民办学校应当关注校长的任职历史与经验；应对校长的任职经历与取得的成绩进行核实。

民办学校需要建立共同的人力资源“信息查寻平台”（尤其是建立校长任职档案）。

民办学校应联合建立校长及骨干人才的“公共考核评价机制”；

设立“民办校长入职资格评审”体系……

果真如此，造假者、欺骗者将受到公共性抵制，将会失去生存的环境！民办学校的人力市场才能走上一条规范的发展道路。

（二）“伪装”与甄别

令人感到担忧的是，为了达到求职校长的目的，许多应聘者在求职所需要的“条件”上大做文章！弄虚作假行为渗透到了方方面面。一位刚上任的校长，在对原来的同事介绍“经验”时称：“不就是几百块钱的事吗?”，一位小学教师摇身一变成为“民办知名校长”，一位连中级职称都不具备的老师，在应聘材料上却变成了“特级教师”……在应聘材料上注明“在民办学校担任校长六年”，考核时对“你对管理的认识”的回答却是“管理就是让他们听话”……应聘者的伪装形形色色，让人啼笑皆非。

1、“条件”造假

指在文凭职称、资格、奖项、称号、任命等方面的造假行为。市场上为造假提供了条件，可以这样讲，在现代的技术面前伪造“原件”会变十分容易。更何况，作为办学方对此的鉴别能力是有限的。可行的就是通过网上信息平台去核实或向原任职单位、就读学校去调查。然而，作为用人单位经常遇到的困难是，公共的信息平台尚未健全，经常遇到的难堪结果是：核实、调查如“泥牛入海”杳无音讯……所以有得用人单位采取“自信”的方式,对条件的审查与对实际水平、能力的检测并举。在以对实际能力认可的前提下,可以放宽“条件”。这不失为一种在无奈前提下的可行性操作。

2、“任职经历”

在任职经历上造假往往在“任职经历”中填写的是外地学校。因为求职者知道民办学校间的“阻隔”行为。一来,民办学校间彼此存在防范行为,他们往往对正常的人事往来,持防守的态度,并不积极配合和主动协助。二来,有的学校对员工持“保护”态度。三者,离开学校的领导、员工并不是在双从方欢喜的前提下,而经常是在“问题”与不和谐中不欢而散……所以即使反馈了信息,信息的真实度也需要思考。

所以,在填写任职经历时,出现职位高、距离远、时间间隔长等情况时,更需要慎重考核了。

有的学校采取要求填写“证明人”并提供其电话的做法。这样的举措,对于“老到”的应聘者而言早有应对措施。他们寻求各地的关系“帮忙”,并直接将编造谎言传递给对方……所以,当调“证明人”时,证明人的回答与求证的结果非常吻合！不由你不信。

3、假“果实”

校长在任职过程中突出的成果、实绩是考核校长必须的内容之一。造假者这一问题上也有其独到之处。他们常常采取“抄袭”、“挪用”的方式“窃取”其他校的成果。他们将成绩描绘得有声有色,将过程讲得栩栩如生,将经验总结得天衣无缝……不由你不信！他们会讲到如何用技巧竞得生源,采用怎样的设计稳定了老师、学生;执行了如何的策划,达到了学校二年上市级,三年上省级……目标。还为此获得了某某称号……令人感到一身才气,闪闪发光,眼花缭乱,显然就是一个在中国范围内难以寻求的奇才。

实绩需要过程,过程需要思想,思想需要真实面对学生和市场需求实际。任何“果”都是“因”的积累。与求职学校的“需求”暗合,很可能这位应聘者是“有备而来”。

记得,在对一位曾经有过“三年创省级名校”业绩的应聘者提出这样的系列问题:

“你认为什么是省级名校?”

“就目前学校的师资队伍,要达到省级名校标准您将采取什么样的措施?”

“目前学校的成绩在区里面还是倒数位置,你又如何提高?”……

然而对方的回答是:“没有条件创造条件也要上!”

显然“南郭先生”经不起这一系列提问,几个回合下来就乱了章法,因为提问的问题已超出了他的“准备”范围。最后他中肯地承认“今天认栽了!”。

民办学校需要针对市场实际的应变、应用能力。学校的层次不同,面对的需求不同,面临的竞争环境不同所采取的策略、方法也就不同。由此可知,对其他学校成果的窃取行为,虽然能把过程描述得绘声绘色,但在原因,原理面前就不那么自如了。所以,对关系应聘者,有必要设置现场策划的考核环节。

4、“前卫”的理念

应聘的校长,总是要将超前的教育理念摆到突出的位置。

诸多校长在应聘材料中,提出了先进的教育观点和思想理念。在前卫理念的指导下,提出了诱人的办学目标:“办名校”,“办最好的民办学校”,“办家长、学生喜欢的学校”……

现在提出来一个值得思考的问题就是,究竟什么才是办好一所民办学校的目标?

无论是什么层次的民办学校,还是处于什么样的发时期,办好学校的第一个目标应当符合以下三个条件:学生喜欢,家长满意,社会认可。

实质上,以上三个条件的核心是第一条件 。一位民办资深的专家,在回答办好一所学校的理想时这样讲:“窗明几净,学生喜欢”。民办学校,无论是对市场需求的理解与把握,还是操持适合每位学生的教育……一切软、硬件保障的结果都是围绕“学生喜欢”展开的。家长满意,社会认可都以“学生喜欢”为基础,为前提。有位校长这样表示:“简单地说,用学生对校服的喜爱程度,就能够说明学校的办学质量。”

从这一意义上考虑,对校长理念的考核、认证,只要从这一点上就可以检测。

你认为,学生、家长在想什么?他们最喜欢学校怎么做?

在教育、教学上你怎样“体现”让他们“喜欢”?

从管理角度,你如何要求、评价、把握“喜欢”?

什么样的领导、教师才是我们的学生喜欢的?

……

以上各个层次,是否能从不同的侧面支持“前卫”的教育观念、思想?

【教育思想的甄别】

一位应聘者把演讲当成了“赏识教育观”的课堂。并且列举了许多关于赏识教育的成功实例……考核的评委提出如下系问题:

1、**“用赏识理念,如何看待民办学校的生源特点?”**

注:民办学校有自身的生源特点。直接地讲,大部分民办学校是以学生家庭的经济承负能力为招生标准的(发展成熟的民办学校与具有特殊策划目的的学校除外);从教育上讲,公办学校是义务的,是国家职能形式;民办教育是服务的,是在国家职能允许下的企业目标形式……无须多言,民办学校生源特点是由学校的服务职能确定的,且大体有如下特点:

(1)家庭经济情况良好,具有一定的承负能力(在选择学校时,已完成过滤、筛选)。

(2)对民办学校的理念、方法认同。

(3)想让孩子享受优质教育。

(4)持“问题”“求解”的心态。

(5)受条件迫使(如,因对被录取的学校不满意,或因不具备就读条件等)。

……

所以在民办学校,赏识的内涵更主要的就是对个体需求的理解与把握程度。更需要细分群体深入体现“区别对待”原则。

2、**“在教育上,如何体现赏识?”**

注:教育的主题就是“完善学生的人格”,赏识是教育的营养。差生是缺少被赏识或错过赏识时机的学生。如何从良好的个性培植、积极的心态塑造,良好的习惯养成等方面体现对学生及个体的赏识?需求细分后,如何用有限的教师,面对庞大的需求面?

3、**“在教学及环节上怎样执行赏识?”**

注:教学质量是每位家长普遍的公共性需求。如何面对在同一需求前提下的学生成绩判别?采取怎样的方式,面对学生优、中、差的学习成绩问题?将设定怎样的目标?进行如何的管理?

当家长提出如“为什么我们拿同样的学费,孩子的进步却很小?”的问题。“学校有限的能力,家长无限的要求”……度如何把握和控制?满意是在一定标准前提下对结果的评价,标准是什么?

……

赏识学生是民办教育理念中必需的。赏识教育在民办学校中是前卫的、可行的,但理念如果打不开,不能够在工作中、管理中得以贯彻,仅仅是“外衣”、是口号,即使理念再前卫,也只能是空洞的“说辞”。所以,我们盼望理念清晰的校长,但理念是解决工作问题,实现工作目标思想、方法的总和。

我们需要理念,更需要理念指导下有机的体系建设;正如我们需要结果,更需要过程的保障一样。

学校在招聘校长时设置一些必要的条件,这无可非议。立足办学者立场,一者“条件”可限定应聘校长者的基本层次。二者,“条件”被社会认可的,它是号召、吸引市场的旗帜,“校长是……”,“教师是……”。三者,直接获取名校长的思想、经验等,是办好学校的捷径选择。

需要引起注意的是,“条件”将诸多应聘者拒之门外,“没办法,你再有能力,初选不能入围也是枉然。”,“展示自己,依实力竞聘,这样没错! 但首先要保证有机会,得先拿到‘门票’才行!”,“条件只是外表,民办学校就是要竞争,英雄不问出处嘛!”……仿佛从应聘角度,也有“条件”造假的理由。还有人这样认为“民办学校要求的条件是宣传策划,对市场,条件是做给家长、学生看的;其实办学者往往在意宣传效果和应聘者真实的素质、能力……并不在乎你是不是造假。”

民办学校筛选在人才时,是注重条件还是依据实际能力,或是全面进行考核,每位办学者都十分清晰,这里就不再赘述了。这里有只留下两点参考建议:

建议一:对应聘者应重视软性体系考核。最好是增设体系性的现场考核问卷形式。

建议二:重点考核实操应用能力,从联系市场,作用市场的角度考核,如:教育体系、教学体系、招生的设计等。还有的办学者直接给出了这样的试题:“请你依据市场及竞争情况,设计一套今年的招生简章”……这种做法本人持先赞赏态度。用提升和加强对应聘者的评价水平,加强把关力度,严格控制入口,比陷入到“是是非非”的分辨困境更具有实际意义。

第十三章　怎样聘请校长

办学者对入职校长持十分慎重的考核态度！慎重应体现在考核的思想、方法上。“视其所以，观其所由，察其所安。人焉廋哉？”。在整个招聘校长过程中办学者处于相对“主动”位置，完全可以通过策划、设计让被考核的校长进入“考核程序”，进而从各个考核“答案”中提取出供判断、定位的依据。但，关键问题是办学者拿什么去完成考核？提出哪些问题？……

总是想做这样的尝试——希望能为民办校长测评做点儿铺垫工作，哪怕提点儿不成熟的建议也好！

校长考核最主要从“定位理念和理念应用”两个层面展开。本着尝试的想法，本人在此提出如下建议，以求起到抛砖引玉作用。

一、考核框架

前卫理念，如果不应用到实践中去，只能是苍白的表述。

高超策划，如果不能赢得实际效果，只能是“纸上谈兵”。

所以，对校长的考核需要我们从学校整体策划设计和操作中去印证理念应用的适用性、合理性和科学性。

理念指导学校全程工作，所以我们从学校的任何层面和过程环节中都能品到，即：从任何层面和环节都能欣赏到从不同角度对理念的诠释。

遵循以上思路，我们以理念为核心，以整体为目标，按因果层次对校长进行整体考核。整体考核示意如下：

目标层——学校目标（什么时间，达到什么要求）

策划层——理念思想、治校方略（总体方法）

用什么人（人才观）

选择什么“工具”（教育、教学观）

用哪些绩效，影响哪些群体（市场观）

通过哪些渠道，借助什么方法，达到什么目的（招生观）

生源、效益在什么时期，达到什么标准（发展观）

计划设计层——体系建设

职责要求体系(如何分工,各自做什么,做到什么程度)

考核评价体系(做了没有,做到什么程度)

待遇奖惩体系(做到、做好了如何,未做到、没做好如何)

操作层——工作计划,实施细则

保障体系——人事管理、制度保障体系

绩效评价——市场评价(竞争力、认可度)

家长评价(满意度),学生评价(稳定率)

目的评价(效益目标、招生目标、经营水平)。

图示为:

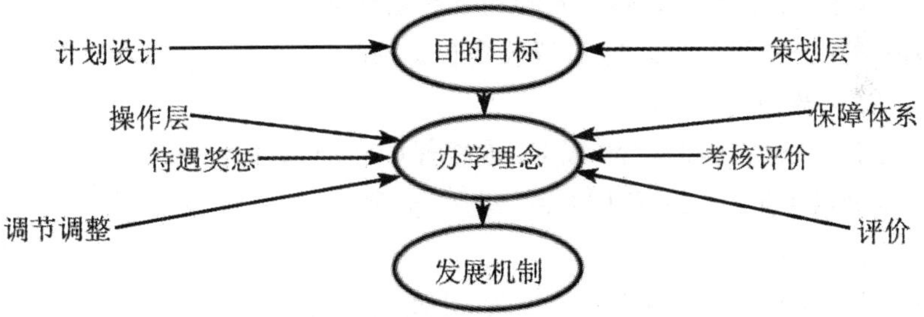

二、分析、判断原则(建议):

1、理念判断原则:

学校的各层次、角度、过程均为理念的应用,是理念统一指导下的产物。

2、层次认定原则——教育的市场策划、应用能力。

全面性:紧密围绕理念,层次逻辑关系清晰。

合理性:适合竞争特点,适合家长学生要求;

适用性:用对学校"目标"和发展的作用力度。

科学性:教育方法对全体学生成长作用的科学程度。

3、民办观念不成熟定位原则:

多重理念:出现多理念现象或体系建设无思想主体或各层次因果关系脱节。

理念不明:得出"似有非有"理念验证结论。

传统观念:脱离需求"公共化"教育服务(指面向不同需求提供相同服务

的服务行为)或持传统教育观念。

整体失衡:过分强调“某一方面工作”,缺乏整体设计和协作。

4、校长类型判断原则:

民办型:面向市场应用教育(针对市场需求选择教育“工具”)。

公办型:用教育要求市场(要求需求适应教育)。

市场型:迎合市场,缺乏教育选择(为迎合需求,违反教育规律)。

综合型:“多重理念”或“理念不明”。

三、考核操作

(一)持什么理念?

1、“人才观”提问:“您聘用老师的条件是什么?”

第一类(公立型)回答特点,持公立观念,如:

“名师执教,专家治校”

组建名师队伍,强调职称、奖项、名校任职经历和各种“率”……

不重视或不要求民办任职时间、经历、奖项。

不重视年龄限制

第二类(市场型)持不均衡观念,过分强调市场,如:

有市场运作能力,有招生工作经验……善于做家长、学生工作……不重视对教育、教学能力要求。

第三类(综合或民办型)回答概要:

“有民办学校工作经验,家长认可、学生喜欢……年龄在某某范围……”

2、“关键”问题:

“你认为办好学校的关键是什么?”

第一类(公立型)回答概要:

“质量是生命线,以质量促发展,向质量要发展……”

第二类(市场型)回答概要:

“生源是学校的生命线,招生宣传是学校生存、发展的保障,没有生源的学校不存在。”

第三类(综合型或民办型)回答概要:

“在理解学生、家长需求的前提下,寻求适合每位学生的教育。把学校真正建立在市场之中……”

“你怎样看待招生？如何操作招生？”

第一类（公立型）回答概要：

“没有质量，就没有生源，水到渠成嘛……质量是招生的动力，是立校之本……苦练内功，做强自己……二年上区级，三年上市级，五年上省级……”

第二类（市场型）回答概要：

“向市场要生源，向竞争求发展……组建专业招生队伍，发动全体教师参加招生……给每位教师下达招生任务……加大市场投入力度。广告、专业招生和教师‘1+1’招生并举……设计和营造校园环境氛围……”

“第三类（综合型或民办型）回答概要：

构建市场服务工作体系、考核体系……管理体系。将学校、部门和员工的工作指向满意市场目标。用工作全程作用市场，用工作绩效满意市场，让家长开口，让学生说话！……校内围绕学生大力‘酿造香酒’，校外主动管理市场……在此基础上采用恰当市场策略……”

“优秀员工的标准是什么？”

第一类：“质量！升学率，优秀率，合格率，转差率……”

第二类：“招生量！家长的投诉量小，学生的稳定率高……”

第三类：“家长、学生满意！”

……

3、办学校的思想、观念是什么？（理念是什么）

注：要求具体回答民办学思想内容。回答为谁办学，为谁服务的问题。

4、形成办学思想的依据是什么？（理念的形成环境）

注：服务对象是谁？“上帝”在想什么，他们希望得到什么？

5、依据市场需求，你是如何策划教育、教学的？（理念在教育教学上的应用）

注：用怎样的教育、教学的方法去满足“上帝”希望、要求？做到什么程度？

6、人才观念如何？（理念在人事上的应用）

注：具有什么样的素质、能力结构的人才，才能够承担和完成这样的工作任务？

7、怎样分解和保障服务目标的实现？怎样把握过程？怎样评价、待遇？（理念在管理中的应用）

注：如何分解目标？出台怎样的制度予以保障？对总体和分期目标如何评价、管理？如何奖、惩，待遇？

这一套软性体系是否支持总体目标的实现？是否切合竞争实际和市场实际？可行性如何？

8、学校如何作用市场？你认为应该从哪些角度，用什么方法作用市场？这样作用市场的效果如何？（理念在市场中和推动学校发展中的应用）

注：如何对市场主动作用？如何将学校的工作过程、作用市场和管理市场合二为一，融为一体？如何用绩效作用市场？如何赢得市场认可？取得市场竞争的主动，收获市场效益，达到办学的经济目标和取得社会效益？这一系列措施的可行性如何？成本如何？……

9、你是如何建立市场反馈渠道的？如何对待和处理反馈信息？（理念在建立学校长效发展机制中的应用）

注：学校职能与市场需求的吻合程度，是衡量学校发展的核心指标之一（当然还需要市场的运作和技巧等），市场信息反馈机制是学校通向市场的窗口，学校通过获取市场反馈信息检验、调节计划和工作。

10、你对员工队伍的稳定如何看待？计划采取怎样的措施？（理念的成熟度，即：管理艺术的应用）

注：员工稳定是思想渗透和统一的前提，没有稳定的员工队伍，思想的统一就是泡影。民办学校的员工稳定，思想是稳定的凝聚核心，管理修为和积淀是基础，整体设计的可行性操作是前提，例如：公正透明的评价制度和体系，人性化的管理环境是必要的方法之一……

11、你是如何建立学校发展的长效机制的？（理念的远端）

注：学校教育服务内涵与市场需求接轨；学校须更具有需求的代表性；校长的思想与董事会的发展目标相一致；学校内员工稳定，学生喜欢，学生以学校而自豪……

这种整体性考核起码能将大部分水分“蒸发”掉，将虚假过滤出来。因为“南郭先生”要面对全面的逻辑关系以及思想的应用层面造假的难度就太大了。

（二）理念层次问题

1、董事会与学校的关系提问，如：

“学校‘目的、目标’与理念之间的关系是什么？”

“要实现目标你将怎样做?”

“你采用什么样的策略、方法实现目的、目标?”

注:理念是实现目的、目标策略、方法的总和。

实际性:理念对市场的作用是否符合市场实际,是不是空洞理念?这种理念能否充分说明实现“目标”的问题。

科学性:理念对校内体系建设、人才要求、采取方法的指导等,是否说明了目标的实现过程?

合理性:目标、市场、理念和学校之间的关系中,“理念”是否做到了贯穿作用,处于统领位置?(整体关系逻辑性如何?)

2、理念前提下,对学校的职能提问,如:

“要达到目标,你认为学校重点(不同于公立学校的做法)需要做哪些方面的工作?”

“要达到目标教学工作需要怎样做?做到什么程度?”

“市场宣传工作,招生工作如何做?”

“如何保持在校学生的稳定?”

注:学校的职能产生,是回答达到目标需要做哪些工作。

层次性:是不是在理念指导下产生的学校职能?

逻辑性:理念是否保持对职能的指导关系。要实现学校目标,职能是不是包含了需要做的各层面(如:教育、教学、生活、宣传、市场管理、招生等)上的工作?

合理性:各项工作能否组成一个有机的整体,围绕同一个中心(理念),重心指向相同目标?

3、部门工作提问,如:

“学校需要设置哪些部门?”

“这些部门如何分工?”

“某某部门的职能是什么?”

“对某项职能的要求目标是?”

注:学校的职能分工是否合理?

是传统的?还是人为的?

分工理由是什么?

学校职能切分形成部门职能,部门职能能否印证学校职能?

各项职能目标组成部门目标，职能目标能否印证部门目标？

4、部门目标与职位、岗位的关系提问，如：

“各部门设立哪些职位？”

“师资配置比例（班级比例，生配置比例）？”

“职位职能如何分配？”

“教师如何做市场的沟通、渗透工作？”

“如何面对提出‘特殊’（如：特长生）要求的学生？”

“如何保障接送学生工作的安全？”

“如何接待来访的家长和面对家长提出的‘过分’问题？”

“举例说明，如何设立岗位工作目标？”

“对员工你是如可进行市场评价的？”

注：分工是否合理？（合理：指对部门教育、教学、作用市场等职能的分解，应结合对部门目标的作用，结合服务对象，结合市场作用力，绝不是单纯的教育教学工作。）

职责是否清晰？（清晰：从学校职能到部门职能，再到岗位职能是否形成“金字塔”关系。从对市场需求服务的设计，到工作内容及要求，再到沟通、渗透是否具备过程作用的能力等。）

5、人的素质、能力要求提问，如：

“优秀的教师是什么标准？”

“你认为，中层管理人才首先要具备什么素质、能力？”

“你认为，教师须要具备哪些素质、能力？”

“招生工作与教师队伍整体素质的关系是什么？”

“假如一位会招生市场人员来应聘，你采取怎样的态度？”

“你如何看待一些民办学校对员工‘年龄’的要求？”

“你如何看待一些民办学校在招聘员工时，对‘在民办学校工作三年以上’经验的限制？”

“你的教师如何理解学生的需求？”

“你认为学生需求与教师工作的关系是什么？”

“你的‘好教案’标准是什么？”

“你怎样考核前来应聘的教师？考核的程序及要点有哪些？”

注：持不同观念的校长，使用不同的人才。

民办学校的人才素质、能力要求侧重，面向需求应用教育、教学的能力。是用教育主动作用需求、作用市场的能力。具有单纯的教育、教学和市场能力的人才，不是合格人才。

6、竞争提问，如：

"你认为，民办学校优秀人才最希望什么？"

"同一市场中，除待遇因素外，民办优秀人才还盼望什么？"

"同一市场中，在待遇基本相同前提下，你如何获取优秀的民办人才？"

"对于民办核心人才，你的招聘思想、策略是什么？"

"你如何看待本校的好老师'跳槽'到同市场的其他学校问题？"

"对课讲的合格，但学生、家长对提出的意见较多的老师，你如何处置？"

"你如何看待不会招生的老师？"

"你认为不会招生的老师，能教得好民办学校的学生吗？"

"你如何稳定在校的学生？"

"如何看待学校员工的稳定问题？"

"如何看待学校的宣传策划？"

"假期是招生的全程吗？"

"学校与家长的关系是什么？"

"老师与家长的关系是什么？"

"在学校的发展中，学生是什么角色？"

"如何看待民办学校的师生关系？"

"如何让员工达到要求的素质？具备要求的能力？"

注：理解了民办教育，就会深刻地理解身处其中的优秀人才。

笔者曾发布过一则招聘广告，开头词为：

"在这里，能力＝待遇，学生认可是最高文凭，家长满意是最高职称；

在这里，高效的管理就是让您舒心地工作、舒心地生活……"

经与同时间招聘的其他学校对比，本次应聘报名人数较他校平均值高出两倍以上！其中1/6的应聘者有三年以上民办学校工作经验，且优秀民办人才比例明显增大。在应聘成功者回答"为什么要前来应聘？"问题时，有的表示是因为"心累"，也有的表示"累不怕！需要理解！"……

当然，待遇是聘请人才的核心"硬件"，但除待遇条件外还有许多值得深入思考的问题。

不可低估思想理念对人才的号召力和吸引力作用。

也不能完全依赖招聘,要十分重视对人才的培训、再造工作等。

(三)合理性和实用性

1、教育思想?教学思想?

注:针对学生实际,学校的教育、教学采取思想、措施、方法的总和是什么?如:面对学生间的差异和家长对质量的要求,如何满足不同层次的愿望、要求?

2、面对民办学校学生的特点,你将采取怎样的教育措施、方法?

注:教育首先要求依据教育目的,形成大的环境,如:制度环境,校园、班级氛围、环境;竞争、评比环境等。也需要有环境下的方法……但这一切,均要源于理念和针对实际。

3、面对民办学校学生成绩的差异和家长们对成绩的要求,你将采取什么样的教学?

注:家长对学生的成绩要求是相同的,但学生之间的差异却十分明显。如何去让家长、学生满意?实际上家长是承认学生间"距离"的。

4、如何实施"分层教学"和"个性化教育、辅导"是可行的。但又如何分配教师的工作时间、精力?

注:没有时间前提下的任何措施都是空洞的。没有常规保障下的"时间"是暂时的,也只能是应付……

5、对教育、教学如何要求?

注:有了思想、措施、方法……又如何保障?如何让其成为常规行为呢?建章立制是否与思想、方法相一致。。

6、如何考核、评价、奖惩?

注:有了要求又如何考核?有了考核又如何将考核结果体现在待遇上、奖惩上?工薪制度与奖惩制度是管理思想在的终端体现形式,是"物化"了的评价。塑模立典的作用代表了学校校风建设前沿和方向。

(四)应用能力及管理

1、如何处理与董事会的关系?

注:从广泛意义上讲,校长与董事会(董事长)的关系,从根本上是思想关系。在思想统一的前提下,就变成了合作、协作关系;就变成达到共同目标的谋划关系、互补关系……是从不同侧面的对同一问题的思维——两者

是合作伙伴，在这一前提下，任何其他“问题”均会被视为“皮毛”。相反，任何表现在关系上的不协调均源于思想、观念差异。

董事会与校长的关系也需要“经营”和管理。“管理”是指，要规范，要有彼此交流的渠道，要遵从领导与被领导的关系原则。“经营”是指两者是朋友关系，需要付出真情。即使是在思想统一的前提下也需要时间、空间，也需要消除误解，达到默契。

……

2、如何处理劳资矛盾？

注：校长在员工心目中的“角色”定位，是达到管理目的和提升管理效益最好的“润滑剂”，所以校长要在员工中有“信任感”和“依赖感”。

从劳资关系上讲：在员工、校长和董事会三者中，董事会是办学者的代表，是老板，是资方；校长位于两者之间；员工是劳方。但他们间的距离并不是相等关系，校长与员工的距离显得更近一些。

在学校的目的、目标的管理面前校长持“公正”的态度似乎更让人接受；

在处理劳资关系时，公正透明的考核与工资待遇的一致程度，更有说服力。

在处理资方关系时，校长应有效把握“大”与“小”的利弊原则。“大”是指处理近期与远期，整体与个体，整体与局部等关系问题时，总是要在让员工在受益中使学校赢利（眼前与长远）“最大利益”，所以要以“利”、“弊”取舍为原则。

“小”是指“以小换大”，“以节换局”“以近换远”原则。却不可出现因“小”失“大”问题。

校长是执行者，所以在劳资问题上，是沟通者、协调者。

处理劳资关系是艺术，是目的艺术，是凝聚艺术，是对人心把握的艺术……

3、你如何安排和管理教师的休息时间？

注：休息需要管理。休息是员工心态和工作效率的调节剂。

工作密度大，节奏紊乱，就会让人的心理紧张起来。这种情绪积淀日久会造成不良工作心境。学校管理在缺失“弹性”的调节机制下，合理的会变成“不合理”，“小事”会变成“大事”，“皮毛”问题会升级为“原则”问题……整体工作效率低下，员工感觉十分“劳累”，学校就会显得呆滞、僵死、缺乏生机。

让人感觉到“累”的主要原因有两个,一个是“心”累 ,另一方面就是“身”累。“心”累源于管理,其中重要原因这一就是随机性的工作多,让人感觉到无章可循。

民办学校更重要的是要求工作效率,要求成效,而不是单纯的时间。但反过来讲,时间是工作的保障。所以校长对员工工作节奏和休息的管理度的把握,体现校长的管理境界.

4、举例说明,你在担任校长过程中遇到的困难问题及解决方法。

注:学校面对的实际困难问题很多,在处理这些问题时,每位校长虽然在方法上有所差异,但在目的上是相对一致的。正是因为如此,校长所采取的方法就能够反映出他的管理经验水平来。但在困难问题中,表现最突出的是人与人,人与事的关系。

教育规律首先是人的规律,其次是事的规律,如何让二者形成相互促进、和谐的关系。以人促事,以事约人,在做事中让人感到轻松、愉快,让人感到“应该做”“乐意做”……这确实需要领导者有一定的管理造诣!

5、如何看待员工的稳定与流动关系?

注:没有绝对的稳定,关键是学校让什么样的员工流动,流动量控制在什么范围?

从实际意义上讲,流动大体上可区分为主动流动和被动流动。

主动流动是指员工因故自身提出,提前解除或不再续签劳动协议的行为。如果从本章论述校长角度评价,主动流动量超过正常范围(一般参考标准是5%)时,就需要从校长自身的管理上寻求原因了。

被流动是指:因故被用人单位主动解除协议或称之为被辞退的行为。

可以这样讲,被动流动是学校发展在人事上的促进机制。“问渠那得清如许,为有源头活水来”!但任何管理上的举措都有其双重的“双刃剑”作用。

但是,需要慎重的是,流动要以考核的合理、透明与公正为前提。其次是要有人性化弹性余地如:月考核排位,一学年连续两次或累计三次在全校最后五名以内者予以淘汰等……如何主控“流动量”?如何让流动成为促进机制?

由于群体有感情因素,由于各种纵横的关系存在,由于人各有自身的优点和长处，所以学校要尽可能减少员工的流动量。要尽量规避不必要的流动。流动如果控制不合理，就会伤及到群体的感情。流动是员工关注的敏感点之一。

所以稳定与流动之间，需要以发展为取舍原则，这就需要校长的决策把握能力了。对度的把握是校长应用管理的艺术。

6、你如何对待学生的流动问题

（某学校对此的做法详见本章附例）

注：学生有流动，关键是流动量大与小的问题。如果学生的流动过量，就需要从学校的整体工作的“方向”中去寻找答案。

建议从以下几个层次寻找原因：

第一层次应从学校的整体设计方向上寻找原因——学校的整体工作是否脱离了市场需求实际？建立民办学校有机的服务整体并进行有效的运作管理，是稳定生源的基础。

第二层次，从执行操作上寻找原因——“设计与操作的吻合程度，考核方向等。”

第三层次，从人员素质、能力结构上分析——执行人员的服务能力与意识

第四层次，是部门问题——部门，如伙食，生活管理问题等。

第五层次，是特别需求或个体问题——学生个体需求，或个别教师问题等（但这造成群体学生流失的可能性很小）

如果校长回答此问题只是针对某一层面，或过分归咎个体，这里则持不赞赏的态度。因为造成学生流动量大的核心是观念问题。

7、你如何处理员工的待遇意见?

注：待遇是民办学校员工的敏感点。所以对待待遇问题要持慎重态度。学校的工薪制度要与评价、考核、要求形成有机的相互说明的整体。怎样待遇？制度的前瞻性是前提。

考核的公正性和透明程度是消除待遇问题的有效方法。

待遇是对员工工作过程“物”的评价结果。对工作过程的认可，一定要与待遇保持高度一致。待遇上的问题应从工作过程中寻求答案。

对待员工的待遇“问题”应持务实的态度。有理就用过程说服对方，无理，就承认并予以及时纠正错误。

对待遇问题的解释，需要充足的理由和耐心的态度。却不可敷衍，和“承诺”。

……

8、在市场招生竞争中，你如何面对其他学校的竞争？能否举例说明。

注：在思想、策略指导下，市场及竞争不是一成不变的。应变本身就是体现了校长的市场驾驭能力水平和领导艺术高度。

9、学校出现生源困难时，你认为原因何在？

注：生源是市场对学校的终端评价；市场是用生源来回报学校的或者说，生源是市场对学校评价打出的分数。

学校出现生源困难，就像某种“产品”遇到销售困难一样。一者是“产品”自身问题（如：设计远离需求，质量未得到保证，成本过高等）；二就是销售问题……

……

（五）校长的经验考核

合理的要求是校长办好学校的必备条件之一。

没有权力保障下的策划和管理是空洞的或者是不负责任的虚伪行为。实际上，提出合理要求是考核校长的重要环节。且其要求的合理程度也说明了校长的素质能力层次，没有“武器”的“战士”剩余的更多得就是热情了。在此需要我们考虑的关键是“合理”的内涵问题。我们在此提出属于自己的如下参考意见，以供参考。

“你担任校长，有什么要求、条件？”

校长的合理要求大约分以下几个层次：

权力要求：

要主持工作，就需要权力保障；要全面主持学校的工作，就需要

对学校的具有操纵权力。校长的合理要求，说明对民办校管理的理解程度。

1、决策参与权

如果说董事会确定学校的宏观规划和发展目标，那么，在这一层

次上校长就是“作战科长”和“翻译”，是核心决策成员。他必须从教育角度认证决策的可行性，并拿出将目标翻译成教育标准的规划书来。校长在宏观决策上，负责从教育角度向市场方向的论证和设计。从这一意义上

讲，校长是董事会的很重要成员。

同时，校长作为执行学校计划的最高领导，也需要对董事会的目的目标和策划予以深入的理解。

2、校长的人事权力

人事权是校长保证完成工作任务，实现策划目标的基本权力保障。

通常赋予他的人事权力为：

1）校级领导的考核权和任免提议、建议权（经校长考核或推荐，由董事会审批）。

2）校务会的组阁权（向董事会报批，备案）；

3）中层领导的任免权（向董事会报批备案）；

4）学校教职员的聘任权。

5）按董事会批准的待遇制度，全面负责学校的人事管理等。

3、校长的财务权力

校长的财务权力通常如下：

1）提出财务预算，待董事会核准后，负责执行预算。

2）依据董事会核准的《工资制度》负责对员工的工作情况进行考核，负责依据考核情况具体执行《工资制度》。

3）具有预算内（如：工资、书本资料费等）和预算外500元以内的财务审批权。

4）按工作计划要求，执行奖惩；负责计划外500元以内的奖惩审批。

5）校长的财务执行情况，接受董事会（监事会）的检查，并按月向董事会报告。

……

4、物权

具有物品的管理权和使用权。

1000元以内的维护、维修由校长审批。超过1000元报董事会批准后执行。

500元以内的采购由校长审批；超过500元，报董事会批准后执行……

待遇要求

除权力要求外，待遇要求也是考核校长时值得关注的重要问题之一。许多校长往往于办学者由于在待遇问题上的分歧而导致考核终结。这样的结果，不仅让应聘的校长感到遗憾，也让许多办学者也为之惋惜。实际上，出现待遇争执问题的原因是多方面的，从办学者角度上讲，主要还是因为对校长的评价认识含糊问题所致。从校长角度，说明自己要求的待遇与学校的办学层次之间存在一定的差异或自己的“治校思想策划”并不完全被办学者所接受。

待遇是校长自我定位“物”的体现。校长希望通过待遇，体现自身的价值。所以有一定经验水平的校长，对待遇持“底线”原则。

校长的待遇是办学者对学校定位层次的体现。一般而言，学校的定位与校长的待遇成正比例关系。当然也有许多较低层次学校对特殊人才采取特殊待遇方式，那就另当别论。

1、校长待遇原则

待遇是相对的，市场中遵从“自己任命自己”的原则。

如果你能为学校创造近期利益或远期效益，校长本人的待遇只不过是沧海一粟而已。在这样的前提下，任何办学者都会为校长提供优厚待遇。

如果说在校长的主持下学校的经济出现了“滑坡”，“亏损”现象……这样的结果，从表现形式上就必然会引发严重的市场污染问题！这样不仅为学校的眼前带来生存困难，同时也为学校的明天带来难以挽回的损失……即使校长的待遇要求再低，代价也“太高”了。

2、校长的待遇弹性机制

在通过考核的前提下，待遇是否与近期工作绩效挂起钩来？奖励是不是与过期效益联系在一起？这是需要讨论的问题，但从经营角度上讲，这是可以考虑的。

无论对校长的考核操作的如何到位，但毕竟考核与实际操作尚有一定的距离。校长对学校尚需要深入了解，与学校的领导、员工也需要磨合；办学者对校长的实际应变能力也要进一步核实。彼此持慎重的态度对学校有好处。所以设立校长的弹性机制对学校有益无害。

校长的弹性机制一般分为，任职与待遇弹性机制。

任职弹性机制是指设立校长前的考察和对学校的熟悉过程。

待遇弹性机制，是指对校长的待遇实施结构工资制，即：基本工资，考核工资和奖励工资等的结构组合。

考核工资与阶段目标挂钩（如月考核目标，学期考核目标或年度目标等)。

奖励工资与工作绩效挂钩(如:学期或年度发展目标,学校的管理目标等)。

实际上,当办学者悉心研究如何获取好校长时,校长也在关注着办学者。虽然办学者表面上在聘用校长问题是处于主动位置。但深究起来,应聘校长似乎对办学者需求的研究与把握更加到位一些。现实中,造假者得逞,虚伪者上任……这令人感到心痛!我们有必要一起寻求对校长的考核方法,力求给好校长一个公正的结果;力求对民办学校的规范发展予以有效的促进。

以上只是依据"答案内容"分析做出的初步判断。然而,在实际操作中以各种形式回答问题的校长都有,显然仅凭一种固定的方法去判断有些欠妥。当然这只是"抛砖引玉"提供一种思路而已。

第二篇　民办学校的体系建设

【老板和校长的烦恼】

本学期(暑期)期末,非正常流动学生超过了在校生的16%!,年度教师流动量达到总体的21%!截至9月10日,共招收新生187名,只完成了招生计划的2/5,全校的在校生出现了负增长。

老板十分焦虑地说“学校抓得很紧,也没有出现过重大问题……这究竟怎么啦?!”

校长则表示:“老师没问题,学校聘请老师大部分是名师。管理没问题,我治学历来‘严谨’……”

校长有些委屈地接着讲道,“只是……老板不懂教育……无论你做什么他都不满意!他总是被家长、学生的要求牵着鼻子走……在他认为,家长、学生就是‘上帝’……过分干涉,事必躬亲……我……无所适从”。

“能不能讲的再具体点?”调查员问。

“比个例子吧,招生、宣传工作,家长、学生的调查工作,都由董事会一手管。只要家长、学生一提出要求……就往学校压,不管是什么事情,学校的正常工作被他这种随机的‘要求’冲得七零八落……办一所好学校,不是一朝一夕的事啊!”

“你们学校的生源情况怎么样?”调查员接着问。

“有学生就不错了!哪有好生源呀!”校长一谈及生源,显得十分不满地说。

“哪,你们是怎样教的?”

“又能怎样啊!‘死马当做活马医’呗!只有辛苦老师啦!……辛苦也罢,给口好气受也行啊!……学生底子本来就差嘛,还能教出‘一流’的成绩来!?”

……

“典型的办学传统型模式”，这是专家组经过对学校的全面调查、分析后下的结论。

其特征在于：董事会与学校间各持立场，分别从不同的角度要求学校，两者未融合形成民办观，校内呈“两层皮”管理、操作现状。

学校的问题出在理念上，体现在体系建设上。校内建立的体系具备“过程作用市场和招生等职能”，老板考核的却是生源指标。

对于学校的生存与发展而言，面对激烈的竞争环境，这是可怕的模式。怕就怕学校整体“迷失”方向，怕就怕服务找不到“上帝”……怕就怕学校的整体盲目！

在民办学校的体系建设中起码有一点可以肯定，就是建立与市场需求相统一的教育服务体系。整体体系“盲目”必然是观念问题，因为体系是观念的载体。

下面我们分别探讨民办观念指导下的学校体系建设问题。

第十四章　民办学校的体系建设

民办学校究竟应建立哪种体系呢？

这个问题，在以前的讨论中认为：处于前期发展阶段的学校，尤其是对市场缺乏影响基础，生源缺乏保障的学校适宜选择“满意”市场的目标和建立“客户中心”体系。民办学校在拥有生源量，具备筛选生源的前提下，就需要考虑建立“产品中心”了。

我们一起对民办学校的体系建立问题，进行如下讨论。

一、民办学校的体系原理

什么是民办学校的体系？

立足学校讲：体系就是实现学校目的、目标的机体，回答“怎样实现目标，达到目的”问题。

管理角度讲：组织教育服务，并通过服务管理，赢得目的、目标的机体。

教育角度度:“用什么样的教育服务面对市场需求”。

市场角度:满意市场教育需求的组织机体。

建立体系的层序(示意):

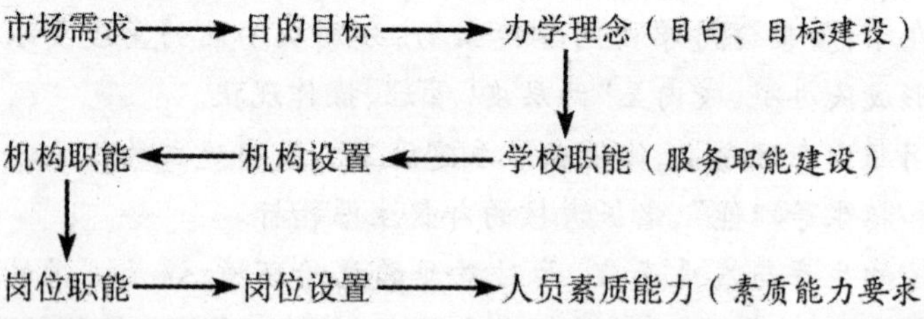

关系原理:

1、整个体系各层间均是因果关系,即:前者是后者的条件和依据,如:“市场需求”是学校“目的、目标”的条件和依据;“目的、目标”是产生“办学理念”的依据条件……

2、“需求”是建立整体体系的依据。

3、“人员的素质、能力”是整个体系运转的基础保障。

将民办学校体系层次间的关系简单表述如下(表):

体系层次	层次内涵	层级间因果关系
教育需求	市场中需要什么样的教育服务?	
目的、目标	切割服务层次,确定学校目的、目标	
理念	面对需求层次,选择采取服务的总体方法	
学校职能	要达到满意目标,学校需要做好哪些工作	
组织机构	要做好这些工作,需要如何“切块”分工	
机构职能	各机构负责哪些工作?	
岗位职能	这些机构工作再怎样“切块”分工?	
岗位职责	分工后的工作设哪些岗位?	
岗位设置	需要配置多少人员	
素质能力要求	这些人员需要具备哪些素质、能力	

由上可知:

民办学校的“目的目标”产生于“教育需求”环境。

体系就是民办学校为达到“目的”的整体策划、设计。

“理念”是策划设计的指导思想。

学校职能,是不同“目的”层次下的学校服务内容,及要求标准。

……

体系是学校“目的”“机器”。管理是推动这一机器有效运转的“操作”系统,是用来控制职能履行,检验各阶段目标实现和保障总体目标实现的。

毋谓言之不预。需求是学校一切目的和工作的“源头”。整体个体系自上而下是科学的“果”和“因”布局;由下而上构成“金字塔”型必然的“因”,“果”关系。每一个层次、环节甚至个体,都对整体目标起着直接的推动作用。只要让这一体系有机地运转,产生的结果就是学校目的。

二、体系要点

我们在本书的第一部分中,用了很大的篇幅讨论了民办学校思想理念问题。既然体系是思想观念的应用过程,在此有必要进一步探求体系环节的关系问题。

(一)员工的素质、能力要求

对员工的素质能力要求,就是对学校总体目标的要求。

如果员工素质能力得不到保障,就会出现“岗位”绩效率降低,“岗位职能”贯彻不完全……“机构职能”落实不到位……学校的整体职能执行情况就会因为某“短板”的存在,大大降低对目标的支持力度,目标就成为了空谈。所以,民办教育工作是集体协作,学校的教育工作绩效是整体创造的,但却离不开每一个个体。

一位员工的素质、能力未达到要求,其负面就会被放大并以机构整体的形式,对“目的、目标”造成影响。

所以,一位善于管理学校的校长,非常重视控制每一位团队成员!因为他懂得,“一位不称职员工作对整体的负面影响力”。这就好像民办学校中“非正常流失一名学生”一样,其对市场的负面影响力要远远大于培养十名优秀学生的正面作用。试想,培养十名优秀学生需要多少人,付出多少心血啊!

这并不是空穴来风,“很少学生承认是自己的原因”,“很少父母说是自己孩子不对”……一名学生流失,就会造成一个小区,一条街道,一个关系网络(如:学生的同学关系、亲情关系,父母的友情关系,工作关系等)受到“污染”。

民办学对员工的素质、能力要求与公立学校不同。“教育服务”是民办学校员工素质、能力的核心，需要更加针对学生的实际，需要更加细致深入地研究服务对象，并依据研究创造性地设计服务工作……民办教育需要创造性工作，尤其是当面对的学生质量较差时。学生质量越差，存在的教育问题就越多，老师需要面对的问题越复杂。

教育服务不是简单的教学。她更讲求教育、教学间的整体作用。

关于岗位设置、岗位职责、岗位职能就不再一一赘述了。

（二）组织机构

组织机构切分学校的职能，即：用“组织职能”的方式负责承担和落实学校职能。

不同机构，负责具有某种管理特征的职能，如：教务处，主要负责学校的教学管理职能。德育处，主要负责学校的教育职能等。

组织机构是学校方面工作的执行、操作和管理机构。为学校目的、目标负责，是执行学校《工作计划》的执行者。在整个学校的体系中，起着承上启下的关键作用。

既然是中坚环节，机构的领导者就需要对“上”的理解高度，对“下”的指导能力。

“理解”就是要十分明确学校思想理念和整体策划的目的意图。所以，中层领导团队十分强调与高层在思想上的统一程度。是否达到统一，可以从部门工作的操作过程和环节、细节上体现出来。

一般来讲民办学校能做到“理解”的中层领导，更能创造性开展本部门工作，并对下属工作的指导能力较强。

其次，他们十分清楚自身部门在整体中的作用，所以除本部门工作外更具“全局意识”。

其三，工作过程中，注重员工的观念培训工作。

……

机构设置，因学校的职能而异，并不是公立机构就不能在民办学校中设置。关键是民办学校与公立相同的机构是否承负相同的职能问题，如：公立的生活部门的主要职能是“管理”，而民办的主要职能是“教育”。“管理”要制度，并依据制度考核，依据考核评价……“教育”要计划，依据教育目的出台计划，对计划的执行考核，对目的的实现情况进行评价……

除学校的职能切分外，机构设置也受到源于人才的限制。

民办学校有其特殊的机构，如：招生办，市场部，特长管理中心等。是民办学校与公立学校在职能、目的差异下的产物……

（三）学校职能

提供怎样的服务，收到如何效果？

学校的职能产生于市场需求并服务于市场需求，终点是学校的“目的、目标”。它回答“要达到目的要做哪些工作？”，“做到什么程度？”等“因”“果”关系问题。

不同的目标体系，对职能的要求不同。学校职能随目标体系的推进不断完善。学校职能还受到服务层次（面对哪些需求），竞争对手和需求理解等因素的限制。

设置学校职能重点是对需求理解和对“目的目标的”把握。

“市场因素”是民办学校与公立学校在职能设置上的区别重点。民办学校立足于市场，服务于市场，作用于市场，最终从市场中获取结果……民办学校面向市场膨胀的教育需求“售票”，在市场中生存、发展。

（四）目的、目标

目标及目标体系，定位学校的办学层次。

办学层次就是对学校的服务层次与满意度的要求，或者用两者体现。学校的办学层次一般与收费标准成正比例关系，通俗的做法是用收费标准来判断办学层次，但现实中也有收费标准低，办学层次高的学校。所以，精确的做法是用学校的目的、目标定位办学层次。

目的、目标高，其办学层次也高，相反则层次较低。

目标体系分为，办学宗旨，生存发展目标（经济目标）和社会效益目标。办学宗旨是学校的最高目标。

科学的办学校目标体系产生于学校的办学实际（如软、硬件条件等）、对市场的理解和对竞争的把握。学校的目标体系，如：近期目标（五年或三年目标等）、年度目标和阶段目标准（期目标、月目标、周工作目标等）用规划和计划体现。计划用实施体现，用管理推动，用制度保障，用考核检验，用评价和奖惩激励……但，市场对民层次中的学校最终用生源评价。

生源数量带动生源质量。

生源数量得不到保障的学校，对生源质量的要求是“过分”的一厢情愿要求。

生源得到保障的学校，应及时向“要求”生源质量方向过渡，否则就会错失发展良机。

赢得社会效益的学校，不一定就赢得了生源量和生源质量。但赢得生源质量的学校却优化着社会效益。

……

办学者应致力于科学目标体系的建立。因为她是学校一切真正的源头与核心。有了科学的目标体系，学校就有了衡量理念标准，就有了策划、计划的依据……就有了建设科学体系正确的起点。相反，目标笼统或目标不明确，首先会导致“办学思想、理念”的偏差，随之而来的就是“无标准”下的含糊……最终会找不到“上帝”。

“鞋大鞋小脚知道嘛！”

最简单的目标，就是经济效益目标和招生目标，如：

三年目标：“本校在校生达到×××名”或“某某优生定位条件下，达到招收本地×××名优生”……

年度目标：“本校在校生达到×××名”或“某某优生定位条件下，达到招收本地×××名优生”……

既然生源是和生源质量在经济效益和社会效益评价中起着至关重要的作用。学校围绕生源目标设立体系，就必须回答：“如何招得来，留得住？如何优化生源？如何赢得市场口碑和竞争优势？”等一系列问题。这就需要设立各个层面目标体系，需要对过程、环节把握与控制，需要把紧人才素质的关口……

“好不好看效果”就讲这个道理。

用是否达到“阶段目标”和“年度目标”来判“题”，就会显得十分简单！再“不懂教育”的董事会也会操作并得出结论……

过程中“学生流失量大”，这是“上帝”不满的态度！说明学校的体系设计不被接受。总不能把责任推到“上帝”头上吧！

结果上“招生困难”。生源没有达到预期目标“总不能再说”教育理念先进，“一流的师资队伍”，“一流的管理吧！”……

围绕生源目标，结合市场、竞争实际和本校现状，判断、审核体系的适用性、合理性……也就成为了董事会驾轻就熟的能力……

切忌建立目标体系好高骛远的做法，尤其是近期目标和阶段目标。民办学校身处经济、市场和国家教育政策环境，受多种“规律”制约，有许多“不可控”因素……

生源是硬道理；生源质量是硬道理；培养成果是硬道理……被家长、学生喜爱是硬道理……所有这一切都需要务实。

（五）办学理念

我们已对此问题进行过重点论述，但在谈及体系建设问题时还是不可回避。

思想在整体中起着核心的引领作用。她上承“目的、目标”，下启学校的整体工作。

思想理念在体系中，对“目的、目标”而言就是方法总和，即：说明“实现目的目标的指导思想和总体方法”。

对需求来讲，她是对各种教育需求及层次的高度理解与概括。

对教育来说，就是面向需求应用教育。

……

所以，她是目的的“总体设计思想”。实现目的的总体策划方案。

二、学校体系的建立过程

【附：某校体系建立过程及分析】

筹办某民办小学市场调查报告

市场部经过对市场进行为期两年的调查，现将调查的情况归结如下：

一、办学环境（简述）

（一）、学校情况（五公里范围）

宏观情况：市场内共有小学36所，其中公立24所，民办12所。在校学生49652名，规模最大的学校，在校生近3000余名，最小的在校生不足500名……

民办情况：在12所民办小学中在校生2000名以上的三所；规模最大的学校在校生2600余名，最小的400余名……

竞争情况：

从生源量分配：民办学校约占总生源量的25%。生源分配特点如下：

(1)公办学校共有40000——45000个小学学位。目前，总体就读率为86%左右。

(2)7所公立小学出现生源饱和或过量现象(超额量约4500余名),21所生源量不足。

(3)生源区内民办小学情况:

12所小学生源量总体表现为不足。

一所中等收费小学,超额量200名左右,七所生源不足。

(二)收费情况等:(略)

……

(八)建议:

总体上市场中的优质教育资源不足。家长学生对优质学校的需求量尚存在一定的空间……依据调查、分析、判断需求量约在1500——3000范围。为此建议:

(1)办中等规模高档小学(2000名学生规模,收费在15000——20000元/年);

(2)突出教育资源优势;

(3)针对需求

……

二、市场需求类型

……本市场需求归纳为:

1、全面要求型:家长对子女的培养寄予厚望,要求学校对学生全面提高。

2、公立不适型:学生在公立学校没有取得预期成绩,采取转学、补课等方法后效果并不明显。希望民办学校能转变学生,尤其是成绩提高要有明显幅度。

3、成绩核心需求:学生来校目的十分清楚,就是要求成绩能够达到升学标准。

4、家庭逼迫型:父母因工作或其他原因,无暇顾及孩子。希望学校能兼顾家庭职能。

5、特殊希望型:家长对学生寄予特殊培养希望,如,学生家长提出“学习日语”要求,有的家长提出“参加竞赛”要求等。

6、特长要求型:家长对舞蹈、钢琴、武术、电脑等培养有特殊性要求。

7、看管型:家长因故,对学生的成长担心,希望学校严格管理,给孩子一个清洁的成长环境。

8、成长型：家长对学生的学习并不十分在意，希望孩子铸就完善的人格。

……

三、学校服务职能建议

针对市场对学校教育的需求特点，建立学校在进行教育服务时侧重考虑如下职能。

1、质量区分：学生的学习成绩成为多数学生家长关注的焦点但应针对学生实际进行区分。据调查，多数学生学习成绩差的原因是学习习惯不好所致。要有效提高学习成绩，不仅要加强教学，更要注意良好学习习惯的养成问题。因此，学校在对质量需求分层时，应特别注意。

2、许多家长提出，对学生成长环境问题担忧。为此建议学校要以“严”字为校风建设的核心。

3、应重视解决学生的“厌学”问题。据调查，在计划选择民办学校的学生中，不同程度存在“厌学”问题。

4、招聘教师时应注意，具有舞蹈、武术、钢琴等特长的教师。

5、家长对其他民办学校每周接送学生的做法有一定看法，建议我校按月或两周接送一次学生。

6、据调查，没有良好的生活习惯是选择民办学校学生的较为普遍的现象。为此，学校提供市场服务时要特别注意应加强生活习惯的养成教育。

7、与学生平等相处采取相机诱导的教育方式受到广大学生欢迎。

8、理解学生是教育学生的前提，学校的教育、教学行为要建立在对学生的理解基础之上。

……

某小学筹办策划书（简要）

依据市场调查，按本市场“高档”小学定位……学校体系建设意见如下：

一、目标体系（略）

二、学校办学理念：

“理解学生是教育学生的前提，学校的任何教育、教学行为均要源于学生、始于学生”……

三、总体策略：

1、实行“双导师制”：依据学生实际，按每8名学生配置一名学科教师和一名生活老师，具体负责学生的设计、指导、考核、服务等工作,执行"导师目标"管理体系。

2、高配置:3.0 班/名配置(生活老师除外);

3、"小班制":每班不超过 24 名;

4、强化生活教育,生活老师按 3 名/班。

……

四、学校的职能

教育职能:德行教育、良好人格塑造、礼仪表达、学习习惯等。

教学职能:升学目标、提高幅度、偏科提升、特殊目的等。

特长培养:音、体、美、艺等。

EQ 要求:良好习惯养成,如:生活习惯、思维习惯等。

公共服务要求:安全保障、环境安全、医务、饮食、接送等。

……

以上职能均需要制订与办学层次相统一的目标、要求。

五、机构(部门)设立

1、德育处

针对学校的"教育职能"设立德育处。

德育处职能:教育职能 + EQ 要求 + 特长培养 + 生活管理。

德育处岗位及职能分配(示意简图)

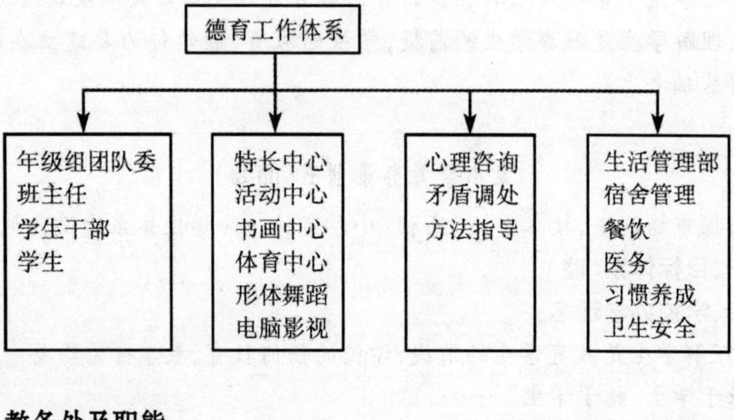

2、教务处及职能

学生总体质量提升计划目标

升学教学计划及目标

偏科提高计划及目标

特殊培养计划及目标

3、特长培养中心

依据学校对学生特长的摸底情况,准确制订出学生特长的分层培养计划及目标,如:兴趣组,特长组,竞赛组,专业组等。

注:一般,“兴趣组”和“特长组”学生量比较多,采取“业余”的方式,执行集体培养计划和进行普遍形式的评价。竞赛组和专业组执行特殊培养计划,如:进行承包式培养,定级评价等。因家长、学生对培养目标要求不同,学校在对学生培养的时间安排上也就有了区别,有的学校甚至将学生“专长”培养时间延长到了3小时/日。这一做法,也起到了“满意”家长、学生和带动学校特色的作用。

4、成立市场管理部

市场是学校工作的目标。为了及时、准确把握市场和对市场进行主动管理,学校成立“市场部”……其三大职能为:建立市场管理体系;学校与家长沟通管理;铺垫市场、作用市场。

注:市场部由校长直属,一般由一名“懂教育的市场专家”负责管理(如:副校长等)。校内的机构体系为:校长或副校长－中层领导－班主任－教师和“导师”及生活指导教师。

市场体系:学校家长委员会——片区家长委员会——家长代表——家长、学生。

市场管理职能分配:

(1)主管领导负责校内、外市场工作的全面管理工作并负责对学校家长员会的管理;

(2)中层领导包片,负责本片区的市场管理工作和负责片区委员会的组织与管理;对本片区的市场工作人员进行工作指导和完成考核、评价。

(3)班主任负责本班学生家长的管理工作如:建立本班学生家长档案等;同时也是班级市场工作的组织者、协调者和领导者。班主任具体承包分布在本班的家长委员会、片区委会成员和具有代表意义的“家长代表”。

(4)教师、“导师”和生活指导教师,将在校学生根据自己的工作特点和承包的对象(如:“拔高”,专项教育指导等对象)进行按户承包分配

……

注:在分配时需要注意要照教师的工作对象进行任务分配。按地域笼统分配市场工作任务的做法效果不是十分理想。运转机理为:学校用教育服务积极推动员工通过学生和家长建立良好的关系。员工和家长建立起来的任何“工作”关系都是学校和市场的关系。民办学校的家长,也是学校的“员工”。学校应对广泛分布在市场中的“员工”进行主动的管理,这也就是学校的主动性市场行为。

学校的市场管理渠道和体系就是学校通向市场和渗透市场的渠道。而关系,就是任何渠道的基础也是学校的市场基础。我们已经讨论过,民办学校前期的目标是:赢得市场、赢得生源、赢得经济效益。要达到这一目标,学校就必须站在教育与市场共同的高度,用教育的手段主动管理市场和用如何满意市场的眼光看待教育。

学校和市场之间任何的脱节行为,都是学校对市场和发展管理的失控。从现实目标意义上讲,学校对校内学生的任何付出,几乎都是为学校赢得市场服务的;如果学校缺乏市场管理机制和市场渗透渠道及市场主动行为,就会使得校内的总体绩效大打折扣或者说就会显得苍白无力!

综上所述,民办学校应首先有明确的市场观,以便建立起构筑教育市场服务体系的核心。只有这样,才能够确定学校的组织机构和赋予它明确的职能;只有这样,才会使得学校一切工作都能够统一到目的、目标上来;只有这样才能形成与市场目的相一致,相统一的体系。必须清晰的是市场与学校的关系是因果关系,学校是为市场服务的。市场中广大家长、学生对教育的需求就是学校一切工作的目的、目标。学校与市场是“服务与顾客”关系,家长就是学校的“客户”。在学校通向市场的道路上,对市场的主动管理是学校主动渗透市场和主动发展的行为。家长是市场中学校的“员工”,对家长的管理也就是对市场的管理。所有这一切,民办学校均必须体现在统一的体系之中。

学校要在明确目标的前提下建立能为实现目标服务的组织机构;学校应赋予这些机构服务于目标的明确的组织职能;学校要围绕目标,制订出切合实际的分期目标和各期目标的评价标准、体系,并对各级做出客观的评价。任何“挂着羊头卖狗肉”的行为和不符合教育市场规律的行为,最终必然导致市场的艰难。很简单的道理,就是市场是民办教育的终端。整体或环节上的弊端,一定会在终端上放大体现出来。

第十五章　民办学校的体系建设程序

体系是学校建立在市场需求上的“目的、目标”构架；是“目的目标”的服务链条。

体系链中，自上而下是对“目的目标”的必然性说明（是对需求服务的细分、细化过程）。自下而上对“目的目标”形成“金字塔”形支撑。所以，有明确的“目标”就须有明确的体系，“明确”在于因果之间。

“目标”明确而体系不明，说明策划、应用能力未达到要求。

“目标”与体系都不明确，只能产生“目标”听命于市场和竞争的结果。

一、策划程序

学校的体系是就是以市场为基础以企业目的为目标，以学校的理念思想为核心建立起来的作用市场的机体，所以市场——思想理念——体系——人员素质能力要求的高度一致是办好一所民办学校的必要条件。

体系不是一成不变的，策划与建设体系不仅要有良好的起点，还需要逐步完善，体系建设伴随整个学校的发展过程。

建立体系一定要持慎重、严谨、科学的态度。这是因为它将对形成校风产生直接的影响。一旦某种校风形成，再要去改变将是十分困难的，它既需要转变观念、累积人才，总结经验……同时更要付出代价。

“穷国办大教育”的问题正在逐步得到解决，公立教育不断完善……市场教育需求（受多种因素影响）在不断地变化，竞争对手在发展……民办学校须用完善体系体现与时俱进。

策划不是凭空捏造，也不是照搬、模仿，任何脱离当地教育环境、民办竞争环境、生源需求和本校实际的做法都不可取。所以，“适用性”是判断策划的首要标准，体系建设需要在实践中得到检验。

怎样才能建立起科学的民办学校体系？建立体系的程序与原则是什么？

现就民办学校体系建设程序等问题，提出如下建议：

1、把握市场教育需求，切割服务需求群体，回答“需要提供哪些教育服务?”问题。

市场中主要有哪些教育需求？公立教育主要的不足与欠缺是哪些？民办教育中，各校服务内容及特长、特点是什么等。

学校准备为哪些教育需求提供服务——切割需求。

2、确定学校的目标层次

全面分析本市场中的公立学校办学优势与不足。回答“假如你身处公立学校，为什么要考虑选择民办学校就读”的问题。

综合地与同市场的竞争学校对比，客观地比较本校在硬件、软件、宣传、招生等方面的优势与不足有哪些？

综合论证，本校的优势面对确定目标层次的影响，进而产生出“最高目标”。

论证劣势面对学校的负面影响，进而产生出“最低目标”。

对比正、负面因素，产生出“中档目标”

将“中档目标”物化为“拟定收费标准”。

以“拟定收费用标”为尺度，在本市场中“搜索”出收费相同或相近的其他民办学校，并将其列为(全方位)重点研究对象……尤其是要深入到学生、家长之中调查……

依据调查组织分析、论证，并将证结果再与以前的判断分析比较，做出学校的初步定位。

(注：这种定位不是一成不变的，操作时要预留一定的弹性空间，如：一些学校在执行收费标准时，选择用“优惠政策”的方式作为弹性空间等。)

3、论证“目标”与“服务标准”间的必然关系。

已经用提供的“教育服务”完成了对市场需求类型的切割。也用“目标层次”宏观地回答了为哪些消费群体服务的问题。紧接着就得清楚，要达到“目标”需要将各项服务定位在什么标准上的问题。

服务达到了什么样的标准，才能保障目标的顺利实现？我们比这样一个例子加以说明：

某校年度目标为：“在相同收费和成本/生前提下，本年度九月开学在校生总量计划净增300名”。

围绕董事会下达的学校年度学生净增目标，学校就得研究“如何保障

300 名净增目标实现”的问题。

在校生净增值 =(在校生量 + 招生量) - 流动生量

确保稳定率

围绕目标,提高在校生稳定率,“留得住学生”问题就被摆到了工作的“核心”位置。谁都清楚,在稳定率要面对向全体学生,不能“挑肥拣瘦”。这就要求学校的满意工作要顾及到各个层面上的学生!

“什么样的学生不流失呢?”当然是对学校满意的学生、家长!

“怎样才能让处在各个层面上的学生、家长满意呢?”

学校就需要针对每个学生的特点(需求)围绕“满意”展开各项工作了,如:教学工作优秀目标,拔高目标,转差辅导目标……

同时,在学校稳定工作中,员工稳定也被列到了重点工作范畴,因为它会直接影响学生稳定。

保障招生量

“净增”的另一个重点就是招生工作。

没有招生“量”的保障,就不会达到净增要求。300 名净增指标的招生目标为:

招生量 =300 名 + 流动量

怎样才能达到招生目标呢?

排在首位的是,“如何让学生开口,让家长说话”形成良好的市场口碑,创建竞争条件,营造良好的招生环境问题……

“如何才能让家长、学生开口呢”,还是让“学生、家长满意”……怎样才能满意呢? 质量稳步提高,教育的针对性和效性,对学生安全的保障……

其次,就是学校工作绩效对整体市场的影响和招生宣传、策划、组织和管理的问题。

不难看出,学校的招生目标、稳定目标就是对“服务标准”和“满意度”的要求。量化结果目标,能起到“牵一发动全身”的整体作用。

所以,学校确定了“目标”,就确定了“服务标准”。相反,“服务标准”也是达到和实现学校“目标”的必要保障。

确定的“目标”过高,对“服务标准”的要求也会随之提高,学校的各项工作难度增大,“遥不可及”之下极易造成消极的敷衍应付行为。相反,目标过低服务标准也会随之降低,学校会出现“人为管理”、“大锅饭”等现象……致使学校的整体竞争力减弱。

综上所述，目标是摆在董事会面前的“题目”，要做好它，就得从市场实际中产生恰当的目标。目标所指向的“服务标准”则是留给学校的“题目”。学校需要回答“要过到目标怎样去做”的系列问题。

4、理念思想

思想是达到目标的方法总和；是如何将经济目标、效益目标、发展目标转化为各项教育目标和教育服务体系。最突出的两个问题是：

其一，将市场型目标转化为学校各项目标的“翻译”能力。

如：在收费10000元/年、生标准下，学校提供哪些服务？服务的“度”如何控制？……如果将收费标准提高到20000元/年、生，学校又提供哪些服务，标准和“度”的差异是什么？

不同层次服务，对服务内容和标准的要求不同，所以要配套不同的服务体系，进而对思想境界和层次的要求也就不同。

其二，思想的实际应用能力

围绕“净增300名”目标。

学校提出了实施思想，策划了“方案”，布局了体系，面向各部制订了各项工作任务、目标并配套了考核、制度……这一体系的实用性和实效性如何呢？

民办观念产生于市场，是对需求的提纯和升华，可是她代表了“切割”的需求，也就在切割的市场层面上具有了统领作用。检验思想，除从体系的应用中判断外，市场实践效果最有说服力，检验市场效果“生源净增目标”居于权威位置。

思想产生于“目标”，用于指导体系建设，即：学校的思想、体系、职能均是指向“目标”。

操作结果未达到目标要求。

原因会在哪里呢？

总不能从“末节”和局部去寻找“结果性”的原因吧！

我们能否这样推理，围绕目标产生，思想观念，围绕观念确定体系布局，围绕布局进行动运作管理……最终末达到目标……结论首当是观念问题！

如果目标是“净500名”又当如何面对？学校总不能还是“300名净增”的思想和策划方案吧。

目标为“保持现有在校生规模，优生率在去年的基础上提高10%”呢？

……

5、管理操作体系

学校需要做的一切工作（职能）如何分类、分工？

成立哪些职能部门最有利于“目标”？

如何确定各部门的各项目标标准？

（1）设立部门

学校要需要将整体的工作进行分解。将具有相同或相近或密切联系职能归类，并由专管机构负责。

（2）确定部门职能目标

部门承担的工作要做到什么程度？

学校需要确定部门所承担的职能目标标准。

（3）设立岗位。

部门工作量如何？如何分工？

（4）确定岗位要求。

分工后各需要多少人员？

人员需要具备什么样的素质、能力？

（5）建立保障体系。

如何保障体系的正常运转？

各部门、各岗位和人员相互如何形成整体性协作和有机配合，进而挥部体的最大绩效？

如何对过程绩效做出保障性判断？进而进行调、调整，用控制过程实现对结果的把握与保障。

……

（6）人员素质、能力

各部门职能特点是什么？需要具备什么样素质、能力的人才去做？

各岗位工特性是什么？需要具备什么样素质、能力的人才完成？

现有人才是否具备了要求的素质、能力？

未达到要求者，如可获取（招聘）？如何改选（培训）？

“软件”是学校服务的主要特征。人才是办好一所民办学校的核心办量。人才团队是达到任何目标的关键所在。

学校不可能通过“招聘”得到整个人才团队,但可以获取核心高层人才;可以通过培训形成团队。一些学校采取特殊的方式(如:高薪)获取核心式人才(如:校长)的做法是可取的。

(7)管理思想

有人通俗地将体系工作分为四个层次,即:让每个人都要明白

“做什么?”

“怎样做?”

“做到什么程度?”

“做好或做不好如何?”

不可忽略的是,让员工知道他在总体中所处的位置,所做工作对整体的作用,是个体作用总体目标十分重要的事情!

“为什么要求你这么干”要比“你就应当这么干”更让员具有主动性和创造性。

让员工“做正确的事情”要比“把事情做正确”更加适用于民办员工的教育服务工作。

教育服务不能是机械的,也不能照抄、照搬,因为我们要面对的对象是一个鲜活的、独立的个体。

经验的“车”载不下全部的需求。

机械、程控的职能、职责、岗位要求系统……不能强加到民办教育服务工作上面。

民办学校更需要为员工营造创造性工作的条件。

民办员工更需要应用教育的思维……所有这一切都需要有一定的弹性空间;需要形成创造环境;需要人性化的赏识……给员工注入思想,让他们走上对每位学生的解读、理解道路;依据理解需求,展开针对性的创造工作。

学校要重视用市场指来评价工作;用每位学生、家长的认可与满意来评价每位员工的工作……

(8)考核与评价

学校在设立考核、评价体系时还要重点考虑“目标作用”、“全面服务”、“整体评价”三方面要素。

目标作用:学校对市场的全程作用;部门对学校目标或岗位对部门目标的过程作用;个体对家长、学生的全体作用。

全面服务：是指全面面对学生群体，每个个体的24小时全程服务，个体间，部门间，家长间、学生间服务的立体协作等。

整体评价：过程与绩效评价相结合，个体与群体评价相结合（如：对教师评价要考虑个别学生，与全体学生），学校评价与学生、家长评价相结合。个体贡献与团队业绩相结合。

家长、学生对个体的评价往往立足于自己的孩子“获益”情况。

市场评价往往产生于各校间的绩效对比。

学校评价往往立足于“专业”（教育管理的特有内涵）。

最具权威性的评价，是“让上帝真正的认可”！认可不是表现在口头上，不是某个个体，也不是送来的“锦旗”、“感谢信”……认可表现在学生、家长对市场的影响“态度”上，表现在学校的招生上。

(9)作用市场

民办学校用体系运转全程、全员作用市场。

作用市场绝不是市场部门的单纯的工作。市场部门只是学校对市场作用的组织者、管理者，原因在于：

其一，学校的职能源于需求。

学校的各部门，各层次的职能、职责都是依据市场需求设立的，是为需求服务的有机组成部分。

其三，家长、学生

学校直接面对市场任何的努力都有将是间接的；学校与市场间最直接的作用渠道就是在校的学生与学生家长。

不完全地讲，学校通过作用学生赢得家长，通过家长赢得市场。

学生是学校面向市场，达到一切目的的“桥梁”。

家长是学校作用市场的“员工”。

其四，任何“华丽”的宣传策划都需要以学校的绩效为支撑！市场中学校宣传的作用，通过家长、学生的“态度”被放大或缩小。

最好的广告就是“学生、家长满意的口碑”。

因此，学校要充分调动全员的力量，学校要将工作的每一个环节和绩效协调到作用学生、作用家长上去。

一定要让学生微细地“感受”到；一定要让家长“知道”过程、环节。因为，由细微到过程得出的结果，更具说服力，更容易“征服”家长、学生的心，更易为学校在市场中形成“长效”影响。

民办学校的市场管理机构其中的两大职能就是：将学校、各部门和个人的工作绩效按市场规律加工，反作用于市场；其次是组织管理市场，把全校的工作有面地与市场联系在一起，统一在一起……

(10)持续发展机制

始终保持学校对市场的积极有利作用，使学校更加贴近市场。

服务与需求之间需要磨合，以便更加精确、到位。

没有一成不变的市场，需求随条件的变化在不断地变化。

民办学校的教育服务要持与时俱进的态度，随市场的变化而不断的“更新”、“升级”。

信息反馈机制(意见示意)：

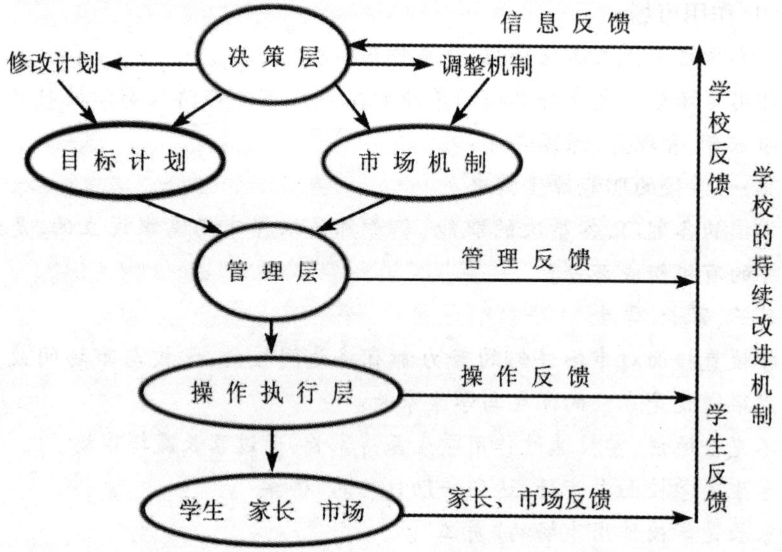

一些学校提出“大家的学校大家办”，是将家长、学生纳入到员工圈、办学圈的做法。如果真正能运转起来的话，必然会收到良好的效果。

学校要十分重视源于学生、家长的意见、建议。这是源于市场的意见，没有家长故意为学校出坏主义。

学校要特别重视对“异动”学生和“辞职”员工的深入调查。尽管调查时他们会“编造”出种种合理的理由，但要一定相信，没有因为学校好而退学的学生，也没有因为工作顺利而辞职的员工……是什么让这些学生、员工不能再忍受？……要认识到，这将是学校改进工作和调整发展的契机。

(11)应变体系

关注政策和竞争信息，对政策、需求和竞争的变化要及时做出策略性反应。但是，这种反应不是根本性地改变自己的观念。

以市场为基础，围绕目的、目标建立起体系，就是将学校的各个层次的工作准确地与需求和目标对应起来；用学校的整体力量作用市场、推动目标。

二、须强调的几个体系建设问题

1、处理整体与个体的关系

学校将需求分类、分层，并通过“区别对待”原则提供相应服务。

整体是指学校从对市场的理解，到思想、机构、职能、岗位和对个体设定工作目标……这是学校对市场的作用体系，但只提供宏观服务。

同类、同层需求是由各个独立的个体需求组成，各个体需求均有要求特点。在面对需求的广泛性和多样性问题上，学校的任何策划和体系，都会显得“干瘪”和无力。这就需要每位员工，尤其是教师针对不同个体展开创造性的服务工作。员工这种创造性服务需要在“弹性”的环境中完成。

学校在推动体系运转时，要考虑对员工针对个体服务的工作预留一定空间，和进行有效管理，一些学校对此采取“领导分工承包”的方式

不失为一种好的体系补充方法。

2、一个方向

民办学校无论设立任何目标，均要通过市场实现。所以，学校在任何时期的任何工作只有一个方向，即：作用市场。

学校的教育是适应要求的教育，脱离了需求的任何“教育”就脱离了市场实际，同时也就脱离了学校的任何组织目标。

学校的管理要围绕市场，只有和市场统一，才会与学校的目标统一。因为民办学校是为市场需求而设立的教育。

离开了市场实际，就会导致学校的组织目标、思想、体系建设脱离实际的行为，就会使学校的工作失去向导，管理失去依据，考核失去标准……学校个整体就会处在盲目的被动之中。这种被动是学校发展的潜在危险，也

是最大的危险！

3、传统轨道

社会文化“没有足够的启动力量是无法克服这一惯性的”。

民办教育中的“惯性”是普遍的通病！那种用“拷贝”、模仿、照抄照搬的“经验主义”方式来运作民办学校的做法；那种只提供“公共教育服务”的做法，单纯用“结果”作用市场和做法……就是忽视市场需求实际的盲目行为。这种行为最突出的特征就是：目标脱离实际（组织目标缺乏市场实际依据），体系脱离需求。

出现这一现象的根源仍是民办学校观念问题，确切地讲：就是学校的组织目标缺少市场支持，学校的民办教育观念不是围绕组织目标确立，而是经验使然，惯性使然。

观念上的任何偏误都会使一所民办学校导入艰难的发展之中，困境之中。因为观念使学校的组织不具备主动的作用市场职能，机构职能缺少直接服务于市场的职责、要求……这样直接指向市场的组织目标就会显得空洞起来或者说就是不可控目标。

“用教育服务市场，尊重市场要求选择适宜的教育”，这是民办教育最显著的特点。

用教育的观点看待市场，和用市场的愿望要求教育，将教育服务与学校体系建立在市场需求之上这才是一所真正的民办学校。

4、核心人才

人才是关键！

人才的思想是核心！

核心的要素是人才的素质、能力结构！

拥有“体系”的策划、设计人才，是使一所民办学校走上顺利发展道路的关键所在。

民办学校的办学者要致力于“学习”，努力提高自身的民办教育认识水平。只有办学校者具备了赏识水平，才有可能“请”到真正“翻译”。所以，办学者的“人才”观是一所学校民办教育思想形成的基底色。

毋庸置疑，办学者的民办教育观决定其人才观，人才观决定引进什么样的人才，什么样的人才携带什么样的“观念”，学校的操作者持什么样的“观念”将直接影响学校的民办教育思想的形成和学校与市场建立的关系。所以，办学者要致力于改变自身，努力形成正确的民办教育观。

在思想的统一过程中，要力求将学校管理者的教育优势与办学者的市场优势结合在一起，统一在一起。这种统一就是要把教育统一到市场需求、目的上来。

5、发展机制

学校要致力于建立完善，通畅的市场信息反馈机制。

市场的反馈是调整学校对市场态度与策略、方式的必要信息。没有一蹴而就的民办教育策略，学校的民办教育思想也需要在接受市场的实际检验中进行调整和不断完善。必须清醒的认识到：立足和服务于市场的教育是以市场为基础的。市场和教育面对的市场竞争不是一成不变的，教育思想和策略、方法要随着市场需求的变化和竞争的要求进行必要的调节与调整。以使学校的教育服务和市场之间始终保持着和谐的关系。这样，使学校依此建立起来的体系就会更加通畅和更适应市场；学校就会更具生命力和更具竞争力。任何以固定的市场服务思想和方法面对市场的做法都是呆滞的、死板的。

综上所述，谋定而后动是市场型企业竞争取胜的前提，民办教育也是如此。任何思想、认识上的盲目都会导致形式、过程的盲目。

第十六章 民办学校的办学模式

办学模式，指学校通过怎样的“渠道”，实现“目的、目标”的体系布局过程。

在相同的学校“目的、目标”下，持不同理念就会策划产生出不同的办学模式。从结果上讲，民办学校对市场的态度决定了学校的办学模式。

目前我国民办学校的办学模式多种多样，几乎没有完全相同的民办学校！这种现状，客观地印证了市场和需求的多样性差异；主观方面也说明办学者和校长群体所持观念，所用方法的多样性。同时，这也是我国民办学校在理论上不成熟，不规范的表现。

在此，我们主要对传统模式和市场模式展开如下讨论。

一、传统型民办学校的特点

在现实中，持“传统型理念”的民办学校占有相当的比例！

我们把持传统理念，并依此设立机构、赋予职能和进行人才评价的学校统称为“传统型民办学校”。

（一）学校持与公立学校相同或相近的目标。

远期目标往往较为含糊、空洞，不具实效性，也有的认为办学是一种“长效”行为，需要长期的文化沉积，所以对在校生规模增长目标持“反感”态度。

近期目标常以升学率、优秀率、合格率等为标准。

目标链中很少有具体的“经济效益”，“稳定学生”目标。

（二）传统机构、职能。

学校组织机构设置和机构、岗位职能分配上基本与现行的公立学校相同。

（三）持公立学校人才观念。

基本上是沿用公立学校的人才标准，注重职称、获奖、工龄、教龄、任职经历、业绩、研究成果和取得的成功经验等。

在选拔教师的形式上也基本是：

初选:按要求“标准”对应聘者的材料进行筛选。

面试:初选合格者即通知面试。教师面试主要以“试讲”为主。

缺乏对依据学生实际的创造性考核。

录取:讲课合格予以录取。

学校“人才”的素质、能力共同特点是,构缺少市场知识与能力。

(四)被动作用市场

学校工作体系与市场目标未呈现直接的关系。工作过程对市场的作用力度较小,或被动。

学校“市场目标要求”得不到工作过程和管理的有力推动,呈孤立状态。

市场管理呈现“自然”状态。

认为招生是特殊时期的工作(如:假期等),招生是特殊人员的工作。

“优秀”教师群体的招生能力差。

(五)市场管理

学校客理与市场管理“分离”。

认为学校就是要做好教育工作,作用市场是另外团队的事情,如:学校中招生办公室相对独立,接待工作、家长工作和招生工作由专门的市场工作人员队伍操作。

学校的招生、宣传与教育、教学运作实际不相符。

(六)学校与董事会在市场问题上产生分歧

学校职能与市场需求脱节,运作不能具体体现市场目标。

董事会持市场观,学校持传统的教育观,两者不相融合。

董事会用学生的“稳定率”和“增长率”来要求和考核学校,学校总是“万变不离其宗”用传统的教育、教学回答。

招生不尽如人意,则拿出“做学校嘛!要有积淀过程……”等长效观作答。

面对董事会的“招生”压力,认为是“急功近利”,“杀鸡取卵”……不懂教育的做法。

面对市场中家长的要求,认为“过分”,“心情可以理解……”。

对招生操作认为是“求学生”,是“低三下四”……

(七)宣传困难

学校的内涵以“软件”为主,操作者如果不具备市场运作能力,在招生宣传策划上就会出现媒体运载“理念”的困难。

广告宣传的运作者(如:老板、市场专业人员等),由于受到自身教育思想、素质、经验局限,围绕“招生目的”和“市场需求”策划……很容易使宣传成为“堆砌成果”的“一流”竞赛……缺乏从思想到过程,从过程到结果的“说理”“说服”内容。这类“宣传广告几乎能在所有的学校中通用”。

(八)“110”式工作

学校由于职能与需求不接轨,缺乏“消化”需求的职能……源于家长、学生的问题就会滚滚而来。

持市场观的董事会十分重视市场反馈信息,也会及时将“合理”的信息转到学校……

“前有家长牵着,后有老板盯着”,学校陷入到事务堆中……

个体需求的问题对于传统的学校操作而言;市场问题对于不具备市场服务职能的体系来讲,“每项都是特殊事情”……

“每天都忙得不可开交!”,这是领导们的同感。

学校忙于解释,教师忙于做疏导……学校的正常工作秩序难以维持。

(九)学生稳定率低

在宣传与学校的操作衔接问题上,容易发生“宣传一套,校内操作是另一套”。入学的学生、观望的家长当他们发现自己希望中的学校、期盼中的教育与原来(传统的)没有什么差异时,态度就会发生变化。

学校在面对“共性”化教育需求时,教育服务体系就成了修筑好的“轨道”;“入轨”的学生就是“听话”的孩子!“不适应”的学生就是需要加强“教育”的孩子……所以,这种教育在用一种模式无形地选择具有公共需求的学生,也在无形地排斥持需求细分要求的学生。

学校未针对需求层面构建体系,自然就没有对这些需求的服务职能,服务结果可想而知……家长一次次“要求”,却一次次被“冷却”……

学校的“职能”是回答“为谁服务”问题的,它是学校与家长之间的主要关系。如果学校不具备细分需求的服务职能,即使是将此类学生招入学校,长期的工作过程就会成为消磨家长、学生耐性的过程,就会成为学校可信度“降温”的过程……即使是以“扭曲”师生关系、家校关系为代价,也不能挽回将发生的结果。

“老师怕学生”,“学校怕家长”也是这类学校中普遍发生的“怪”现象。

学校招生困难，担心在校学生流失！这是“怕”的根本原因。

（十）被动作用市场

传统型民办学校对市场的终端作用较为被动。

学校的整体职能体现“产品中心”特点，与公立学校基本相似，这样一来，就会出现：

用“质量”作用市场，会遇到“优质生源”尴尬！学校与市场环境内的公立学校在终端绩效上相比差距悬殊。

用满意服务作用市场，学校又是“产品中心”构建。

宣传策划，校内的教育专家们欠缺运作市场的能力；市场策划人士又受到教育高度的限制。

过程作用市场，学校对市场缺乏主动的管理……

传统型民办学校实质上是沿用“公立”办学思想和模式。在思想上的“公立习惯性”是学校内部最突出的表现；在市场环节上表现为“需求盲目”；“学校与市场的脱节现象”是学校整体运转的必然结果。这类学校由于缺乏整体性的教育服务“理念”还会出现学校在学生的生活管理和后勤管理等方面的问题。人事的传统化在教师的老龄化体现问题上体现得尤为突出。

被市场的冷淡是因为我们冷淡了市场！

学校盲目作用于市场，提供着“公共性”的教育服务，就没办法去解释“较高收费”的原因了。

让人遗憾的是！现实中太多的民办学校步入了一种令人难堪的“传统型民办学校”境地！他们在艰辛的生存中挣扎着……为数不少的学校至今还未意识到，学校与市场需求与生存发展的关系。甚至有的学校仍在坚持走着“百年积淀”的名校道路……由此而论，目前民办学校中最突出的仍是民办教育理念问题！

二、市场型民办学校

我们把以某利为目标用商业理念建立起来的学校体系，称之为“市场型民办学校”。

下面再着重讨论市场型民办学校的特征与现实表现。

（一）市场型民办学校的观念特征

“获利”是市场型民办学校显著的目的、目标特点。

办学者侧重要求学校的思想观念和体系建设紧密围绕利益目标。

(二)办学模式

体系建设密切围绕“利益”核心。

在建立学校体系时,往往持迎合家长、学生“需求”目的,对传统体系进行“提纯”、“改良”或“补充”,如:

针对公立学校存在的“大班”问题,出现了“小班制”;

针对“公立教师不能逐一辅导的问题”产生了“一对一导师制”培养模式;

针对公立学校的优质教育教育资源不足“问题”实行了“名师执教”;

诸如硬件、设施、外籍教师亲自授课、全封闭式管理……

应当承认这种“改良”确实对当地公立教育机制起到了形式上的补充效能,也迎合了市场中广大学生、家长的需求愿望。其不足之处在于,补充往往体现在表象上,或是一种形式上的“加密”…… 实质上其体系仍是“传统教育”框架。民办学校需要创造需求的教育,其核心这是教育创新,且这种创新是针对学生的创新。

在这类办学者心目中,“理想”的学校就是名校。在他们认为,观念一流、师资一流、硬件一流……就是名校的标准。关键问题在于,聘请到的“一流”人才,是否具备为民办学生提供“一流”教育的能力?

什么是名校? 真正的名校是真正能为学生的学习、学习过程服务的学校;是能为学生服务,让每位学生走上最佳成长道路的学校;是为学生终身服务的学校……是面向每位学生,策划适宜教育服务的学校。

我们在前面的论述中明晰地提出“优质生源”在是学校建立“产品中心”体系不可或缺的条件。

不可否认,形式上“一流”是需求,但不是需求真正的要旨。

(三)人才观

只注重人才的表面化市场影响力,不重视工作过程的实际市场作用。

市场型民办学校围绕“利益”选择人才。

其一,选择具有市场吸引力、影响力、号召力,即:被市场认可的人才。什么样的人才“被市场认可?”,回答当然是,学历、职称高,培养结果、奖项突出,有名校任职经历……有一定的社会认可度。

我们一再讨论过,按如此“画像”要求的人才市场素质、能力往往不足。

其二,选择运作市场(宣传策划、市场管理等)和具有招生能力的人才(如:有关系资源、市场资源的人才,具有营销能力的人才等)。

这就容易出学校的教育、教学和市场运作“两层皮”现象。搞教育的缺乏直接作用市场素质能力,市场工作由独立的“部门”负责。搞市场的缺乏教育专业素质与经验,“说理”困难……

教育操作与市场工作脱节,在引发多方矛盾的同时,最终导致学校的市场危机。

先是家长、学生“要求”不断,招生员在家、校间穿梭;

后有市场的“不满”和“责怪”,市场部门开始向董事会汇报并向校方“施压”;

再升级为家长失望,出现学生退学……市场人员“恼怒”校方,董事会出面强行要求。

最后形成市场污染,出现学校招生困难!

对此,董事会往往改变“人才”初衷,许多会得出“校长无能!”评价结论。

校长则会表示“董事会不懂教育!”

所以,市场型民办学校持与传统观念相同的人才观,只是它更注重“表象”指标。

(四)用市场的手段与方法“要求”教育

用市场要求教育是这类学校的第三特征。不讲求过程,只是用市

场反映与经济效益的结果来衡量学校如:招生量,退学率,流失率,家长的满意率等。有得学校明确罗列出了用市场结果考核领导、教师的目标和指标;有的甚至依照目标和指标制订出了一系列管理的奖惩办法。

强调市场,但市场不能与学教育、教学及过程完全接轨,“只发现问题,不解决问题”。这就等于没有完整的市场管理体系,却有明确的结果要求!这恰恰反映出来了学校市场缺陷,也反映出了董事会对教育的陌生。

(五)市场行为商业化

“商业型市场渗透行为”是指,缺乏教育思想支持的影响市场行为,也就是用商业思想涉足教育市场的行为。这种学校不是用过程和绩效建立长效作用市场机制,而是认为需要与家长建立良好关系,做好与家长的沟通工作……

现实中商业性行为在市场中的表现很多,尤其是在市场专业人士身上,

一谈到学校什么都好的"好！好！先生"，一说起条件都是"一流"的吹捧，一提出要求总是"拍胸脯"承诺……还有的招生员和家长泡餐，一起进出歌厅、舞吧、浴室……如此种种让人啼笑皆非！

在校内由于受到"稳定学生"强硬指标的限制，领导怕家长，老师怕学生，委曲求全、低三下四、放弃原则！

管理上动辄罚款，甚至有的学校规定，"作文漏判一个错别字"，"数学错判一道题"，"学生每投诉一次"，"家长每提一次意见"……罚多少款

民办学校是面向市场需求的教育。不排除合理赢利的做法，但反对纯粹商业化的学校行为。

市场型学校实质上就是将教育与市场分离的典型做法。

（六）学校、教师与学生的关系

"市场牵扯学校"主要表现在于逼迫教师方面；学校承受源于董事会的"市场目标压力"，也具体体现在了教师身上；……教师处在学校管理的实际操作环节，所有市场对学校的要求大部分任务重重地落在了教师的肩上。面对这些源于市场的"综合"压力和"效益"指令，作为对市场陌生和受到经济知识局限的教师来讲，会更显得焦头烂额，手足无措。

一方面，因教师缺乏市场素质、能力，只能用教育的手段和方法来调整自己的工作，这样就造成了主观地向"市场意见"倾斜的局面。形成了"谁提出的意见多，谁不容易满足，教师的精力就会多向谁分配多一点"的被动教育、教学格局。

另一方面，由于学校用"稳定率"、"市场满意率"、"学生流失率"等方面来自市场的指标评价老师工作，为了达到这一工作目标的要求，一些教师不得不用放弃原则的方式来做讨好学生的工作。学校领导慑于学校发展目标与董事会的市场考核压力，出于自身市场能力的限制和对学校与市场缺少统一的现状，对来自市场方面的要求采取着妥协、回避和应付的态度。

学校及其员工在对待市场的问题上往往遵循这样的原则和规律："不担责任，最好不要直接面对，能推就推，能拖就拖！"面对市场的问题，校领导向中层推，中层领导往教师（尤其是班主任和生活指导教师）身上推，教师处于底层无处可推……只好委曲求全。

学校没有赋予教师市场职能，也没有安排教师时间和有力的组织等，这样对教师的市场要求就成为无源之水。教师就是想做好源自市场要求的工

作也无能为力。

我们提及到,民办学校的办学校模式是其思想、体系的综合表现特征。实际上传统型民办学校和市场型民办学校从教育和市场两个角度影响着其他的办学模式,或者说是形成其他办学模式的基础。

综上所述,市场型学校实质上就是学校与市场在两种不同的思想支配下,按照不同的轨道分别运转的民办学校。商业性市场行为在用投入和“技巧”获得“甜头”的同时,也为市场带来污染和为学校带来管理与长远发展上的困难。这种行为就是低值开采市场的“杀鸡取蛋”做法。

市场工作人员对教育缺乏深入的理解,却在营销教育。

学校没有形成教育市场理念,缺乏依据市场需求指导的教育设计和体系职能却有明确的市场任务、目标。

学校没有按市场的需求标准要求人才和培养人才,却要求他们去完成市场任务！这就好像是派一个不具备该项工作能力的“工人”完成这项工作任务一样。

理想状态下的民办学校体系应该是什么？关于这个问题,我们在下一章中进行专题讨论。

第十七章 民办学校与公立学校的区别

无论是公立还是民办学校均属于国有教育的组成部分。

如果说公立学校面对的是普遍教育需求的话，那么民办学校面对的就是被激活和升华了的教育需求，他们是普遍和特殊的关系。从宏观上讲，他们一体关系，是互补关系，是协作发展关系；他们共同执行国家的教育方针，共同肩负着为民族、国家培养人才之职责，共同指向教育强国目标。公立与民办的共性人所共知，这里不再赘述。下面重点讨论民办学校与公立的主要区别问题。

一、民办学校与公立学校的区别

民办学校与公立学校两者之所以存在区别，根源在于两种教育的基础不同。

在前面提到“民办学校是进入市场的教育”，她以市场为基础，是建立在市场中的教育服务机体。她需要遵循市场规律，考虑用市场规则“出牌”的问题。

当教育中加入了市场成分后，单纯地用教育方式思考和处理问题就会显得片面和简单了。

然而，市场又置身于经济环境之中，受经济牵扯和制约。所以在教育中加入市场成分的同时，也注入了市场经济成分。于是，民办教育需要立足市场经济的高度看待市场、看待教育，运作市场和运作教育……民办学校与公立学校的区别就从这里开始，并体现在思想、体系、管理、过程和细节之中。

（一）宏观区别

1、公立学校以“计划经济”为基础，肩负国家人才培养职责，为民族和国家需求服务。

民办学校以市场为基础，为市场教育需求提供需求服务。

2、公立学校受国家经济投入影响，办学经费由政府划拨；

民办学校受市场经济环境和家庭经济条件影响，办学经费自行筹措。

3、公立面向民众提供无偿或义务教育，经费由国家负担。

民办学校面向市场提供有偿的教育服务，费用由家长支付。

4、公立办学由政府按规划和计划投入，学校为国有资产；

民办学校由集体（非教育部门）或个体投入，为私立学校。

5、公办学校执行国家人事政策；工资、待遇由国家按计划划拨。

民办学校人事在教育行政部门的宏观管理下，面向市场自主招聘；工资、待遇由办学者或经营者承付。

6、公立学校收费按国家规定标准政策执行；

民办学校的收费按地方物价部门审批标准执行，但这一标准须符合学生家庭"经济"承载能力。

7、公立按学生分布情况，由政府按社会需求配置学校；

民办学校在主管部门的统筹下，视市场需求量情况审批建校。

8、公立学校按教育主管部门计划，划片招生。

民办在教育主管部门指定范围内，实行自主招生。

9、公立学校按国家教育规范标准评价学校；

民办学校在国家教育规范标准要求下，接受市场评价。

10、公立学校致力于在社会竞争中，取得突出的社会认可指标；

民办致力于在市场竞争中，赢得家长、学生良好的口碑。

（二）教育观念区别

1、公立学校围绕国家培养目标，针对环境实际产生思想理念；民办学校围绕市场需求，针对服务目标产生思想理念。

2、公立持质量观念。评价公立人才的标准围绕质量核心（如：教育、教学水平、能力等）；

民办持服务质量观念。评价民办人才的标准围绕应用教育、教学服务需求的能力。

3、优质的公立学校，升学率、优秀率、合格率等教育、教学考核指标突出。

优质的民办学校，优生比例、生源、在校生稳定等各项指标高。

4、公立学校以师、生关系为主；民办师、生关系与服务关系并重。

5、公立体系严格控制"升学率"、"优秀率"、"合格率"过程。

而民办学校"升学率"、"优秀率"、"合格率"等是"满意"市场指标的组成部分。

6、生源是公立学校工作的对象。

生源是民办学校生存、发展的前提条件。

7、公立学校，用各项教育指标通过横向对比的方法定位和评价学校。

民办学校用赢得生源量或生源质量评价学校。

8、缺乏生源的公立学校，主管部门可采取压缩规模、调整资源、调整师资或采取"关"，"停""并""转"等方式进行宏观调控。

缺乏生源的民办学校要么亏损经营或关门停办。

9、缺乏优质学生的公立学校不是好学校；缺乏生源的民办学校不是好学校。

10、公立学校绩效作用的重点是赢得社会效益；民办学校绩效作用的重点，先要赢得生存。

11、公办学校持发展观；民办学校持生存、发展观。

12、公办学校家长是学生的监护人民办学校家长在担任监护人的同时还担任监督任务。

(三)体系建设区别

1、民办学校围绕市场需求确定目标、产生学校职能，并依此建立"客户中心"或"产品中心"体系，形成对服务的把握、控制机制，产出"满意"绩效。没有学生的学校不存在！处于生存期的民办学校，无论采取任何的策划，其中心工作首要是解决生存问题，即，赢得生源。为此他们不得不研究市场、需求以树立具有"满意"职能的"客户中心"体系，并围绕"满意"展开各项工作。无可回避的是在生源问题上他们没有选择学生的条件。

为数不少的公立学校持"质量治学"观，他们用质量提升学校品位，用质量赢得社会效益……将学校规范与质量保障紧密地联系在一起。为此，他们往往建立起"产品中心"，致力于获取"成功经验"、"方法"等信息；注重"加工过程"，考核评价和管理控制，形成对质量的把握、控制机制，产出优秀学生。

2、公立管理的重点是学校；民办在管理好学校的同时还要管理好市场。

3、公立学校围绕"质量"进行总结、学习、研讨和获取信息。

民办学校研究适宜需求的教育；研究教育市场和获取老师、家长、学生的反馈信息。

4、在公立学校发展进程中总是能找到质量逐步提高的轨迹；在民办发展中，总能发现学校逐步贴近需求的教育。

5、原则上，民办学校以“经济条件”为筛选前提。

（四）管理体系区别

1、公办管理的重点是学校。

民办学校在管理好学校的同时，还需要管理好市场；

2、公立员工相对稳定。

“员工稳定率”是考核民办学校管理体系的重要评价指标之一，

员工“跳槽”会直接引发学生流失泄露“机密”和污染市场等系列后果。

3、公立学校经营质量；民办学校经营学校。

4、公立学校间的竞争推动教育整体规范、发展。

民办学校间的竞争在推动教育整体规范、发展的过程中一些学校被淘汰。

5、公立学校用教育专家管理学校；民办教育专家设计服务市场的教育。

6、公立学校管理，遵从教育规律。

民办学校管理遵从教育规律、市场规律和经济规律。

7、公办执行“区别对待”原则，以便适应更多的学生。

民办学校执行“一一对待”原则，以便对应个性化需求。

8、公办评价优秀教师的重要指标之一是社会“认可指标”突出；民办评价优秀教师的重要指标之一是学生、家长认可。

9、公立教师的基本能力是“教好学生”，“上好课”。

民办老师的基本能力是，“教得好学生”，“留得住学生”、“招得来学生”。

10、公立教师拿到最高工资的条件是职称高、工龄长、课程满、级档高。

民办教师拿到最高工资的条件是家长满意度高、学生稳定率高、市场招生量大，课程满。

……

二、关于公立学校与民办学校

确切地讲，目前的民办学校产生于公立学校。

首先，民办学校的办学者与工作者几乎都在公办教育环境熏陶中成长起来。他们接受的是公办教育,对公办操作耳濡目染……公办是他们理解中的教育。

其次,民办教育在改革浪潮中诞生。办学之初,民办学校的绝大多数工作者源于公立,他们或是公立的离退休人员,或是在职的工作人员……他们持公立教育观和用传统的教育能力在市场中摸索前行。

其三,正是因为前两者的影响,起步初期的民办学校,大都参照或模仿公立学校。直至如今,许多学校仍在沿袭这一自然的做法……所以从公立走来。

民办学校在发展过程中,逐步发现,教育进入市场这是严酷的事实！多少年来,民办学校在探索中总结,总结中发展,逐步认识市场、理解市场,他们越来越清楚地认识到教育与市场的关系;教育在市场中的服务作用;民办教育与公立教育的区别……这种认识上的提高,促使他们的教育行为逐步与公立区分开来,逐步走上了建立市场教育服务体系的道路;而且对市场的认识越到位,建立的体系就越贴近市场……他们认识到,对需求的服务面越广、越细化,学校的市场适应力(生存力)、竞争力就越强！随着教育需求服务的细分、深化进程,教育应用能力也必须随之提高……

民办需要寻求适合每位学生的教育。

她需要面对个性化需求进行教育策划、设计。

民办教育虽然是从公立而来,但再不能照搬和套用公立教育思想、模式和体系。公立是民办针对需求选择教育的“海洋”,是民办针对需求“配钥匙”的模坯。准确发现市场需求,民办学校就无异于发现了准确的工作目标。要积极鼓励和推动民办员工贴近需求的创造性教育服务。这是民办贴近需求的服务方向,也是民办学校的发展方向。

回眸教育市场,随着我国经济的高速发展,民众收入正在不断增加,教育需求也随之被激活、膨胀,市场呼唤着优质的民办教育,多少孩子期盼着民办教育为他们提供适宜的教育。

第十八章　民办学校综述

合理的民办学校办学校模式也离不开传统模式和市场模式的影响。绝大多数教育人才是在传统教育环境熏陶中成长起来,而且多数家长持传统教育观。

市场是民办学校的立足之本,也是发展的作用目标。民办学校的任何生存、发展问题都离不开市场。

教育有教育的规律,市场有市场的法则。关键问题在于,教育如何与市场完成对接?

传统教育何去何从?

市场需求如何取舍?如何细分?

如何为细分需求提供满意的服务……

这就需要从教育、市场高度思考民办学校的问题了。理想的民办学校应该是如何呢?下面我们从不同角度进行讨论。

一、民办学校的市场需求分类

"营销的趋向是向以消费者为中心的方向移动"。民办学校的教育服务也是如此,它需要学校更加贴近需求市场。

校内体系建立是以对市场中"需求"分类为依据的。也就是说,体系职能要与市场中的需求相吻合,相一致。市场中的教育需求十分广泛,但要从学校的角度进行分类的话,基础教育阶段不外乎以下两种,即:教育需求和教学需求。

教育的核心任务是:促进学生世界观的形成,完善学生的人格。

这是极为广阔的领域,涉及了学校的思想建设与学生的非智力因素结构及其培养等诸多问题。在基础教育阶段,对学校教育内涵的认识是较为统一的,但在民办教育领域对教育内涵的认识仁者见仁,智者见智。但是有一点肯定的是,教育需求是民办学校的重要需求。现实中,对学生的意志品格、学习习惯、生活习惯、思维习惯、兴趣培养、特长培养 ,气质礼仪、淑女训练等的完善与培养尤其是家长极其关注的问题。

教学需求是市场对学校的普遍需求，也是学校的中心工作和重心工作，教学需求围绕的核心是“成绩提高”。民办学校的教学需求有别于公立学校，它需要进一步细分和精确，需要更具针对性和贴切。一般，教学需求分为：教学条件如：教学设施、设备，师资队伍，班级人数等。教学过程如：教育、教学理念，教材、教法，教学方法等。教学方法如：个性研究，培优方案，补差、促中、拔高，承包辅导、导师制培养和个别特殊要求等。

二、组织目标的确定

前期民办学校的组织目标确定是一个较为复杂的综合问题。上面我们讲到了，民办学校组织目标是以市场的需求为确定依据。同时也简单地谈到了市场需求分类等问题。那么学校的组织究竟该怎样具体确定呢？在此，仅提出本人的意见。

1、学校的市场态度

处于前期（发展期）民办学校的组织目标围绕着一个核心，即：经济效益核心。达到两个目的，即：赢得市场和赢得生源，为今后奠定良好的发展基础。实际上无论是“一个核心”还是“两个目的”都汇集于一个焦点，就是“满意市场”，建立“客户中心体系”。处于成熟期民办学校的市场态度是，建立“产品中心”，目的是赢得社会效益。

所以，“满意市场”是发展期民办学校组织目标的方向与核心。在现实操作中，满意市场的目标，如：校内的成绩提高幅度，特长拔高，习惯养成，个体承包的具体量化指标等。校外对市场的管理目标也非常具体（关于这类问题我们将在招生的章节中详细讨论）。

2、学校的组织目标

民办学校的组织目标是针对市场需求建立起来的“量”和度的标准要求。在管理上有这样一条原理：“任何环节上问题都会在终端上放大地体现出来”。民办学校的终端无疑就是市场对学校的评价和态度。而市场对学校评价和态度最终用生源表现出来。

民办学校的招生从某种意义上讲，就是市场对学校整体服务过程和服务质量的综合评价与检验。因此，前期民办学校校内管理目标是用学校的“招生量”、“招生质量”和在校学生的“稳定率”来具体确定的。当然，影响这一目标的因素还很多，其中收费政策、标准的确定就是主要影响因素之一。收费标准实质上就是学校对整体市场环境的把握与理解，因为收费标准就是学校的市场定位的具体体现。

因此，持“客户中心”态度的民办学校，其组织目标是赢得生源，或更确切地讲是，赢得在校学生的“净增值”。

3、招生量

影响民办学校的招生量的因素很多，诸如，民办学校的市场宣传与渗透，民办学校的管理与质量，民办学校的收费，软、硬件条件等。但是统一起来讲可以分两个方面，即：民办学校的市场满意度与民办学校的市场认可度。在此不难发现，这两面方的问题通俗地讲，就是学校的教育、教学设计是否被市场熟知与接受；学校 的服务市场是否满意。对于一个处于前期办学的民办学校而言，这两面方面的问题都不可轻视。但相比较而言，“认可度”比“满意度”更为超前一些，原因是，认可度虽说是以满意度为基础和前提的，也是满意的最终归结，但是认可度是可以超前于满意度的。前期的民办学校，由于办学校的绩效并没有突现出来。所以，适应于需求的教育设计就显得十分重要，因为对适应市场需求教育的宣传就能够赢得市场的认可份额。凭借这种观点进而言之，对于有了一定生源基础的民办学校，对学生、家长的满意服务，能达到有效提高市场认可份额的目的。关于民办学校的招生问题和有关这些方面的详述我们将专篇重点讨论。

4、生源质量

民办学校赢得市场满意度即可赢得生源优势，赢得社会认可度后就要考虑生源质量问题了。

某校基本解决了生源量问题。本期招生策划核心是“开始向生源质量过渡”。为此，围绕“招收优秀生”做出如下策划、安排：

一、在招收的六个新生班中，设立两个优生班；形成“客户中心”与“产品中心”并立格局。

二、招聘具有质量影响力的教师，打造“优生班”师资配置优势。

三、出台优秀生费用减免和优秀奖励政策。

四、对入学学生进行入学测试。

五、制订质量保障计划，由专家型领导专职、专管。

六、优秀生招生进行专项策划、设计，并由专人执行。

七、设立师生"大循环"质量竞争机制、出台《奖学金》制度，配套质量评价奖励制度。

……

学生入学测试分三期进行，报名学生积极参与。在招生员的不懈努力下，部分优秀生也参加了测试。

依据测试成绩，招生员开始做优秀生及家长的工作。优秀教师也登门与学生见面并实地指导学生。在学校良好的影响和收费、师资及优生培养设计系等列优势的吸引下，两个班优秀生的招生任务顺利完成。

学校在良好市场影响基础和生源量保障的前提下，策划组织过渡的做法较为稳健。当然，现实中也有许多从生源质量上直接切入市场的民办学校，他们往往在市场炒作、利用名校效应等方面策划得十分到位。应当注意，也有许多注重策划的学校为此付出了沉重的代价。

5、稳定率

民办学校在校学生的稳定率直接地反映出学校的教育、教学设计及操作与需求之间的关系。民办学校允许学生合理流动，据不完全统计，基础教育全日制民办学校在校学生年稳定率一般在8%左右。如果从发展角度讲，学校的稳定率就是市场满意率在学校内部的表现。学校主要的组织目标与稳定目标有着必然的因果关系。与稳定率相悖的是学生的流失率。学校学生的流失问题反映出学校与市场需求之间所建立的关系，同时也反映出学校的管理与市场目标，学校的操作与教育需求……学校的整个体系及其职能与市场之间的问题。一所服务于市场的学校，服务对象对学校的失望，无论做怎样的解释都说明了学校所提供的教育服务脱离了需求。当然，流失不可一概而论，民办学校中的学生流失的原因很多，如：学生家庭经济，学生因举家迁移，学生当初寄寓在民办学校而寄寓期到期等，流失是一所民办学校的综合问题，谈及综合这里也可以扩大化地讲民办学面对的社会化问题。可以这样评价，一所连学生流失的真正原因都不清晰的民办学校是缺少改进机制的。也就是市场今天或明天盲目的学校。

成熟期民办学校的组织目标是：以质量积极参与社会竞争，赢得社会效益，实现规模发展等。组织目标它是以质量竞争为核心的。当然，民办学校各有其不同的办学目的。办学目的不同，组织目标也就不同。在学校的组织目标确定问题上，以上只是从普遍意义上的讨论，而不可理解为定论。

三、民办思想

学校用教育的手段与方法达到满足市场教育需求目标的理论核心，是学校教育作用于市场的指导核心，是决定学校对市场持什么态度的理论核心。

民办学校思想是学校与市场相统一的核心，它准确、客观地体现了学校教育对市场的服务关系和集中凝聚了市场对教育的需求。学校只有在明确的民办教育理念的指导下，才能准确地将学校的教育服务体系建立在市场需求的基础之上；才能与市场形成和谐的"需求"与"服务"关系；才能为市场提供满足"教育需求"的环境和创设实现学生、家长"教育愿望"的条件。因此，民办教育理念是学校立足于市场和作用于市场在思想领域上的体现。它也是学校的发展思想。

学校在理解把握市场的同时更需要明确自身的服务能力和水平，只有这样才能保障各阶段目标的实际性和实现目标的实效性。正确的民办理念和通畅、切合实际的体系、目标将提高学校的市场服务能力，人才团队也会起到事半功倍的作用和效果。在这一全新的教育领域中"让员工做正确的事比把事做正确更有意义"，更有利于目标的实现。从人的意义上讲，明确的理念会使民办学校明白地用人，会使所有员工明白地去干工作和干明白工作。

五、思想属性间的关系

民办教育思想有三个基本属性即：教育属性，市场属性和经济属性。

教育、市场和经济属性的关系：

经济环境是市场环境的宏观基础，也是教育环境的基础；市场是教育的基础和前提，市场要求教育、规定着教育、衡量着教育。市场中的教育需求随宏观经济环境的变化而改变，一般在正常的教育市场环境中这种变化是成正比例关系。市场中对教育的不同要求和愿望以需求的方式体现出来，但是市场中的教育需求又受到多方的影响如：文化环境，人文环境和市场的宣传等，市场中需求量不是一定的，它随各种环境的变化而变化，其中激活是改变需求的有效手段、方法。而检验学校的民办教育思想，具体体现在学校对市场的态度上面，表现在学校的发展问题上。民办学校只有深入市场、理解把握市场,才能确定自身对市场的态度,形成自己适用于市场的教育理念。

激活和提升市场需求的方法很多,在市场中各种宣传都将不同程度起到激活和提升需求的作用。学生、家长良好的口碑“口耳相传”的效应是最有效、长久的激活和提升需求方法。从某种意义上讲,民办学校整体职能的作用点就是用满意使家长开口,让学生说话。

民办教育的教育属性是指:民办教育是教育的,它需要遵循教育规律。它是面对教育市场与教育需求的教育服务机体。它必须用教育的方法和手段去作用市场,服务于市场。民办的教育属性是说明了民办学校的教育与市场的关系,即是市场需求下的教育。

民办教育的市场属性说明:学校是市场中的学校,教育是市场需求下的教育。市场要求教育,衡量着教育,教育必须和市场中的需求对应。市场决定着民办教育的生存与发展。

六、学校的组织职能

什么样的组织发挥什么样的职能;什么样的职能面对什么样的市场需求。学校就是以满意市场教育需求为核心、为宗旨的教育服务组织。

上面我们讨论了学校的总体目标和办学理念问题,明确了组织的宗旨。但是,要使民办学校这一教育服务组织发挥“满意市场教育需求”的职能,就需要依据市场不同的需求进行区别对待了。我们也提及发展期的民办学校满意市场的目的是为了“赢得市场、获取生源”。处于成熟期的民办学校是“用质量的竞争,赢得社会效益和实现规模发展”。从宏观上讲,这种在目的、宗旨上的变化主要体现在组织职能上的变化。很明确,有什么样的职能,才会达到什么目的,才能对应什么需求。学校对市场中的教育需求区分的越细,其教育服务的职能就会越精确,针对性就越强。

学校要根据对市场需求的细分和不同的目标要求,赋予组织与之相对应的职能。不同的需求需要用不同的组织职能去对应,不同的组织职能面对不同的满意目标;具备满意不同需求的能力。通俗地讲,组织职能就是要使组织具有“消化”市场需求的能力;不同的市场需求进入不同的“消化”渠道;不同的“消化”渠道具有不同的消化能力和达到不同的消化目的。而各个渠道消化能力的汇总就是学校的组织职能;各个渠道在每个阶段的消化量就是学校满意市场需求的能力；而消化的如何，则是学校满意市场的目标——市场的“满意度”。也许这样比喻有些欠妥，概括起来讲：民办学校应在市场需求的前提下，赋予组织与需求相对应的职能。脱离了市场需求的职能就是脱离了市场实际，也就是不支持目标的职能。确立与需求类别对应的，以使组织职能更精确与分类需求对应。市场中宏观上有两种需求，即：教育需求和教学需求。学校相应地就需要具备教育职能和教学职能，当然这只是泛泛而言，具体起来要复杂得多。学校应根据自身的市场实际赋予组织不同的职能。现实中，除和需求对应的职能之外还对市场的管理、运作、主动渗透职能等。

七、学校的机构设置

大家都清楚，团体的内部组织就是机构。机构是发挥职能的“工具”。

不同的机构具有不同的职能，满意不同的市场需求，执行不同的组织目标。民办学校由于是以市场为基础建立起来的教育机体，其机构的设立更需要具体和精确。具体是指，民办学校的机构要围绕市场需求，要与市场需求相对应、相一致；机构的职能就是满意所对应的市场需求。

将市场需求分类，归纳后，就需要确定，需要具有什么样的职能才能够要达到满意这一需求的目标了。承负这一需求目标任务的就是机构。所以，民办学校的机构是针对市场需求分类和组织执行分类目标实施的职能单位。不同的需求分类具有不同的目标，就需要设立不同的实施机构。

在此有必要指出的是，在学校的机构设置问题上许多学校的“照抄”、“照搬”行为，是对目标市场需求模糊的体现或者说是缺乏针对市场的体现。尤其是哪种套用公立学校“模式”的行为，更是忽视民办市场的做法，这是十分危险的，因为它将会使机构的服务目标含糊和减弱服务职能，从而使学校削弱学校对市场的作用。公立学校与发展期的民办学校在目的和组织目标上存在着很大的差异，因此在其机构与职能上执行的是两种完全不同的模式。

八、岗位职责

从管理的角度上讲，岗位就是对职位或职务的总称；职务，是指按规定所担任的工作；职责是指职务上应尽的责任。

也许上述的释义不是十分完全。但是从学校的整体构架上讲,岗位职责就是根据职能的要求,对工作与责任的分工。

关于机构、职位和人员的素质要求问题,此前已有论述,不再重复。

总之,市场就是需求。民办学校要以市场为核心,建立与自身教育服务条件相符的和市场需求相吻合的学校体系,如:思想体系、服务职能体系、评价体系、市场管理体系和信息反馈体系等。构建体系是办学者和管理者民办思想观念,在学校整体策划和各层次上的具体体现。体系要求:民办学校要从市场的需求实际出发,准确地确立目的、目标 ;要根据市场的教育需求确定目的、目标标准和自身对市场的态度(也就是教育对市场的态度,思想)。要根据对市场的态度确定组织职能、机构设置和确定什么样的岗位;根据机构职能要求,确定需要什么样的岗位;岗位发挥什么样的作用等。学校在体系上的完整、科学,就使学校建立了软性的竞争核心,也就为学校奠定了发展优势。实践证明,具有较为完善体系的学校,是发展状况良好的学校。进而落实关于如何推动体系运转的管理体制如:激励机制、约束机制、沟通机制,业绩考核等。

第十九章　体系管理应用(一)

“稳定率”和“净增值”目标对体系的推动

理想中的民办学校体系总是用过程、环节、细节从不同角度全程持续作用市场。一些办学者提出了“全程渗透作用市场,全程招生”,的“全程发展”思想。但在实施过程中,也同样在传统观念的“瓶颈”阻挠下搁浅。

一位董事长在谈到这一问题时感叹地说“无论你提出任何目标、任何要求、任何问题,他们总是用一种方式回答! ……真让人无可奈何!”。

“水到渠成嘛!”

摸索中,一些办学者意识到,作用市场的有效性可以通过学校的终端目标(如:效益目标、生源目标等)体现出来。

“要求‘结果’最直接,也最好判断!”

是啊! 与其要求思想、要求体系、要求工作过程,不如直接对要求“结果”更具实际意义。用量化和具体化要求结果的方式,“逼迫”学校的服务市场行为!

我们通过筛选列举出几种“结果考核”的操作实例,并剖析如下。

一、“在校生稳定率”目标的作用

针对学校生源量基本可以保障的市场现状,校内工作需及时调整到“保持规模、升级服务、定位份额、巩固市场”的中心上来。正值老校长因故离任,董会决定围绕这一主题展开校长招聘工作。

通过对应聘校长的筛选,最后董事会基本锁定了“目标”。下一步操作关键是与新校长签订《校长聘用合同》。

《合同》执行了办学者的“结果逼迫”策划思想。除常规项外,重点加入了学校“**在校学生稳定率每年保持在97%以上。**”的“终端”目标要求,另围绕“目标”又进行了如下夯实:

二、将《关于在校学生稳定率考核与奖惩办法》列为合同《附件》。

【附:关于在校学生稳定率考核与奖惩办法】

“让社会满意,向家长提供优质的教育服务”是始终不渝的办学目标。

只有提供优质的教育服务,才能让家长、学生满意,只有满意,才会出现持续发展的局面,所以稳定既是服务目标,也是质量目标。

(一)稳定率规定及计算方法

稳定生:指在本校注册或交纳全费的学生(含符合休学条件,批准休学的学生)。

流失生:指因非客观原因,终止在本校就读的学生。

客观原因:指学生因家庭搬迁至外地,或转至高层次学校,或因学生违法被追究刑事责任,或严重违反校规经批准劝退,或因健康原因经证明(须出具县级或以上医院证明)确实不能继续学习,并要求退学被批准,或因家庭经济原因不能再维持学业,并向学校提交“困难申请”未经批准,或因其他不可抗力造成不能在校继续学习的离校学生。

学校稳定率 = 学校流失生 ÷ 学校稳定生 ×100%

(二)工作程序

出现流失→班主任→政教处→监事会→校长→归档备案

在校生出现异动时,班主任要从学生办理离校手续之日起,三个工作日内确认流失原因,并将由学生、家长和班主任确认签字后的《学生异动调查表》报学部政教处。

政教处接《调查表》后,在两个工作日内进行核实,并将由各科任老师和三名或三名以上学生签字后的《学生情况复核表》连同《调查表》一起交监事会。

监事会从接到《调查表》和《复核表》后一周内对流失学生进行追踪调查,加注“客观流失”或“非客观流失”判断意见后,将调查总结通报校长,并将一应材料转至教务处。

教务处收到材料后,一个月内(或本学期内)办理学生学籍注销、转学等手续,并将材料存入《流失生档案》。

(三)稳定率目标

学校稳定率:年稳定率≥97% 。

（四）管理考核及公布时间：

1、管理与考核：

董事会责成监事会全面负责稳定率的管理、考核和认定工作。

监事会具有对“流失生”和“客观原因”流失学生的复核权和最终认定权。

2、公布时间：

学校稳定率由监事会于学年末一周内公布。

（五）稳定率奖、惩

奖励：

1、达到规定的稳定率目标，奖励校长本人30000元/年。

2、每超过1%，另奖励校长本人20000元。

惩治：

1、未达到规定的稳定率目标，扣校长本人10000元/年。

2、每下降1%，另扣5000元。

3、全校稳定率在95%以下（不含95%），除予以经济处罚外，另罢免校长。

市场是学校生存、发展的基础，没有稳定前提，学校的生存就会受到威胁，发展就会成为空谈！

“流失一名学生就会污染一片市场”，流失一名学生对市场的负面影响要远远大于成功培养一名学生的正面影响力。我们更要争取不让一位学子无奈地离去，不让一位寄托希望的家长发出失望的叹息！

我们要谨记“不让一个学生掉队，学生掉队就是教育事故”的服务原则。

对每名学生负责要从留住每一名学生做起。

某某学校董事会

年　月　日

与校长的《合同》如期签订。

新校长上任不久就与主管校长、各学部、年级组，班主任和科任老师、生活老师签订了《学生稳定目标责任书》。

为进一步夯实稳定，又先后出台了“稳定率”工作体系。将稳定工作推向了全校各个层面。

首先，除按《责任书》对稳定率奖惩外，另在《工薪制度》中，直接与（工资的）晋级、晋档挂钩。

其次，校领导包片，以班主任为核心与科任老师、生活老师共同组成工作小组，对学生、家长展开全面细致的摸查工作，并依据调查将学生分类为“稳定生”、“意见生”和“不稳定生”三类。

工作组将“意见生”和“不稳定生”列为重点工作目标，并通过多种工作方法，一一深入。老师们频繁地与这些学生接触，走访家长也主了“主题”……

除班主任每周都按时与执行“接触”和“家访”任务的老师碰头外，小组中三三两两讨论某学生“问题”，成了老师们茶余饭后的主要话题……老师们在弄清“原因”的工作过程中，也弄清了学生，弄清了自身需要做的工作。

不久，在学校的“经验”推广下，各班均建立起了《学生需求档案》，备课、授课先读书（读班级《学生需求档案》）成为了老师工作中一条不成文的规矩。

“班里《档案》翻烂啦，老师的腿儿跑断啦！”这虽是老师们自嘲的话。

不可回避的是，班级《档案》对老师的教育、教学设计无疑起到了极大的指导作用！这一作用从老师的教案中可窥一斑。

随之改变的是，老师与学生关系，老师与家长的关系和学校的整个工作过程对市场的作用……无疑学校更加贴近了需求。

学年末，学校的稳定率达到98%！这一数字是历年来学校的最高值。

董事会的“结果逼迫”策划思想，收到由学校传统服务向市场服务转型的良好效果。

三、“净增值”目标考核

关于“净增值”的概念及基本论述，我们在本书的“第十章”和“第十五章”中已有表述，这里只就“终端目标”对体系的作用问题进行讨论。

总结多年办学经验，董事会认为“在校学生的净增值指标，对学校的全面工作具有整体的拉动作用。”鉴于对这种经验的考虑，决定尝试“用具体化目标，推动学校市场化进程”的做法。于是在《校长聘任合同》中明确约定：**“在校生净增100名/学年”**的年度学校总体工作目标，并围绕“净增值目标”制订了《关于净增值的奖惩办法》作为《合同》的附件之一。

接受“任务”后，校长十分清楚肩上担子有多重！

“这不是净增目标，而是民办学校的全部！”。

于是，他依据实际展开了分析、策划：

实现“净增值”目标必要条件是：“在校学生稳定率高”和“足够的招生量”。学生、家长对学校工作的满意态度是两个条件的重要焦点之一；这一焦点要求学校的工作要紧密围绕“满意”展开……再深入分析：

● **什么样的学生稳定呢？**

满足需求的学生；

受益的学生；

抱有希望的学生；

受到重视、激发自信的学生；

有团队情感视校如“家”的学生；

……

● **什么学生易流失呢？**

期望值与实际落差过大（如：成绩退步等）的家长、学生；

特殊需求得不到满足的家长、学生；

对学校失望、没有愿景的家长、学生；

受教师流动影响的家长、学生；

得不到团队尊重的学生；

被老师“放弃”或不被重视的学生；

孤独、不自信的学生；

生活不适的学生；

对教育环境不满的家长、学生；

认为师资“质量”差或不负责的家长、学生；

对学校工作或老师工作误解的家长、学生；

没有感情牵扯，对学校、老师、同学不留恋的学生；

敷衍反映的问题，致使矛盾升级的学生、家长；

抱有被欺骗感的学生、家长

……

● **如何解决“易流失”问题？**

1、真实解读每位学生需求，围绕需求展开各项服务工作，争取满意效果。

2、做好沟通家长的工作;协调家长要求,争取需求与要求一致。

3、拉近员工与学生的距离,做到有责任、有爱心、有感情;

4、要保持学校人才队伍的稳定;

5、要重视与家长的关系,及时处理源于学生家长的问题,避免问题升级。

6、加大与家长、学生的接触机会,使他们对学校有希望、有愿景。

……

● **要做好稳定工作和招生铺垫工作需要抓好哪些工作?**

1、明确的服务需求思想、路线。

2、明确部门、岗位现职,建立整体服务体系;

3、出台明确的各项保障制度;

4、要做全体学生的工作,须调动起每一位员工的工作积极性。

……

经过分析校长心中基本有了"底",基本明确了学校的工作思想:

解读学生需求,以需求为向导,以满意需求为目标,学校的主体工作针对需求分类展开;特殊个性需求进行个体"承包";全面沟通市场,专项管理稳定……

● **学校的思想又如何贯彻和体现呢?**

贯彻原则:明确目标、责任到人、过程考核、待遇拉动。

目标明确:稳定目标、招生目标

责任到人:领导包级,班主任包班,科任教师及生活老师包人、包户。

过程考核:杜绝制度"孤立"现象,服务、稳定和市场均要按制度要求配套考核、评价体系。

待遇拉动:待遇是用"物"体现的评价。待遇趋势说明工作趋势、发展趋势。凡考核成绩高的待遇也要"高",凡考核成绩低的,待遇也相应"低"("高"或"低"指晋级。),实行与考核紧密结合的"月动态工薪制度",即,全校的月考核排名与工资级、档排名"呈统一"趋势。

按"起始就近入档"的方法,降低起步门槛(如:某教师绩效工资4000元/月,起始入档时进入与4000元贴近且偏高的档次)。

用"增加级档"的方法,为员工树立长期努力争取的希望和目标(如原工资三级十二档，拉开为五级，五十档，努力工作的老师可每月进一档）；

用减小档“差额”的方法，减少矛盾，保持员工队伍的稳定。

● **需要另出台的专项制度？**

Ⅰ、《稳定学生的考核管理制度》

对稳定生进行专项管理，管理要与工资挂钩，并加大奖惩力度。

Ⅱ、班级建立《学生需求档案》制度

摸清每位学生需求情况和家长的要求情况，并依此要求工作。

Ⅲ、《家长参与制度》

特殊学生的教育、教学设计要求家长参与制订，而且执行过程由家长监督。

Ⅳ、《家校联系制度》和《家访制度》

打通与家长的联系渠道，如：班主任负责利用《学生成长手册》与家长就学生的成长、生活、教育、学习等情况，每月向家长通报一次。

各科教师每周的作业，均要求家长过目并签字。教师利用学生作业平台要与家长交流。

由班主任统一组织，各科教师负责将考试试卷连同分析一起呈报家长。

Ⅴ、提前下达“1+1”招生任务

开学初即下达招生任务：

领导和班主任每人招生3名；教师（除班主任外）招收2名学生。

明确并指导“1+1”招生方法（关于“1+1”招生方法在本章后的招生部分进行专题论述）。

用任务推动校内服务整体工作；推动教师与学生、家长形成良好关系。

Ⅵ、规范《来访接待制度》和建立问题反应机制

……

● **在“润物细无声”中渗透思想、逐步过完成过渡**

新思想、体系用了一个学期时间基本完成了与学校实际工作的衔接。员工在逐步实施的过程中学习，在解决“问题”中思索、研讨、创新，在考核督促和待遇拉动下思想观念发生着微妙的变化……

务实的工作收到了实际的回报。

“1+1”招生收到了良好的效果。学生将自己的同学带来了，家长将自己亲戚的孩子，邻居的孩子和同事的孩子纷纷介绍到了学校。

暑期的招生工作中，市场升温，回应激烈……至新学年开学，学校的在校生净增值达到了287名，远远超过了董事会设定的目标！

一位中年教师，在论文中写道："我向学生学习到了真正的教育……也在读懂学生中读懂了教育。"

一位年轻教师感慨地说"原来教育也需要'诊断'，'配方'！"

家长说"把孩子放在你们学校，我放心！"

一些领导事后道出了当时的担心，"董事会确定的目标太过苛刻时，当时我们还真捏着一把汗！"，校长则表示"这说明董事会深通民办教育……"。

量化目标，逼迫学校围绕如何达到目标问题形成思想理念。对"果实"的要求，迫使学校的整体工作面向学生、家长展开；而且还必须是全员的，全程的……

市场对一所真正为他提供满意服务学校的回报结果，让教育工作者和市场工作者都无法相信。

民办学校需要诚恳地去服务市场。

第二十章　体系管理应用(二)

“效益目标”对学校体系建设的推动

上一章,我们讨论了董事会通过对终端目标的具体化要求,达到推动学校整体“升级”的两种操作。实际上,作为整体的学校,任何环节都能对其起到“牵一发,动全身”的作用。

需要强调的是,要慎重对待用传统“升学率”、“优秀率”等为“果”去考核民办学校的做法。因为民办学校的任何绩效首先需要赢取市场满意。升学率、优秀率等虽然是满意市场的重要指标,但不是全部。更何况,公立学校可以为优秀学生开通走向大学校门的“绿色通道”,可以接受升学率的百分比……但市场对民办学校服务的满意要求却是100%!

针对民办校长内管学校、外涉市场,既要经营又要管理的特点。现实中,也有一些董事会通过设立“经营管理”目标和“综合目标”促使学校升级的做法。我们再就学校在这两个目标下的反应进行如下讨论。

“经营管理”目标

效益是衡量市场机构权威性的评价指标之一。民办学校的效益目标也同样具有全局的统领作用。

无论是学生、家长对学校工作的满意度,还是在校生的稳定率,市场招生量等,均会从学校的总体效益指标中完全地体现出来。

一位办学二十多年的老板在谈到这一问题时直白地表示“学校就是一年两度收费时机,董事会把《财务支出》预算好,把学校的年度效益目标确定好,把工程做好,剩下的就是干活的事儿了,你管那么多不是自己找累吗?老师、校长又不会用一根绳子把学校‘背’走?!”

……

深夜,电话铃响起!

这是民办校长最“忌”的电话时间。我急忙接起,原来是一位老朋友。他是我的朋友“圈”中最佩服的一位校长。有思想、有魄力,做事干练,为人正直、忠诚。

“老哥,对不起! 这个时间本不该打扰!”开“场”他就用先入为主的方式,消除了我的“反感”。

“没关系,深夜造访,必有要事呀!”

“确实,确实! 确有要事相求。”

“什么事? 请讲。”

“是这样的,前一段时间,我与某校董事长接触,今天晚上我们又见面了……”

“事情谈得怎么样?”我急切地追问。

“基本谈妥了。”

听到此,我舒了口气。我知道,他与目前老板不和,早就想“跳槽”的想法……

“哪还有什么问题呀? 不会是还想跟着我干吧?”我试图用诙谐的方式,改善一下谈话的方式。

“你早就把我扫地出门啦! 再不想见我喽!”

“究竟是什么事?”达到调整气氛目的后,我直奔主题。

“是这样,今晚老板交给我一份《校长聘任合同书》,让我修改。”

“这是好事呀!”

“可……可,《合同》中明确约定了三年内确保学校的经济效益值按每年5%递增的目标……我对这个心中没底儿。想请老哥帮忙……到底接还是不接……”

“哦……”明白了。

“你有学校的相关材料吗? 没有材料,无法做分析判断。”我又补充强调“材料”的重要性。

“老板给我提供了材料。”他话接得很紧,显然有些急迫。

“你把材料发过来吧!”

“好的! 只是……”

“只是要快是吗?”

“对! 对! 对!”听语气,他确实很想得到我的分析意见。

“什么时间?”

“明天晚上前最好。”

“好的!”我爽快地答应了。

放下电话,我知道今晚又要无眠喽!

……

老板提供的确实是学校的核心材料！这也透出了前期接触他对新校长的认可态度和真诚。应当承认,从《合同》提出“目标”,到提供材料,再由新校长做出分析修改意见和最终决定,无疑,这又是老板考核的一道综合“考题”！我猜想,明天会面时即使新校长表示“愿意接任”,老板肯定要围绕目标再提出问题,而且是对“目标”的难度认识和关于“实现目标”的论述问题。

凭我多年对诸多民办学校的了解和校长经验不难发现,《合同》确实很规范,也很实用！但看完合同后,我的头脑在无意识中只闪现出一个念头——“这个校长不好接！也不好当!”。

因为单纯从《合同》的细化程度上讲,已将“实现目标”的过程“逼”到全面提升学校的位置!

《合同》中对5%的效益增长目标,表述得很清楚,如,它规定:

“**年经济效益＝年总收入－(每生成本)×在校生数**(注:每生成本不含学校的工程、设备投入和维修、维护费用)”……至此我才明白,《合同》中对校长“放权”的原因,这分明就是“为目标创造的保障条件!”,而不是校长权力。

为给好朋提供一个中肯的“答案”意见,我只好展开分析了:

【目标的可行性分析】

一、材料显示学校的基本情况:

目前在校生2087名,收费标准14000元/生、年;

近三年招生分别为:502名,546名和488名;

近三年异动学生分别为:141,162,201名;

近三年每生成本为:6082元/生,6793元/生,7400元/生。

明年毕业生:347名。

……

分析:

1、学校近三年的招生分析

近三年招生量,基本稳定在510名左右,增值趋于“零”。

2、在校生稳定率分析

学校近三年“异动生”率为9.57%;“异动生”基本平稳。

3、每生成本分析:

每生成本平均每年的增幅为8.8%

4、招生量分析

Ⅰ、毕业学生量:347名

Ⅱ、异动生量约为:(2087×9.57%)200名/年;

Ⅲ、用于支付“成本增长”费用,需多招的学生量:

2087名×14000元/生×8.8%增幅=2571184元÷14000元/生=184生

Ⅳ、学校现有学生2087名,按5%增长目标计算,需招生105名;

明年需招生量:

维持现有在校生规模,需招生547名;

维持经济效益平衡需招生:731名;

达到效益增长5%目标,需要招生836名;

……

分析意见、建议:

(一)“目标”难度较大。建议将“目标”修改为“第一年持平,第二年增长2%,第三年增长5%”为妥。

(二)达此修改目标,尚需提高校内管理效率,以有效降低每生成本;同时要调整校内工作,形成全程影响市场,全程招生的有利局面。

分析意见时发出之后,我又附去了短信:

通过材料发现,董事会在民办学校运作上十分成熟,观念也颇为清晰!作为一名民办学校校长,能有与“明白人”合作的机会,甚幸!

……

好友上任不久。

某日,打开电脑看到了他的留言:“老哥!我已顺利接任,这段时间我一头扎在基层,实在是太忙!

经初步了解,学校确实存在用传统教育方式面对需求的问题,而且十分普遍。

现在我很盲目，盲目到不知从何下手……还得请老哥援手……相关材料已发至‘附件’中，请老哥过目后多加指点……”

打开“附件”，内有两份文件，“考察情况及分析”和“关于学校转型工作的初步意见”。

……

【考察情况及分析】

考察方法：本次考察通过观察、走访家长与领导、员工、学生座谈和亲自主持、参与工作等方法。

考察时间：一个半月。

一、考察情况汇总：

1、学校的办学思想，具有宏观的方向性、意义性教育特征。

2、董事会的市场服务思想明确，亲自抓市场工作。对学校操作有意见、有看法，但“无可奈何”。学校的领导班子认同“董事会教育外行”的看法。

3、学校提出的市场观念为：用前卫思想号召市场；优质教育资源吸引市场；用名师作用市场；用质量拓展市场。实际工作过程基本不作用市场。

4、人才标准基本套用公立标准。重视名校经历，职称、奖项、发表论文等。待遇按公立职称定级与课量挂钩，每年评一次“级”。

5、体系基本体现“质量”特征。“一切为教育服务”，“为教学质量服务”管理围绕教学，教学围绕质量。

6、对家长提出的问题、建议，答应得好，做得少。持应付态度。认为家长“不懂教育”，“无理要求”，“过分要求”，经常出现“事务牵制，随手抓差”现象。

7、学校工作计划与实际工作出现“两层皮”现象。计划是一回事，操作是另一回事。

8、领导、员工出现“比牌子”、比“门第”怪现象。

9、无员工的学习、培训机制，员工交流有“神秘”感和防范意识。

10、未建立起服务意识。对进入校园的家长缺乏接待程序，“无关员工”态度冷淡。

判断意见：

传统观念，“产品中心”体系。

二、原因分析：

据初步调查，学校走上传统办学道路的原因主要为：

1、学校办学的主要原因是，当地公立学校优质教育资源不足（主要表现在三个方面：公立校优秀师资不足，学校硬件一般，中学学位紧张）。

2、董事会除斥巨资打造“一流”硬件外，另一理想就是“高薪面向全国招聘名师”，学校起步时的定位就是“名师、名教、名校”。

3、学校设计规模为4000名，当初计划三年达到规模，目前办学八年，只达到50%设计规模。鉴于此，董事会于四年前着手解决生源问题，组建成立了市场策划和招生部门等并亲自管理。招生工作基本与学校管理工作分离，假期老师放假。

……

另，前任“董事长”因发展其他离任。与我签约的“老板”是上学期从其他民办名校专程聘请来的专家。

……

看完“原因分析”后，我如梦初醒！因为董事会如此举措与学校现状大相径庭的做法早就让我摸不着头脑了。原来如此！

看来，八年的办学时间，已经让董事会认识到了民办学校！从邀请专家，到聘请校长，再到签约“效益目标”……都预示着他们转型学校的决心。

诚然，没有摸索的过程，没有沉痛的教训，没有学习、总结和反思……就不会有这样到位的认识，更不会有如此的决心！我仿佛看到了一个从市场风雨中走来，并走向成熟的民办团队，他们令人肃然起敬！

说实在的，我赞同好友对学校的判断。

但最关心还是“怎样做”的问题，于是又急切地打开了第二个附件——

【关于学校转型工作的初步意见】

转型目的：解决民办学校的公立化操作问题，使学校的服务逐步与市场需求接轨。

转型设计意见

●一个理念前提

学校理念：寻求适合每位学生成功、成长的教育；办学生满意，家长放心的学校。

教育理念：教育源于对学生的理解，始于对学生的理解。

教学理念:提供与学生实际需求接轨的服务。

市场理念:让学生开口,让家长说话。

发展理念:思想先导,规范管理,文化渗透,名校定位。

●一项学习机制

培训机制	内　容	目的及方法
班子培训	1、民办学校的思想、理念。 2、民办学校与市场的关系 3、民办学校的目标与职能(达到目标需要做好哪些工作) 4、民办学校领导的思维方法 5、工作设计标准与考核标准	目的:用对理念接受与应用程度达到筛选与评价领导目的。 方法: 1、定期培训,定期考核 2、实际工作中渗透
老员工培训	上述1、2、 3、民办学校中的师生关系;家长与老师关系。 4、对学生的理解过程; 5、理解与教育、教学的关系 6、民办学校的优秀教师标准。 7、做好民办学校教师应具备的素质、能力	集体培训1—2天 学校例会上针对工作渗透10分钟/次 考核评价中渗透
新员工培训	1、什么是民办学校 2、学校思想文化 3、制度及要求	1、培训期三天; 2、考核合格上岗,无培训不得上岗。

●三个原则:

稳定提升原则:升级以稳定为基础。

继承发展原则:在学校原体系基础上转化。

渗透过渡原则;用交流、座谈、讨论、培训等方式渗透理念;

工作过程应用理念;

考核、评价鞭策理念;

利用典范标志和引导理念;

用利益拉动理念。

●体系规范工程

设立“学生稳定目标”、“满意考核目标”和“全员招生目标”，并围绕三个目标明确建立：

1、明确“做什么？”——各层面对目标，需要要做什么工作（职能、职责体系）

2、“怎样做？”——工作操作体系

3、“做了没有？”——过程考核体系。每周出台一项常规量化考核制度；每周考核一项常规工作。“常规工作”每周一项抽查；临时性工作进行日考核周汇总。

4、“做得怎么样？”——评价体系

日考核日公布；

常规考核于员工例会公布并依此宣布先进集体。

月考核总结于月末公布，依此与待遇挂钩，并予以人事奖惩。

5、“做好了如何？做不好如何？”——待遇体系

……

●待遇工程——月动态结构工薪制度策划原理

一、待遇原则：多劳多得，优绩优酬，奖勤罚懒、末位淘汰。

二、工资结构：

工资＝基本工资＋效益工资＋补贴（津贴）＋奖励

1、**基本工资：**实行“同工同酬”原则，与出勤挂钩。

2、**效益工资**（课时工资）＝月课时总量×级档标准。

3、**补贴、津贴：**按规定标准予以学历、职称补贴。

班主任、教研组长等予以津贴。

4、**奖励**

Ⅰ、凡一学期内连续三个月晋档者，另奖惩一档。

Ⅱ、凡连续保持在最高级、最高档三个月以上者，从第四个月开始，每连续保持一个月，另增加1000元/月，直至10000元封项。如不能连续，即按实际入档。

Ⅲ、专项考核（如；稳定、招生和迎考等）除按规奖惩外，另与晋级、档挂钩。

Ⅳ、获奖奖励：在校获得业内国家级奖项，省、市奖按“三、二、一”标准

晋档。

三、工资级、档原理

1、效益工资分五级(A B C D E),每级十档(如A级分:最低A1档……最高A10档)。

A级占总体的10%,为骨干教师,享受最高待遇,保持稳定。

B级占20%,为优秀教师,享受“偏上”待遇,保持稳定。

C级占30%,为一般教师,享受正常待遇,保持稳定。

D级占20%,为竞争教师,享受“偏下”待遇,保持相对稳定。

E级占10%,为新聘年轻教师和考核排名落后的教师。

2、月动态晋级、晋档原理:

Ⅰ、初始晋级、晋档:教师原工资与新工资相较,绩效工资按“就高不就低”原则,就近入档。

Ⅱ、晋级:按本人月考核全校排名所处位置的百分比对应晋级。如:100名教师中,某老师考核排名21名(10%之外,30%之内)则晋“B级”。

Ⅲ、晋档:同一级,依各档平均量按排名顺序由高到低入档。

每级人数=教师总量×级的百分比

如:上例中,B级人数为100名×20%=20名

每档人数量=级教师总量÷10(级档量)

如:上例中,B级人数为20名,每档人数=20名÷10档,每档2名。

同级中,按考核成绩依次排名,由高到低入档。

如:上例教师排21名,在“B级”中排十一名,晋B6档。

Ⅳ、稳定原则:每月每人只允许晋一档(无论月考核排名与本人所处级档差异大、小)。

Ⅴ、月晋级:按本人所处档次,依据本月考核,自然晋级。

如:本人处于本级最高(或最低)档,本月考核提名须晋档时,自然晋级。

Ⅵ、月动态晋档:凡月考核排名超过本档最高排名者晋上一档;

凡月考核低于本档最低排名,晋下一档;

四、竞争激励

1、“自己任命自己”,有多高能力拿多高工资。

工资从最低(如:3000元/月)至最高(如:15000元/月)按级、档拉开。依据实绩和月考核,按月动态晋档、晋档。

2、**不断追求,不断进步。**

处于最高级、档,再次达到"升级、升档"考核位置时,与奖励体系对接,当月按奖励规定予以奖金。

五、末位淘汰

1、E级,一学期连续两次或累计三次降档,予以淘汰;

2、一学期连续累计两次处于E1档,予以淘汰;

3、终端(专项)考核,一学期两项处于全校后十名者,予以淘汰。

六、稳定控制

1、最初晋级、档执行"就高不就低"原则。

2、月晋一档。

3、拉开级档"长度",减少档次差额。

七、总体支出控制:

每级与级,档与档之间差额相等。

工资金总支出不变=全体"晋档"正负和等于"零"

八、绩效考核

月考核:每月对常规工作进行随机考核(一般每周一项)。

临时工作考核:临时工作随工作推进考核;

专项考核:稳定率、招生按下达目标和相关规定独立考核。

终端考核:一学期进行一次学生家、长满意率测评考核。

月考核和临时考核,考核得分每月时行汇总,与当月绩效级档挂钩。

待遇"高位",是任何人追求的目标,既是挑战、又是压力。

待遇"低位",处于被淘汰的危局。

称职员工,优秀员工保持稳定。

……

●入手操作计划

一、调整两个部门职责:

1、设立招生办公室职能如:

① 全面负责市场管理工作;负责家长、学生投诉的落实与通报。

② 全面负责招生策划、计划与组织。

③ 全面负责宣传工作,对宣传、广告进行策划和组织实施。负责定位广告的管理工作。

④ 负责学校领导员工的家访组织、考核工作；

⑤ 负责家长委员会的日常管理工作。

⑥ 沟通家、校，负责与市场联络与信息管理；向家长及时传达学校信息；总结家长意见、建议及时向学校反馈。

⑦ 负责来访家长和新生的接待工作。

⑧ 负责学生的接送工作。

2、设立(或合并组成)校长办公室，职能如：

① 负责学校月工作计划、周工作计划和《日工作安排》的落实与考核。

② 负责会议组织与管理，考核各级例会；

③ 负责中层领导考核。

④ 负责学校的人事管理和档案管理工作

⑤ 负责校车、文印、接待工作；

⑥ 上传、下达，沟通信息。

⑦ 负责校园文化建设的策划，维护和日常管理工作。

⑧ 负责校刊、校报的组织管理，印刷发行工作。

⑨ 负责执勤管理。

二、出台三个专项管理制度

1、稳定率

出台《稳定率管理奖惩制度》。设立各级稳定目标。

2、满意率

出台《满意管理制度》。每学期各进行一次，家长，学生测评。测评结果与奖惩挂钩，与工资挂钩。

3、招生量

出台全员《招生计划》，学期初面向每位领导、教师下达招生任务目标，并出台《招生目标奖惩规定》。

三、规范秩序

1、明确工作层次关系

① 规范汇报、请示层次，出台汇报、请示制度：

② 明确决策程序和工作责任层次关系。

2、明确做事时间原则

① 小事不过日。

日工作日考核，困难问题日上报，于《行政日碰头会》解决；

② 大事不过周。

周工作周上报，困难问题于《周行政例会》解决。

③ 特殊问题，在每月上报董事会《学校月工作安排》的《待解决问题及建议》栏中反映，批复后解决。

3、明确解决问题程序、原则

① 校务问题《周行政例会》解决，困难问题召开《校务会》解决，特殊问题上报董事会请示解决。

② 部门间问题，校办协调解决，困难问题报校长解决。

③ 本部门问题，本部门解决，困难问题本周内上报主管校长、校长。未解决的问题上《周行政会》议解决。

4、实施《日工作安排》日考核

由校长主持，中层干部《日十分钟碰头会》，安排当日工作，考核总结前天工作。

5、设立例会制度

① 员工周例会：布置本周工作，总结上周工作，表扬、批评。

② 行政周例会：总结上周工作，安排下周工作，解决存在的问题。

③ 部门周例会：安排本周工作，总结评价上周工作。

④ 班主任周工作例会：每周组织一次。

⑤ 生活教师日碰头会：每日一次。

⑥ 班主任、各科教师及生活教师碰头会：每月组织一次。

6、巡岗制度

巡岗：中层领导每天至少进行一次岗位巡查；

校委会成员协同值勤领导每周全面巡查学校一次。

7、工作通报单

《工作通报单》(包括，日常工作，维修、维护等内容)面向班级、宿舍、办公室等集体发放。填写并签字后交于校办或当日执勤领导，具体由校办落实，在当日《日工作安排》中安排并考核。

8、听课制度

校长听课二节/周，每月参加评课不下一节；

中层听课三节/周；每月评课不下二节。

教师听课一节/周。

9、**座谈制度**

① 校长接待日：校长每周设一天为“校长公开接待日”，公开接待员工、家长、学生。

② 校长学生座谈会：校长每月与不同的学生群体座谈一次。

③ “一小时交流”：中层每个工作日到教师各办公室座谈累计不少于一小时。

10、**人性化制度**

① 学校设立员工生日制度。

② 学校设立员工《探视制度》。

③ 困难员工慰问制度。

④ 建立新生入学、新员工入职接待服务程序。

⑤ 学校设员工建议奖

……

看完两个文件，我马上回信表示：

“看完后《分析》、《计划》，十分欣慰！

《计划》除三项专项制度外，其他均属常规规范内容，甚有可行性。有几点不成熟建议，望弟参考：

关于工资体系的建议：

《工薪体系》设计超凡脱俗！体现了民办学校”自己任命自己的市场竞争主题。如能落到实处，必然对全盘提升起到事半功倍的引领、拉动作用，现就《工薪体系》实施分析如下：

在民办学校，员工的真实心态大体有两点，一是“打工赚钱”，二是“学习、发展”。但对于年龄较大，尤其是公立离退人员来说，目的就会转变为“打工赚钱”和“轻松工作”了。

首先，对市场的“盲目”是传统人才的突出特点。“盲目”就是没有主动作用市场能力，对市场结果心中没“底”。让他们承担“三项专项任务”，会认为就是“承担待遇风险”。

其次，该校长期以来走传统路线，待遇也体现“论资排辈”特点。“资”、“辈”越高，所处的工资级档也就越高。推行新《工资体系》对这一群体的利益威胁越大。

三者，传统人才，往往以“教书为己任”，“招生，那是董事会的事，没有学生请老师做甚?”。“三项专项任务”会被认为是“额外负担”。

所以，工作量增加、竞争压力增大、待遇风险提高、损失“轻松”……《计划》实施会承受源自原学校“关系族”、“高薪族”、“游闲族”的“联合”阻挠，且是源自观念上的。

为此参考建议为：

一、建议利用“没有人承认自己不行”的普遍心态，伴随推进日常工作，缓推《工薪方案》，并以“就高不就低原则”为利益诱导起步。

二、在《工薪方案》推进过程中，从易到“难”逐步出台考核，如：第一个月考核一项常规、一项临性工作……

三、《工薪方案》推动基本入轨后，(如执行三个月后)，再出台《稳定制度》及考核。下学期在再出台《满意测评考核制度》，第一学年末启动招生时，随《招生计划》一起下达《招生任务》。就这样，推进速度还是够快。

四、注重培训工作。因为问题的“症结”在观念上。培训宣传工作要提前于制度，也要随制度同步推进。

五、最好提前做好人才储备工作。

最后奉送一句：

糊涂的管理为“事”所累，无能的管理为“人”所累，庸俗的管理为“章制”所累……聪明的管理为“目的”所累。

第二十一章　体系管理应用(三)

“综合目标”对学校体系建设的推动

我们讨论了通过对校长设定“稳定率”、“规模净增值”和“效益”目标达到学校整体推进目的的做法。现实中,也有通过设立“综合目标”达到这一目的的举措。

【校长目标及考核方案】

(一)目的

为了实现学校目标,规范校长薪酬,特定制本工作绩效考核方案。

(二)依据

1、学校薪酬管理制度。

2、学校绩效考核制度。

3、校长岗位说明书。

4、其他相关资料。

(三)组织分工

考核组组长:学校董事长。成员:董事会全体成员。

(四)考核周期和时间

考核周期:每学期一次;

时间:每学期开学后的第一个月内完成对上一学期的考核。

(五)考核方法

1、考核内容包括:“**安全管理、招生管理、成本控制、教学管理和学校的日常管理**”五个方面。

2、依据校长的岗位说明书,设计校长考核项目及量化标准,并依据实际打分(具体考核标准见附表)。

3、以上五方面考核,任何一项的总分低于60%,校长个人一学期考核奖金为“零”。

(六)考核基本工作流程

1、每学期开学后的15日内,校长将个人自评报告交至学校董事会,并向考核组述职。

2、校长述职时,考核组可对述职内容质询,校长须当场答辩。

3、接到校长的自评报告7日内完成考核工作。

(七)年薪标准

职务	固定工资	基本奖金	年薪	超额奖金	备注
校长				超出的每一分按基本奖金总额/100计算,每人每学万元封顶	

(八)考核奖金的发放

1、基本奖金

等级	考核总分	基本奖金发放数额
A	90<优秀≤100	100%
B	80<良好≤90	90%
C	70<称职≤80	80%
D	70分以下(不称职)	0

注:1、基本奖金的40%根据每学年第一学期的考核结果发放,60%根据第二学期的考核结果发放。

2、超额奖金:考核总分超过100分,每超出一分,按基本奖金总额的1/100增发,最高2万元/年封顶。

3、考核奖金从校长递交“自评报告”后三个月内一次性发放。

(九)本方案为《校长聘用合同》的有机集成部分。以往规定与本方案有冲突的,以本方案为准,以后以“授控”文件为准。

(十)本方案解释权归学校董事会。

●**附：**

校长量化考核与评分细则

项目	考核标准	权重	评分标准与细则	考核办法
安全管理	以学校制订的《安全工作计划》、《安全目标责任书》为标准	二十分	一、学校安检不合格，扣5－10分。 二、学期内发生重大安全事故，给学校带来直接经济损失在2万元或以上的，本学期安全绩效考核为0； 三、学期内发生安全事故，给学校带来的直接经济损失在5000－20000元（不含2万元），该项考核为得分：0－5分。 四、学期内发生安全事故在5000元以下，则按照事故给学校带来的直接经济损失，每500元经济损失扣2分。	考核组不定期或定期抽查医疗室、食堂等和学校管理档案、走访学生等方法评估
招生管理	以核准的《招生任务、计划》为准	二十分	完成率＝100%，得20分； 90%≤完成率<100%，得15分； 80%≤完成率<90%，得10分； 70%≤完成率<80%，得5分； 完成70%以下，本项得分为0 每超额完成额定任务1个百分点，奖1分，奖励不封顶。	如未兑现计划条件，视实际情况酌减扣分
成本控制二十分	以生均预算成本为标准	五分	与预算持平，得5分，然后按照每升降1个百分点加减1分计算，上下均不封顶。	学期结束后由财务部统一进行核算
	预算内资金的专款专用	四分	预算内资金专款专用，得4分 预算内资金发生挪用情况，每发生1次扣1分，下不封顶。	
	本学期预算外支出的必要性和合理性	三分	与审批的预算外持平，得3分， 每超出或节约2万元减、加1分，上下均不封顶。	

续表

	以本学期常规创收为标准	三分	创收达标,得3分 每升、降1个百分点,加、减1分计算。	
	预算内的项目预算额	三分	项目支出未超预算,得3分,每超出或节约1万元减、加1分,上下不封顶。	
	编制预算的准确性、合理性	二分	预算编制准确,合理,得2分。 总体或单项预算超10%,得1分; 总体或单项预算超20%,得0分;	
教学管理 二十分	教学质量与特色建设	十分	学生学习成绩,期中、期末两次成绩均分与“参照学校”对比: 出现正值,得10分;每提高1分,加1分,10分封顶。 出现负值,扣5分;每下降分,加扣1分,负10分封项。 注:参照学校:同一市场中与本校学生入学或统考成绩相近的公立或民办学校。 教育教学特色建设有计划、有课程安排与组织实施,效果明显,得5分;反之则扣5分。	由考核组组织满意度调查、对学校工作运行材料进行评估。
	教学教研、师资培训	十分	有完备的教学教研和师资培训计划,得3分;严格执行培训计划,得3分; 培训效果经评估达标,得3分。 全体教师每期至少有教学反思文章2篇,每学期至少有教学体会一篇,得2分; 骨干教师每人教研论文一篇得2分。 扣分亦按上述标准执行。	

续表

日常管理二十分	家长或学生满意调查	五分	满意80%以上,得5分。然后按每升降1个百分点加减1分计算,上下均不封顶	考核组定期或不定期进行抽查。
	学校日常各项管理工作	五分	1、每月5日前向董事会上报《上月工作总结和本月工作计划》一份;每少1份月报表扣2分; 2、计划执行率低于90%,每有一个月,扣1分; 3、员工满意抽查,满意率在80%,每上升1%加1分,反之扣1分。	考核组依据《月计划》和实际工作过程考核。
	核心团队建设	五分	校务会成员紧密合作,无人辞职(因考核不合格辞退或因客观原因辞职,不计)。 校务会成员之间发生矛盾导致董事会出面解决,每发生1起扣1分;每辞职1人扣1分; 校务会成员调查,满意率在80%,每上升1%加1分,反之扣1分。	考核组负责考核。
	员工稳定率 学生稳定率	五分	员工稳定率在90%,每上升1%加1分,反之扣1分。 学生稳定率在95%,每上升1%加1分,反之扣1分。 以上两"率"下、下不封顶。	人力资源部和财务处提供考核依据。

注:

1、以上"目标"由董事会与校长协商确定。未明确的,以核准的《学校工作计划》为考核评价标准。

2、《工作计划》及专项计划所设定的奖惩标准不与本方案冲突。

3、以上《校长考核方案》,为《校长聘用》合同的附件之一。

透过《方案》不难发现,校长待遇由"固定工资","基本奖金"和"超额奖金"三个部分组成。且奖金比例权重越大,校长的"风险"就越高,相应的"激励”度就越强。此方案确实贯彻了民办学校中，能力等于价值的思想。

经过多方了解，得知“综合考核”实施一年来取得了良好的实际效果！

为了进一步了解操作原理和过程，笔者通过“关系”顺利地与该校校长成了朋友。两人都喜欢清雅的环境，一见面总是直奔话题，且彼此间没一点儿保留，几次相会后连茶资也改成了“AA 制”…… “杯论黉门业，品茗共话难”成为了那段相处的写照。

记得在谈到“办学者与打工者的关系”时，他表示：

“我们和企业是相互依存的‘水’、‘鱼’关系，是企业为我们搭建了“平台”；在利益上‘大河无水小河干，大河有水小河满’嘛！……学校的生存、发展与我们息息相关！”

“那你是如何看待‘综合指标’的？”我试图以此拉开对“综合考核”的调查。

“它是教育的更是市场的。

家长、学生的满意率就是学校明天的市场指标（发展指数）；

学生的稳定率就是学校的经营效益指标（利益指数）；

升入本校高学段的优秀学生率是学校的市场认可指数；

升学率是学校的市场影响力、号召力指数；

各科优秀率、提高率、差优转化率是学校的教育能力指数……”。

虽然对方的回答偏离了我的“目标”，但还是被他的精辟论述吸引，于是我顺势接着问道：

“你如何看待这些‘指数’间的关系？”

“三者是层级关系，也是因果关系……

没有‘满意’就不会有‘稳定’也不会有‘认可’，更谈不上‘号召力’了。

‘满意’是说明和证明‘教育能力’的，只有市场认可学校的‘教育能力’，学校才会对市场具有吸引力和‘号召力’……但无论如何，经营效益是学校生存和发展的根本，当然，效益是这些‘指标’的最终体现者。”

我点头表示认可，又接着问：

“综合考核中的各项指标不正是全面要求学校吗？”

“是的！但我认为有要求和没要求都一样。”

我大惑不解！“指标”对校长来讲，明摆着是一种“风险”，而且是待遇风险、任职风险和声誉风险……

“为什么这么看?”

他顺手推了推餐桌上的转盘,继续说道:

“就好像这转盘,从哪儿推,都会产生同样的旋转效果……对于我们做校长的,走到哪所学校不都是把‘安全’、‘稳定’、‘质量’、‘招生’列为重点工作!即便没有‘综合考核’指标约束,这些还是要尽力去做的工作呀!……相反,我倒认为董事会能把各项主要指标具体化要求,是件好事!”

“为什么说‘好’呢?”

“这不证明,他们对学校、对市场情况十分熟悉吗?能提出来就不简单!能提出具体化内容来更了不起!能做到把‘指标’量化,并与工作实际接轨……这不恰恰证明了董事会是办学行家吗。”

“这倒也是!”

我十分赞成他认识问题的高度。说实在的,作为一名职业校长,盼得不正是与一位这样的“行家”共事吗。

出于深究目的,又问:

“要‘全面开花’,学校各项工作千头万绪,如何下手啊?”

“头绪繁多,就抓‘纲’!”说完这句话,他似乎明白了我的意图,从公文包中拿出两份文件“你拿回去看看……这是我当初的设计,实施一年多了。”

接过“文件”我随手翻了翻,珍重地放进了包中。

……

【让全体领导“管”起来】

“不谋全局者,不可以谋一域”

规范的管理首先是科学的,科学的管理要符合工作实际,工作实际的核心是人。学校中“人”的实际表现是“被动”工作,根源在于制度,制度的根源在于思想、目标……未在思想目标统一下的制度,只能成为“处理人或事的依据”,达不到对目标的执行力、推动力要求……在思想统一下的制度,除服务于目标外,本身的执行过程就是对思想的宣传渗透过程……

学校不乏制度,但缺乏思想。

升级原则:思想整合制度,制度规范工作;

工作纳入体系,体系对接目标。

一、形成团队管理体制

1、本方案依据学校目前(已整合的)授控制度。

2、“事事我有责”:学校的领导、员工和学生都有主动的管理责任和违纪处罚权力;

3、“齐抓共管”:各层领导有权对非本部门员工、学生进行管理,且必须进行管理,否则,不会完成最低考核分“任务”。

4、所有员工及学生,须服从和配合任何领导的管理,否则产生的考核分将直接影响最终评价。

二、工作安排

依据《学校工作计划》

1、常规工作:学校和各部门按“期”、“月”、“周”和《日工作安排》程序安排、执行。

2、《日工作安排》包括计划工作、临时工作和随机性工作。

3、运行《报告单》即:部门、班级、宿舍和员工,均发放《报告单》,相关部门、集体或个人填写《报告单》并签字签字后,于每日7:00前报校务办。校务办视工作性质及情况整理后,遂将工作内容安排、体现到部门或个人的工作计划、安排中。

三、考核规定

考核人员须按以下要求的“**考核密度**”,每月或日完成“**规定分值**”。

(一)考核密度及规定分值

1、考核密度

考核员工、学生奖、扣分值每次按下表规定标准执行:

最小分值	奖扣分值范围	说明
0.5分/次	0.5——2分/次	部门主任审批
0.5分/次	2.5——3分/次	主管校长审批
0.5分/次	3.5——5分/次	校长审批
0.5分/次	超过5分/次	校务会通过

注：每次奖、扣分值超过程限定范围，须由上级主管领导核准。

2、**规定分值：**

考核部门	奖、扣标准（月）	说明
教务处	|5|分/人	其他各部门考核：各部门立足本部门，对全体部门、员工、学生交叉考核，每月须产生考核分绝对值和20分。
政教处	|10|分/班	
其他各部门	|20|分	

注："奖、扣标准"为每位老师或每班，月考核分值产生量。\| \|：是指产生奖、扣分值的绝对值之和。

3、**日规定分值：**

考核部门（人员）	奖、扣标准	说明
值勤领导	|2|分/人天	执勤人员有权对部门，员工和学生进行考核。
值勤人员	|1|分/人天	
学生执勤	|0.5|分/人天	

注：执勤人员，须在执勤时间内，产生规定奖、扣考核分量。

（二）领导月工作绩效标准

领导月工作绩效满分100分，其分配与计算方法为：

考核项目	考核权重	说明
本部门月工作完成情况	30分	按学校月工作计划和周工作布置，按完成率得分，如完成78%，则得分为：78%×30分
规定月考核分完成情况	30分	得分＝实际完成情况÷| |要求标准×30分；超额完成者，每超|10|分，加考核分1分，3分封顶。
投诉率	30分	投诉率得分＝投诉率×30分
值勤	10分	实际发生分值÷|2|分×值勤次数%×10分 有一次未执勤达3分。

（三）考核公布

1、临时考核产生的分值均须在当日24小时内于指定位置公布。

2、专项考核产生的分值,随《专项作安排》,下周一公布。

3、部门工作考核产生的分值,随《周工作计划》安排,下周一公布。

(四)无效考核

未经考核人员签字或未按时公布,均视为无效考核分。

(五)投诉

1、公布的考核分,被考核对象持有"疑义"者,于公布后24小时内,向校务办投诉。投诉时须填写《考核投诉单》,并由本人签字。

2、接到《考核投诉单》后即为受理投诉。

3、受理投诉后,校务办须与一周内对投诉"问题"进行复核,并将复核结果通知原考核领导(或人)和投诉人。

4、对复核持异议,由校务会裁决。

四、全体"管"起来

(一)领导工资拉动

领导工资与工作过程、工作量和工作质量挂钩即:

1、基础工资:与考勤挂钩,每缺勤一天,扣除基础工资额的1/22;

2、绩效工资=标准级档工资×"领导月工作绩效标准"得分%;

注:超过100%,近按100%计算,超额量在奖励中体现。

3、工资晋级、档:领导每月"考核完成率"与"考核准确率(或投诉率)"总体排名与工资级、档排序对应;凡排序发生变化者,按《动态工资制度》予以晋级、晋档(参照第二十章●待遇工程)。

(二)人事奖惩

奖励:

1、完成月考核,并按完成率与准确率(或"投诉率")排序,位列前全体考核人员25%以内者,按《奖惩制度》规定,予以一、二、三等月奖金。

2、一学年获得二次月考核一等奖,或累计三次获奖者工资上调一档;获得三次一等奖或累计四次予以行政晋升一级奖励。

惩处:

1、月考核完成率与考核准确率(或"投诉率")排名位列全体考核人员75%以后者,按《奖惩制度》规定,予经济处罚。

2、一学年累计三次处罚者工资下调一档;累计四次者按不称职论处。

五、领导工作的组织与管理

1、日碰头制度：中层以上干部每日7:30召开碰头会，安排《日工作》和总结前日工作。

日工作安排、考核（表）

部门：　　　　　　　　　　　（第　周）　　　　　　　　　　　年　月　日

<table>
<tr><th>工作安排与内容</th><th>自评考核</th><th>督查考核</th><th>责任人</th></tr>
<tr><td>一、部门计划工作安排：
1、</td><td>1、A、B、C</td><td>1、A、B、C</td><td></td></tr>
<tr><td>2、</td><td>2、A、B、C</td><td>2、A、B、C</td><td></td></tr>
<tr><td>二、临时工作安排
1、</td><td>1、A、B、C</td><td>1、A、B、C</td><td></td></tr>
<tr><td>2、</td><td>2、A、B、C</td><td>2、A、B、C</td><td></td></tr>
<tr><td colspan="2">三、特殊问题及工作建议：</td><td colspan="2" rowspan="2">考核说明：
说明人：</td></tr>
<tr><td colspan="2">部门领导：（签字）　　考核领导：（签字）</td></tr>
<tr><td colspan="4">注：1、本表格由部门填写并由主任签字；2、完成工作在“A”下划“V”，部分完成在“B”下面划“V”，未完成在“C”下面划“V”；3、本表于次日7:30由部门负责人报校务办，统计公布后，入部门工作档案。</td></tr>
</table>

2、日工作考核

每日安排的工作，除部门进行自检外，校务办进行跟踪、考核。

……

【让教师主动工作起来】

一种思想，一种体系；一种体系，一种工作习惯……

本机制与第二十章“动态工资原理”相近（略）。

看完两份设计文件，我陷入了深深的思考之中……“假如我是这所学校中的一名中层领导”

我的工作计划体系为：遵照《学校工作计划》制订《部门计划》，依据《部门计划》制订部门《月计划》、《周计划》、《日工作计划》……并在“日碰头会”上纳入“临时性工作”最后形成《日工作安排》。

部门的实施体系:依据《日工作安排》对常规工作和临时工作进行落实和完成跟踪考核,并上报考核、公布考核……

值勤时每天需要产生“2分”的奖、扣分任务。

对下属的每位员工,每月需要完成“5分”的奖或扣分任务……此外还得接受“完成率”、“考核准确率”、“投诉率”的考核,接受“投诉”的质询,承担工资和职位晋级的风险……

承担“专项目标”任务,完成“专项”的过程管理和考核工作。

对上,承担分解目标,接受考核、复核;

对下,指导过程、完成细节考核,防止“投诉”

……

假如我是一名年轻的教师,我需要一心地投入到工作中去,因为我不断的努力会赢得待遇上不断进步的结果,用每月一个阶的速度,赶超。

当然,我还有另外一种选择那就是被淘汰出局。

第二十二章　考察分析报告

【诊断总结报告之一】

经过近一个月对学校的初步考察，现将了解到的情况报告如下。

考察目的：遵照董事会安排，为学校运行状况提出“诊断”意见。

考察方法：面谈、观察和资料分析。

考察对象：本校行政人员，50%以上的教师和学校、部门档案资料。

切入问题：“假如我是学校领导，你们最想让我做的是什么事？”

一、考察问题及情况

1、教师对目前教务处意见较为集中。

主要问题：他们认为“教务处主任是‘外行’不懂业务”……“课程安排混乱”，1/3的教师不同程度存在“跨课头”现象，有的教师竟然“跨四个课”头！

“人为管理，随意考核”，经常出现同一问题不同奖、扣现象。如：在同样处理“未交教案”问题上，一名教师被扣“3分”，另一名教师被扣了“1分”，有三名教师“未扣分”……

在回答，“假如我是学校领导，你们最想让我做的是什么事？”问题上：80%以上的教师回答是“希望抓好教学管理工作”，有16%的教师直接提出“更换教务主任！”。

2、待遇不合理，导致优秀教师流失

如：工资定级问题：学校的定级每年进行一次，去年的定级标准为：

学历：研究生7分、本科5分、专科3分、其他1分；

职称：特级7分、高级5分、中级3分、初级1分；

教学成绩：全年级第一名7分，第二5分……第四名1分；

学生测评：全年级第一名7分，第二5分……第四名1分；

年级教师互评：第一名7分，第二名5分……第四名1分；

领导评价:7——1 分

本校教龄:五年或以上 7 分,四年 5 分,三年 3 分,二年 1 分。

以上分数相加,29 分晋一级,34 分晋二级, 39 分晋三级。

结果与分析:

在“一级档”工资位置中,公立学校的离、退休教师,占 90%。

受家长、学生欢迎,且教学成绩突出的中青年教师全校共有 43 名,他们中:

处于一级工资档的有 3 名;

二级工资档 29 名;

三级工资档 11 名。

原因是:这些教师大部分是被“职称”、“学历”拖后腿。

3、劳资矛盾突出

工资不与考核挂钩和级差过大是激化劳资矛盾的两个主要因素。

Ⅰ、工资待遇与考核脱钩

经调过对近期考核统计发现,在过程考核中排名前列的员工,普遍受到学生欢迎,即:学生的测评分排名相应靠前,这一结果也与“教学成绩”排名基本统一。但在工资“定级”上却表现出了较大的“差异”性,表现为:

考核成绩好、学历、职称较高的员工所处的工资级别较高;

考核成绩好、学历、职称较低的员工所处的工资级别大都“中”“下”级档。

处于“中”、“下”级档的员工,明显对考核不够重视,认为考核“无所谓”。

Ⅱ、级差过大:

一级的课时费标准 42 元/节;二级为 26 元,三级 18 元/节……

以主科教师满工作量(14 节/周)为例(不含辅导等):

一级教师月课时费:14 节/周 ×4 周/月 ×42 元/节 = 2352 元/月;二级:14 节/周 ×4 周/月 ×26 元/节 = 1456 元/月;

三级:14 节/周 ×4 周/月 ×18 元/节 = 1008 元/月;

“一、二级”级差 896 元/月

“一、三级”级差 1344 元/月

“级差”过大造成人员心态上的不平衡感。

在“成绩排名”、“学生测试”结果与“定级”产生较大“落差”时，“不平衡感”被激化生成矛盾，并被认为“不公平！”。

在对两年内“流失”人员的统计中发现：流失比例最高的，是中、青年骨干员工。他们的共性是，职称较低或没有职称。

在对十一名流失人员追踪调查中，有九名离开学校的原因是“待遇不公平”和“公立化操作”问题。

4、工作效率低

教师，一旦被“评”为“一级工资档”，一年内就不会再有改变，所以工作对于他们来说，只是维持，保住优胜位置即可。

处于“二、三级工资档”的教师，多数因为“客观”（学历、职称低、）原因局限，继续升级希望渺茫，工作缺乏调动和激励。

在考察过程中发现，员工整体工作的积极性不高，主动工作的行为较少，“回避问题”、“敷衍学生”、“躲避家长”的现象时有发生。

5、被动作用市场

在对学校作用市场问题进行考察时发现：

学校的家访安排，因考核不到位趋于形式化。

由于走传统道路，整体缺少服务意识。

教师与学生的关系，更多在年末测评的拉“票”上面。

学校对市场的作用被动。

6、“只”扣不“奖”

经对前三个月《工资表》统计，三个月工资中，80%以上的员工

不同程度被“罚款”，约有20%的人能够拿到全额工资！其中，最高罚款额640元/月，最低额10元/月。

三个月中未见体现奖励的金额。

教师对“处罚”普遍认为：“为了讨好董事会”，“董事会听之任之！”。

教师群体对学校领导不同程度存在反感情绪；

对董事会存在一定程度的抵触情绪。

二、结论意见

1、观念传统

学校持传统的教育观念。

在对相关领导提出“你们是如何针对学生的个性化需求设计服务的”问题时，回答是：“家长、学生的需求就是提高学习成绩。”

学校只提供“公共”教育、教学服务。

学校建立的是“质量中心”体系。

学校的人才观与公办学校相同。

学校的待遇体系体现出“论资排辈”的特征……

2、管理浮在表面，随机管理，人为管理现象较普遍。

3、团队凝聚力松散，员工应付，得过且过，部分中青年骨干教师心态不稳定。

三、建议

学校极需引进民办思想、体系。

……

【考察报告之二】

……

学校的优势明显，问题也较为突出；发展潜力与潜在的危机并存。

优势

1、学校的将公立学校的软、硬件资源优势集于一点形成优势，规避了私立学校难以克服的弊端。

2、课程开发已显示出了强势。创新是学校未来取胜的根本，也是发展的动力源。

问题

问题主要表现在办学者身上，在于办学者的思想观念未及时升级。具体体现在：

1、学校的目标体系和计划体系含糊；

2、自上而下，普遍存在“惯性管理”问题。

3、人浮于事。

一、存在问题的表现

经过考察，学校存在问题表现如下：

（一）教学管理

1、教师教案只能说“有”，听课，评课、研讨等记录资料零星；

2、教师日志、公开课、示范课等过程、记录不到位；

3、学生档案、奖状、证书、结业证资料档案不实；

4、学生考试试卷的管理、分析等存档资料不详；

5、21%的教师无教师资格，约9%教师资格证书收不起来；

6、过程管理与质量的关系体现不够明确。

7、教学评估，运作细则，检查评议等制度规定有细则，但具体执行的过程、结果评价和改进措施等体现不够详实。

（二）行政管理

1、学校的档案管理分散，没有能说明学校模式、框架的系统资料；

2、学校的相关制度、规定等没有“授控”与“非控”之分；

3、有的资料在档案中一直处于空缺状态，有的资料却有5－6种版本，整体体系建设和重复劳作问题值得关注。

4、学校没有明确的远、中、近期规划。

5、学校有年度工作计划，基本是各部门工作的“拼合”体。学校的工作计划缺少总体思想和总体的组织协调。

6、学校和部门的实际工作与“计划”的“差异”较大，计划不能指导实际工作。

7、人事异动交接和手续办理不规范，出现了三年来上级对学校安全检查回复的相关文件丢失和教委有关评估及相关要求的文件不全等问题。

8、学校缺少对员工的月工作评价，不能即时体现奖、惩。

9、学校的人事管理缺少岗位对人员素质、能力的明确要求。

（三）学校的市场管理

1、对市场的控制与管理较为被动。

对学生“流失”原因，有跟踪调查，但“合理问题”未在管理中体现出来。

对家长意见，有记录，并未做进一步的分析、处理。

学校的持续发展机制不活跃。

2、学校的招生工作体现“一种模式”特征，其特点为，一种思维，一个部门，一个群体……缺少针对性的“竞争”策略。

(四)学校对市场的作用

1、学校对市场的整体性作用不够;对市场缺乏主动管理。

2、学校的市场职能部门与操作部门存在脱节现象或者说不配套。

三、产生原因

(一)"大锅饭"

学校缺少总体的目标和规划(如:学校的发展规划、目标,阶段计划、目标和对市场的满意标准等),至使学校的近期和阶段性计划、目标盲目(如:"年"、"期"、"月"计划、目标)。

学校和各部门所制订的"计划"在缺少目标要求的前提下,实质上就成为"常规性的工作安排"或者说是"一纸空文"。从实际材料发现,制订计划与执行计划两层皮的现象普遍存在。

在缺少计划、目标要求的前提下,学校的管理只能是按"常规"性的"遵守纪律"要求,而不能够主动地用质量、效率去评价、激励和推动。

"被事拖着工作走","被工作拖着计划走"……按惯例行事就成为了领导、员工遵循的唯一工作法则。

……

缺少量化、要求和评比,员工的工作浮在表面——"干好干坏一个样","息事宁人","家长不投诉就是好员工,好老师"!只要听话,有眼力、机灵就能混下去。

产生目标、计划体系问题原因是:学校自身盲目和市场盲目。

自身盲目:学校不清楚市场需求。

市场盲目:学校不清楚"如此"作用市场后能产生什么样的效果。

(二)"人浮于事"的原因

市场思想含糊致使学校目标体系不能准确建立;

目标体系含糊致使职能体系定位不清;

职能含糊致使岗位失去"度"的衡量标准……学校就会陷入到广

泛的市场需求中被"事"包裹起来……"有人做总比没人做强";"做了总比不做强";"做什么都是为了学校"……岗位设置在这种状态下失控。

(三)人才标准问题

用人首先要明白"需要"用什么人,即:需要用具备什么样素质、能力的人。

学校服务市场的定位，本身就是对人才素质、能力的要求定位。确立了服务哪些需求的问题，就会相应产生出“需要什么人才”的用人标准。如果学校面对广泛的市场服务……

（四）财务管理

财务是学校计划和管理的具体体现形式，是执行计划的服务和保障部门。学校规划、计划含糊，财务预算也就不会清晰、准确。

ⅰ、人力编制问题意味着人力成本的财务控制与预算只是一个范围。

ⅱ、学校不能按年度计划指导工作，学校的年度财务预算就处于孤立状态。工作计划不详实，财务支出预算就不会详细、准确。

ⅲ、没有准确的发展计划，发展的投入和成本控制就成为难题；

ⅳ、部门工作计划不准确，部门的开支就成了“理由性”的随机性行为。

……

据悉，学校目前的财务支出基本上处于“人为控制”状态。

一者，该批的未批，或未按时批，出现亟待工作被拖延现象，如：某分校今年学生的“练习册”因上年度拖欠款问题未解决，现已开学一个多月，尚未配套……

二者，在学生基本相同，同一部门，同一项开支前提下，去年与前年财务支出相比较差异悬殊问题！且这一现象十分普遍。

面对种种随意行为，学校的财务怎么能进行准确预算？失去计划性工作，财务就失去了准确预算的依据。相反，财务不能准确预算，也是可以说明学校的工作处于随意状态。目前纵然有财务预算也只能是“经验式”统计。

财务计划与预算管理，需要以准确的学校计划和对这一计划严格的执行、控制为基础，为前提。当然，再精确的预算和计划也不可能完全与工作实际相符。

（五）“惯性行为”

“重要的是要让员工明白干什么、怎样干和干到什么程度”。

没有明确计划指导，就使得管理失去了衡量和要求工作的“标准”；缺少目标，又使得管理没有了明确的度的评价依据。

在缺少“标准”和衡量度环境里，管理行为将会成为对“常规”、“纪律”

的“感觉”过程。“这样的管理实际上是迫使员工应付工作”,也在告诉员工“凭自觉性工作”、“凭良心工作”。

……

四、考察结论意见:

1、传统的教育观念,传统的运作体系。

2、学校存在“大企业病”。

……

评:我们在这里借用一个不恰当的比喻表述,如果把“学校目的”比喻为行车要达到的目的地,那么:

“学校”就似好像“一部车”;

市场就好像“车”行的“路”;

需求就好像“路况”;

学校体系似“车”的组成“部件”;

人才就似这些部件的“质量”;

绩效好似“行车速度”;

理念思想就似行车的“方向”;

策划者就似“驾驶员”……

所以,要顺利到达目的地,不仅仅取决于“车”和“路”,同时取决于车行的“方向”和“驾驶水平”。当然,没有“油”和“规则”的保障也不行。

五、意见及建议

通过上述分析,现就解决问题提出如下意见、建议,以供参决策参考:

(一)总体程序

总结学校,明白学校“软”、“硬”件条件所能提供的服务及能力;

在市场中划定服务对象。

确定学校目标和服务目标;

深入理解需求群体,依此提出“怎样服务才能达到目标?”问题,并产生出达到目标的指导思想。

建立学校整体服务体系。

推动体系运转;

考核体系，并进行调整……

（二）明确提出学校“升级”思想、目标

（三）操作建议

1、董事会制订学校远、中、近期目标。

2、引进民办学校理念。

建议：聘请具有民办理念的策划型人才。

3、逐步改变目前学校的人才素质、能力结构。

（四）建议董事会成员加强学习。

1、学习市场，解读需求。

2、向竞争对手学习。

3、通过研讨“市场需要学校做什么？”，“对手是怎么做的？”、“这样做都需要什么人？”等问题，展开分析、讨论，并明白“为什么？”的问题。

学校现有的问题，是发展中的必然，是学校向规范化、规模化、集团化方向发展的必经之路。但是，“升级”本身就是一种危险，发展也将危机四伏，要始终有忧患意识。

这些都不是大问题，但是对症解决的方法才是大问题，因为这将意味着未来的路是曲还是直。

第二十三章　一所民办学校的自评总结报告

一、学校的管理体系

1、办学资格：

学校具备办学主体资格，创办人具备法人资格。学校的办学许可证、法人证书、法人代码证书、税务登记证、票据购领证五证俱全。

2、学校的管机构健全、合理：

依据办学章程，学校领导层由董事会（9人）、校务会（11人）、专家委员会、顾问委员会、党支部和工会等共同组成。管理层由校长办公室等9个职能部门组成。此外学校由28名基层干部和360名在职教师共同组成了学校的执行层。各层次，部门，岗位均按职能明确分工，按目标体系管理，有机运转。

3、学校的财务管理

学校专设财务部并由专人负责按相关法规科学管理。财务部按规定建章立制，现金制度，支票使用制度，固定资产管理制度等各项制度健全；财务工作人员均持有会计从业资格证。学校的收费标准按规定报批、备案，公示后执行。财务年检年年达标。

4、学校的办学宗旨：

教育服务社会、完善学生人格，提高学生综合素质，为学生的成长、学习提供适宜的服务。

学校的培养目标：

全面育人，为具有创新意识的人才成长奠定扎实基础。

5、学校的教务管理：

学校依据办学宗旨确立培养目标，依据培养目标安排课程，依据学生需求选择或编写教材，依据教材精制订教学计划……整个体系环环紧扣，层次分明，职责清晰，有机运行。

6、学校的档案管理

学校各类档案齐全、细致、详实。档案实行归口建制，由两名专职档案员和部门兼职档案员进行分类管理。学生档案、教学档案齐全详实、分类存放，教职工档案有详、有略，人事异动档案按规定保留三年后予以封存。

7、学校的安全管理

学校成立以校长为主任的安全委员会，专设安保部，制定了各层次、部门和人员的安全保卫责任制度；突出安全工作体系建设和管理，确保学生安全。学校自创建以来，没有发生任何重大安全事故。

8、教师管理

学校在教师管理方面突出：严把入口、公平竞争、民主管理的特色。学校设立了各种调动教职工工作积极性的奖励制度。

9、对学生的管理主要体现在规范化管理方面。

二、学校质量保证体系

10、师资队伍建设

学校所有专任教师都具备教师任职资格。学校现有在职专任教师360人，其中中、小学高级教师以上职称占在职专任教师的47%。

三、教学质量评估体系

11、学校的教学质量评估体系

由教学业务管理体系、专家评课组和督导室等机构构成了学校的教学质量评估体系。“专家组”随时到各班听课、检查。这些机构从不同角度和不同侧面对学校的教学质量进行全面评估、检查。

12、学校在教学管理、课堂教学、教师聘用等方面制定了详细的评估计划，学校督导室、“听课组”对全校教学管理进行日常监督。学校还采取邀请家长参加观摩课、家长会和建立校长信箱等方法收集学生家长意见，通过进行各类问卷调查，适时对课堂教学进行全面评估。

13、学校教学成果显著：

取证率、获奖率、结业率、学生巩固率等均达超规定标准。

学生、家长对学校各科的满意率达到同行业较高水平。

学校赢得了良好的社会口碑。

本年度被评为本区优秀学校。

四、理念体系

学校建校十年,学校能有此成功是有其必然原因的。拿一位老教育工作者的话来说:“就是四个字‘不断创新’”。创新在于其领导者的办学理念新,其学科课程体系新,其教师教学体系新,其领导管理体系新。在十年的潮起潮落中,学校摸爬滚打,依靠国家的《民办教育促进法》和其他大力扶持民办教育的良好政策以及上级的正确领导,铸造出了独具特色的学校。在改革和发展中,我们深深体会到要想办好民办学校,必须要塑造民办教育的灵魂,奠定民办教育的基础,把握民办教育的关键,实现民办教育的保证。

理念,即观念、指导思想。前不久,有关部门进行了一次调查,人们目前对民办教育现状不满的原因,依次为:民办学校办学行为不规范、教育教学质量不高和有的民办学校条件差等。此外,还有对发展的速度和数量方面的不满意。由此可见,办学行为不规范和教育教学质量不高是人们对民办教育不满意的两大主题。其中办学行为不规范,归根结底是办学的指导思想不端正。因此,办学的理念是十分重要的,这关系到办学的方向和总纲,是引领民办教育潮流的灵魂。有时是差之毫厘,谬以千里。

学校办学十年,始终塑造着和贯穿着一个正确的理念体系,那就是遵从一个宗旨,依循三个规律。遵从一个宗旨是统帅,依循三个规律是宗旨的体现。

遵从一个宗旨:教育服务社会。

“教育是崇高的社会公益事业”。无论是公立教育和民办教育,都应当确立这样一个宗旨。这个宗旨赋予了教育的服务性,它要为社会服务,以人为本,为人的发展服务,为提高人的素质服务。民办学校的领导者由于在市场中有一定的利益驱动性,更要牢固树立这样一个宗旨。我们认为民办教育为社会服务与取得一定回报,是不矛盾的,是辩证统一的,而要以为社会服务为主。只有为社会服务好了,才能取得一定回报。学校教育的直接服务对象虽然是学生和家长,但从根本上来说,教育服务社会是为了学生的成长服务。

我们认为,办学、办教育就是要竭忠尽智地、创造性地为学生、家长和社会服务。这样学校就把为社会服务,为提高民族素质服务,作为了自己的崇高使命,作为了自己办学的灵魂。

唯物辩证法告诉我们矛盾既对立又统一,是一条重要的法则,因此在教育市场竞争日趋激烈的形势下,公立与民办、民办与民办既有竞争的一面又有合作和相互促进的一面,大家都应共同为祖国的教育事业而努力开拓。在此我们特别强调“共同”二字。学校把自己定位在基础教育的领域,就是把自己当做义务教育的补充、拓展和延伸,而且要凸显自己的优势。

随着我国民生工程的深入推进,社会把目光投入到了发展教育,提高民族素质上,家长和学生也认识到一个家庭今后的命运是要靠孩子所受的教育来决定的,因而教育的市场日益扩大,人们对教育的需求和教育的供给之间的矛盾也日益扩大。公立学校是义务教育的主力军,但由于各方面的原因,它难于满足社会对教育多元化和选择性的需求,特别是不能满足培养学生兴趣、爱好和特长的需求。在学校课程的开发方面,我们采取的是“公(公立学校)无我有,公有我优,公优我精,公缺我补”的方针。家长反映说:“在你们这里,能够找到其他学校找不到的课程。”这样学校就承担起了从多方面提高民族素质的使命,对满足家长、学生和社会不断扩大的需求,起到了互补作用。

国家要求以法治国和以德治国相结合,市场经济又是一种法制经济。我们因此认为市场竞争要在法治化和道德化的层面上进行,竞争的双方就可以共存共荣。在与其他民办学校的关系上,学校从来不搞以邻为壑,不搞同行是冤家。就好像运动员虽然在比赛场上是对手,但相互又可以切磋技艺,在场下还可以是好朋友,相互交流经验。学校对自己办学的经验从不保密,在许多交流会上都是和盘托出。兄弟单位来参观访问,我们也以诚相待,与大家资源共享。

这样,学校作为服务社会的公益事业,在教育市场中与其他学校一起为提高民族素质和繁荣我国的教育事业而共同添砖加瓦。

依循三个规律是学校办学宗旨的体现,它们反映在领导人的头脑中就成为理念和指导思想,反映在实践中就成为贯彻的原则。这三个规律是:教育规律、市场需求规律、民办教育经营规律。

教育规律,是我们根据自己教育教学的实践结合教育理论及其发展的前沿总结出来的。利用新兴民办教育框框少的优势,打破了传统教育的束缚,认为教育要以对学生发展的帮助为本,必须体现在为学生的成长服务为中心上。我们还打破了过分强调外因的传统理论，它认为社会和教育环境对学生的发展起决定作用，而引进了唯物辩证法实践是认识的基础的观点，树立了学生主动参与活动对学生的发展起决定作用的思想，要求教师必须组织教育教学活动，创设引导学生主动参与这些活动的情境，在外因通过内因而起作用的活动中使学生受到教育。在教育要面向全体学生中，我们提出教育要面向一个一个有差异的学生才能实现面向全体，因此我们要创造适合学生的教育，而不是创造适合教育的学生，即要“顺其自然”而不是“顺我自然”。教育要适合学生年龄、生理、心理和认知的基础与特点，必须因材施教。这样我们办学时就一直坚持小班教学的形式，以便于因人而异的教学。教师在教学中，特别注意扶优转差，让每一个孩子都 在班级教育活动中发挥独特的作用；当教师发现有一个孩子在班上可有可无时，就会检查自己教学的失误在哪里。教师们认识到“对孩子百分之一的失误，对一个家庭来说就是百分之百的损失”。教育的目标应当定位于提高学生的素质，发展学生的能力，特别是创新能力，开发和形成学生的潜能。教师应当旁征博引，学生应当广博地学习，把知识积淀在脑海中，当时机到来时就可以提取出来，充分发挥大脑的潜能。利用民办教育机动灵活的特点，教师还必须进行兴趣教学，玩中学、学中乐，学习的快乐和快乐地学习，形成学习的内部驱动力。我们还提出了教师引导学生形成和发展兴趣的六个路标，即好奇、趣味、乐趣、喜欢、爱好、志趣。兴趣除了体现在愉悦的学习之中，还应当体现在勤奋的学习之中，二者是相辅相成的。这些教育的观念都在教育教学实践中得到了贯彻，只要走进学校的课堂就能看到一种趣味盎然、朝气蓬勃的景象。

所谓市场需求规律，教育依据需求，教育设计要解读需求，教育过程要把握需求。

要在市场竞争中求得发展，必须依循经营规律，依循市场运作的规律，并且将这些规律与教育规律有机整合在一起。它主要表现在：社会效益第一，信誉第一，教育质量第一。这是我们一直信守的准则。

为社会服务必须要讲求社会效益，而不是追求蝇头小利。我们办教育决不以营利为目的，但要进行经营。它的经营是取之于民用之于民，取之于社会用之于社会。除了用自己的教育教学服务于社会，依法纳税，成为纳税大户之外，还承办了许多公益事业。我们认为“学校是民办的，但它不是私有财产,把它的经济效益用于社会公益事业一直是我们的心愿。”

众所周知,诚信是创业的根本,是立业的基石,是发展的要务。宋朝的理学家杨时说:“诚无不动者,修身则身正,治事则事理。”即:诚信可以打动一切,用在修身上,则可以使道德高尚;用在治事上,则可以把事情办好。

我们不仅是这样说的,也确实是这样做的。除了提升服务意识,提高教学质量之外,我们还正确对待家长提出的各类问题。我们总是热情而耐心地帮助家长,从家长的角度出发,进行换位思考,帮助他们分析现状和形势,分析学生的基础,减少盲目性。

我们对家长的投诉都认真、妥善地加以解决,并且每周归纳总结,上报校长。十月中旬的一天,有位家长打来电话说:“×班老师提前20分钟下课,这使孩子的学习没有提高,老师能干就干,不能干别干……”我们立即了解了情况,弄清了事情的真相:没有一位老师提前下课,倒是有两个学生没来上课。这位家长再来电话时,我们将情况向他进行了通报,并且告诉他两个没来上课学生的名字。这时原来火气很大的家长的态度发生了变化,连连道歉、“误会了,误会了。”还有一位家长对班里给学生发小红旗有意见,因为自己孩子得不到小红旗经常哭闹,要求老师不要使用这种办法,否则就要退学。我们就不厌其烦地向家长解释:这是一种激励学生不断进取的方法,很多老师都在采用这种类似的方法。家长不能鼓励孩子逃避现实,尤其是在今后面临社会竞争更加激烈的形势下,请家长积极配合教师,对孩子进行心理素质的教育。经解释,本来很激动的家长理达之后情也就通了,表示要教育孩子努力学习,力争也能得到小红旗。

以上一些小的事例,反映了讲究诚信已经融入了教职工的心里,成为大家的行动。

由于各种原因,有一些家长要求退费,我们严格遵诺守信,宁可自己受损失也不失信于家长。

我曾经说过:“我们每一个教职员工决不能对诚信有一丝一毫的放松,诚信是我们的灵魂,是我们的金饭碗,诚信既是我国法规的要求,又是我们职业道德的体现。”在领导的倡导和要求下,抱诚守真已在学校蔚然成风。

我们对教育的消费者和教育者都以诚相待,把学生、家长和老师都当做“上帝”。学生和家长有权利享受优质的服务,我们经常向他们进行调查,每学期都安排家长听课,征求他们的意见。只要家长来找,我们都立即放下手头的重要工作，倾听他们的诉说，把学生和家长的意见作为学校改进工作的重要动力。

学校开办不久就获得了社会高度的赞誉，这不是一朝一夕、不是一两个高手能独立完成的，而是长期集体辛勤劳动和智慧的结晶。

学校从来靠真材实料，靠家长口耳相传而声誉大振的。信誉来自于它的高质量和聚集的名师。质量是学校办学的生命线，所谓名师效应的实质也是他们教的课含金量高。学校有一套严格的质量保证体系，有专家学者定期或不定期的听评课制度，有家长听课填写意见反馈表的制度。聘任教师也要经过严格把关和培训，保证请到名师并促进名师真正发挥作用。

五、教学体系

实现理念、行为化课程、教育教学创新……都要靠教师。“名师出高徒”这是自古以来的名言，但怎样才能招聘到名师，而且能留住名师，让名师发挥作用，却不是轻而易举的事情。我们必须千方百计把握招聘到名师这个关键。

首先，领导要有求贤若渴的精神，虚怀若谷的容人度量和知人善任的能力。为求得一位名师，我们要顶烈日、冒严寒、“三顾茅庐”、甚至“五顾茅庐”。其次，我们制定了三留人的制度，要求事业留人、情感留人、待遇留人。再就是我们设立了荐人、用人、留人的奖励办法：伯乐奖。

我们曾对3500余名家长进行问卷调查，涉及教师121名，调查结果显示，350多名家长听课一致肯定了各班各科教师的教学水平，评为不称职或不够优秀需要更换的教师人数为“0”，认为需要在某些细节上改进的教师人数为21人，指名不能更换并要求他们把孩子教到底的教师数为77人。这个调查，证明了学校教师的实力。

在教学中，教必有法，教应得法，教无定法。选择教法的原则是要符合学生的实际，要符合学生的“最近发展区”（维果茨基语），要符合教师本人的特点和教材的特点。在课堂上，教师要灵活、综合地运用多种方法。教师在这些教学思想的指导下，创造了多种教学法：兴趣教学法、游戏教学法、活动教学法、主体教学法、情景教学法、头脑震荡法、悬念引入法、交际教学法、探索教学法等。

有的学生说：“课堂是轻松的、快乐的”。

有的家长说:“孩子的学习兴趣浓厚”。

家长的问卷调查中,下发了502份问卷,回收了451份,回收率为90%。其中认为到我们学校来上课提高了孩子学习兴趣的占91%;培养了孩子学习习惯的占77%;提高了孩子能力的占82%;提高了学习成绩的占81%。从这个调查中,可以看到在教学面上的情况。

名师执教是关键,这保证了学校一流的教学质量,使我们能够走在同类学校的前列。

六、领导管理体系

私立学校必须要有一个好的校长和一个好的工作团体,要创造一个蓬勃有生气的学校氛围。

“一个好校长就等于一所好学校。”的确如此,学校领导班子关系到一所学校的前途和命运,是学校得以兴旺发达的保证。学校的领导集体是全能互补、刚柔相济、严宽谐调、勇中有谋、变中有稳的,能够不断提出具有科学性、前瞻性的改革目标,在工作中追求完美、力争卓越。这就使得我们能够与时俱进,成为同类学校的排头兵。

学校的领导在决策时发扬民主,集思广益,做到先咨询后决策,先科研后决策。领导还发挥科研的先导作用,成立了教研中心。其研究的课题以前瞻性、改革性和调研性为主,研究成果为领导的决策提供了信息。在优秀集体的领导下,形成了坚强有力的管理团队,保证了在教育市场竞争的潮流中整体的正确航向。

管理就是把人、才、物等组织起来,形成整体合力,保证办学理念的实现。在发展中,我们不断积累经验,吸取教训,逐步健全管理机构,完善管理机制。到目前为止,已经形成了一套适合学校特点的、高效有序的管理体系。

第一,建立了科学的管理机构。学校的最高管理者是校长,主要负责人、财、物的宏观调控和未来发展规划与决策等重大问题。为了保证校长领导的顺利进行,还设置了专管某一部分工作的副校长和校长助理以及为校长出谋划策的顾问委员会。这是学校的领导层。领导层下设各个职能部门,其中有校长办公室、人力资源部、教学部、教务部、教育咨询中心、教研中心、督导室、事业发展部、公关部、财务部、后勤管理中心等。这是学校的管理层。管理层下就是基层的各个学部,各个班级、各位班主任、各位教师。这就是我们的执行层。

第二,制订了完善的规章制度。学校在十年的发展中,已逐步制定和完善了近百项规章制度,其中涉及了教师、员工、学生、教学、教务、学部、办公室、财务、总务后勤等各个部门、各个方面的工作。这些制度的制定和实施,不仅保证了学校各项工作的正常进行,而且规范了全体师生员工的行为,树立了学校的整体形象、弘扬了学校的团队精神,从而使规模如此庞大但又很分散的日常管理工作能在校长的统一指挥、协调下,有条不紊地运转。

第三,实行科学的教职工聘任制。我们招聘教师的步骤是:第一步要有学校的人员或熟人介绍,这样可以知根知底,来人也可以对学校有个初步印象。现在又加上了网上招聘和登报招聘,以便广罗人才。第二步是对应聘的教师作包括上面专业基础理论、工作经历、应变能力、心理素质等方面内容的面试(口试、笔试)。第三步是安排应聘教师参加观摩课,熟悉我们与其他学校不同的特点和教学方法。第四步是安排其试讲,由学校领导、专家、名师和同学科的教师听课。第五步是聘任后的培训,由学校领导、相关部门和名师介绍学校情况,使之更快地融入集体之中。

教师和员工一旦被聘用,从工资、福利,到社会保障都提供比较优越的条件,并根据他们的业绩升职、提薪。

第四,贯穿以人为本的管理思想。学校不仅在教育中贯穿了以人为本的思想,而且在管理中贯穿了以人为本的思想。在用物质刺激调动人的积极性的管理理论盛行的时候,哈佛大学梅奥教授在霍桑的试验研究中提出了人际关系理论,认为领导管理者与工人之间的关系、工人和工人之间的关系,是影响劳动生产率的第一因素。后来,美国管理学家麦格雷戈发表了《企业的人性面》,提出了Y理论,认为管理要将员工个人的目标与组织的目标融合在一起。再后来,又有人提出了Z理论,认为员工要培养教育,如果员工失误是由于缺少训练造成的,就应当由领导管理者负责。人本主义者马斯洛又提出人的需要是其积极性的来源,人最高层次的需要是实现自我的价值。贯彻这些管理理论,我们认为民办学校的领导和管理者与员工的关系不是一种雇佣关系。管理必须人性化,特别是在高层知识分子比较多的地方更要关心、爱护、理解、尊重他们。规章制度是死的,但执行规章制度的人是活的。几个大的节日和每个人的生日,我们都要送上礼品,并且献上一封慰问信。每年除了给工作突出的教职工一定奖励外，还组织旅游。凡是教职工病了，领导都要亲自去探望。

“其身正，不令而行；其身不正，虽令不从。”在管理中，作为学校的领导必须以身作则，踏踏实实，不张扬、不奢华，淡泊名利，一心扑在教育事业上，而且一以贯之，十几年如一日。由于领导具有良好的作风和修养，下属就对其产生了敬重感、敬佩感和信任感，这样解决问题有时就能势如破竹。我对下属是爱而不溺、严而不威。有些难题，采用商量的办法处理，结果下属是心有灵犀一点通。

理念、教师教学和领导管理相互依存、相互制约，相辅相成的方面，紧密结合，形成了一个整体模式，他们既有灵魂又有基础，既有关键又有保证。

“但有路可上，更高人也行”（全唐诗续补遗卷二十）。我们要以高质量的教育服务为根本，与时俱进，实现跨越式的发展，为教育事业再做贡献。

第三篇　民办学校的管理

学校目的、目标“物化”分工后形成组织。

组织是管理的载体;人是组织、管理的核心。

“管理是通过计划、组织、控制、激励和领导等环节来协调人力、物力和财力资源,以期更好地达成组织目标的过程。”(徐国华、赵平《管理学》)。民办学校的管理就是理解需求、服务需求、满意需求、让市场认可服务的组织过程。

“探索”是当前民办学校管理表现最突出的特征之一,即,民办学校的管理尚处于求索过程之中,原因在于:

一、虽然现实中有许许多多办学成功的民办学校,但他们仍处于发展探索的过程之中,取得的经验离形成具有普遍指导意义的理论尚有一定的距离。

二、由于各民办学校身处不同市场环境,面对的需求也有差异。他们所取得的成功管理经验和形成的管理理论,仍受到地域、需求上的局限。

三、同一市场中的民办学校,不仅在面对市场需求上各有侧重,而且所采用的管理也不尽相同。

四、各民办学校间存在“围墙”阻隔,相互“保密”,发展竞争……校际交流不畅!

笔者捧崇敬心情,持学习的态度。本书仅从十几年民办学校亲历中拾零,将“一滴一粟”管理操作认识和“半丝半缕”运作得失奉献出来,以望对民办学校管理理论形成尽一点绵薄之力。在期盼得到同仁们批评、斧正的同时,还希望让尚在摸索中的学校少走些弯路,让更多的孩子受益于民办教育。

第二十四章　民办学校的人事管理

人才观是学校思想理念的体现形式。

思想不仅明确了学校与市场、与学生、与员工、与办学者等关系问题，同时也在人才的需求上“划定”了范围，附着了“颜色”。它们的关系层次为：

“目标”要求了学校的服务标准和满意档次；

“思想理念”回答了达到目标的路线、方针；

“路线、方针”要求和限定了学校的职能；

“职能”提出了对人员素质、能力结构的要求；

“要求”划定了人才标准；

“标准”回答招聘什么样的人才问题。

招聘要素

招聘是学校的“目标”延伸，也是“思想”延伸，是学校思想、目标在人才上的具体体现。所以，学校在招聘前，应持清晰的目标和思想。只有这样，才能使得招聘工作做到胸有成竹、有的放矢。下面我们讨论民办学校的招聘工作需注意的要素。

（一）招聘目的

招聘目的是对招聘工作取得实际效果的设定与定位。招聘宣传、条件要求、过程和评价等方法、过程均服务于目的。

应立足学校、市场整体的高度去理解和运作招聘工作，它是学校面向市场打开的一扇窗口，是学校渗透和作用市场的有机组成部分。应规避狭隘地仅从人事层面理解和策划的做法。

一位民办校长对招聘工作的表白是：“公开招聘、公开宣传、公开的表态、面向社会公开证明嘛！”面向市场应用思想，也是展示思想；招聘人才，也是展示人才；对人才的定位也是对学校定位……

“学校说得挺好，就不知做得怎样？”关注学校家长们，会关注学校的任何信息，招聘自然是他们关注的焦点！

一位家长与招生员约定“第二天来校办理交费手续”。来日与招生员见面后却一反常态地反悔了。

“为什么?!”招生员为了弄清事情的原委,进行了跟踪调查。原来“问题”就出在招聘广告上!

对此,家长对招生员直截了当地表示:“你们说的这也好,那也好,看到你们用那么点工资请老师,我信不过!”。

这不能怪家长改变态度!因为在招聘广告上聘请老师公开的“工资”在当地处于一般档次范围。这与“一流”的宣传相差甚远,让人不得不怀疑学校整体宣传的真实性。

应聘者看到招聘信息,联想的是工作、待遇……

家长看到招聘信息,联想的是孩子将要面对的老师。

……

招聘形式和过程为目的服务,招聘目的为学校服务。

现实中也有许多学校采取“模仿”的招聘方式,这样做大有“东施效颦”的味道。因为这种有“形”无“神”的做法,在使招聘沦为表象的同时,也很容易与学校的思想、定位和宣传形成矛盾。

有些招聘目的不能像“平面镜”那样直接在广告中表述。策划者需要考虑“宣传广告”负面效应问题,如,学校需要招聘招生人员,如果在广告中直接提出来,会引发应聘者和市场的负面思考:

1、如此广告给人的第一印象就是“这所学校缺乏生源”。

2、由生源问题会让人轻易联想到“办学困难”等诸多问题,不可排除让人得出“这不是一所好学校”的判断结论。如此负面,不仅仅会影响到招聘,还会影响到招生。

3、对于有一定民办学校经验和思想认识的求职人士来讲,看到如此要求后,更多的选择就是放弃,原因是:

“招聘招生员”举措本身就说明,学校内的教育管理与市场管理处于“两层皮”现状。

此信息表明,校内的教育管理缺乏作用市场能力。在缺乏市场能力下的管理不是传统还会是什么?传统的管理下,“资”、“历”和社会公认“条件”将成为“优秀”、“合格”的评价标准,将决定待遇……

招生是面向市场营销教育的工作过程。在“招聘招生员”广告下,招聘的结果必然产生“市场能力”突出的招生队伍。学校的招生宣传与实际操作得不到统一。如此很容易产生“家长投诉率高”、“在校学生不稳定”，“推卸责任”和“学校领导、教师与招生队伍相互指责”等矛盾，最终导致董事会对学校操作者产生不满情绪……在这种学校工作的特点是不仅“身累！”，而且是心累！

所以，招聘工作需要提前做好思想、招聘目的和策略技巧上的充分准备。

（二）学校定位

学校要在招聘中明确规模、投入、办学层次、学校所处的地理位置等信息，以便直接让应聘者选择适宜的“层次”和工作的地点。在应聘者看来，广告中这些信息还包括另外的含义，如：

“投入”代表办学实力；

“规模”表示市场对学校的接受程度，或是办学过程的成功度。

“办学层次”就是待遇层次。

“地理位置”，就是即将工作、生活的环境……

民办学校的人事管理中存在这样的基本法则：当人才自身的定位“档次”与学校的层次（如：人才对工资待遇的期望值与学校工资实际）接近时，人才越趋于稳定。体现更大的价值，追求稳定的工作和选择适宜的生活环境……都是应聘者在选择岗位时考虑的必要条件。

（三）招聘思想

俗话说“有了旗帜好招兵”。民办学校对于人才市场而言，“旗帜”就是学校的思想理念。有思想就有号召力，就会有响应群体，这已是在招聘工作中被证实、被公认的。

【实例分析】

就职××学校　　开启自信人生　　诚聘

这里有自豪的历史：办学十一年，政府十三次表彰，学生就读追求的目标。

这里有舒畅的环境：只有让您满意，才能让学生、家长满意。

这里有满意的待遇：让家长满意是你的最高职称，让孩子认可是你最高的文凭。待遇＝满意＋认可

这里是您的最佳选择：因为这里充满了家的温馨。

诚聘：

要求：

应聘方式：

咨询电话：　　　　学校网址：　　　　　地址：

这一则招聘广告策划的重点是理念，基本属于理念型招聘广告。

它并没有像常规招聘那样写出学校的介绍、规模和具体突出待遇标准；也没有干瘪地将“理念”罗列在广告词中。

而是强调“应聘者关注的核心问题上应用理念”，并形成“软件”的吸引力。

与常规广告相比，它更能让应聘者感到学校区别于传统观念的市场服务思想和注重实效的人才观念。

需要肯定的是，实际上该广告已清楚地将“聘目的”指向了具有民办学校工作经验和对民办学校有一定认识的群体。原因在于：

首先，持传统教育观念的人才群体，对广告词中的“满意”及“职称”、“文凭”观会感到十分费解。他们往往认为，与学生、家长如此处理关系，缺少“尊严”。也往往会发出“待遇不凭文凭，不凭职称还凭什么！?”的质疑。

其次，具有一定民办教育认识水平的群体，会对服务市场思想待遇思想持认同态度。

其三，只有民办教育工作者往往持“打工”态度。只有他们知道，学校民办观念成熟所形成的工作环境给他们带的“稳定感”、“归属感”是多么重要和珍贵。

人都有被理解和赏识的愿望。当思想唤醒他们心灵深处的期盼时，理念即具有了号召力量。

这一则广告的实际效果证明了以上的分析。许多在其他民办学校的优秀工作者纷纷前来应聘。当调查应聘的原因时，他们的代表性回答是“我们不怕身累，就怕心累！”，“我们渴求被理解、被认可、被公正的待遇”……

什么样的思想招揽什么样的人才；

什么样的人才做什么样的事业；

具有什么样素质、能力结构的员工，做什么样的工作，达成什么样的目标……

民办学校选择了服务市场，就需要选择能做服务市场工作的人才。然而,这种选择需要面向市场高高树起思想的旗帜。

如果学校在思想上自身处于“迷茫”状态,招聘的号召力就会减弱;招聘工作也就随之失去了“目标”指向,最终获得诸多不理想的结果。

(四)招聘待遇

待遇是各民办学校展开人才竞争的核心要素。一所具有待遇优势的学校,也就具有了招聘优势。

1、“对高待遇的追求”是人才的就职趋向。

在应聘者看来,“待遇体现自身的价值”。作为普通的民办教育工作者,待遇优势等同于能力优势,竞争优势和地位优势……被更高待遇层次学校认可就是进步,他们视高待遇为荣耀。

2、对员工的待遇水平,说明学校的市场定位。

一位老到的应聘者道出了心中的秘密“只要了解到学校的收费标准,我就能判断出广告中所公布待遇的虚实……很少有主动亏本办学的老板。”

其实,这位应聘者的“判断”有一定道理。在市场中普遍存在这样的规律:学校的办学层次与收费标准与员工的待遇水平成正比例关系。员工待遇水平,确实是学校层次定位的重要体现之一。虽然这位“老到”者所言或有偏激,但“少有亏本办学的老板”却道出了其中的“奥秘”。

学校收入取决于在校生量(人数)和收费标准两个因素。

处于运转中的学校,用于员工待遇支出占“成本”的主体位置,在这一“位置”中,教师待遇占绝大比例。而且学校中教师间的待遇差额一般不会太大。鉴于这些特点,学校对教师的待遇水平,与学校的经营关系十分密切,所以,应聘者可以从待遇水平推测到学校的办学层次。

3、真实的待遇代表真诚的态度。

面对招聘广告,应聘者评价道:“‘明码标价’表示了学校对人才真诚、渴求的态度。”,“让人明白的学校,才是让人信任的学校”。

招聘者所持的目的是相同的:“无论处于什么层次的学校都希望能聘到更高层次的人才。”尽管待遇差异在招聘中的作用人所共识,但熟识招聘工作的人士仍会提出这样的问题:

“有待遇优势的学校就一定能聘得到优秀人才吗?”;

“不具备待遇优势的学校就一定聘不到优秀人才吗?”

事实上,决定招聘成败的不只是思想、待遇,除此之外,如何识才和策划艺术等也同样起着至关重要的作用。有关此议,我们拟做如下分析。

(五)招聘条件

不同的要求和限制条件,对应不同的目标群体;

相同观念和相近素质、能力、经验的群体,具有某些相同的特征。

……

所以,在招聘中,学校"设定应聘条件和提出要求"既是为了承载思想和招聘目的,也是为了明确对应目标群体。

很少有用空泛的目标或思想直接作为"要求条件"的招聘广告。学校的思想、目标一般通过"条件要求"来承载、体现,如:

"有民办学校三年以上工作经验;年龄在45周岁以下……"

以上要求条件携带以下目的、思想内涵:

1、该校建立的是"客户中心"体系,需要为需求提供教育服务人才,赢得生源是其突出目标。

2、该校的办学者和操作者具有民办教育经验,有一定的思想高度。

3、对"年龄"的限制要求,就是对思想的可塑性要求,说明他们具有培训能力。同时也透露出他们不喜欢持传统观念和具有传统能力的人才。对传统人才的态度也间接地说明,他们曾经在此方面获得过经验或吸取过"教训"。

4、对工作"经验"的要求说明,他们希望获得"具有民办认识思想"的人才。

5、他们希望获得具有稳定学生、招生和创造性服务工作能力的人才。

"看到(招聘)广告,就知道了学校"对于熟知民办学校的人才来说,这话很有道理。"条件"体现招聘目的,回答需要什么人的问题,它代表学校的理念和人才观。

(六)招聘职位

学校要招聘哪些人才?

各个职位各招多少?

……

这些均需要在招聘信息中明确显示出来。

"招聘量"是应聘者考虑分析自己应聘成功率的重要参数。应聘者只有在确定有成功可能的时候,才会进行应聘尝试。在一定范围内,招聘量能相对促进应聘数量的增加。

人事经理认为“招聘量是一道测试应聘者自我定位和自信程度的试题。”具备求职优势的个体,他们往往认为:招聘量与学校的定位和对个体的待遇存在密切的关系。“好学校员工稳定”,“稳定首要原因是待遇满意”。稳定学校员工流失量少,出现岗位空额,是挑战也是机会!

一些为提高招聘质量的学校,把招聘量作为筛选应聘者的“工具”

加以应用,如某校在广告中这样表示“招聘数学教师1名”。这一则广告使许多计划择校的数学教师望而却步,却收到了“少而精”的招聘结果,虽然最终录取的不止是一名。在对前来应聘的数学教师提出“为什么要应聘”问题时,对方的回答是“能力让我选择了激烈的竞争”。

由此可见,招聘量不仅仅是单纯的数字,也不一定就是学校的实际用人需求,它是为招聘目的服务的策划条件、因素之一。招聘量与应聘量、质量间有着密切的关系。

同时,招聘数量应用得当,也会给人一种真实、踏实的感觉。

(七)人才标准

招聘信息中要明确对各类招聘职位、岗位提出具体的要求和限制条件,即:学校要在招聘宣传是明确人才标准。

人才标准以要求、条件的形式表现出来如:

“对民办学校有一定认识,有民办学校工作经历……”;

“民办学校三年以上工作经验”;

“对民办学校与公办学校的区别有明确认识”;

“年龄在35岁以内(有民办三年以上工作经验者可适当放宽)”

……

均是体现思想观念的要求和限制条件。

其次,体现招聘目的。

一般情况下,不同的招聘目的产生不同的条件、要求;反之,不同的条件内含不同的招聘目的,如:

在“招高素质的迎考教师”目的下,就以“迎考教师”必备的素质、能力特征为条件,如:“具有三年以上迎考经验”,“对某考试有独到认识、成绩突出者”……

在“服务”目的下的条件如:“能针对学生设计教学”,“善于处理源于学生的问题”,“有民办学校班主任工作经验”……

在“竞争”目的下要求如:“熟悉本地市场”,“对本地文化特点有一定认识”,“当地民办学校有一年以上班主任工作经历”等。

……

要求和限制条件指向特定的目标群体,也承载不同的招聘目的。所以,招聘思想、目的清晰,确定的“条件、要求”也会十分明确。进一步讲,对于自身所需要人才的明白态度,表明这所民办学校处于主动发展的市场位置。

相反,招聘目的不清,“条件、要求”就会处于盲目状态。现实中也有许多学校,在招聘“条件、要求”设置上不求甚解,盲目效仿

有的甚至会自相矛盾……让人啼笑皆非。这是学校盲目的表现,也是无目的招聘的表现。对此,也可以深层次地讲,这样的学校不具备主动发展的能力。

其三,“条件、要求”指向目标群体。

不同的目标群体表现出不同的素质、能力特征。不同的群体特征适应不同的条件、要求,如:“客户中心”要求的人才素质、能力与“产品中心”差异就很大,这不仅仅只表现在思想观念上。

“客户中心”强调“服务”,服务是教育、教学、特长、兴趣、生活、人际关系、家庭等多方要素构成的关于学生成长的服务体系。“产品中心”则是围绕质量的服务体系。

(八)招聘范围

对于人才而言,无地域、疆界之分。当招聘工作与管理、招生或学校其他工作联系到一起为某种目的服务时,招聘范围就成为了要求的因素之一。

如:学校为了启动招生工作实施招聘。

招聘目的:获得有招生工作经验、对本校市场环境熟识和有生源资源的人才。这种“招聘目的”也可以通俗地解释为“希望获得同市场中其他民办学校的优秀人才”。

如何策划、实施招聘? 总不能直接将“目的”公之于众吧! 这就得考虑设计用其他招聘要求和条件来“表述”,如:在高待遇前提下要求:“对本校市场熟悉者优先”,“在某范围内有民办学校工作经验者优先”……

也有的学校为了平衡校内人事关系结构,明确提出招聘范围要求的,如:某校在校员工中,本地人所占的比例过小,为了有效调整人员结构……

在招聘时就会设定招聘范围,如:“面向本地区招聘”或“精通本地语言者优先”等。

(九)招聘载体

通过什么载体实施招聘?

招聘中载体不同,对应的群体了不相同。

如:要招聘具有市场“认可度”的人才,就得设置:高学历、高职称、高奖项、成果突出等要求条件。但这些“条件”对应群体的特征就是年龄偏大……对于这样的目标群体,就不能选择网络招聘载体。

以本地媒体为载体、为渠道,对应的是与本地有一定关系的群体;

利用人际关系载体,获得的就是同学、老乡和员工以前的同事。

选择全国性媒体,收到的是来自各地的信息……

不同的媒体,不同的渠道,不同的受众群体,不同的招聘效果…所以,对载体的选择就是对群体的选择,它取决于招聘目的。

招聘的对象是谁?

他们具有哪些习惯和关系特征?

他们活动的范围……

这些都要在选择载体时进行充分的考虑。

(十)招聘时机

什么时间打出广告,实施招聘?

对时机的选择也是影响招聘效果的重要因素之一。

如何选择恰当的时机呢?这个问题取决于对应聘群体的理解与把握,当然也决定于持什么样的招聘目的。

如果招聘群体面对民办在职员工,就应从“在职员工什么时候最容易跳槽”和“他们什么时间最易接触到招聘信息”这两个问题上来选择确定招聘时机。

众所周知,从中、小学寒、暑假前夕开始,到假期结束这一段时间媒体上出现的学校招聘广告十分频繁。一般而言,这一段时间出现的广告中具有“招聘量较大”,“招聘范围广”,“与招生有密切联系”等特点。对针对招聘目的而言,选择在这一时机操作并不是单纯地为了“补充”或“扩大规模需要”,也持有其他目的。在招生旺季招聘有没有“招生宣传”、“定位学校”,“做给家长看”等成分呢?

同时,这一时期正值其他学校员工“跳槽”的高峰期;也是教师最容易接受“信息”的时间段……不能完全否认,指向这一群体的招聘目的吧。

招聘工作面对的普遍性问题是“补充”性招聘。

运转中的学校很易出现个别岗位缺编的问题。对此,学校除动用“储备人才”外,另一个解决这一问题的有效途径就是组织临时招聘。

临时招聘的方法很多,如:参加招聘会、让员工推荐、小范围打出广告、从以往招聘信息中筛选、挖掘等。如果实施招聘,在选择招聘时机时就得做充分的考虑了。在这一问题上,多数学校选择周末、周日打出广告,有的则选择周一或周三……

当然,特殊招聘就不能从简单意义上去理解了。

如:市场中有一所学校因故停办,获得这一信息后学校立即召开了专题会议,研究认为“该校办学十年以上,学校最主要的财富就是人才积淀!更何况要获得该校生源和市场,焦点还是在人才身上。”于是学校决定,抓住这一时机,实施特殊招聘。

现场,当别的学校以“安置学生”为名打出招生“牌”时,他们却在深入地做优秀老师的工作……最后,与该校的十四名优秀教师顺利签约!

主管领导对此举的评价是“为大局着想,有全局意识,不是小气而是大气!”

被聘的教师对学校的此举十分感激,拿他们的话说“当我们处于流离失所的时候,是你们给了最大的安慰!”他们回报的方式就是“把自己的学生招过来。”当然,这也是为了自己能够立即上岗。

最后该班68%的学生又回到了老师身边!

最后学校的招聘的结果是:赢得了相当于本校三年招生量的生源;赢得一批具有经验的优秀教师;赢得了该校大部分市场。

显然,本次“招聘”不止是为了招人,也不是因为学校缺人而实施的,它是学校发展、竞争的综合应用过程,招聘只是表面上打出的“牌”罢了。

市场瞬息万变,时机转稍纵即逝,民办学校身处市场浪潮之中,适时招聘、伺机招聘、有效地利用招聘,才是积极意义上对招聘工作的理解。

人事工作肩负着学校的人才建设重责,把握着学校的生死与发展。所以,必须持发展观念、竞争观念和长效人才观。

招聘工作存在着极大的局限性,并不是想用什么人才就能聘到什么人才！但作为人事经理，应当时刻对"理想中的人才"保持清醒的认识和求贤态度。

聘人，是学校自身设计的协作轨道，是一厢情愿，只能说明学校的用人趋向。面对不尽如人意的招聘结果，老板常常在无奈中发出"人才难得"的慨叹！

遇人，是机会也是机缘。面对接触人才的机会，许多人事工作者表示出"冷漠"的态度，给出"我们不需要人"的答复！如此做人事工作让人为之汗颜！

人事工作支撑学校的整体发展，所以要立足全局发展的高度。

人事工作是在茫茫人海中探寻，所以要做好随机准备；

人事工作处于竞争的焦点位置，所以要懂得"攻"、"防"策略；

人事工作是对学校今天和明天人才需求的理解，所以，要在做好满足今天工作的同时，更要体现兼顾明天发展的超前思想。

人事工作是在做人的工作，所以对需要对各层次人才思想的深层理解与把握！

"世间有伯乐，然后才有千里马"……

人事管理是关于发展的管理，更是发展的管理艺术。

第二十五章　招聘策划与技巧（一）

招聘工作是民办学校间各校的人才竞争；是竞争就需要策略，招聘的策略在于能否适应竞争环境，从而实现自身的用人目的。

招聘工作是获取人才的工作，要聘人才就要面对人才；所以，招聘需要在理解人才的前提下，创设人才愿意工作的环境与条件。

聘人是为了用人，用人的最高境界是要用人之心，所以人事招聘工作需要从用人之心开始做起。

民办学校获取人才的目的是为了通过服务市场达到企业目的；所以聘人的工作，就成为了回答“目的”实现与否的过程。

既然是市场行为就必须遵从市场法则和应用市场艺术；所以，招聘工作就需要讲求竞争策划和技巧。

以下罗列的招聘拾零，只希望达到一点启发目的或有偏颇过激之处。

【招聘与招生宣传策划】

某校在《中国教育报》以半版的篇幅，打出招聘校长广告。称学校的特点是：新建学校、占地广、投资大、层次定位高、处于省会城市位置……对校长的待遇优厚！

广告打出后市场反响强烈！全国各地的校长纷纷报名，为此，学校专门邀请省、市教育界名人、专家组成了评审专家团。

经专家团对应聘材料初审后，初有187名过关！

第二轮：《我对民办学校的认识》笔试。

第三轮：《自我介绍》面对专家团演讲。

经过对形象、口才、成果、经验等综合考核后，最后还剩20名进入下一关。

第四轮《治校方略》演讲、答辩。

从本轮开始切入市场策划、安排如下：

1、邀请（生源市场内）各大媒体现场报道；

2、专家现场提问、点评、打分……

第五轮，现场回答学生、家长提问。

十名进入第五轮考核的校长竞聘安排如下：

1、应聘校长按抽签确定出场顺序；

2、现场回答主持人提出的“问题”，并进行针对性答辩。

3、专家团针对问题进行现场点评，现场打分、现场公布。

计分方式：

总分 = 专家打分 40% + 现场观众投票得分 30% + 社会投票得分 30%。

问题产生：问题由专家团和参与有奖互动的现场观众和社会家长、学生提出，并经过专家团筛选产生。

……

在各媒体强有力的烘托下，一场紧密联系实际的教育问题咨询、辩论会轰轰烈烈地在学校的市场范围内展开了。

在专家团的诱导下，各类现实的教育问题摆在了各位应聘校长面前！

“孩子丢三落四怎么办？”

“孩子成绩总是提不高是什么原因？”

“如何解决孩子早恋问题？”

“怎样才能养成良好的学习习惯？”

“孩子爱动该如何管教？”……

主持人用纯正的主持语言讲道：“网上一位初二学生提问：‘学习英语的最好方法？’，并要求 13 号校长回答”。

……

提出来问题都是家长学生最关心的焦点问题！

随着推进进程，越来越多的家长、学生参与了进来，评选引爆了社会！成为了社会关注的焦点，成为了家长、学生茶余饭后谈论的热点话题……

一时间“谁会担任校长”问题，引发了广大家长、学生的激烈争论。

当校长产生的时候，招聘领导组又举行了公开的任命仪式。仪式上又插入了新校长（从前十名竞选校长中）对副校长和其他学校领导成员任命和全体领导宣誓程序……至此招聘活动在万众瞩目的高潮中落下了帷幕。

新班子成立的当天，就收到了几千个家长的咨询电话。电话内容大多询问招生情况……

尽管学校的容生规模很大，但校务会还是坚持实行测试入学的方式招收第一届新生。

截止测试当天报名新生超过7000名！

第一届录取新生2000余名！

尽管学校的收费标准是市场中最高的，但还是出现了许多“走后门”入学的现象！

学校一起步，步就跨入了良性运转轨道。

这是一种典型的市场形起步运作的民办学校。他公开用好校长来定位好学校。因为谁都知道“一位好校长就是一所好学校”的道理。

教育更需要依靠实际结果来支撑。引爆市场的同，也相应膨胀了需求、点燃了希望……给了家长、学生无尽的遐想……这无疑提高了下一步“怎么做”的难度。

【“特殊”待遇】

某校一语文老师因故期中“流失”。

基本情况为：已代课二年，兼任班主任，授课水平普遍被学生、家长认可……

人事部从“人才储备库”经过再三筛选，最后划定了三名目标。

通知后，虽都如约参加了面试，却又出现了“意外”，面试成绩最突出的老师已在其他学校上岗！且表示出了“还愿意到此工作”的意愿。于是人事经理决定与他单独面谈。

经理对谈话十分满意，认为此人的水平、能力“有过之而无不及”，确实是一位适合的人选！

“要过来的话，您有什么要求吗？”经理客气地直接问道。

“没什么要求，只……只要待遇适宜就行。”

“您指的‘适宜’是什么标准？”

“那边给我的工资每月不低于8000元。”

经理明白了，他显然是有备而来，而且是一位“老到”的应聘者！经理十分清楚，与其说“那边提供的工资”，不如说是他本人提出来的“最低”待遇要求……且“要求”处于本校工资的“特殊”位置。

"您先回去,等候通知吧!"经理沉默了良久后说道。

一周后,这位语文老师上岗了。

两个月后,人事经理收到了由学校转来的《教师能力大比拼倡议书》。发起这者正是语文组!显然当初与"老到"应聘者的"保密"约定已经失效!

"比拼"如火如荼地进行。

由学校教研组和部分领导组成的评委认真地工作着……约一个月后,内部公布评审最终结果:那位老师全校排名第四。

经理遇到了难题:如何处理"学科第四名却拿着全校最高工资的问题?"。

显然,再采取降低最高工资的做法是不可取的。但如果不给突出者一个合理交代的话,由此引发的后果将更难收拾。

如果采取"合理交代"的做法,不仅会导致学校的成本支出大幅提高的后果,而且还意味着对现行工资体系进行调整改革的问题。

工资制度,是全体员工关注的焦点,也是稳定员工的核心政策,如果对此进行改革、调整,必然会引发更多的矛盾和问题出现,这无异于"捅马蜂窝"……

"解铃还需系铃人"。最终经理决定,"还是从解决个体问题入手,平衡整体问题。"

他以本次《比拼》为切入点,以一系列工作过程考核为依据,以工资待遇原则为思想,展开了对"老到者"工作。

最后这位民办学校工作经验丰富的老师,表示理解难处,也对学校"能力与待遇统一的思想、操作"表示赞赏。

他让步了!可以感受到,他内心深处是那么不情愿。

经过对他的工资调整后,全校又恢复了往日的平静。

民办学校的人员"流动",经常会给管理带来方方面面的困难!

这里并不反对,学校因"特殊"需求,用"高待遇"的方式引进特殊人才的做法。但须注意的是,在学校的待遇体系中需处理好"个体"与整体的关系。不能引进人才的同时也引进了矛盾,更要防止"个体"对整体损伤情况的出现。

【升级招聘】

某校办学校三年，随着在校学生增加，管理问题逐步凸显出来！上学年统计结果显示："稳定率"下降了近一倍！期末随之又出现了教师大量流动的现象……董事会感觉到了问题的严重性！

出于持慎重考虑，董事长通过运作关系，请教育主管部门组织民办学校专家以"评估"为名，于新学期开学后进驻学校考察。

经过考察汇总后专家团认为，学校目前主要存在以下问题：

1、学校由于发展速度快，软件跟进相对滞后；

2、"滞后"的核心问题于管理层持传统的教育观念。

3、人员超编、团队松散、待遇体系陈旧。

4、领导、员工几乎没有市场概念……

建议：学校进行软件升级。

……

董事会直十分重视来自专家的建议，于是决定由公司人事部暗箱操作，实施高层招聘，引进具有民办理念的高层人才，用思想推动学校的升级。

老板要求招聘策划重点：

1、首先要解决见得到优秀人才的面，连面都见不着何谈聘呢！

2、校长有多高能力，拿多高的工资，上不封顶。

3、具体校长待遇确定，见面后由董事会与专家团确定。

4、其他：

为稳定校内团队，以招聘教育项目总经理的方式，刊发广告。

招聘广告选择在发行量最大的本省报纸上连续三天刊出。

招聘直接由公司副总负责，老总亲自参与……

5、重点广词："某大型学校聘请校长，26万/年只是保底金！。"

6、重点要求：

①、年龄50岁以下，在大型民办学校担任校长五年以上；

②、思想、经验成熟，业绩突出。

③、能将教育与市场紧密地联系在一起，并能应用、指导实际工作。

到限制时间，共有三十七名校长报名。经过筛选后决定与其中的七名见面，重点是（筛选中已'选定'的）"一号"和"二号"人选。

为了达到软件引进目的，专家团拟出如下考核程序：

（一）面谈（成员：董事长和专家团人员）**提问问题**

1、“你在民办学校工作经历？”；

2、“你对办好民办学校有何认识？”；

3、“人才观，待遇思想？”；

4、“举一成功应用理念的实际工作例子？”；

5、“对董事会与校务会的关系认识”。

（二）笔试《治校方略》

依据学校提供的《考察报告》存在问题部分，结合自己的思想、经验拟一份《治校方略》。

（三）座谈

对《治校方略》实施的可行性和可操作性讨论。

……

“一号”如约而至。

经过第一步“提问”后，董事长对他的回答十分满意。然后，将一份文件递给“一号”说：“你先看看”。

众人以为，第一步考核就到此结束。显然董事长尚余兴未尽，他看到“一号”把材料合上后，接着问：

“发现什么问题了吗？”

“初步看法是思想理念不清”

“能不能说得仔细点儿？”董事长追问。

“就是传统化操作民办学校问题；通俗地讲就是‘拉着民办学校的车，走公立学校路’的问题。”

“何以见得？”一旁的客人插话问道。

“这种学校，最显著的特征就是让学生适应学校，而不是服务于学生。其他特征如：学校远离市场需求；老师缺乏市场作用能力；领导只管学校、不管市场，处于市场目的的盲目状态；持传统的人才观念……结果性特征如：招生宣传与校内教育、教学操作“两码事”；学校对家长、学生的反馈信息重视程度不够；怕担责任和相互推卸责任的现象在校内普遍存在。学生稳定率低，招生量逐年下滑；甚至……”

“说得很好！没关系，接着说”董事长怕“一号”有所顾虑，鼓励道。

“甚至会出现董事会与校务会间的矛盾。”

“哪你是怎样看待两者间的‘矛盾’的?”客人接着又问。

“一号”从容地答道:“在目标和思想统一的前提下,双方只有工作,没有矛盾。矛盾集中体现在思想层面上,是教育与市场间的问题……”

当评委都在认真倾听的时候,“一号”又接着论述道:

“不稳定学生增多说明:

学生、家长对学校不满意人数在增加……而令人不满意的学校不是好学校;

说明学校的教育教学行为远离了市场需求,盲目工作;

盲目说明领导没有对此要求到位;

要求不到,实际上就是认识不到位!

……

总的来说,我个人的看法是:

(懂教育的)学校工作,存在缺乏市场需求导向的盲目问题;

(懂市场的)董事会受到教育思想、方法上的局限,存在教育盲目问题;

市场需求缺乏教育理解、满足;

教育方法市场(学生)不认可!”

……

(二)、(三)轮考核“一号”也顺利通过了。经过三次考核的磨合,彼此之间也有了初步的认识,谈话也融洽了许多。双方很快就签订了《合同》,为了实现稳定过渡目的和达到董事会“实际考核目的”,《合同》中还特意加上一条:“上岗后,前三个月为试用期,六个月内任命。”

一年后,学校的稳定率提高到了98%!

招生工作比去年翻了一番!

当兄弟校来校取经时,董事长非常直白地说:“适宜的决策,适宜的机会,遇到适宜的人选!办好学校还得从升级用人上着力呀!”。

学校出现的问题老板们都知道,但问题的原因何在?弄清楚的就不多了。该校董事长这种组织民办专家,有目的地进校“评估”的做法,使学校很快找到了问题所在。然而,发现的问题是自身难以克服的,于是决定持“问题”招聘。

这样,招聘目的十分明朗,考核、选拔工作有了明确的标准。

当大家的目的、标准指向一个方向时，招聘中对人才的甄别就形成了合力。

【目标招聘】

招聘中普遍认为：待遇与对人才的吸引力成正比；待遇与招聘的人才素质成正比。但现实中往往存在，同市场中，提供同等待遇的学校招聘结果却大相径庭的事实，也存在低素质人才在高待遇学校供职的现状……

某校，收费标准中档，与其他学校相比，待遇适中……由于“扩规”，需补充 2 名领导和 12 名教师。计划面向本地市场，实施招聘。为此，人事部门专门召开了《招聘工作研讨会议》：

一、招聘定位

招聘目标：招聘本市场中优秀的民办学校领导、教师。

研讨意见：

（一）如何在同等待遇条件下，达到招聘目的？

与会人员有的认为：“待遇体现价值”这是所有应聘者常挂在嘴边的话。追求高薪是所有应聘者的向往。如果不从待遇上做文章，很难达到招聘目的。

还有的认为：“环境宜人”、“工作愉快”、“生活舒适”、“人格得到最大程度的尊重”……也是所有应聘者追求的。

有的则强调：打工者的心在飘零！他们希望有感情、人性化和稳定工作环境。

……

（二）招聘对象、群体的研讨

人事部门对本校五年的《年度综合考核》统计显示：位列前十名的领导、员工年龄在 35 周岁以下的占 62%，40 周岁以下的占 74%，45 周岁以下的占 86%，50 周岁以下的占 94%……

参照统计，结合经验大家长一致认为，在民办学校工作的，年龄偏小的教师，一般情况职称低，成果和获得的奖项少。这类员工，尤其是在持传统观念的学校中工作，会受到多方“挤压……是我校招聘工作应“瞄准”的目标群体。

(三)招聘策略方法研讨

确定了解目标群体后,制订招聘策略方法就有了"实际"依据。

经过讨论,大家对"受挤压"群体的心理需求归纳为:

1、渴望认可工作业绩,让数字说话,让学生、家长说话,反对待遇不体现业绩的做法。

2、希望在不断进步、不断提升的环境中工作;有竞争力、有学习对象、有前途、有愿景。反对一成不变,一潭死水的做法。

3、他们既希望工作愉快,也希望生活愉快。

……

二、招聘方案

人事部经过综合讨论意见,形成如下招聘方案:

(一)招聘目标:本地市场内具有民办学校工作经验的优秀领导、教师。

体现条件:(要求)具有在本地民办学校三年以上工作经验。

(二)目标群体:本地年轻的优秀民办工作者。

体现条件:(要求)40周岁以内。

(三)招聘策略

1、**招聘时机:**放假前一个月。

2、**媒体篇幅:**本市发行量最大的报刊,1/8版(1-2次);

3、**拟定广告词**

这里实行自己任命自己的待遇原则:从"A-B元/月"按级档拉开,您有多大的能力拿多高的工资。

这里对工资进行月动态管理,每月进步、每月晋级;

这里有对您深刻的理解……我们不仅在一起工作,还要一起营造舒心的生活,一起争取美好的未来。

这里,因为教师的稳定率高,所以学生、家长的满意度也高。

4、**招聘职位:**行政2名,教师12名

(具体:略)

5、**条件及要求:**

①、符合教师规定标准,具有教师任职资格。

②、民办学校三年或以上工作经验(能够听、说当地语言者优先);

③、年龄在40周岁以下(行政领导50周岁以下)。

6、报名方式

……

按计划,广告如期刊发,招聘效果基本达到了设计的目的要求。

为了获取广告设计效果信息和总结招聘工作,人事部门在《应聘登记表》中增设了的“应聘原因”栏目。经过对回收的表格再按照“工作经验”条件进行筛选后,还剩210余份统计结果为:

认为“民办学校应当这样做!”即,对广告观念持赞同态度的45%;

填写类似“体现自身价值”内容、“原来学校不公正”和“压抑”等因传统观念、操作原因的约占31%。

“追求人性化环境”,约占11%

其他原因约占11%。

2人未填写原因。

在与应聘成功者的谈话中了解到,大多数人认为“看到广告后,让人感觉到很温暖、很舒服。”

对于有民办学校经验的优秀者来讲,他们的话更直接“民办学校不凭业绩,还能凭什么?”

上述操作,有两点可以记取,其一是招聘目的、目标十分清晰。其二是,对目标群体的理解较为深入。

招聘工作源于对人的理解。

【“首席”招聘策划】

为了达到招聘优秀教师的目的,策划者将招聘策划成为特聘“首席”教师,“把关”教师,“学科带头人”……并明确待遇为“年薪”(如首席老教师年薪十五万元以上等)。

显然,这种“定位”在给教师荣誉的同时,也给出了不俗的待遇!同时,也用广告证明了学校目前的状况和今后的发展——招聘“专家型”教师自然就是为了大力提高质量。

这些“条件”与同层次的其他学校比较起来优势十分突出!在这种优势吸引下,许多应聘者纷纷报名!

竞聘的结果使少数突出者获得首席职位;

其他未获得首席席位的竞争者,可“自愿”选学校提供的“非”首席教师职位。结果是学校赢得了一大批优秀教师。

有的“首席招聘”所提供的待遇与公布“工资跨幅”(A－B元/月)完全一致,“首席”待遇只是公布了“跨幅”的高限标准,是用“高限”加强对人才的吸引力而已。

【自己任命自己招聘策划】

市场中大部分学校的待遇、条件等几乎均处于同一水平线上。处于同一水平线上的学校,在招聘中如何赢得优势呢?某校对此做法如下:

某校因缺编人数较多,计划实施招聘。

他们思考的主题是:

如何在工资不变的前提下,又能在招聘中形成工资吸引优势呢?

人事部门经过分析认为:

如果将学校的现行工资以“人员平均工资”为中心,按“正态原理”左右拉开的话,就会形成从最低到最高的一个不间断体系。如果按整体三十档拉开,高、中、低三级就各占十档。

为此在策划的广告词中公布的工资标准为“待遇实行自己任命自己的原则,优秀教师工资A元/月(上限),一般教师工资不低于同等学校水平”

人事管理人员道出了策划的真谛:

“应聘者中,往往存在对自身能力定位较高的特点”;

“很少有人主动说自己不行的!”

“前有高薪吸引,后有‘不低于同等水平学校待遇’保底。”

“你有多大能力,就有多高待遇,这很公平!”

“就是公布了‘最低’到‘最高’工资的跨幅,应聘者很少有人将最低工资标准与自己联系起来”。

“反正都是打工,心里痛快比什么都好!”

相同待遇层次的学校,利用拉开待遇层次的做法,形成竞争并推动竞争,这是真的“自己任命自己”!对于具有真才实学的人才来讲,在市场中拼搏十分喜欢这种环境。求职者也会自信“就是拿到最低档次的工资,那是因为自己无能。起码‘赌了一把’,总要比不死不活地‘耗’着痛快!”

只要是源于对市场,对人才群体的理解进行招聘策划,总是要比呆滞的模仿行为更易收到积极效果。校内待遇政策与市场竞争的接轨行为，总比孤立的招聘行为更易收到成效。民办学校是一个有机整体，任何的整体绩效均会优于个体。

【邀约招聘策划】

某校决定招一位好校长。

董事长为此表态："重赏之下必有勇夫嘛！年薪三十万，五十万都成。"

人事经理感到纳闷，"谁都知道，几任校长的工资都是一万元左右，这一下子翻了几番，能行吗？"于是专程找董事长想问个明白。

"董事长！招聘广告上的工资就按三十万年薪打吗？"

"不是已经说清了吗。"董事长胸有成竹地应道。

"可……可这与现行工资体系差异太大了呀！"

董事长示意他坐下来，接着讲道："我们是不是想招聘一位好校长？"

"嗯！"经理边应，边点头认可。

"要想招得到，首先要见得到是吧！"

"对！"

"只有见到了，才能通过交流、评价……最后让我们心中有数！"

"对呀！凭我们这么多年的办学经验，肯定能看出点儿门道来。"经理应承着董事长的话。

"要想见到好校长，最好的办法是什么？……用高待遇公开邀请嘛！"

"哦！——"经理明白了，原来招聘广告只是邀请函。

此时，董事长接着讲道："十万年薪和三十万邀请来的校长，就会在层次上拉开……先请来谈谈嘛！这又没有坏处，如果他值三十万，就给三十万！人才难得呀！"。

"值——？"经理分明在暗示"就凭谈谈如何能确定值不值的问题"。

董事长接着道："那就看你的待遇结构如何了！若我把三十万元年薪按基本工资、月绩效奖和年终奖分开，再设立对应的目标……"董事长边说边拿起笔来在纸上划着。

"就按……基本工资 8000 元/月，月奖励 4000 元/月，年度奖 15 万元分开。"

经理思考着应道："这不还是 12000 元/月吗？"接着又顺口讲出了担心

的问题："就怕学校的目标不好设立呀！"

"这好办！设立'人头'目标，不就行了吗。"

经理不再吭声了，董事长最后又补充道："既然是市场中的学校，就得用市场法则解决问题，这一法则就是'双赢'！"他把笔一扔继续说："**对于真正的人才来讲是校长养学校，而不是学校养校长！**……

反正我相信，连好校长的面都见不上，绝对不可能招得到！"。

广告打出去了，凡达到"要求条件"和初选过关的应聘校长，人事部都进行了约定"学校负责报销往返车费，请您与××时间来校面试。"

招聘是借助媒体工具，对人人的作用过程。广告是人创作的，也是给人看的，除了广告词之外，人与人之间还存在着一种对真挚特别的感受。所以，招聘应当持求贤若渴的真诚态度，任何玩弄人的虚伪做法，都是在自欺欺人。我们求贤，是为了一起工作，一起创业，一起开拓进取！当人与人间建立起感情时，人才的积极工作就不是只为待遇了。

用人在于知事，知道要让人做什么事；

用人在于知理，知道人与竞争、生存、发展间的因果关系；

用人在于知人，"致知在格物，物格而后知至。"——《礼记·大学》。

第二十六章　民办学校的人事招聘工作(二)

民办学校间的人才竞争

人才竞争就是软件优势竞争,就是市场、生源竞争,就是民办学校的生存、发展竞争。实际上,民办学校获取人才的方法可谓是各有千秋,各有体会,仁者见仁、智者见智。

接着上一章的人才"招聘"话题,本章再进一步讨论常被使用的其他人才竞争方法。

【挖掘招聘】

应当以辩证的观点去看待人才挖掘。

从道义上讲,掘是一种不遵守"游戏"规则的"犯规"行为;它破坏市场秩序,影响学校发展,带来污染生源市场……

另一方面,挖掘促进了人才竞争,提升了人才价值,促进了人才的稳定,促使学校形成重视人才的观念,推动着人才的发展……

经常被使用的人才挖掘方式有,关系挖掘,招生挖掘和策略挖掘等,在此重点讨论"关系挖掘":

1、民办学校的关系

①同一市场中,民办学校家长之间通过社会关系(如,亲情关系、工作关系、同学关系等)构成学校的市场群体。

②同一市场中学生之间通过同学关系,构成教育需求群体。

家长和学生的群体元素之间存在着普遍的联系,并通过联系形成学校的生存、发展环境。

③各校间管理人员和教师存在地域关系,同事关系等……所以,民办学校员工间存在着千丝万缕的关系。这一网络是教育人才市场不可或缺的组成部分。

在人才网络中广泛地存在着“校长圈”、“老乡圈”、“同事圈”、“同学圈”、……他们紧密联系、彼此呼应、互为依存、相互关照，形成“打工”环境。

学校对待人才的态度会通过人才网络传播，并直接影响校内其他人的稳定，和市场人才的“打工”态度。

④民办学校的人才网络存在着与办学者主动建立关系的倾向和愿望。

2、关系挖掘

民办学校为达到自己的目的，通过关系网络主动获取人才的过程称为关系挖掘。坦白地讲就是，选择、激活和利用某种关系，并通过关系达到聘人目的。

对关系的管理和应用是民办学校人事管理的重要组成部分。对关系的主动管理，就是对员工和学生稳定的主动管理，也是对学校市场影响的主动管理。

对关系的驾驭与应用却是民办学校人事管理的艺术！从这一角度上讲，民办学校的人力资源和生源资源也可以理解为是“公共”资源。它能够在创造条件和营造关系的基础上收到成效。学校对关系的应用程度，也体现着学校的竞争能力。

3、关系挖掘应具备的条件

关系挖掘的条件：明确目的、创造条件、目标明确、建立关系和挖掘。

目的明确：为什么要挖掘。

创造条件：对象需求，凭什么挖掘，用什么吸引？

目标明确：挖谁？

建立关系：通过什么渠道？

挖掘措施：由谁去做？怎样去做？

……

【挖掘招聘】

某高收费学校，在校生1400名，每年平均招生量500余名，在校学生的稳定率较高，处于向上发展阶段。

本年度，同市场内又新建一所同层次学校，拟9月1日开学。

离正常暑期放假还有两个多月，两校间的招生就显示出剑拔弩张的竞争态势。

“老校”董事长认为，本校已办学三年，已有良好的市场基础，学校只要做好校内学生的稳定工作和做招生工作就会万无一失……

让他感到意外的是，就在招生即将启动时，主抓教学的副校长提出辞职。校长、董事长尽力去做挽留工作，甚至董事长提出了较高的“条件”……但他却态度十分坚决！

董事长恼愤愤地说“驴不喝水按不倒头！天要下雨、娘要嫁人，由他去吧！”

副校长离校后不久，又有十几名骨干教师也相继递交了《辞呈》，明确提出了“下学期离校”的态度（按《聘用合同》规定“辞职须提前一个月向学校提出书面申请”）。

至此董事长方敏感地觉察出事情有点儿蹊跷！

“这不正常！”

让人更感到异常的是，对递交《辞呈》老师的挽留工作，依然是一无所获！但董事长的心更是惴惴不安……

两校的招生工作几乎同时启动了，各校招生竞争也未超出正常范围直至老校学生放假离校，一切还像往常一样。

董事长悬着的心终于放了下来。

按照老校的招生惯例。放假后半个月为第一招生阶段，即；“宣传渗透期”；第二阶段是“新（意向生）、老学生家访期”……然而，当招生员对老师家访时发现，一些老家长对学校提出了不少“意见”……招生员一方面将意见反映给学校，另一方面向家长做了解释、答复工作。

直至八月中旬，招生进入“参观报名”的关键期。与去年同期校比，来校参观报名的学生十分稀少！

晚上十点多了，招生办主任表情凝重地走进了董事长办公室，一进门就一反常态地嚷道：“真不是东西！”

“别急，怎么啦？”董事长感到了不妙，但还是平静地问道。

“他（辞职的副校长）去新校当校长啦！……还带走了从咱这里走的老师！”

“你怎么知道的？”

“今天我与家长朋友一起吃饭，他向我说的……他还说……”

“还说什么？”董事长强作镇定追问道。

“还做了他几次工作，让他的孩子下学期不要在咱这儿上了。”

两人沉默了好久。

“马上通知全体领导开会。”

会议决定：紧急调整招生工作策略。

1、招生仍按计划推进；

2、通知已放假休息的老师迅速返校，由校长带队负责做在校生的稳定工作。

3、通过《致家长书》，向在校生家长通报情况。

4、组织召开“家长委员会”，进而召开“在校生家长会”。

5、严格控制信息，安排专人做学校的保密工作。

……

放假的老师们从各地赶到学校并工作一周后，才完成了对在校生的“第一轮”家访工作。

1、家访稳定摸查情况统计：

除本年度毕业生145名外，共家访1072人。

稳定生561人；

待定：112人

明确表示不上：399人；

2、“流失”原因归纳：

“下一年打算把孩子送回老家。”

“生意亏本，没钱。”

“已为孩子联系了公立学校。”

“孩子不愿意。”

……

3、其他原因

①家长、学生反映：“某某校长”和“某某老师”已家访过三次；

②“孩子愿意跟着班主任（已辞职）走……老师还让他联系朋友一起去。”

……

经过激烈的“招生大战”到9月1日开学，两校情况如下：

老校

共流失学生441名，共招收新生218名；在校生共1032，生源净增值为：-368名；

新校：共招生728名。

……

对人才的挖掘导致不正当的竞争。现实中，有多少学校为此付出了沉重的代价，有的甚至因此倒闭！

我们可以指责那些背道而驰的人，但更须从自身上寻找原因。如果将学校的人事管理仅仅理解为对人的管理的话，那就过于肤浅了！实际上，学校的人事管理是对人心的管理，也是对竞争、发展的管理！他需要招人、聘人，也要稳定人，更要谨防小人。

竞争存在多角度、多渠道、多方面、多层次等立体、全程特点。民众也不是教育专家，他们并不完全具备对“荒言”和“欺骗”行为的辨析能力……要保障正常发展，学校需要防卫！

……

【招生招聘】

招生计划、策略安排、学生信息（地址、电话等）属于学校的“A”级机密，既然学校身处市场之中，竞争就不会避免。学校机密信息一旦泄露，在校生的稳定就会受到威胁，招生工作就会被对方掌控和利用……直接给学校的经济、发展带来很大的困难。

某校因全校学生信息泄露，竞争学校便依照学生“电话”、“家庭主址”展开竞争工作。这一“泄密”行为不仅打乱了正常工作和招生秩序，最终还付出了流失百名学生的代价！

还需要引起注意的是，学校中校长、招生办主任，班主任等领导、员工，属于做好稳定工作的重点对象。在人事工作过程，对此类职位的任免一定要慎之又慎。

应当承认，家长、学生与老师的距离要比与学校的距离更近，他们间的关系更直接。所以，工作上被认可、被接受的教师，在家长、学生中影响力和信服力也具有同样地位。

某校因去年秋季招生效果不佳，在校学生人数出现负增长。

今年秋季来临，董事会决定，今年重点解决生源问题加大招生力度。为此决定执行“人员驱动招生策略”(内容详见招生篇章),即:用增加招生员数量来促进招生量。

长期以来,校内员工已形成了传统的操作习惯,“全员参加招生”的决定下达后,许多老师以各种借口纷纷逃避,假期愿意参加招生工作的教师不足半数!且大多没有招生工作经验。

“人员驱动”招生计划因缺人被迫搁浅了!

眼看招生启动时间临近,负责招生的领导无奈之下,将实情向董事会做了“特殊”汇报。

听完汇报后,董事长十分恼火。

“没有学生教谁去!?”

“他们不是一再声称‘只要教好书,就能招来生吗?’,现在如何?书也教不好,生也招不来,连去都不去!”

“招不来学生说是招生员的问题,流失学生说是学生的问题,质量上不去说是没招来好学生!……”

董事长越说越上气。

“好了!公布下去,今年不参加招生的都按自动离职处理,哦……对啦!再补上一条,完不成招生任务的下调一级工资。”

“我看,这样恐怕也不妥。”招生领导表示道。

“你的意见呢?”董事长反问。

“我建议尽快进行教师招聘,组建招生队伍。”

“好!你负责招生,你决定。”董事长应承得很干脆。

“但……”

“还有什么?说!”

“那些不参加招生工作的老师……?”

“还按我刚才说的做。”

董事长显然是对招生工作急了,动这么大的“手术”他还从来没有下过这么大的决心。招生领导疑惑地走了出去……

招聘工作按计划推进,策划如下:

1、**招聘时间**:招生启动前一周。

2、**招聘量**:招聘60-80名小学、初、高中各科教师。

3、**招聘对象**:具有民办学校招生工作经验的人才;

对生源市场熟悉或有生源资源的教师；

招聘优秀年轻教师。

4、**招聘目的**：经过一周培训后能参加并胜任暑期招生工作。

5、**招聘条件**：

①具备教师准入资质。

②具有民办学校工作经验和优秀的应届毕业生。

③年龄在40周岁以下（在民办学校三年以上者适当放宽）；

④在本地区工作一年以上者优先；获得本地奖励者先；熟识本地文化者优先。

6、**招聘方式**

①发布招聘广告

②参加人才交流会

7、**招聘优势**：

①保证参加招生工作教师今后的岗位；

②A－B元/月（本校教师待遇低限至高限）；

③招生业绩与入校工资定级直接挂钩。

……

本次广告招聘（报刊）共收取简历313份，面试94人，录取48人；

参加交流会，面试144人，录取21人。

以上69人经培训一周后，经考核61人合格后签订《合同》，8名不合格者被竞争淘汰；

61名参加招生工作，7名中途离职，最后50名入职学校。

本期招生工作超额完成了计划任务，取得了突出的业绩。

……

是市场竞争逼迫学校走入了市场；

是生存迫使老师贴近了学生……

民办学校的教师队伍，只有经过市场的洗礼、招生磨砺……的过程，才能真正懂得学生，懂得家长，懂得市场，懂得民办学校的生存与竞争……懂得应该怎样去做好教育服务工作。只有淌过市场的教育，才是民办教育。

【推荐招聘】

某校十分重视员工的推荐。

办学三年来,补充员工主要依靠推荐渠道,从来没有采取过其他形式的招聘。

初次办学校老板对此还饶有兴趣,一再标榜道:

“栽好梧桐树,自有凤凰来!”

然而,学校却“怪事”连连,尤其是从本学期开始,发生的一系列的事情更是让老板一头雾水,“怎么回事!?”

怪事之一:

驻校董事总是与学校不和,几任校长几乎都是被“赶”出来的。调查的结果总是他们的不是,“不懂教育”,“干预正常教学”……董事长甚至收到了“生活问题”、“贪墨”的投诉、举报材料……

怪事之二:

董事会计划收购一所学校。为了“新校”的规范发展,决定成立一个“筹办组”进驻学校“取经”。为了加快“取经”进程和获取一手材料,人事部建议“暗箱操作”,即:将筹办人才分别按既定职务,派到学校的各个岗位担任副职学习。

听到这一建议,老板有所顾虑地说“好是好,就怕校长有别的想法。”

“您与她谈谈不就行了吗?”人事经理出主意道。

“好! 就这么定。”

两周后,新组成的“筹办组”一行四人,分别被安排到学校的办公室、教务处,德育处和后勤的岗位上担任副职。但令人奇怪的是,不到三个月,四人相继提出辞职! 并离开了岗位。

董事长非常着急,不知原因何在……

“我这里比其他学校提供的工资待遇要高出许多,为什么就留不住人才呢?”。

怪事之三:

让人费解的是,凡董事会对校长评价不利时,总会招致众人的反对! 一次,因校长工作不利,被董事长当场进行了严厉的批评,当天校长就向董事长递交了“辞呈”。谁料,晚上董事长又接到了几乎是全校领导、教师的联名上书……董事长无可奈何。

……

原来,问题就出在董事长本人身上。

董事长认为“人才分层相处,人才间有一定的关系联系”,所以他十分讲究“胸怀”,重视倚重人才推荐渠道。

“举贤不避亲嘛!”

建校初,现任校长上任,随即建立了推荐管理制度。然而,随着执行推进,制度已沦为形式。

三年来,通过推荐渠道产生的结果是:

学校的十三位高、中层领导与校长不是以前的同事,就是老乡关系……

教师中约30%是校长“原”学校的部下;近20%与校长同一省、市。

……

一些人为了稳固自己的地位,或谋取利益纠结在一起,形成团伙、帮派,这一现象在民办学校中也时有发生。这也是做好民办学校人事管理工作必须重视和防范的。

无能才会拉帮,乏力才会结派。

一个不称职者,如果有机会立足于某个高位或处于某种优越时,

就会十分珍视别人的奉承语言,哪怕连自己都感到是虚假的。因为他们从来未得到过别人的认可与追捧,即使是为满足自己的虚荣也需要这些营养。

但需要认识到的是,任何管理都是一把“双刃剑”,人才推荐管理也是一样。正常的推荐工作是畅通人才渠道的重要方法之一,也是一个“无形”的人才“储备库”,它储有取之不尽用之不竭的人力资源!为搞好推荐工作,在此提出如下控制意见:

1、**群体原则**:要注重在学校工作中表现优秀,能力超群的领导,员工的推荐信息。要注意人才交往的层次性特点。

2、**全程考核原则**:将推荐工作作为招聘流程中的“初选”环节,要坚持全程考核原则。无论推荐者说得多好,也须按一个求职信息去处理。

3、**管理原则**:要正确处理好与推荐人的关系。有的学校设立“伯乐奖”“举贤奖”和“连带责任追究制”是值得参照的人事推荐管理措施。

4、**规避“关系铺垫”**,尤其是要注意学校内源于同一地区,同一所学校的

员工比例控制。校内最好不出现比例失调和关系复杂化局面。

【理解招聘策划】

不能说提供高待遇学校的人才层次就一定高;也不能说提供低待遇学校中就没有高层次的人才……做好招聘工作的前提是,对招聘目的、竞争市场和求职者的理解与把握。只有在此基础上才能谈及策划和广告艺术问题。下面我们一起品读几则“理解型”招聘广告:

广告之一:

“我们用公正的评价与待遇认可您的价值。我们持“只有员工舒心地生活,才能创造成功事业”的理念,邀请优秀的你。”

广告词之二:

“某某学校诚邀优秀教师加盟

有您舒心才会有莘莘学子开心的笑颜。在此员工的心情等于工作效率。真诚地邀请优秀的您与我们一起工作、生活。”

……

在论及人事管理时,有人甚至这样开玩笑地表示:“其他学校是我校的人才储备站和优秀人才培训基地”。

在论及招生竞争时,也有人这样讲;“让其他学校成为我校的优秀生输送基地”

虽然笔者不完全赞同这种提法,但从竞争艺术的角度理解,也不宜过多指责。

当然,招聘还有其他许多种形式,这里不再赘述。

第二十七章　竞争与“跳槽”

市场就是介乎于需求与合理之间的竞争。合理，就是任何竞争者都必须遵循法律、法规！

良好的市场宏观环境下，各民办学校都是受益者。民办学校对市场的良性影响，会起到鼓励消费群体，激活潜在需求和推动市场范围扩大等积极作用，而且在积极的市场影响下各校会同步受益。

在受污染的市场环境下，各民办学校均不同程度地成为受害者。

任何民办学校对市场形成污染，都会不同程度地起到打击消费和抑制需求等负面作用，而且办学档次和服务层次越低受害程度越大。

民办学校应立足共同繁荣、发展的思想高度。应树立“唇亡齿寒”的竞争观念，呵护他校就是呵护市场，就是呵护本校的发展。投机取巧，置他校于死地的做法会污染市场，最终导致自身生存、发展的困难。

一、校际竞争

“本地市场中只有我一所民办学校，没有办不好的理由。”一位老板十分得意地说。

对方的回答却是“森林中的树更易长成参天大树。”

……

是啊！民办学校共同促进和推动形成良好的生源市场。良好的市场氛围是所有民办学校生存、发展的先决条件。激烈竞争是学校实现长足发展的动力，理由在于：

(一)发展优势

校际间竞争促进形成良好的民办环境，并推动影响向市场的边缘和纵深渗透。

良好的民办市场环境对优秀人才的吸引力，要远远大于民办学校个体。区域教育优势对生源的吸引力，同样也要大于学校自身。竞争促使各民办学校走向规范，形成人才市场和收费的公共秩序，在使得各校受益的同时，也让“打工族”和民众受益。

只有人才量的保障，才会有质的保证，生源也是一样。

人才是教育思想、方法的载体。源于各地的人才携带各地教育经验，具有不同的思想、方法特征。当民办教育市场的人才来自全国时，这一市场的教育即具有全国性的教育高度。

所以，竞争使得人才得到更大的尊重，人才价值得到更大的体现……竞争形成了适宜的人才环境，具备了吸引人才的优势。

（二）各自的角色

处于不同质量层次或办学档次的民办学校，在同一市场中各自

“扮演”着不同的角色。他们切割不同的人才层次，和为不同的需求提供服务。

不可回避的是“人才总是存在向高层次（或高待遇）学校就职的趋势”，所以同市场中待遇相对较高的学校具有人才的竞争优势。从这一角度上看，待遇将是竞争人才和稳定人才的有力支撑点。

所以，处于待遇较低层次的学校，将会不自觉地成为其他学校的人才培训、培养基地。

同样，“学生总是存在追求高质量学校的趋势”。同一市场中被学生、家长认可的“人才”具有一定的“质量”代表性。人才流动就意味着学生的流动。

所以，在提供相同服务的学校中，待遇低也可能沦为优生供应基地，即成为其他优质学校的学生“收容所”。

（三）竞争观

市场需求的广泛性要求民办学校提供相应的教育服务，这不是一所学校所能做到的。

家庭的经济差异性要求民办学校收费分层，这也不是一所学校能面对的。

民办学校优秀人才和学生并不是独立存在的，她需要在“量”的保障前提下，通过竞争中“筛选”产生。

高层次或优质的民办学校是对比产生的结果。他们在优质生源和人才上以其他层次的学校为基础。是民办学校体系造就了优秀学校，而不仅仅是学校本身。

形成良好的民办学校整体环境需要各层次学校从不同角度对不同需求

共同作用。相反,任何一所民办学校形成市场污染,对其他学校也具有同样的负面作用。

具有一定高度的民办教育管理者在营造本校优势的同时,也致力于通过创建良好的宏观环境,为其他学校创造良好的生存、发展条件。

狭隘的管理者将其他学校列为“对手”,采取不正当的竞争手段,人为地设置障碍、制造困难……搅乱公共秩序,却往往收到“唇亡齿寒,害人害己”的后果。市场中不乏“自从某校‘倒闭’后,学校也开始下滑……”的总结和教训。

要树立正确的竞争观和整体全盘的发展观。

厚德承业,加强自身修为比为它校制造困难更具发展意义。

登高望远,良好的整体环境孕育广阔发展前景。

二、“三留人”原则

“招得来”是招聘需要策划、设计的工作重点;“留得住”则是人事管理工作的重心所在。

“感情留人,待遇留人,事业留人”是被民办学校普遍奉行的留人原则。

“感情留人”是对人事管理境界性的要求。

感情并不是单纯地“对人好”,对人才的真正尊重应体现在对人理解与相知上。只有处于知人之明的高度与境界层面上,才有善任之举。

“待遇留人”是对人才竞争的理解和管理艺术。

市场人才竞争具体以待遇的形式体现出来。待遇是人才自身价值的定位与体现;是学校尊重人才“物”的体现形式;待遇是竞争市场中人才的定位“尺度”。确切地讲,待遇不是学校自己确定的,而是宏观人才市场的竞争“标价”,是通行的人才竞争法则之一。学校须在人才竞争“游戏法则”允许范围内,应用待遇。

当然,确定待遇的难点还在于对人才的层次定位。与宏观人才竞争环境相较,如果对人才待遇定位较低,易出现不稳定问题。相反,待遇定位较高,虽然获得了相对稳定的人事效果,但横向比较起来,人才的素质、能力就会相对偏低。

笔者对“事业留人”的个人理解是,当员工将个人发展与事业融合在一起时,表现出相对稳定的心态。

事业与员工具有共同的发展目标、思想理念……当学校发展能明确代表员工个人价值提升的过程时,学校事业就会成为员工自己的事业。

综上所述,“三留人”的应用在于与对整体人才竞争环境的理解、把握高度上;在于学校思想理念的人才应用上;在于学校发展对人力资源的开发与应用艺术上。

需要注意的是,在民办学校的人事管理中没有绝对的稳定,人才概念是相对于发展时空辩证而言的,人事管理更要持与时俱进的发展观。发展就意味着人才更新,今天的合格也许就是明于的不合格。

一所员工100%稳定的学校,也可理解为是一个缺乏竞争活力和没有及时“更新”、“升级”的僵死学校。

“问渠哪得清如许,为有源头活水来”,民办学校须不断地注入活力,强化内部人事竞争,只有这样才能适应外部的宏观竞争,才能为不断提升和细分的教育需求提供满意的教育服务。

三、“跳槽”

稳定与“跳槽”是一对相辅相成的矛盾。

“跳槽”现象是民办学校人力市场走向成熟的标志。同时它也体现了民办学校之间的竞争激烈程度。

“跳槽”是维护民办学校宏观人才竞争环境的调节器,它要求民办学校在对待人才上要遵循市场竞争法则。

什么人“跳槽”呢?

“跳槽”首要条件是先要有“落脚点”,从这意义上讲,“跳槽”者首先是被其他学校认为是“有用的人才”,这大体上有几种情形:

一是被本校忽视或未重用。

二是其他学校提供更优越的条件(条件“跳槽”)。

三是关系“跳槽”。

四是人事综合因素(综合“跳槽”)。

(一)“第一类”跳槽问题

现实中,对人才的认识与准确定位往往是学校人事管理的难点。“知人善任”关键在于“知人”,而“知人”关键由在于管理者所持思想和所处的高度。

不同思想欣赏不同的人才,即使是同一所学校不同时期对人才的赏识标准也不相同。我们用了很大的篇幅论述了民办理念，及理念下的人才标准，在这里就不再重复，但需要强调的是，出现"第一类""跳槽"现象时，是否留得住"跳槽"者并不重要，重要的是要反思学校的"人才评价标准"是否适应现阶段的竞争与发展问题。

在人才标准上的"陈旧"，意味着思想和竞争观的落伍。

"春江水暖鸭先知"，"跳槽"的人才具有熟识市场的特点，他们深知学校所处的市场环境。在做"跳槽"决定前要经过长期的信息收集、对比分析及联络过程。他们得出的结论（跳槽理由）往往正是学校在人事管理上存在的"短板"。

（二）同层"跳槽"

如果"跳槽"的落脚点是层次较高的学校，这可以理解为"正常"人事流动现象。问题在于，相同层次学校间的"跳槽"现象也时有发生！

"为什么要发生同层跳槽呢？"

实际上，操作中的任何不规范行为都会导致"同层跳槽"。我们提及过，正常状态下"打工者"普遍的目的是"赚钱、发展和愉快工作、生活"。如果从这一角度上分析，"同层次跳槽"即可排除"赚钱"因素，剩下的就是"发展"和"愉快"问题了。

笼统地讲，"发展"主要指"打工者"明天的待遇前景；"愉快"主要是与学校理念的吻合程度。

（三）关系"跳槽"

打工者具有"群体打工"的意愿与向往。他们希望用另外的其他关系维系和加固同事关系。

老乡、同事和同学等均不同程度地承担着为关系成员"推荐"、"介绍"工作和提供人事信息的责任和义务。从关系视角看待，办学时间越长，这种关系积淀就越明显。反过来讲，关系环境在有意或无意间对"单干"的打工者形成排斥。

所以，独处的打工者具有加入"关系圈"的向往；"关系圈"对其也具有一定的号召力和吸引力。由此可见，关系跳槽可谓是人之常情使然。

但需要注意的是，如果"关系圈"被利用，或学校操作者也处于"圈"内的话，"关系跳槽"就会成为竞争的利用工具。

利用"关系跳槽"竞争的目的往往不在于人才本身，而更多的在于人才背后的学生资源、市场资源和携带其他学校的“机密”。因此,被利用的“关系跳槽”常常易发生在班主任、招生员及招生领导等拥有资源的突出群体之中。

出现“关系跳槽”时一定要持防范的态度,以免给学校带来不必要损失。

(四)人事综合因素

人才稳定是成功人事管理的重要标志。

人才向它校流动,就是(人才)用极端行为表示对管理的态度,无论他们离职“理由”多么充分。

导致人才流动的原因很多,有时是综合问题。所以,流动不可避免,它也是民办学校人事管理中经常遇到的。但在操作中也存在这样的流动规律:

当学校处于向上的“正精进”状态(如:管理较为科学、公正、待遇合理,并附有凝聚力等)时,易出现“末位”流动。

当学校管理处于“下滑”状态(如:管理混乱、人心涣散、不公正、待遇不合理、出现帮派等)时,易出现“人才”流动。

一位管理专家谈到人事管理时表示,“评估学校管理者综合能力最简单的方法就是,把他(校长)任期内产生的每个流动员工从能力上进行自然‘数学求和分析’,并依此作为评价校长的重要指标之一”。

出于好奇,在参与评估一所学校时,笔者曾做过这样的模拟实验,即,以一份上一年年终学校对全体教师的考核排名(含学生、家长评价打分)为参考依据,对一年内已出现的十一名“流失”老师进行“数学求和分析”。“求和”方法十分简单,处于中档位置的得“零”分,低档位得“-1”分,高档位得“+1”分。“求和”的最后结果是“-4分”……令人感到吃惊的是,最终评估结果却印证了“求和”结果!

为了进一步研究“求和”问题,笔者对此又进行了一番调查。

十一人的“档案”资料显示,他们提出辞职的理由十分充分!“回家处理公职问题”,“身体查出某某疾病”,“因故孩子无人照管”……

与员工座谈问及他们的去向时,对方却毫不避讳地一一道出了各自真实的去向——十一人中有十人分别“跳槽”到了其他学校!员工最后还不以为然地说,“这不是秘密,咱们学校的老师都知道!”……是啊!这可能只有三个人不知道,老板、校长和人事主管。不过,也许他们也都知道!因为在于老板谈及此事时,他表示出了漠不关心的态度“三条腿的蛤蟆不好找,要人有的是,上门主动应聘的排着队呢!”……

学校无论在管理、待遇和生活上等各个方面出现了“问题”都会不同程度地体现在人事管理上面，进而引发员工流动或出现“跳槽”现象。如果一所学校的“跳槽”者超过了一定的“限度”，那么，这所学校就需要从思想观念和管理体系中去寻找原因了。

“限度”在此可以理解为：是学校所处市场环境中人才“跳槽”的（年度规模）平均值，它标志着竞争的激烈程度。

弄清“跳槽”者背后携带的真实“问题”，比阻止“跳槽”更有意义。

“跳槽”行为本身就是员工对学校管理工作的最终评价态度。

正常情况下，做出决定后，多数“跳槽”者往往会以“包裹”的方式掩盖其意图、去向和真正原因；他们在向学校递交的《辞呈》上极力地回避对学校的不满和意见；一旦下定决心，他们便采取对人和顺、遇事谦让、（表面上）对学校好感等态度，其目的多是想顺利地“了结”和完成“跳槽”……

学校应重视获取源于“跳槽”者的真实意见。下面举一个对此操作的实例

【送行餐，饯行酒】

某校自建校以来，总有这样一个惯例：无论什么时候，董事会成员总是要与离开学校的员工单独吃一餐“送行餐”并敬一杯“饯行酒”。

董事长助理小王对“送行餐”的评价是：“离别三步曲……拉拢感情，中肯祝愿，留下意见。”

董事长道破了其中的真谛“花钱买教训嘛！”……“人家已经决定要走喽！有什么不敢说的？只是没有适合的机会嘛！”。

哦！原来单独“饯行”就是为了给人以创造“说话”的机会！

在与小王讨论此事的收效时，他直言不讳地总结道：

1、他们往往能一针见血地指出学校深层次存在的问题；

2、“让离开的人心存感激”，不至于做对不起学校的事；

3、“把隐秘的事情公开做”这是老板一贯的稳定校内员工的作风。

“跳槽”者的真实原因，是学校获取反馈信息的重要渠道之一。但还需要引起足够重视的是，“跳槽”者会不会被竞争对手利用的问题？

【“跳槽”利用】

初二班主任李老师因对工资分配不满，口头向校长提出了“辞职”请求。

“这是件十分正常的事情，老师赌赌气，做做工作就完事了。”人事主管对此胸有成竹。

当天,董事长把主管叫到办公室明确地表示“我这儿又不是开店的,谁想来就来,想走就走!……咱是花钱聘人,用不着求人……吓唬谁?让他走!”。“这事老总怎么知道?”主管十分纳闷地走了出来。

更让人意想不到的是,李老师也仿佛嗅到了什么,晚上竟向学校递交了《辞呈》!逼得主管只好选择与李老师面谈了。

李老师辞职的态度十分坚决!主管只好退而求其次了,问道“既然要走,留也留不住!……我们能不能从朋友角度上谈谈?”

“当然行!当初我来的时候还是您聘的呢。”

“去还是留,是你的事,我只想知道你为什么要走的真实原因。”

“这个我不隐瞒,原因就是工资分配不公平。”谈到工资李老师还是有些生气。

“按我的理解,当初你向校长提出辞职,应当是气话吧?”

“那时没想过要走。”

“是什么原因让你坚定了走的态度呢?”主管开门见山地直问。

李老师低头不语。

“有去处吗?”主管十分关心地再问道。

李老师沉默了良久说道:“某某学校挖我,我不想去……那天说辞职也是气话……”

“那为什么又要走呢?”

“老板……老板不是也找过你吗?”李老师这一反问,让主管感到左右为难。看来老板的表态他已经知道了……

一周后,李老师离开了学校。

他走后学校又有四名班主任和三名骨干教师相继提出辞职……学校的老师们嘀嘀咕咕地风传着“四名离职教师被邻校录用”的消息。

暑期招生一开始传言很快就得到了印证。“招生大战”中李老师带领其他四名“辞职”老师,不仅成为本校招生的劲敌!而且还直接对原校学生的稳定带来了严重的威胁……

至9月1日开学,仅意外“流失”到邻校的学生就超过了百名!

显然,邻校挖李老师未果,本校却帮了忙!而且还是让他负气出门。校长的流动,会导致领导班子和部分员工的动荡。教师流动同样也会牵动关系圈内的其他人……

民办学校首先要有效阻止“跳槽”现象的发生。

其次就是要摸清“跳槽”的目的与去向(一般情况下,跳槽者不会对关系圈内人士隐瞒)。

其三,一定要做好安抚工作。

其四,要防备“跳槽”背后的竞争目的;

防止被竞争者利用“跳槽”。

四、求职群体

人力市场中的求职群体构成成分相当复杂,大体由(公立学校)离退人员、“下海”者、待业者、“跳槽”者、毕业生、特殊专业人员和转行者等群体构成,主要群体的共性特征为:

(一)离退人员

往往对待遇要求不十分苛刻。有一份工作,能得到尊重和有一个舒心工作的环境,常常成为最大的追求。

他们他们经验丰富,资格老,奖项、职称高。

应聘时趾高气扬,谈话云山雾罩,高深莫测,过于自信……给人以专家的感觉。

能增强学校对市场的吸引力,但他们对需求的主动服务能力相对较差。对民办观念较为抵制,往往认为服务是低三下四,非为师之道也。

【张老师的离去】

张老师是省优秀班主任,刚从公立学校退下来,来到民办学校应聘,考核评价优秀,被录取后安排任初三课程,兼任班主任。

一天,校长正在阳台透气,看到远处张老师从教学楼向行政楼急匆匆地走了过来……奇怪的是,他的身后还“一字”跟着五、六名学生,只见他一边走一边狠狠地用手甩着上前拉他的学生……校长马上明白了,这肯定又是“3.7 班”的学生惹他生气了!

“张老”是同事们对他的尊称。他为人谦和、豁达,知识经验丰富,尤其是身上那种任劳任怨、一丝不苟的工作态度很快就赢得了同事们的认可!

全校谁都知道,初三(4)班是有名的“重点班”。不到一年时间,已更换了三任班主任和七位任课老师!所以,同事们戏称这个班为“3.7 班”。让人十分感动的是,老张到岗不到三天便主动向校长请战担任“3.7”班主任!感激之下，校长还在“全校员工大会上”对张老师大大地表扬了一把。

……

回到办公室，校长坐下不久，便听到了楼道里嘈杂的声音……

“别拦我！”

“让开！”

无疑，传来得是张老那具有磁性的普通话声音。

终于，校长室的门被敲响了。

“请进！”

门开了，只见张老怒气冲天地径直走到了校长办公桌前，把课本狠狠地一甩。

“校长，我不干啦！”

“请坐吧！”校长微笑着，忙起身倒水。边递水边说，“用得着生这么大气？别气坏身子啊！”

“反正我不干啦！你找人吧！”老张说话带着颤音。

还没等校长开口，只见六名学生轻柔地鱼贯而入……毕恭毕敬地站在张老面前。他们低头垂手、沉默不语、热泪盈眶仿佛犯下了弥天大罪似的。

“都出去！不管你们的事！”张老怒吼道。

“老师！……我们错了……”一位学生道。

“是我的错！你们有什么错！?”张老不耐烦地嗔责自己道。

“老师！再给我们最后一次机会吧！”

“老……师！求……求您啦！再给最后一次机会吧！”在一位学生带领下，众人齐声挥泪哀求。

张老无动于衷，校长无法插话。

“老师！我们一定改！再给最后一次机会吧！”

“去去去！我已经给了你们二十六次‘最后一次’机会了！”

张老说完，起身生硬地推学生出门。校长不知发生了什么事，转向学生道“你们先出吧！”

回身再坐下来时张老已平静了许多，还没等校长问，便开口了。

“我当了一辈子教师，从来没有见过这样的学生……从来没有受过这样的气……从来没有像现在这样下贱过……唉！不说啦！反正不干了！要是再干下去，得把命留在这里！”

校长认真地听着,像个学生。

"气死我啦! 这还叫学生?! ……下课了,就这几个学生把教室门一栓,让其他同学从门头上的小窗子中一个个往外爬! 扶的扶! 接的接! 叫的叫! 喊的喊! ……乱成一锅粥啦!"。

张老向前蹭了蹭继续说:

"在学生面前我! 我就像得过他们什么'好处'似的当孙子! 在家长面前,我就像欠人家的钱一样,我当孙子的孙子!"

……

尽管校长在极力地劝导,但张老还是坚持要离开学校!"我发誓,再不到民办学校打工,就连我的子子孙孙,也绝不让他们来!"

……

临行前张老还特意看望了校长……他走了! 从此离开了民办学校!

张老的离开学生的根本原因究竟是什么呢?!

(二)"下海"者

下海者常常通过一种渠道从公立"跳槽"出来。他们离开公立的原因十分复杂,大体上可分为"主动下海"者和"被动下海"者两种类型。

主动下海者,是指在公立占据一定优势,如:骨干领导、把关教师、优秀教师等。他们在一定的环境条件或特殊机遇下被"特别放行"出来,进入到民办教育人才市场,其一般表现为:

待遇敏感。许多"下海者" 抱有"在某一段时间内,赚多少钱"的目的,他们对民办环境下的待遇尺度缺乏准确的把握经验,十分注重对高待遇地追求,但在追求方式上往往持羞涩的态度。

过于自信,面试中"他们往往高举在公立获得的成功和荣誉"。"天下教育是一家"认为自己在公立取得的经验在民办也同样适用。在提供的信息中,更多体现出对优生的成功培养经验、方法;缺乏对质量"弱势"学生群体的教育心得。

初涉市场,不在清楚名办学校与公立学校的区别。往往用公立学校来衡量和要求民办学校,有得甚至提出"户口"、"调动工作关系"等要求,有的还表现出不稳定心态。市场知识经验差,对民办观念思想和操作有一定的"排斥"力。在处理学生关系和家长关系时,往往缺乏服务意识,并不会主动参与招生工作和承担招生任务。

……

(三)待业者的一般特点

待业者十分在意应聘的成功率。

他们为获得一份工作常放宽要求条件,表现出较随和的态度。观念上几乎没有要求,也不在意工资待遇高低。

他们尽可能地用展示成功来证明才华,哪怕是让别人认为是微不足道的。

勇于承担工作任务,易表决心……

但他们往往对民办学校缺少足够的认识和经验;也与办学校的员工间缺少关系联系。

……

(四)"跳槽"者的一般特点

对跳槽族较为普遍的认识是"两极分布",即,人才与庸才混杂。

人才的"跳槽"观认为:"跳槽"是主动提升自身价值的机会。

他们往往很有个性,某些能力较为突出,对待遇的要求较高,有的甚至将学校的思想观念和工作风尚等作为条件……喜欢竞争环境,勇于接受挑战性工作。他们希望"按市场法则出牌"

他们对传统教育观及操作具有一定的排斥力;一般有一定的决定时间周期和条件底限……

另一群体处于被迫"跳槽"位置。他们往往认为"跳槽"是主动选择再就业和摆脱被"炒"境况的机会……所以容易接受"条件",甚至可以接受比原学校还低的待遇。他们往往担心失去"跳槽"的机会,所以对自己在原学校的工作业绩、评价等持主动展示和渲染的态度。"以退为进,不会顶得很死"是他们应聘常见的原则……

总之,人与人之间没有明确的"界限",但无论处于任何层次位置上的应聘者,都希望得到较高层次学校的工作岗位或取得高待遇。"没有人承认自己不行"……

"全面观察",人事工作只要从学校的用人实际出发,从解读应聘的心理去推断,用思想观念去衡量,用工作中遇到的实际问题去考核……才能做到"万能知人"。

要做好人事工作,需要从阅人中去积累、感悟。

第二十八章　民办学校工薪制度

【某校教师工薪方案】

待遇原则：按劳分配、优绩优酬、奖勤罚懒、末位淘汰

一、教师工作量认定标准：

（表一）

<table>
<tr><th rowspan="2">科目/项目</th><th colspan="3">课时标准</th><th rowspan="2">一课时权重</th><th colspan="2">平衡系数</th></tr>
<tr><th>初中</th><th>高中</th><th>课时量</th><th>初中</th><th>高中</th></tr>
<tr><td>语、数、外</td><td>14</td><td>12</td><td>1</td><td>上课 0.5，教案 0.2，作业 0.2，其他 0.1</td><td>1.3</td><td>1.4</td></tr>
<tr><td>理、化、生、政、历、地</td><td>16</td><td>14</td><td>1</td><td>上课 0.5，教案 0.2，作业 0.2 其他 0.1</td><td>1.1</td><td>1.2</td></tr>
<tr><td rowspan="2">体、音、美
电脑、手工等</td><td>18</td><td>16</td><td>1</td><td>上课 0。5，教案 0。2 其他 0.3</td><td>1</td><td>1</td></tr>
<tr><td colspan="6">注：体育课包括早操、间操和课外活动管理指导；美术包括：宣传指导，校园美化等。</td></tr>
<tr><td colspan="7">早、晚自习辅导、早读、监考、体育训练、美术专业指导课等：0.5 课时/次，不再乘以系数值</td></tr>
<tr><td colspan="7">班会、活动课等：按 1 课时计，不再乘以平衡系数值（上课 0.5，记录 0.3，其他 0.2）</td></tr>
<tr><td colspan="7">跨课头：另加 0.3 节 /周、个（全科），不再乘以平衡系数值。
跨级：主、副科跨级另加 0.5 课时/周个（不再乘以平衡系数值），综合科不计跨级。</td></tr>
<tr><td>考试</td><td colspan="6">监考：“平均”计量，即均按 1.2 节/科（乘不平衡系数）计量；
阅卷：专题阅卷按 2.4 节/科计量（不乘以平衡系数，业余阅卷不计量）。
试题：按教务处安排出题，按每科 1.2 节/套计量（不乘以平衡系数）</td></tr>
<tr><td>其他</td><td colspan="6">其他工作量，由部门上报，校长审批计量。</td></tr>
</table>

注:1、“周”是指自然周。

2、“计算系数”指,各科课时的平衡系数,如:语文1节,与课时工资对应时计算为1×1.3=1.3节,即:按1.3节计算并发放课时工资。

二、兼职工作量

凡课时量不足的教师可通过兼职达到满工作量标准,兼职与工作量的计算标准如下表二:

兼职工作量计算标准（表二）

兼职工作	工作量认定%	兼职人员	备　注
班主任	50%	每班一名	教师工作量不足,通过兼职获得满工作量待遇。 兼职量除与工作量挂钩外,另予以津贴,但不计入超工作量。
副班主任	30%	每班一名	
生活管理	30%	每楼层一名	
教务、政教员	50%	各学部三名	
年级组长	50%	各年级一名	
团委书记	50——100%	各部一名	
副书记	30%	二名	
团委干事	30%	六名	
行政工作	50%	各部门酌情确定	科员,文员、办事员,卫生工等
接送	30%	酌情确定	接送学生跟车
纪律检查	30%	酌情确定	间操、生活、餐厅等

三、工资总构成

工资=基础工资 + 绩效工资 + 综合补贴 + 奖金

工资构成（表三）

基础工资			绩效工资	综合(津贴)补贴									奖金			
岗位	考勤	工作量	课时工资辅导工资等	职务津贴	学历津贴	校龄津贴	职称津贴	伙食补助	电话补助	兼职补助	人事补助	其它	贡献奖	优秀奖	成果奖	其它

(一)基础工资:

1、**岗位工资**:按"同工同酬"原则设定为高中、初中、行政、后勤四类。

2、**考勤工资**:与考勤挂钩,每缺勤一天,扣除岗位工资总额的1/30。

3、**工作量**:按实际工作量÷标准课时×100%×基础工资的计算量发岗位工资(超工作量者,均按100%发放)。

发放原则:教师基础工资按国家规定节、假日照常发放(基础工资标准详见下表四、五)。

(二)绩效工资

月绩效工资=月课时总量×级(档)标准

"月课时总量"体现**多劳多得**原则;

"级(档)标准",体现**优绩优酬**原则。

高、初中教师基础工资、绩效工资标准如下:

1、高中教师工资级档标准

(以下高中教师工资按5500元/月人均标准设计)

高中教师基础工资、绩效工资标准及计算方法　　(表四)

比例%	级	档	基础工资元/月	课时费元/节	测算量元/月	比例%	级	档	基础工资元/月	课时费元/节	测算量元/月
20	A	A10	1500	50	6060	20	D	D10	1500	2	3780
		A9	1500	49				D9	1500	2	
		A8	1500	48				D8	1500	2	
		A7	1500	47				D7	1500	2	
		A6	1500	46				D6	1500	2	
		A5	1500	45				D5	1500	2	
		A4	1500	44				D4	1500	1	
		A3	1500	43				D3	1500	1	
		A2	1500	42				D2	1500	1	
		A1	1500	41	5239			D1	1500	1	

续表

<table>
<tr><td rowspan="10">20</td><td rowspan="10">B</td><td>B10</td><td>1500</td><td>40</td><td>5148</td><td rowspan="10">20</td><td rowspan="10">E</td><td>E10</td><td>1500</td><td>1</td><td>2868</td></tr>
<tr><td>B9</td><td>1500</td><td>39</td><td></td><td>E9</td><td>1500</td><td>1</td><td></td></tr>
<tr><td>B8</td><td>1500</td><td>38</td><td></td><td>E8</td><td>1500</td><td>1</td><td></td></tr>
<tr><td>B7</td><td>1500</td><td>37</td><td></td><td>E7</td><td>1500</td><td>1</td><td></td></tr>
<tr><td>B6</td><td>1500</td><td>36</td><td></td><td>E6</td><td>1500</td><td>1</td><td></td></tr>
<tr><td>B5</td><td>1500</td><td>35</td><td></td><td>E5</td><td>1500</td><td>1</td><td></td></tr>
<tr><td>B4</td><td>1500</td><td>34</td><td></td><td>E4</td><td>1500</td><td>9</td><td></td></tr>
<tr><td>B3</td><td>1500</td><td>33</td><td></td><td>E3</td><td>1500</td><td>8</td><td></td></tr>
<tr><td>B2</td><td>1500</td><td>32</td><td></td><td>E2</td><td>1500</td><td>7</td><td></td></tr>
<tr><td>B1</td><td>1500</td><td>31</td><td>4327</td><td>E1</td><td>1500</td><td>6</td><td>2047</td></tr>
<tr><td rowspan="5">20</td><td rowspan="5">C</td><td>C5</td><td>1500</td><td>30</td><td></td><td colspan="6" rowspan="5">“测算量”计算方法
测算量 = 月基础工资 + 月课时工资
月课时工资 = 月课时总时 × 级(档)标准
月课时总量 = 实际课时 × 计算系数</td></tr>
<tr><td>C4</td><td>1500</td><td>29</td><td></td></tr>
<tr><td>C3</td><td>1500</td><td>28</td><td>4053</td></tr>
<tr><td>C2</td><td>1500</td><td>27</td><td></td></tr>
<tr><td>C1</td><td>1500</td><td>26</td><td>3871</td></tr>
</table>

说明：

①“比例%”指本档次占全体教师总量的比例，如：在 80 名教师中“A”级占 80 ×20% =16 名。

②“测算值”计算方法（以高中语文代课 12 节/周，辅导 12 节/周，“C3”档为例）：

周课时量：12 节 ×1.4（系数）+12 节 ×0.5（系数）=22.8 节/周；

月课时量：22.8 节/周 ×4 周/月 =91.2 节/月；

月课时费（绩效工资）：91.2 节/月 × 28 元/节 =2553.6 元/月；

“测算值”：1500 元/月（基础工资）+2553.6 元/月 =4053.6 元/月。

2、初中教师工资级档标准

（以下初中教师工资按 3500 元/月人均标准设计）

初中教师基础工资、绩效工资标准及计算方法　　（表五）

比例%	级	档	基础工资 元/月	课时费 元/节	测算量 元/月	比例%	级	档	基础工资 元/月	课时费 元/节	测算量 元/月
20	A	A10	1200	30	4224	20	D	D10	1200	17	2914
		A9	1200	29.5				D9	1200	16.5	
		A8	1200	29				D8	1200	16	
		A7	1200	28.5				D7	1200	15.5	
		A6	1200	28				D6	1200	15	
		A5	1200	27.5	3972			D5	1200	14.5	2661
		A4	1200	27				D4	1200	14	2611
		A3	1200	26.5				D3	1200	13.5	
		A2	1200	26				D2	1200	13	
		A1	1200	25.5				D1	1200	12.5	
20	B	B10	120	25	3720	20	E	E	1200	12	2410
		B9	120	24.5				E9	1200	11.5	
		B8	120	24				E8	1200	11	
		B7	120	23.5				E7	1200	10.5	
		B6	120	23				E6	1200	10	2208
		B5	120	22.5				E5	1200	9.5	
		B4	120	22				E4	1200	9	
		B3	120	21.5				E3	1200	8.5	
		B2	120	21				E2	1200	8	
		B1	120	20	3216			E1	1200	7.5	195
20	C	C5	120	19.5		“测算值”计算方法与高中相同。					
		C4	120	19							
		C3	120	18.5	3065						
		C2	120	18							
		C1	120	17.5	2964						

(三)综合(津贴)补贴

1、**职务津贴**:以下标准发生在兼职前提下(专职按《行政工资标准》发放)。

职务津贴标准 (单位:元/月)

职务名称	科室主任	副主任	年级组长	年级副组长	教研组长	备课组长	教务员(兼)	政教员(兼)	实验员(兼)
津贴	400	200	200	100	200	100	200	300	200

2、**学历津贴**:本科150元/月,硕士250元/月,硕士以上350元/月;

3、**职称津贴**:中教一级150元/月,高级250元/月,特级350元/月;

4、**伙食补助**:每人200元/月人,在校就餐20天/月或以上者全额发放,不足20天/月按半额发放,低于15天/月不予补贴。

5、**班主任费**:按5元/生、班计算。按政教月考核标准发放。

6、**校龄补贴**:第一年30元,第二年60元,第三年120元,第四年240元,第五年480元封顶。

7、**人事补助**:学校按规定为员工办理相关保险,人事保险按8%标准由个人支付,其余部分由学校支付。

8、**电话补贴**:校长200元/月,副校长150元/月,其他值班领导100元/月,主任50元/月(职务于值班重叠者,选最高一种补贴)。

招生期间电话补贴按当年《招生计划》规定执行。

(四)奖励

1、突出贡献奖

按《学校奖励制度》规定,获得"突出贡献奖"者晋一档工资。

2、优秀奖

①中考、高考奖

按学校《中、高考奖励方案》规定,获得一等奖者晋一档工资。

②考核奖

考核排名连续保持前列,或学期考核累计成绩突出者晋一档工资(具体按"晋级晋档规定"执行)。

③表彰奖励

学校年学校表彰的"优秀班主任"、"优秀教师"晋一档工资。

3、**招生奖**:招生工作中表现突出的招生员除按《招生计划》奖励外,另予业绩突出者晋一档工资(具体按招生管理部门上报核准情况执行)。

(五)其他

1、**代课费**:教师因故缺课,经教务处安排其他老师代为上课,代课费统一按"C3 档"标准计酬。

2、**超代课费**:超"课时标准"代课予以超代课费,超代课费统一按"C3 档"标准计酬。

3、**加班**:按《学校加班规定》予以加班补助,标准为:

领导加班:100 元/天

教师加班:60 元/天

其他员工加班:40 元/天

4、**值班补助**:按《学校值班规定》节、假日值班予以值班补助,标准为:

领导值班:60 元/天

其他人员值班:40 元/天

生活教师、工人不享受值班补助。

四、晋级、晋档

(一)初始入级入档:

1、在校教师初始晋级、入档

从本方案执行之月起。

在职员工,按工资总额就高不就低的原则,进入起始级档。具体用计算课时费标准的方法对应晋级入档,计算方法:

晋级入档标准 ="绩效工资"÷"标准课时"

"绩效工资"="原月薪额"-(原 综合补贴、津贴、奖金)-(新)"基础工资"

"标准课时"=(规定周课时标准×平衡系数+周辅导量)×4 周/月

即:高中标准课时为:91.2 节/月(按平均 12 节辅导/周计算)

初中标准课时为:100.8 节/月(平均 14 节辅导/周计算)

计算方法(初中数学,课 14 节/周,辅导 14 节/周为例):

周课时量:14 节×1.3 平衡系数+14 辅导×平衡系数=25.2 节/周

月课时量:25.2 节/周×4 周=100.8 节/月

入档试例:某高中语文教师除去基础工资、补贴、津贴、奖金等后余额为 2520 元/月,标准课时为:91.2 节/月。

则晋级入档标准:2500 元/月÷91.2 节/月=27.7 元/节

按"就高、就近"原则,初始进入高中 C 级、3 档(4053.6 元)。

2、新聘员工初始晋级、入档

按学校人事部门入职考核定级(A、B、C、D、E)对应晋级,并入本级最低档,如:经入职审核,某教师符合B级,录取入职后起始工资标准确定为B1级档。

3、特殊人才初始晋级、入档

经入职考核被列为"特殊人才",需由考核组提议,人事部门初审并将初始定级、定档意见上报校长审批,按获准意见进入起始级档。

(二)晋档规定

1、**总则**:本工资实行"月动态管理"即,每月依据全校考核排名。凡排名位置发生变化者,予以晋档(级);

考核排名未发生变化,工资级档不变。

2、**晋档幅度规定**:每月每人最多晋一档。

3、晋级、档原则

①升档:凡全校月考核排名超过上月排序者,晋一档;

②保持:凡全校月考核排名保持上月排序者,保持原级、档;

③降档:凡月全校考核排名低于上月排序者,降一档。

④晋级:凡处于本级最高或最低档者,月考核排序仍需晋档者,自然晋级。

4、级、档人数比例:

平均原则:各级、档按总体人数的平均原则定级入档。

(三)上不封顶原则

①学校津贴:处于最高级、最高档,月考核排序仍需晋档或仍处于全校第一位置者,除按最高级档待遇外,另享受300元/月学校津贴。

②董事会津贴:连续享受学校津贴三个月,从第四个月起,享受董事会津贴500元/月。

(四)奖勤原则

①凡符合"奖励规定"者,按规定晋级、档;

②累计晋档:凡学期考核中,连续三个月或累计四个月"升档"者,另奖励一档。

(五)处罚原则

①按相关惩处规定执行。

②降档惩罚:凡学期考核中,连续二个月或累计三个月"降档"者,另再降一档。

(六)末位淘汰原则

①考核淘汰

凡学期月考核连续三次或累计四次"降档",予以淘汰。

②试用淘汰

新聘人员入职后第一月考核处于"降档"位置者,予以淘汰。

五、工资发放

①每月10日发放上月工资,如遇公休日顺延至第一工作日发放。

②部门须将月考核汇总于每月4日前报人事部。

③人事部于每月6日前,将《工资表》报校长审批。

④校长于每月8日前审批完毕,并将《工资表》转至财务处。

六、其他

本工资制度的解释权在学校人事部,或经校务会研究决定后修改。

不相符或抵触的学校其他"授控"制度、规定,均以本制度为参照标准。

本工资制度,从公布之日起试行。

某某学校人事部

年　月　日

【教师工资方案附一:中教师工资测算】

某高中数学教师,代课12节/周(满工作量),早、晚自习辅导、班会等12节/周。兼任班主任(60名学生),校龄3年,本科学历,中教一级职称……定级档为C3级档,工资测算为:

①基础工资:1500元

②绩效工资:2554元/月

周课时:12节×1.4(系数)+12(辅导×0.5(系数)=22.8节/周;

月课时:22.8节/周×4周/月 =91.2节/月

绩效(课时)工资:91.2节/月×18.5元/节(C3标准)==2554元/月;

③综合补贴:920元/月

班主任费:5元/生×60人==300元

学历津贴:150元

职称津贴:150元

校龄补贴:120元

伙食补贴:200元

风险补贴:略

合计工资测算:1500元+2554元+920元=6008元/月

非班主任:5708元/月

【教师工资方案附二：初中教师工资测算】

某初中数学教师，代课 14 节/周（满工作量），早、晚自习辅导、班会等 14 节/周。兼任班主任（60 名学生），校龄 3 年，本科学历，中教一级职称……定级档为 C3 级档，工资测算为：

①基础工资：1200 元

②绩效工资：1761.2 元/月 1865

周课时：14 节 ×1.3（系数）+ 14（辅导 ×0.5（系数）= 25.2 节/周；

月课时：25.2 节/周 ×4 周/月 = 100.8 节/月

绩效（课时）工资：100.8 节/月 ×18.5 元/节（C3 标准）=1865 元/月；

③综合补贴：920 元/月

班主任费：5 元/生 ×60 人 =300 元

学历津贴：150 元

职称津贴：150 元

校龄补贴：120 元

伙食补贴：200 元

风险补贴：略

合计工资测算：1200 元 +1865 元 +920 元 =3985 元/月

非班主任：3685 元/月

【教师工资方案附三：任意平均工资标准下的级档标准】

某校拟定初中教师待遇平均标准 2800 元/月。

基本工资 600 元/月；

其他"综补"与《工资方案一》相同。测算 C3 档标准为：

①课时工资测算

2800 元 -600 元基本工资 -620 元（综补不含班主任费）=1580 元/月（注："620 元"为"综补"合计，不含班主任费）。

②C3 档课时费标准

1580 元/月 ÷100.8 节/月 =15.67 元/节（按 16 元计）

③绩效工资级、档标准

初中教师2800元/月平均工资条件下级、档工资标准　（表六）

比例 %	级	档	基础工资 元/月	课时费 元/节	测算量 元/月	比例 %	级	档	基础工资 元/月	课时费 元/节	测算量 元/月
20	A	A10	600	27		20	D	D10	600	14.5	
		A9	600	26.5				D9	600	14	
		A8	600	26				D8	600	13.5	
		A7	600	25.5				D7	600	13	
		A6	600	25				D6	600	12.5	
		A5	600	24.5				D5	600	12	
		A4	600	24				D4	600	11.5	
		A3	600	23.5				D3	600	11	
		A2	600	23				D2	600	10.5	
		A1	600	22.5				D1	600	10	
20	B	B10	600	22		20	E	E10	600	9.5	
		B9	600	21.5				E9	600	9	
		B8	600	21				E8	600	8.5	
		B7	600	20..5				E7	600	8	
		B6	600	20				E6	600	7.5	
		B5	600	19.5				E5	600	7	
		B4	600	19				E4	600	6.5	
		B3	600	18.5				E3	600	6	
		B2	600	18				E2	600	5.5	
		B1	600	17.5				E1	600	5	
20	C	C5	600	17		注：原则上，基本工资可取任意值。基本工资取值越小，工资的竞争“杠杆作用”就越大。					
		C4	600	16.5							
		C3	600	16							
		C2	600	15.5							
		C1	600	15							

在这本工资标准条件下：

教师平均工资:600 元+100.8 节×16 元+620 元=2833 元/月

最高工资:600 元+100.8 节×27 元+620 元=3942 元/月

最低工资:800 元+100.8 节×3.5 元+200 元(伙补)=1724 元/月

【教师工资方案附四】

例：

（学校）12 月考核汇总及工资定级（表）

姓名	考核分汇总情况									晋级、档情况				期晋级、档		
	政教	教务	后勤	校办	值勤	招办	综合	总分	名次	应晋级档	档差幅度	本月定级	晋档合计	11月	10月	9月
	88	97	+1	+1	+2	−2	+2	189	14	B5	+2 档	B4	+1 档	B3	B2	B2

注：

1、“考核分汇总情况”为各部门考核打分情况，如：“综合”指综合考核打分。“名次”指用全校考核分排名名次，如：依据考核分，在全校教师中排名 42 名则填写“42”。

2、“应晋级档”指“排名”与各级档额定人数相比较，应处的位置，如：全校 100 名教师，如某老师排 20 名，则“应晋级档”为：“A1”级档。

3、“档差幅度”指与本人上一个月所处级档相比较，升 2 档，则用“+2”表示。

4、“本月定级”：按“月晋一档”原则，最后确定的本月工资档次，如：“+1”表示上调一档（实例中 B3——B4），“−1”表示下调一档。

5、“晋档合计”指全校教师晋档之和。当某月全校“合计”为“零”时，表示总体工资支出额与上月相同。

6、“本学期晋级、档”指本学期第一个月，第二个月本人所处的级、档。

【教师工资方案附五】

部门（　　年　月）考核汇总表

考核部门：＿＿＿＿＿＿时间：从＿＿月＿＿日至＿＿月＿＿日

部门／姓名	教务考核		政教考核		教研（综合）	生活考核	值勤	其它	总分	名次
	常规项	临时项	常规项	临时项						

（　　年　月）工资表　　　共　页　第　页

编号	姓名	定级		基础工资	课时工资			补贴			津贴					综合补助				奖金			合计	扣除		实发金额	签名
		定级	入档		课时量	换算量	应发	加值班	代课费	其它	学历	职称	校龄	职务	其它	保险	班主任	膳食费	其它	月奖	学年	其它		所得税	其它		
合计																											
工资总额合计（大写）：＿＿＿＿＿＿＿＿（¥：＿＿＿＿＿＿）																											

制表：　　　　　　　　　**审核：**　　　　　　　　　**审批：**

【附七工资报批封面附件】

某某学校（　月）工资报批（表）

一：员工编制：　　名　　异动：　　名　其中：

教师编制：（　　）名　　异动：（　　）名

行政编制：（　　）名　　异动：（　　）名

后勤编制：（　　）名　　异动：（　　）名

其　　它：（　　）名　　异动：（　　）名

二、编制构架

本月行政人员编制情况：

行政领导： 名 异动： 名	办公人员： 名 异动： 名	安全保卫： 名 异动： 名	其他： 名 异动： 名

本月教师编制情况：

小学部教师： 名 异 动： 名	初中部教师： 名 异 动： 名	高中部教师： 名 异 动： 名

本月后勤及其他编制情况：

后 勤： 名 异 动： 名	其 它： 名 异 动： 名

三、月工资情况说明

上月支出：________________

本月支出：________________

工资说明：

说明人： 校长签字：

年 月 日 年 月 日

（后附工资表）

第二十九章　考核

【某校月考核内容】

(一)各部门月考核分分配

总分 120 分

部门	考核内容、规定及分值分配
学生稳定率	按《学生稳定管理办法》规定,每学期考核两次,稳定率未达标者,绩效考核与奖励予以一票否决。排名后者按规定处罚并降档。
教务考核共 35 分	1、常规工作考核(20 分):常规工作采用随机考核的方法进行。教务处每月从备、教、辅、改、考中任选择考核一项,按满分 20 分换算后计入总分。 2、临时考核(15 分):计划性工作及安排工作或已有制度的执行情况每月进行一项考核,具体项目由校长确定,临时考核要求提前一周公布。
政教考核共 30 分	1、常规工作考核(20 分):常规工作采用随机考核的方法进行。政教处每月从“班级常规工作,卫生常规工作,文明(礼仪)纪律要求,班级环境宣传和三操起床就寝一活动”中任选择考核一项,按满分 20 分换算后计入总分。 2、临时考核(15 分):计划性工作及安排工作或已有制度的执行情况每月进行一项考核,具体项目由校长确定,临时考核要求提前一周公布。 3、非班主任政教考核得分 = 本年级各班得分(计生活考核分)总和 ÷ 班数
生活考核共 10 分	1、生活老师考核:按现有生活考核过程打分,依据得分对生活老师进行考核排名,依据排名情况发放生活老师绩效工资; 2、班级生活考核(10 分):依据对班级宿舍的考核,按 10 制换算后计入班级考核总分。
教研处共 20 分	每月从“稳定率”、“学生测评”、“测试分析”和“专项检测”等教师专项素质中确定一项,进行考核

续表

学部综合考核共20分	结果考核:每学期由学部组织进行一次综合考核,考核内容及分值分别为:班级稳定率或安全工作40%,优生率20% 提高率20% 差生转化率20% 依据综合考核,确定评优、评先,并按总分20分计入当月绩效考核(学部进行综合考核时,当月教研考核暂停)
值班及其他部门考核	1、依据工作配合情况,按0.5——2分/人次,进行考核分奖、扣; 2、依据值班检查情况,对员工进行0.5——2分/人次,奖扣, 3、依据规定考核分量,对教师进行0.5——2分/人次奖扣; 4、对学生进行0.5——1分/人次班级考核分奖扣。

注:以上产生的考核分,要求在发生分值的"一个工作日"内公布,否则均视为无效分。

学生考核或考核学生产生的分值,经班级计算后,按"班主任"和"非班主任"的方式,计入政教考核分。

(二)投诉

校务会专设投诉处理部门,对各部门及领导个人的分值产生的准确性和公正性进行监控。投诉发生后,由校务办专人受理投诉,并对"投诉问题"进行专项调查。核实后做出"更正"并及时通知投诉人。

学校将考核的准确率(投诉率)作为考核领导的重要内容之一。

【某校政教考核细则(部分内容)】

一、政教量化考核内容

(一)安全

1、严禁一切不安全行为。不准在教室、宿舍及校园内任何地方生火,不准乱动各种电器设备,不准将易燃易爆和有毒物品带进学校,不准攀爬危险物,不准将头、手、足伸到防盗网外,不准私自下河游泳、玩耍,不准在学校放弹弓、鞭炮。否则每人次扣5分。

2、上学与放学途中不得在公路上追赶,不得拦车、爬车,要坚持靠右行走,要遵守交通规则。否则每人次扣5分。

3、上下楼梯靠右走，不准在楼上走廊吵闹、追逐，不准攀爬走廊围栏，不准在楼梯扶手上溜滑，不准在教学楼、宿舍楼顶面玩耍、追逐。发现每人/次扣2.5分。

4、凡升旗仪式、早操、校会或其他重要活动，均由班主任组织全班学生排队按指定的行走路线进场和退场，不准在上下楼梯时追赶抢先、拥挤推拉。否则每人次扣2.5分。

5、三年级以下的走读生不准骑自行车上学，四年级以上的学生由家长签字认可，报班主任备案，再经校方同意后，方可骑车上学，否则每人次扣2.5分。

6、上课时间没有老师带领一律不准出学校大门。发现每人次扣2.5分。

7、乘校车或接送家长未到时，学生应到门卫值班室找保安或值日老师协助安排，不得私自离开校园，否则每人次扣2.5分。

8、学生因病因事提前离校，必须持家长和该班主任共同签名的“出校放行单”方可出校门。否则每人次扣2.5分。

9、住宿生必须由生活老师签名出具放行条后方可离开学校。全托生无家长亲自来接不得出校门，否则每人次扣2.5分。

（二）考勤

1、迟到每人每次扣1分。（包括早读、上课、辅导课及集会迟到）

2、请病假、事假每人每次扣1分。（有医院证明，家长字据或在校突然发病家长带走除外）

3、早退、旷课、旷操、旷会，每人每次扣2分。

（三）早读

1、当班教师按规定时间进班组织早读，缺岗一次扣绩效2分，造成不良后果由当班教师负责。

2、当班教师到位后，须立即清点本班人数，做好记录并上报班主任，及早摸清学生去向，否则每人扣1分。

3、早读时学生应纪律良好，精力集中，书声琅琅，无追逐打闹、过位、跑出课堂之现象，每发现一人次扣绩效1分。

（四）纪律

A、课堂

1、上课搞小动作或看与上课无关的书籍，做与上课无关的作业，每人每次扣1分。

2、上课讲话每人每次扣1分。

3、上课坐姿不端或随意走动，每人每次扣1分。

4、上课吃零食，每人每次扣1分。

5、影响其他班上课，每人每次扣1分。

6、学前班教师下课后必须看班，到上课为止，否则一次扣2分。

B、就餐

1、学生到校后，无特殊情况，必须进教室读书，如在外面走动、追逐、吵闹，每人每次扣1分。

2、中午开餐时，学生一律在走廊排队分饭菜，不许争先恐后、大喊大叫、敲打碗筷，如有发现每人每次扣2分。

3、早餐由本班教师分配，学生要秩序井然。如有哄抢，每人每次扣1分。

4、早、中餐班主任同本班学生同在教室进餐，学生不能有严重浪费饭菜的现象，否则每人/次扣1分。

5、应该将剩饭剩菜倒在指定的地方，不能用饮用水洗餐具，否则每人每次扣2分。

6、浪费水电，每次扣5分。

7、损坏公共财物，除追究责任、照价赔偿外，还要扣5分。

C、午休

1、午休时，学生不得随意走出教室，或在教室里走动，如有发现每人每次扣1分。

2、午休时，在教室里讲话、吵闹，每人每次扣1分。

3、各班必须有教师看管学生午休，否则扣2分。

(五)礼仪

A、文明礼貌

1、碰见来宾不问好，进教室及办公室不喊报告，每人每次扣1分。

2、说脏话，给人取绰号，每人每次扣1分。

3、顶嘴、吵嘴，每人每次扣2分，打架每人扣5分。

4、上、下车挤、推，不遵守纪律者，每人每次扣1分。

5、学生抽烟、喝酒、赌博每次扣4分直到改正。

B、仪表

1、不穿校服、不带红领巾、团徽、校卡，每人每次扣1分。

2、穿拖鞋上课，每人每次扣1分。

3、穿奇装异服或不整洁者，每人每次扣1分。

4、男生留长发或染发，女生染发或烫发，或刻其他标志者，每人每次扣1分。

5、升国旗，不行礼或站立不正确，讲小话每人每次扣1分。

6、学前班教师应检查学生有没有穿反鞋，发现一次扣1分。

（六）卫生

A、椅子(5分)

课桌面平整无尘，无乱写乱画、无刀刻痕迹；抽屉内物品摆放整齐，无纸屑杂物等，椅子摆放整齐。桌子或凳子未按标准摆放，每桌或凳扣1分，扣完5分为止。

B、黑板、墙壁(5分)

讲台台面无乱放物品、清洁、干净，无粉尘及印痕(0.25分)

抽屉内干净、物品放置整洁、合理(1分)

黑板清洁、无遗留粉笔字迹和揩擦印痕(1分)

板刷放置合理、定期清洁(0.25分)

墙壁四周干净、不乱涂画(0.25分)

不乱贴图画(0.25分)

无蜘蛛网(0.25分)

无故意毁损(0.25分)

C、卫生工具、地面、天花板(5分)

卫生工具清洁、干净(1分)

摆放整齐、合理(0.25分)

无故意毁损(0.25分)

地面无垃圾(1分)

无积水(0.25分)

风扇干净、无积尘(0.25分)

灯管、灯座干净(0.25分)

天花板面干净(0.25 分)

D、门、窗、玻璃、电开关(5 分)

门板、门框干净(1 分)

窗子卫生并关好(窗帘拉好)(1 分)

玻璃干净、无乱贴乱画(1 分)

电灯、风扇开关关好(1 分)

电开关卫生(0.25 分)

爱护公物、无故意毁损(0.25 分)

E、包干区及个人卫生(5 分)

所属包干区内无乱扔垃圾(2 分)

教室外走廊干净(2 分)

无杂草、无异味(0.25 分)

讲究个人卫生(0.5 分)

不乱扔垃圾(0.5 分)

能服从命令,搞好卫生(0.5 分)

(七)两操

1、不参加两操者,每人每次扣 1 分。

2、课间操或集合拖拉、拥挤,队伍不整齐,每人每次扣 1 分。

3、两操时,说话、乱喊、乱叫每人每次扣 1 分。

4、不认真做操,每人每次扣 1 分。

5、两操或集会解散时,不按秩序,乱挤拥者,每人每次扣 1 分。

6、上楼梯不靠右行者,每人/次扣 1 分。

(八)放学

A、中午放学

1、放学铃响后,班主任组织校外就餐的同学排队,按“自己回家”和“家长接送”和两类有序的走出校门。队伍松散整齐,扣 2 分,错送学生每人扣 3 分,并承担相关责任。从课室到门口的途中,有学生不排队,追逐打闹,推挤现象每人次扣 1 分。

2、在校进餐的同学留在课室由副班主任看管就餐,就餐要求安静、有序,否则每人次扣 1 分。

3、班主任放学不到岗,扣 3 分;副班主任不在课室照看学生就餐,扣

3分。

B、下午放学

1、放学铃响后，班主任应马上组织乘车的同学排好队，请查乘车人数，整齐走向停车场，若无效耽误校车出发时间，每次扣5分，并自己送学生回家。

2、到达停车场，必须安静有序排队上车，不推挤、不吵闹、文明坐车，否则每人次扣1分。

3、班主任必须准确无误地把学生送到指定车上，错送1人扣5分，漏送1人扣5分，并承担相关后果及费用。

4、送完乘车学生上车后返回课室组织学生放学，期间由副班主任在课室照看学生，缺岗扣3分。纪律混乱每人次扣1分。

5、不坐校车的学生放学规定同"A"（中午放学）。

二、考核方式

1、值日教师在值日长的领导下，负责当天全校各班各量化考核项目的考核以及日常行为规范的常规管理工作，并做好值班记录和考评。

每天下午5:30当班值日组长会同值日教师，学校轮值领导，统一检查全校卫生。

值日教师应把当天值班记录交值日组长，值日组长应做好记录。

各班搞完整洁工作后，不能关上教室门，由值日教师检查完毕后关上。班主任对自己班上的扣分有疑义，应到值日组长处查原始记录。

2、扣分由值日长和值日教师决定，扣5分以上的，由学校轮值领导决定。

3、凡受过政教处《十分制条例》处分的学生，扣该班量化分5分，凡在全校通报表扬的学生，每次加班量化分2分。

三、班级常规工作量化考核评比办法

1、考核分：各班每周原分值为100分，考核分为100减所扣分。

2、流动红旗评比：各年级为一个评比组。

……

四、考核表格

部门日工作考核(表)

1、各部门按常规要求,每日进行四项考核。

2、依据学校工作周历和周工作安排,每日进行四项临时工作检查。

3、日检查记录由值勤领导签字交校办,并计入“工作档案”

部门日八项考核表

部门:　　　　　　　　　　年　月　日　时　分　　　　　考核人员:

班级	班主任	考核项目								备注
		上午		中午		下午		晚上		
		常规		常规		常规		常规		
1		A、B、C	A、B、C	A、B、C	A、B、C	A、B、C	A、B、C	A、B、C	A、B、C	
2		A、B、C	A、B、C	A、B、C	A、B、C	A、B、C	A、B、C	A、B、C	A、B、C	
3		A、B、C	A、B、C	A、B、C	A、B、C	A、B、C	A、B、C	A、B、C	A、B、C	
注:1、本表格中考核“优秀”在A下面划“∨”;良好或一般的在B下划“∨”,差在C下划“∨”。 2、在检查时,由检查人员负责填写检查项目;本表检查后交主管领导,作为月汇总依据。										
1、奖励:					2、扣分:					
检查记录: 执勤领导:										

【某校教师考核评估暂行规定】

第一条　为了客观地评估教师的工作,特制定本考核细则。

第二条　考核结果全部记入教师的《工作档案》,并作为今后晋职,工资晋级、晋档和评优、评先的依据。

第三条　考核工作每月汇总一次,并按分值情况进行全校排队。

第四条　考核奖惩按《工资方案》的相关规定执行。

教师月工作考核、评估(表)

考核指标	项目 标准	评估标准	方法	得分
师德 20分	1、遵守校纪,严于律己,不缺课、缺勤,不迟到早退(8分)。	①符合要求。 8分 ②迟到早退,扣1分/次 ③缺课(勤)1节(次),或迟到(早退)六次,本项得0分	凭考勤记录	
	2、语言文明,举止文雅,为人师表(4分)。	用10分制量分: ①平均分9.0分以上 4分 ②平均分7.5分以上 3分 ③平均分6.0分以上 2分 ④平均分5.9分以下 1分	向师生无记名问卷调查	
	3、热爱本职,热爱学生,师生关系民主、平等(8分)。	用10分制量分: ①平均分9.0分以上 8分 ②平均分7.5分以上 6分 ③平均分6.0分以上 4分 ④平均分5.9分以下 2分	向师生无记名问卷调查	
职业技能 20分	1、教学组织能力强,能抓住知识主线,层次分明重点突出,讲练结合,组织严密(10分)	用10分制量分 ①平均分9.0分以上 10分 ②平均分7.5分以上 8分 ③平均分6.0分以上 6分 ④平均分5.9分以下 3分	①随堂听课给分 ②学生无记名问卷调查	
	2、教学方法灵活,注意激发学生思维,善于调动学生积极性,注重培养学生能力(10分)	用10分制量分 ①平均分9.0分以上 10分 ②平均分7.5分以上 8分 ③平均分6.0分以上 6分 ④平均分5.9分以下 3分	①随堂听课给分 ②学生无记名问卷调查	
	3、教学质量良好,语言准确生动、形象,深入浅出,课堂纪律好(10分)	用10分制量分 ①平均分9.0分以上 10分 ②平均分7.5分以上 8分 ③平均分6.0分以上 6分 ④平均分5.9分以下 3分	①随堂听课给分 ②学生无记名问卷调查	

续表

	1、教学计划（总结）按时制订、上交，并按计划组织教学(6分)	①符合指标 6分 ②迟交或没有按计划落实教学 3分 ③无计划，无总结 0分	由教科室、部教学处检查记录给分	
	2、备课认真、仔细（15分）	用10分制量分 ①平均分9.0分以上 15分 ②平均分7.5分以上 10分 ③平均分6.0分以上 7分 ④平均分5.9分以下 4分	由教科室、部教学处组织考核评估	
敬业态度70分	3、每课时作业适量，批改认真，处理及时 （15分）	用10分制量分 ①平均分9.0分以上 15分 ②平均分7.5分以上 10分 ③平均分6.0分以上 7分 ④平均分5.9分以下 4分	①由教科室、部教学处组织考评 ②学生问卷调查	
	4、单元或章节考查及时，批改认真（6分）	用10分制量分 ①平均分9.0分以上 6分 ②平均分7.5分以上 4分 ③平均分6.0分以上 2分 ④平均分5.9分以下 1分	①由教科室组织考评 ②学生问卷调查	
	5、认真履行值周（日）职责圆满完成任务(20分)	①符合指标要求 20分 ②迟到早退或没有很好履行职责 5－10分	由教育处考核给分	
	6、积极开展教科研活动 （8分）	①每月听课2节以上，按时参加教研活动 8分 ②校内开出公开课每节 1分 ③论文上交每篇 2分	由教科室、部教学处考核给分	

【班主任考核】

(一)行政考核

A、四项竞赛:即纪律、两操、勤学、卫生(30分);

B、学生行为规范达标评估(30分);

C、班主任日常工作考核(40分)。

(二)学校班主任日常工作考核表

<table>
<tr><td>班级</td><td></td><td>班主任</td><td colspan="2"></td><td colspan="2">考评得分</td><td></td></tr>
<tr><td>日期</td><td></td><td>学生数</td><td></td><td>男生</td><td></td><td>女生</td><td></td></tr>
</table>

<table>
<tr><th>指标</th><th>考核内容</th><th>考核标准</th><th>考核方法</th><th>得分</th></tr>
<tr><td rowspan="5">思想教育
28分</td><td>1、班会课按计划落实,内容充实,效果好　6分</td><td rowspan="4">1、计划目标落实的好得满分
2、按计划进行内容效果一般　(7/20分)
3、移做它用　(4/10分)
4、没有落实　(0分)</td><td rowspan="4">1、查阅有关资料
2、学生处届时检查
3、向教师及学生调查</td><td></td></tr>
<tr><td>2、主题班(团)会每月一次,主题鲜明,效果好　6分</td><td></td></tr>
<tr><td>3、隔周召开各类学生座谈会落实教育内容,解决一至二个实际问题　6分</td><td></td></tr>
<tr><td>每月一次任课教师教育教学质量分析会　5分</td><td></td></tr>
<tr><td>4、经常与家长联系,做好学生的教育工作　5分</td><td>每月联系1/10家长,达到任务1/5给1分</td><td>1、向学生调查
2、查阅班主任联系记录</td><td></td></tr>
<tr><td rowspan="3">班级建设
38分</td><td>1、管理制度健全,有落实的具体措施,执行良好　10分</td><td rowspan="3">1、符合指标得满分
2、基本良好　(7/10分)
3、存在问题明显　(4/10分)
4、很差　(0分)</td><td rowspan="3">1、查阅资料
2、向老师与学生调查</td><td></td></tr>
<tr><td>2、班(团)组织健全、干部分工与协作良好　6分</td><td></td></tr>
<tr><td>3、同学之间团结,进取精神强　6分</td><td></td></tr>
</table>

续表

	4、巩固率达标 6分	5、流一人扣 6分	查资料档案	
	5、违规行为比例极少 10分	6、受校警告以上处分,每人次扣10分 7、受校通报批评,每人次扣 5分		
学习指导32分	1、全班学生有学习计划,并基本落实 6分	1、得9分以上给满分 2、8分以上的给7/10分 3、7分以上的给4/10分 4、6分以上的给2/10分 5、6分以下的给0分	查资料 向学生调查	
	2、课堂学习气氛活跃,纪律良好 6分		向任课教师调查	
	3、各科作业及时完成 6分			
	4、黑板报两周一期 4分			
	5、班容好,教室清洁,合适 10分		学生会采用10制每周一评	
	6、卫生用具齐备,摆放整齐 4分			
	7、体育课出勤率高 4分	缺勤一人扣1分	查体育课考勤记录	

(三)奖励

1、学校组织的以班为单位的各项竞赛,获集体第一、二、三名的,分别奖10、5、2分;

2、组织学生以班为单位(2/3以上人数),参加市级及以上部门组织的各类竞赛,对班主任进行奖励:

获市级第一、二、三名的,每人次奖20、10、5分;

获省级第一、二、三名的,每人次奖30、15、10分;

获国家级第一、二、三名的,每人次奖40、20、15分

(学生零散参加的,奖励分数减半)。

(四)专项考核

专项考核如:稳定率、招生、家长满意率等按相关规定执行。

【学生考核】

班级__________班主任__________考核分__________

序号	检查内容	检查方法	分值	评分
1	对学生的规范教育有切实可行的评估制度和检查方法	查阅班级有关规章制度及对学生评估方案	10	
2	全体学生理解并掌握《规范》的全部内容	全班随机抽考若干人,每答错一人次扣0.5分	7	
3	坚持参加升国旗制度,学生能完整唱国歌	查升旗仪式值日记录,取若干学生唱国歌,错1例扣1分	7	
4	教学秩序井然,班级风气良好,考试无作弊现象	随机查看,师生座谈,酌情给分	5	
5	学生举止文明,礼貌用语广泛使用,无打架骂人、叫侮辱性绰号	随机查看,师生座谈,酌情给分	5	
6	学生爱护公物,节约用水,爱惜粮食,不摆阔气,不乱花钱	随时查看记录,每发现一便扣1分	5	
7	学生空戴整洁大方,标志佩戴整齐,不烫发化妆,佩首饰,男生不留长发	随机查看记录,每发现一便扣1分	5	
8	学生中无赌博、喝酒、抽烟现象,不看不健康的书刊	问卷调查,师生座谈,发现一例扣1分	5	
9	学生不进营业性舞厅、网吧、音乐茶座及游戏机室	问卷调查,师生座谈,发现一例扣1分	5	
10	班级中无较大的突发事件和非正常事故	问卷调查,师生座谈,发现一例扣1分	10	

续表

11	班级卫生制度健全,公共场所整洁,垃圾箱及时清理,卫生用具放置整齐	查阅资料,实地察看,酌情给分	6	
12	班级设有石灰箱、果壳箱、地面无痰迹、纸屑、果壳	实地察看,酌情给分	6	
13	教室、走廊等干净,墙上无脏痕,天棚无蛛网	实地察看,酌情给分	6	
14	教室内门窗、桌椅等设施完好无损,物品摆放整齐	实地察看,酌情给分	6	
15	学生宿舍清洁卫生,生活用品井然有序,设施完好无损	实地察看,酌情给分	6	
16	教室内外布置得体,讲台上方有国旗,走廊有名人画像或名言,文化气氛浓厚	实地察看,酌情给分	6	

【成果奖励】

(一)教育科研成果奖

名次	区级	地市级	省级	国家级
一等奖	20分	30分	40分	60分
二等奖	10分	15分	20分	30分
三等奖	5分	10分	15分	20分

(二)社会、家长成果

1、被社会表彰30－10分/次

2、获得家长感谢信、锦旗等10－5分/次

(三)考试

学生升入全国重点大学,奖励班主任及科任教师10分/人

附一：民办学校员工聘用合同书(例)

编号：

社会力量办学教师(教职工)
聘任合同

用人单位(甲方)：____________________

地　　　　址：____________________

电　　　　话：____________________

应聘者(乙　方)：____________________

身 份 证 号 码：____________________

地　　　　址：____________________

电　　　　话：____________________

使用说明

一、双方在签订本合同时，应仔细阅读本合同书。本合同一经双方依法签订，即具有法律效力，双方必须严格履行合同条款。

二、本合同必须由用人单位(甲方)的法定代表人(或委托代理人)和应聘者(乙方)亲自签名，并加盖用人单位公章方为有效。

三、本合同适用于本市的所有社会力量办学单位及其招(聘)用的所有劳动者。

四、本合同的空栏，凡需要双方商榷的，必须填写清楚。不须填写的空栏请打上“/”。

五、本合同的未尽事宜，请在“双方需要明确的其他事项”中列明，或另行签订其他补充协议。另行签订的其他补充协议，作为本合同的附件，与本合同一并履行。

六、本合同用钢笔或黑色签字笔填写，必须字迹清楚、文字简练、准确，并不得擅自涂改。

七、本合同书(含附件)一式三份，鉴证后由甲、乙双方各持一份，鉴证机构留一份，具有同等法律效力。擅自涂改或未经合法

授权代签无效。

(以下为合同内容)

__________________(甲方)招聘________

________(乙方)作为本校____________教师(职工),双方根据《中华人民共和国劳动法》、《中华人民共和国教师法》和等法律、法规,在平等自愿、协商一致的基础上,订立本合同,建立劳动关系,并共同遵守履行。

一、合同期限

甲、乙双方同意从______年______月______日起到______年______月______日止,合同期限为______年______个月。

二、工作内容

(一)乙方的工作岗位(地点、部门、职务):____。

(二)乙方的工作任务、职责:按甲方安排的工作任务积极工作,并完成任务。

三、工资报酬

(一)甲方根据本单位的工资制度,确定乙方的基础工资标准:基本工资为________元/月,基本奖金(可浮动)为________元/月。其他结构性工资及寒暑假工资按本单位工资制度执行。

试用期________月,试用期间基本工资按____________;奖金按____________标准发放或共发放____________元。

(二)甲方每月定期支付乙方工资,甲方的工资发放日期为每月15日。

四、福利待遇

甲方为乙方提供以下福利待遇:1、免费提供集体宿舍;2、给予适当的生活费补贴,甲方提供一日三餐,每月扣伙食费__________元。

五、休息休假

1、乙方依法享有法定的节日假、公休日假、寒暑假、婚丧假、产假和计划生育假等有薪假期,工资标准按本单位的工资制度执行。

2、甲方在工作日、休息日安排乙方加班,按本单位的工资制度支付加班工资。

六、劳动纪律

乙方应严格遵守国家的各项法律、法规,遵守甲方依法制定的各项规章制度和劳动纪律,服从甲方的管理和教育,甲方有权对乙方执行规章制度的情况进行检查、督促和赏罚。

七、聘用合同的变更、解除、终止和续订

(一)甲方因签订合同时所依据的客观情况发生变化,或者乙方因个人原因要求变更本合同条款的,必须提前三十天书面通知对方,经双方协商一致后,可以变更本合同的相关内容。变更聘任合同,双方应签订《变更聘任合同协议书》。

(二)有下列情况之一的,符合条件的一方可以单方面变更本合同的相关条款:

1、本合同订立时所依据法律、法规已经修改或失效;

2、________________________________;

3、________________________________。

(三)经甲、乙双方协商一致,可以解除本合同。

(四)乙方有下列情况之一的,甲方可以解除合同。解除合同时,按乙方实际工作时间核发工资,甲方不承担任何补偿义务:

1、在见习期内证明不符合录用条件的;

2、师德败坏严重违反劳动纪律违反甲方依法制定的规章制度,符合开除、除名、辞退条件的;

3、体罚学生,经教育不改的;品行不良,侮辱学生,妨碍学生身心健康成长,情节恶劣的;

4、经考核不称职,给教育教学工作造成损失的;

5、因个人言行给甲方声誉造成损害的;

6、在上班期间兼职或从事家教的;

7、被依法追究刑事责任的。

(五)有下列情况之一的,甲方有权解除本合同。但必须提前一个月以书面式通知乙方,方可办理解除聘任合同手续:

1、本合同订立时所依据的客观条件发生重大变化,致使本合同无法履行,经与乙方协商不能就变更本合同达成协议的;

2、乙方患病或非因工负伤,医疗期满后,不能从事原工作也不能从事甲方另行安排的工作的;

3、乙方不能胜任工作,经培训或调整工作岗位,仍不能胜任的。

(六)乙方有下列情况之一的,甲方不得依据以上第(五)项规定解除本合同:

1、患病或负伤,在规定的医疗期内的;

2、女教职工在符合计划生育规定的孕期、产期和哺乳期内的;

3、符合法律、法规规定的其他情况的。

(七)甲方有下列情况之一的,乙方可以解除合同:

1、甲方无理由不按时支付乙方工资的;

2、甲方无理由扣发乙方工资或不落实法定假期的;

3、乙方得不到应有的人身尊严;人身自由;人身安全的。

(八)乙方在正常情况下要求解除本合同,应当提前三个月书面通知甲方,超过三个月甲方应当办理解除合同手续。

(九)因第七条第(五)项第1、2款规定而解除合同的,甲方应按乙方的实际工作年限,每满一年(满半年而不满一年的按一忆年计算)发给乙方一个月的基础工资的生活补助费,但最长不超过三个月。

八、违反聘用合同的责任

(一)甲、乙双方有下列情况之一的,应当承担违约责任;

1、甲方违反本合同规定,单方面解除本合同的;

2、乙方未经甲方同意,擅自离职的;

3、乙方有本合同第七条第(四)项第2、3、4、5、6、7点情况的;

4、____;

5、____;

6、____;

(二)双方同意以下列方式承担违约责任:

1、违约金。一方违约,应支付违约金__________元。

2、赔偿金。违约金不足以赔偿对方损失的,还需支付赔偿金。

赔偿金按违约实际造成的损失计算。赔偿损失的范围包括:

(1)____;

(2)____。

(三)符合下列条件之一的,违约方可以减轻或免除违约责任;

1、违约行为是因不可抗力造成的;

2、____;

3、____;

4、____。

九、因履行本合同发生争议的解决办法

双方因履行本合同发生争议，应先协商解决。协商不成的，可自争议发生之日起三十日内向甲方劳动争议调解委员会申请调解，或自争议发生之日起六十日内向劳动争议仲裁委员会申请仲裁。

十、本合同的条款与国家和省、市新颁布的法律、法规、规章不符的，按新的法律、法规、规章执行。

十一、双方需要明确的其他事项：

____

____。

十二、本聘任合同自双方签字并经鉴证机构盖章之日起生效。

甲 方(盖章)　　　　　　　　　　　　乙 方:(签名)

法定代表人：

(委托代理人)：____________________　　　　____________________

______年____月____日　　　　　　　　______年____月____日

鉴证机构(盖章)

鉴证人：________________________

鉴证日期：______年____月____日

附二：民办学校校长聘用合同(例)

编号：

校长聘用合同书

甲　　方：　　　　　　　　　　　　**乙　　方：**

法定地址：

电　　话：　　　　　　　　　　　　**电　　话：**

(以下为合同内容)

依据《中华人民共和国劳动法》、《中华人民共和国教师法》、《民办教育促进法》、及相关的人事管理法规、文献等规定。________________(以下简称甲方)和________________(以下简称乙方)本着友好合作精神，自愿订本校长聘用合同并保证认真履行合同中约定的各项义务。

一、甲方的董事会经研究一致通过同意聘任乙方______________(以下简称学校)校长。

二、合同期限:

甲、乙双方同意从,______年____月____日起到______年____月____日止,合同期限为____年。

三、工资报酬及待遇:

(一)甲方确定乙方的基本工资标准为______元/月,手机通讯费______元/月,基本奖金为______元/月,按月发给;学期期终奖(______元/期)按实际工作绩效发给。

(二)甲方每月____日发放乙方本月工资及乙方上月奖金;甲方每学期终发放乙方本学期奖金。

(三)乙方有法定的节假日休息时间。假期工作,按劳给予加班补助,具体按财务制度的相关规定执行。

(四)乙方工作期间内,享受甲方提供的住宿(含住宿房间的空调、热水器、电视机、灶具、煤气、床铺、床上用品等)及膳食,费用由甲方支付。

(五)其他收入方面:在正常学杂费收入的前提下,其他方面合理收入,除开支和奖励费用外,其余分配比例为:上交董事会40%,老师及管理人员40%,乙方获20%。

四、乙方的权利与职责:

(一)权利:

学校实行董事会领导下的校长负责制。乙方在董事会领导下负责主持学校的全面工作。具体权力分配如下:

1、组阁权:

1)乙方具有对学校校务会的组阁权。组阁校务会要报董事会备案。

2)乙方具有对学校中层领导的考核、任免权。

3)对校级干部,乙具有考核权,校级干部(学校副校长、助理、分校校长等)任免由乙方提出申请,报董事会批准后任免。

2、人事权:

乙方对员工(教师)有聘用、考核和罢免权。

3、财务权:

民办学校经略

张永俊 刘 祥◎著

九州出版社
JIUZHOUPRESS

1)乙方对学校的财务提出预算,报董事会批准后具有执行预算的权利。

2)乙方对中层领导、员工及教师的工资依据预算具有分配权。

3)按照董事会的财务规定,乙方具有计划内经费的审批权。

4、物品的管理权:

1)物品申购、维修时要报董事会批准。由董事安排所属专业公司采购、维修。

2)零星物品(200元以内)乙方具有采购审批权。

3)乙方具有学校的硬件设施、车辆及物品的使用权。

5、乙方参与董事会并参与董事会的重大决策。

五、乙方职责、目标:

(一)职责

1)全面主持学校行政工作。正确贯彻执行党和国家的教育方针、政策、法规。坚持正确的政治方向,团结、依靠教职工。保证办学的方向,积极稳妥地推进教育改革,按教育规律办学,不断提高教育质量,努力培养德智体美全面发展的社会主义建设者和接班人。

2)领导制定学校的发展规划和学年、学期工作计划,并认真组织实施、检查和总结。

3)根据学校规模、编制标准、实施需要和有关规定,设置学校管理的组织机构,选任各层次的干部,建立健全各项规章制度。

4)把德育放在首位,坚持管理育人、教书育人、服务育人、环境育人的工作方针,会同党委建设精干得力的德育工作队伍,采取切实措施,加强对学生的政治、思想、品德教育。

5)坚持学校工作以教学为主,按照国家统一编制的教学计划、教学大纲,遵循教学规律组织教学,建立和完善教学管理系统,搞好教学常规管理,深入教学第一线,正确指导教师进行教学改革,努力提高教学质量。

6)领导和组织体育卫生、美育、劳动教育工作。妥善处理"五育"之间的关系,保证学校体育卫生、美育、劳动教育工作生动活泼,确有成效的开展。

7)重视教师队伍建设,注重培养青年教师,组织教师进修,不断提高政治思想、职业道德,文化业务水平,充分调动他们工作的主动性、积极性和创造性。

8)贯彻勤俭办学原则坚持后勤工作为教学、为师生服务的方向,关心师生生活，保护师生健康，严格管理校产和财务，搞好校园建设，逐步改善办学条件用教职工福利。

9)努力争取社会各方面对学校工作的支持和帮助，代表学校协调、处理公共关系。

10)努力抓好外事活动。遵循教育要“三个面向”精神，积极组织开展对外交流活动，不断加强和发展与友好国家学校的联系、交流、互访。

11)协调好领导之间的关系。

(二)目标

1)乙方要努力完成学校的发展目标，具体为：______年____月____日前，中、小学在校生达到____名。______年____月____日前中小学在校学生达到____名。______年____月____日前中小学在校学生达到____名。

2)乙方要科学管理学校，努力争取学校取得良好的社会效益。

六、甲方的义务：

1、向乙方出示创办学校的合法文件，介绍甲方有关工作制度以及有关甲方的管理规定。

2、对乙方的工作进行指导、检查和评估。

3、向乙方提供必要的工作和生活条件。

4、按时支付乙报酬。

七、乙方的义务：

1、遵守甲方的工作制度和有关的管理规定，接受甲方的业务指导、检查和评估。

2、按期完成工作任务，保证工作质量和各期目标的完成。

八、合同的变更、解除和终止：

1、双方应信守合同，未经双方一致同意，任何一方不得擅自更改、解除和终止合同。

2、经当事人双方协商同意后，可以变更、解除和终止合同。在未达成一致意见前，仍应当严格履行合同。

3、甲方在下述条件下，有权以书面形式提前三个月通知乙方解除合同：

(1)乙方不履行合同或者履行合同义务不符合约定条件，经甲方指出后仍不改正的；

(2)根据医生诊断，乙方在病假连续30天手不能恢复工作的；

4、乙方在下述情况下，有权以书面形式拉前三个月通知甲方解除合同：

(1)甲方未按合同约定提供乙方必要的工作和生活条件；

(2)甲方未按时支付乙方报酬。

5、甲、乙双方因其他原因解除本合同，均需要提前三个月书面通知对方，否则视为违约。

九、违约金：

甲、乙双方任何一方不履行合同或者履行合同义务不符约定条件，即违反合同时或违约时，违约方应当向另一方支付10000元人民币的违约金。

十、本合同自双方签字之日生效，合同期满即自生失效。当事人一方要求签订新合同，必须在本合同期满前30天向另一方提出申请，经双方协商同意后续签新合同。

十一、仲裁：

当事人双方发生合同纠纷时通过协商或者调解解决，若协商、调解无效，可向仲裁机构申请仲裁。

十二、本合同一式二份，双方各执一份，自甲方(法人或法人代理)，乙方(本人)签字盖章后生效。

十三、未尽事宜双方协商解决，双方协商一致达成的补充协议与本合同具有同等法律效力。

十四、双方协商事宜：

甲方：法人或法人代理签字　　　　**乙方：**本人签字：

(章)　　　　(章)

法人代码：　　　　**身份证号码：**

签订地点：

年　月　日　　　　年　月　日

附三：民办学校校车租赁合同(例)

(以下为合同内容)

租赁校车合同

甲方：

乙方：

经甲、乙双方友好协商一致同意就车辆租赁事宜达成如下协议：

1、甲方租用乙方的______座客车（车牌号：________），租赁期自______年____月____日至______年____月____日，租车费按出勤天数计算，具体为：______元/天（费用中含：司机工资、汽油费、纵使费、罚款及事故等费用）。国家规定应缴的税费由乙方负责。乙方同意甲方在车身上张贴广告标语。

2、乙方必须按甲方规定的时间工作。因乙方或乙方的车辆问题导致乙方不能出车或不能完成甲方指派的工作，损失由乙方承担。

3、甲方指定甲方的路线，在指定路线中，乙方用临时路桥费、停车费由甲方负责，但须按甲方规定的手续和标准报销。

4、乙方的汽车必须已购买座位乘客保险，所有的行车安全责任由甲方司机负责，并必须保证汽车的行车安全系数达到绝对安全。

5、乙方必须自觉服从甲方的工作安排，不得迟到，（如迟到超过10分钟以上，每次扣20元）。乙方要自觉遵守学校的一切规章制度，保持车容车貌及车厢的整洁，对待学生和家长要热情有礼，当班时间不得讲粗言秽语，如有违反每次罚款______元/次。

6、乙方司机在行车过程中如有违章，其一切后果由乙方负责。

7、乙方为甲方工作后，次月10号由甲方支付每月租车费______元给乙方。

8、乙方如因甲方工作需要离开本市在外地过夜的，住宿由甲方负责解决，并给予伙食补贴______元给乙方。

9、乙方如有违反以上条例的，甲方可立即解除合同，并适当扣罚工资，如乙方取消合同。双方解除合同需提前一周通知对方。

10、合同一式两份，甲乙双方各执一份，合同自签订之日起生效，至______年____月____日自动终止。

甲方盖章： **乙方：**

驾驶证号：

年　月　日　　　　　　　　　　年　月　日

附四：民办学校业余租赁校舍协议（例）

（以下为协议内容）

校舍租赁协议

甲方：

乙方：

依据《中华人民共和国教育法》，《中华人民共和国民办教育促进法》，《中华人民共和国民办教育促进法实施条例》以及相关的法律、法规规定，____________(以下简称甲方)与____________(以下简称乙方)，为了优质教育资源，形成教育教学优势，达到全面提高学校教育、教学水平，让学生受益之目的，经甲乙双方充分协商，一致同意达成本合作办学协议：

一、甲、乙双方同意建立长期合作办学关系，双方联合创办的学校(以下简称合作学校)。在合作办学期间进行教育、教学、教研、市场开发、市场研发和拓展办学及举办活动等方面的合作；共同创设教育、教学优势，形成资源共享的办学格局。

二、甲方保证向合作学校提供以下条件和支持

1、甲方负责为合作学校提供：业余办公、教学场地和部分长期办公场地。

2、甲方同意在双方合作期间为合作学校无偿提供教学设备和同意合作学校使用其教育教学设施，形成资源共享格局。

3、甲方负责办理合作学校的相关手续和协调合作学校与上级主管部门的关系。

4、甲方负责处理和协调合作学校与周边的关系，出面协调合作学校在办学过程中的各种纠纷。

5、甲方负责为乙方校长、教师和管理人员提供三间以上的住房。

三、乙方保证在双方合作过程中为合作学校提供以下资源和条件

1、乙方负责引进优质教育资源和无偿提供教材体系和管理经验体系。

2、负责对合作学校的员工及教师进行培训和指导。

3、乙方同意合作学校的专家及名师对甲方的教育、教学及科研进行指导，并在相关领域进行科研合作，共同致力甲方学校的教育、教学成绩和学生素质的全面提高。

4、乙方同意在策划宣传和活动等综合方面配合甲方的工作，以提高甲方学校的社会影响力扩大美誉度。

5、乙方负责合作学校的经营、宣传、教师培训等方面的投资。

6、按合作学校的需求，乙方负责建立跨国教育体系和引进外籍教师。

四、对甲方的回报

合作期间按在合作学校就读学生的人数甲方进行提成，具体为：每生元/期。

五、违约和违约责任

1、甲、乙双方任何一方违反上述条款规定或未按规定要求履行职责均视为违约。任何一方违约时，违约责任由违约方承担。

2、违约责任

除由违约方赔偿由违约造成的直接经济损失外，另视违约情况由违约方向对方赔偿5－50万元人民币。

六、双方因遇不可抗力造成合作协议不能履行，双方协商解决，各自不承担相应责任。

七、本协议未尽事宜，双方协商解决；经双方协商一致达成的任何补充协议，均视为本协议的有机组成部分，与本协议具有同等的法律效力。

八、本协议一式四份，由甲、乙双方各执两份，均具同等法律效力。

九、本协议经甲方和乙方签字盖章后生效.

甲方： **乙方：**

盖章(签字) **盖 章 (签字)**

年 月 日 年 月 日

附五：民办学校小型购物、施工合同(例)

(以下为合同内容)

购销、施工合同暨保修清单

甲方：　　学校

乙方：

甲、乙双方经友好协商，就甲方向乙方购买电脑产品及布线等事宜签订本合同，具体条款如下：

一、乙方向甲方定购下列产品：

名称	型号	数量	单价	金额	保修期限
合计总金额:____________元整(￥:________)					
优惠后实际支付总额： 注:本款为全部工程款及产品款,不含税价格。					

二、付款方式：

1、甲方于合同签订之日向乙方支付______万元整(￥:______)作为定金(到货后自动转为货款)；

2、所有材料到齐,再支付______万元(￥:______)；

3、乙方安约定日期于______年______月______日交工;经甲方验收合格后,甲方支付现金______万(￥:______)。

4、质量保证金:剩______万元(￥:______)按质量保证金处理。质量保证金的处理:在设备运行正常的前提下,甲方于______年____月____日一次性支付。在设备不能正常运转的情况下,延期支付。

三、到货事宜：

1、乙方于____月____日开工。

2、乙方于______年______月______日前完成本合同所涉及所有设备的安装调试工作,并于当日向甲方交工。

四、验收事宜:乙方提出验收请求后,甲方在一个工作日内完成验收(验收结果为设备运行正常)。

五、甲方在设备正常运行的情况下,不得拖延付款时间;不得改变付款方式。否则乙方有权收回本合同中所有配件并有权追究甲方相关损失责任。

六、乙方未按本合同约定要求按时完工,并工程质量不能保证设备正常运转,甲方有权延期支付乙方应付款项,并有权追究乙方责任。

七、保修及服务事宜:硬件保修按本合同条款第一条中所规定执行。维护:本合同规定设备在保修期内出现运转问题时,乙方在接到甲方通知后于一个工作日内修好。

八、其他:以上所涉款项均为人民币。

九、合同未尽事宜,双方协商解决,如双方未能达成一致,可提请金华市仲裁委员会仲裁解决。

十、本合同自甲、乙双方签字盖章后生效;一式四份双方各执两份。

甲方单位名称(盖章): **乙方单位名称(盖章):**

单位代表签字: **单位代表签字:**

日期: 日期:

附六:联合办学协议书(例)

(以下为协议内容)

联合办学协议书

甲方:

乙方:

依据《中华人民共和国教育法》,《中华人民共和国民办教育促进法》,《中华人民共和国民办教育促进法实施条例》以及相关的法律、法规规定。________________(以下简称甲方)与________________(以下简称乙方),为形成互补优势和资源共享优势,经双方充分协商一致,达成本联合办学协议。

一、双方同意建立合作关系,在联合办学期间,进行教育、教学、人事、管理、举办活动和教科研方面的合作;共同创设教育、教学优势,形成资源共享的办学格局。挂牌:________________××××学校(为甲、乙双方的联合办学产物),以下简称合作学校。

二、甲方保证向合作学校提供以下条件和支持:

1、甲方同意,乙方创办的学校(含业余学校)________________合作学校可使用自己的冠名;前缀或后缀也可用甲方学校的名称。

2、甲方负责合作学校办学期间,按上级行政机关和领导机关的要求,办理合作学校在办学过程中所需的合法有效的手续(也可在甲方的办学手续基础上增补或扩充合作学校所需的经营内容);保证乙方办学期间合作学校的收费、招聘和发布招生宣传广告的审批手续。

3、负责合作学校的人事代管、合同(协议)签订等事宜。

4、甲方负责提供合作学校因开展工作所需要的校舍和办公场所等,甲方的办学软、硬件环境条件在甲方闲置时，合作学校具有使用权。

5、负责处理和协调合作学校在办学中的各种关系，解决和处理上级领导部门的相关关系与问题，出面解决办学过程中的纠纷和负责处理诉讼。

三、乙方保证在双方合作过程中提供以下资源和条件

1、引进优质教育资源体系（含教育思想，专家和教材等）；

2、引进先进的管理体系，并负责对甲方的领导、教师及学校的员工进行培训。

3、同意甲方在双方联合期间无偿使用乙方的系列教材。

4、乙方同意对甲方的学校进行科研指导，努力使甲方的学校取得良好的办学业绩。

5、乙方同意在甲方硬软件环境保障的前提下，保证合作学校的办学质量。

6、乙方同意在宣传时从多方面提高甲方的办学档次。

四、合作双方的利益分配及投资

1、合作双方在合作学校实行股份制管理体制；共同组成董事会，负责对合作学校的宏观控制，具体股份分配为：甲方占合作学校总体股份的49%，乙方占合作学校总体股份的51%；合作学校董事会成员的组成为：甲方两名，乙方三名。合作学校实行董事会领导下的校长负责制，学校校长由董事会聘任。合作学校进行独立财务管理，对内部公开。

2、甲方的资源、校舍等与乙方的专利体系及软件优势按对等处理。在合作（假期或甲方的校舍闲置时）期间，合作学校可无偿利用；乙方的专利体系在合作期间也同样向甲方无偿提供。

3、双方合作学校的投资和分成比例为：甲方49%，乙方51%。

4、学校在__________范围内，对外拓展所需投资和所得利益，也按甲方49%，乙方51%的比例处理。

五、协议双方任何一方违约，违约责任由违约方承担。具体由守约方仲裁机构仲裁后，违约方按仲裁结果执行。对仲裁不服，可在当地法院提出上诉，具体按法院判决执行。

六、遇不可抗力，双方协商解决，协商未果，由仲裁委员会仲裁。

七、本协议自签订之日起即具有法律效力；本协议从______年____月____日起至______年____月____止。协议到期自行失去法律效力，以双方另行签署的协议为准。

八、本协议未尽事宜，双方协商解决；经双方协商一致达成的任何补充协议，均视为本协议的有机组成部分，与本协议具有同等的法律效力。

九、双方因协议条款发生争议时，应本着友好协商的原则解决。

双方协商未果需仲裁时，由甲方所在地仲裁机构裁定。

十、本协一式四份，由甲、乙双方各执两份，均具同等法律效力。

十一、本协议经甲方（法人或代理人）和乙方（法人或代理）签字后，即具有法律效力（代理人签字时，须持有法人的授权证书，代理授权复印件附后）。

甲方（法人或代理人）：	鉴证机构及鉴证人：	乙方：（法人或代理人）
盖章（签字）	盖章（签字）	盖章（签字）
地址：	地址：	地址：
电话：	电话：	电话：
年　月　日	年　月　日	年　月　日

第三十章　整合资源　实现发展

【某校改革方案】

集团董事会并董事长：

遵照安排，一年来经过对集团各校操作调查和对生源竞争市场深入研究。现就集团的发展提出以下意见和建议，请审阅。

××年××月

一、存在的问题

我集团在某区域共有四所学校（两所小学、一所中学和一所幼儿园），这些学校经过集团多年的苦心经营后已经形成了一定的教育和市场积淀。从总体上讲，学校在生源市场中有一定的影响位置。但从深入学校和深入市场的角度分析：最突出的有如下二方面的问题：

一是：各校不同程度地存在公立化操作问题。

二是：生源市场重复覆盖、招生重叠、学校管理各自为阵的现象比较普遍，严重地造成了资源浪费。

二、引发“问题”的因素

1、学校在管理与操作中没有形成民办学校管理的理念；

2、学校公立化的组织机构，未体现出对市场、对发展的直接作用职能；

3、人员缺乏主动的竞争意识，不同程度存在“靠天吃饭”的“大企业病”。

4、宏观管理秩序混乱，造成总体绩效低下。

上述问题根本在于集团理念升级滞后，表现在缺乏高层人才和传统的人事管理上。

三、问题产生的原因

1、民办学校是教育市场化的产物

民办学校源于市场又服务于市场。

操作民办学校需要从市场中总结需求的教育，进而进行学校的教育设计;从目的与市场中总结出学校的办学理念(民办教育思想)。

从目的需求上提出对人员素质要求,进而招聘、培训人员。

出现上述的原因是:民办学校的公立化操作,即:用公立学校的操作行为,取代民办学校的要教育服务行为。各学校自上而下,均不同程度地存在“以不变,应万变”的工作思想内容。

现实中,我们的学校管理及操作远离了市场;由于思想观念的陈旧问题,导致了招生、发展与校内管理不相统一的结果。招生是董事会的事,是招生办公室的事,是招生人员的事……学校管理与市场工作明显地形成了“两层皮”。没有过程和绩效的支持,市场工作就会十分被动;没有市场工作的前提基础,学校就缺乏生源保障。

2、传统产生的原因

1)民办教育思想未及时升级

作为学校的策划者,考虑:学校在市场中的影响力;对地方教育环境熟悉程度和在地方教育环境中的个人号召力;操作者与当地教育行政的关系……等问题是民办学校发展的必然。

2000年前后,一些具有一定办学经验的学校相继出台了对入职人员的年龄限制措施,如:“校级干部50周岁以下……”原因在于,教育人才随年龄偏大其思维形成陈旧教育模式的程度越明显。模式思维,不利于民办学校开拓进取要求。各民办学校以“血”的代价走出了这一认识上的误区。实践证明,只有民办学校用全程直接作用市场,才是其生存与主动发展唯一可行道路。

通过长期的调查,我认为集团目前发展艰难的根本原因在于,民办教育思想未及时升级所造成的。当然,老同志有老同志的优势,如:对生源市场的有一定的影响力,对教育、教学管理有经验、稳妥等。如果在集团的发展中能够用优势互补原则针对性地用人,这必然能形成人力资源优势。

2)“酿酒”与“卖酒”

民办学校既需要“酿酒”(良好的教育、教学效果)更需要“卖酒”(进行良好的市场宣传运作)。单一持“管理好了,质量高了,学生自然就会来了”等观点的民办教育工作者,是只会“酿酒”观念。

在民办学校,尤其是民办中学,凭什么能“酿”出好“酒”?对中学而言,我们对学生的教育时间与公立中学是相同的(三年或六年);我们所参加的考试(竞争)也是相同的(中考或高考)。

然而,我们的生源与公立的名校相比相差的不只是一个级别。要在相同的时间内,在相同的评价标准前提下与学生水平相差几个级别的学校竞争取胜,这需要什么样的付出?!更何况我们的教师和办学条件与公立名校相比并没有多少优势!"酿"出好"酒"来谈何容易。民办学校也有出好"酒"的学校,这需要在解决生源问题之后。

处于生存、发展中的民办学校的标准只有一个,就是"满意"学生、家长。"酿酒"困难却硬着头皮地"酿";"卖酒"容易却关闭校门不做——可行的不去做,不可行的硬着做……

3)传统思想在学校的体现

①在传统思想下,学校的人才观念就赋予了"传统"的"标准",职称、学历、工龄、教龄、经验就成了入职的关键条件。

②在传统思想下,学校的招生就成为"守株待兔"式的工作。招生成了"特殊部门"(招生部门)和特殊人员(招生员)的工作……

③在传统的思想下,学校职能部门的建立就成了公立学校的再版。在部门和个人的职能、要求中,没有发现对"需求"的研究。

……

综上所述,学校从人员素质要求,到部门体系职能,完全是计划型公立学校的"拷贝"产品,而脚下却走着市场经济道路……

四、发展建议及策划

(一)办学思想

用民办教育观念指导学校的体系建设,理顺学校职能与市场教育需求的关系;建立满意的服务为了发展,良好的教育、教学质量为了发展……一切为了发展的思想和职能、考核评价管理体系(生源是民办学校办学成功的唯一分数)。

(二)策划思想

统一观念、资源共享、链锁收费、和谐发展。

1、统一思想:形成民办学校理念体系优势;

2、资源共享:通过招聘和培训形成具有民办素质的人才优势智

囊团;在相同的生源市场范围内形成对市场作用的经济优势、人力优势、宣传优势和发展的组织优势。

3、链锁收费:在相同的收费策略前提下,形成幼儿园、小学、初中、高中一条龙“期”和“段”收费机制。

4、和谐发展:建立统一合理的管理制度、分配制度和评价制度;

形成由幼儿园、初中、高中的基础教育办学规模、体系。实现对学生的“阶梯式”长期“稳定”控制。

(三)整体定位:建立准贵族学校服务和收费体系。

1、策略与方法——执行链式收费统一标准:

链式收费标准示意如下(下图带“?”,为待确定标准):

学段	类型	学费标准			选择交费				
		期收费	段收费		伙食费月	交通费	资料费	保险	校服费
幼儿园	日托	595元/月	一年	6000	260元/月	?	?	50/年	?
			二年	10000	260元/月	?	?	50/年	?
	全托	1155元/月	一年	11000	260元/月	?	?	50/年	?
			二年	20000	260元/月	?	?	50/年	?
小学	住校	7000元/期	二年	22000	免	免	免	50/年	免
			三年	32000	免	免	免	50/年	免
			四年	42000	免	免	免	50/年	免
			五年	50000	免	免	免	50/年	免
			六年	62000	免	免	免	50/年	免
	走读	5500元/期	二年	18000	免	免	免	50年	免
			三年	26000	免	免	免	50/年	免
			四年	34000	免	免	免	50/年	免
			五年	42000	免	免	免	50/年	免
			六年	50000	免	免	免	50/年	免
初中	住校	8900元/期	二年	29600	免	免	免	50/年	免
			三年	45400	免	免	免	50/年	免
	走读	1750元/期	二年	6000	?	?	?	50/年	?
			三年	8500	?	?	?	50/年	?

续表

高中	住校	11050元/期	二年	38000	免	免	免	50/年	免
			三年	58000	免	免	免	50/年	免
	走读	3900元/期	二年	14000	?	?	?	50/年	?
			三年	21000	?	?	?	50/年	?

一、幼儿园、小学、初中、高中跨级收费：

1、10年以上，全寄宿生均按10000元/年标准收费，如：10年一次性交学费100000元。

走读生均按：8000元/年计算。

2、5年以上（含5年）全寄宿生均按1100元/年标准收费，如：6年一次性交学费66000元。

走读生均按8500元/年计算

二、注意事项：

选择按学段或跨学段交费的学生，就读中途因故休学，所交费用不予退还，待复学后继续续读；因故中途转学、停学等学生，退费均按实际发生费用扣除即：按入学当年的期收费标准计算扣除后，余款全额退还。

2、统一理念，对学校的人事进行调整

学校执行以〈收费标准〉为目的、核心的民办学校运作理念，具体要求：

完成人员的重组：对不具备“民办观念”且可塑性差的领导、教师经培训考核后仍不合格的予以辞退。人员素质的要求与原则：

1）招生、政教和后勤领导趋于年轻化（40岁以下），在民办学校有三年以上的工作（或管理）和招生工作经验。思维敏捷、应变能力强，口才较好。

2）教师：小学教师40岁以下，中学教师45岁以下（在民办学校工作三年以上年龄可适当放宽），思想上具有可塑性。

3）教务、教研、督导处领导可由年龄较大、富迎考经验的教育界老领导（专业性较强）担任。

行政人事调整意见

需要调整的行政领导：中学校长、政教主任；小学副校长；幼儿园园长不暂不作调整。

新班子的组建意见(略)

3、调整原因

1)具有民办思想与运作经验的校长可遇不可求。在较短的时间内不可能全部聘到位;

2)集团今天的调整是为了今年暑期大规模的整体发展,而发展的前提就是在思想理念上的统一。若再出现校长“问题”,势必会打破整体发展实施的计划。

3)集团经过多年的经营,各校已建立起了管理的框架。在校内的常规管理方面老校长是有优势的。所以换届对于学校的管理稳定不会带来大的影响。

4)为培养和选拔集团自己的校长留下空间。

5)试验小学上学期,提拔原有教师致领导岗位的做法,大大减少了新领导的磨合与接轨时间,在短时间内形成了稳定核心。顺利实现了学校可持续发展目的。其经验就是:在宏观理念清晰的前提下,把工作计划周到,中层完全可以实现操作。

五、实施计划

1、**招聘与培训**:招聘具有民办观念的领导和教师。对不具备观念的者,进行可塑性选择。

2、**组建的领导班子**:一方面,中层领导在招聘中产生,另一方面,总结实验小学经验,从骨干教师中提拔产生。

3、**对领导及教师进行培训**:领导班子成员通过录用筛选和重点培训,达到统一思想观念之目的。对领导、教师筛选后再进行培训,做好操作前的稳定准备工作。

4、指导学习与考核

在今后的工作过程中用两个月的时间,结合工作对全体领导、员工进行业余培训并对学习培训情况进行考核;考核作为员工转正的必要条件,为今年暑期的大规模招生工作打下人员素质的基础。

5、对老同志的安排处理意见

观念与年龄是不相统一的,并不是年龄大就一定是观念陈旧。

1)对年龄大,但观念较新的老同志,安排为业务领导,如教务管理、教学研究、督导等。

2)对在当地有影响和与地方教育管理部门有一定关系的老同志安排督导。专职督导学校的管理,负责与管理部门沟通,负责在周边的学校中进行“关系招生”(由学校统一出台相应政策和管理)。

6、工资与考核

工资制度以现有实验小学工资体系为模板,向上扩充为中学教师工资,下延伸为幼儿园教师工资。

在工资总投入不变的前提下,加入“量”、“质”和“绩”的因素,这样,总体工资向初三把关教师和高中教师稍作倾斜,工资额就会达到相当可观的水平,这样就为把关教师的招聘创造了成功的条件。在此前提下,实施招聘。

7、招聘重点:行政领导和中学教师(聘高中教师为核心)

六、建立与市场竞争需求相一致的学校管理体系

学校发展目标明确后(招生目标),要围绕这一目的、目标确定学校的服务职能,并依据职能进行分工(确定部门职能目标),进而确定个体的工作目标要求,形成以市场发展为目标的工作作用机体。使学校的各项工作都能够直接作用到市场中去,直接为总体目标服务。

(一)管理体系示意简图:

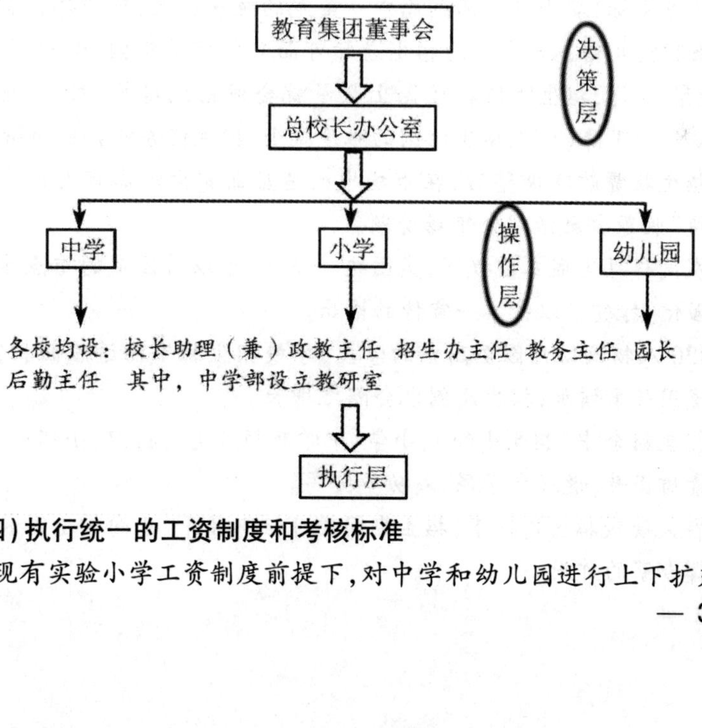

(四)执行统一的工资制度和考核标准

在现有实验小学工资制度前提下,对中学和幼儿园进行上下扩充,即可成为与理念相一致的工资制度。同样,相应的考核制度已经定型,修改后即可使用。

七、招生工作计划

1、招生计划目标

招生比例:今年暑期按上述收费标准经全面调查,预计招生比例为:1:3-1:5即,每位参加招生工作的教师"招生员",招生任务指标确定为4名。

组织由教师参加的招生员100名左右;暑期拟计划招聘新教师20-40名参加招生工作,招生队伍便可达到130名。

预计招生总数可达到:400——650名;

暑期招生任务:500名。

2、完成招生任务指标的原因——招生保障(优势)

1)在民办教育观念、体系环境下,通过一学期的实际工作和长期的培训。人员的招生能力、素质会得到实质性的提高;整体招生竞争实力较以往会大幅增强。

2)各校在招生的统一组织下,可避免在同一市场范围内的人力、物力、广告等重复投入。这样,实效性的招生覆盖范围可扩大3 -5倍。

3)在招生指标的要求和推动下(教师无论招收哪个学段的学生均算完成一名任务指标)从小幼儿园到高中一条龙的统一招生,可使每位招生员的招生对象扩大几倍,如,高中的招生老师可面对所有幼儿园、小学、初中和高中的学生。这样,招生队伍在理论上数量就会成倍地增长;相反,招生员招生的难度就会下降(完成招生比例的难度减小,招生任务就会更加精确)。

4)招生收费政策调整后,在市场中的适应面扩大。本市有许多有钱的家长,"块"收费会激活部分市场份额。

5)在同样每生成本前提下,集团统一招生,可以对固定的重点生源范进行广告强化,打破了以往单一宣传的格局。

6)130人招收幼儿园至高中的学生,学校招生的市场适应面拓宽了,人力资源使用效率增加,招生比例也会随之增长。

7)招生组合中(招生小组),小学、中学教师可进行搭配,小组的教育、教学综合素质提升,说服力增强,成功率提高。

8)在大规模招生前提下,招生期间便可组织召开"意向学生家长会",可有效发挥专家的作用。

9)可设立专职“公共关系”人员,由总校控制,进行长期的“关系”招生。

10)学校的整体工作与市场需求协调一致后。对市场的作用既有绩效结果,又有过程结果,更有个人关系渠道,这样一改以往单一的被动招生模式。

11)可以直接成立“攻关组”,对招生过程中的类似问题,实现进由“专业”处理的设计。

六、学校的管理策略、方法

管理思想:以学校多年发展为基础,以民办学校理念为核心,理顺学校的职能体系。形成目标——要求——评价——待遇相一致的管理体系。实施人性化管理,营造稳定、和谐直接作用于目标的工作环境。

策略、方法:

1、对各校实行统一管理,出台总体工作计划与周工作计划;

2、统一待遇政策与考核评价标准;

3、设立各校每周工作计划、督促和考评制度;

每周各校召开一次行政会议:审核和制定各校,部门下周工作计划;总结上周工作;讨论解决遇到的困难问题;指导和培训领导队伍。

4、每周到各校召开一次全体员工会议,沟通情况并传达和布置本周重点工作任务;对员工上周工作任务的执行情况进行评价;进行相应培训。

5、对学校实行随时控制制度。方法为:

1)建立正常程序的汇报、报告制度;

2)利用网络,进行管理,即:每天要求各校在规定时间内将一天的工作情况及任务的完成情况填写在“日工作报表”上,并通过网络发送到指定的邮箱内。再通过邮箱将意见反馈到各校。

6、每月进行一次月总结,实行周通报、月总结制度。

7、按评价制度要求,实行末尾淘汰制度,和领导责任追究制度。

8、建立“工作关系最复杂,人际关系最简单”的工作环境。

9、定期、不定期巡查;移动性办公(在问题较大的学校办公)。

七、实施意见

1、招聘工作:1 月 10 日——18 日;

招聘地点:实验小学

招聘岗位:中、小学、幼儿园中层领导和各科教师;

招聘广告：本市日报　　　　　规模：4×8cm

发布时间：1月10、11、12、13日

2、12月20日前，成立招聘领导组。

3、其他安排（略）

总之，结束以往在相同市场内各自为阵的局面，局部形成集团办学的整体优势和资源优势。

年　月　日

第三十一章 民办学校的市场管理

市场是民办教育之源,也是学校一切工作绩效作用的对象。民办学校无论是处于发展期还是处于成熟期,均需要通过对市场的服务达到办学目的,所以,对市场的主动管理就是对目的的主动管理。

一、民办学校的市场管理与操作

民办学校对校内管理的目的是为了有效作用于市场,市场是检验办学效果的终端。对民办学校的其他任何评价,都服务于赢得市场评价。

教育规律首先是人的规律,是人的认知、认识形成规律,不能用单纯的教育观看待市场问题。市场规律不等同于教育规律,所以进入市场的学校需要遵循市场法则。一所在教育评价中被认可的学校在市场中未必也被认可。教育上处于被动地位的学校未必在市场中也处于同样地位。

不能用单纯教育的方式、方法去面对市场问题。市场中只是特殊群体对教育有需求,而这种需求需要"激活"、需要"条件"、还要以对学校和教育认同、认可为前提……市场对教育的需求又各不相同,在其他学校有需求并不一定对本校也有需求……

民办学校由两个基本构成部分:教育和市场,且这两者是相辅相成的关系。在民办学校中,任何目标、计划、工作、制度等都必须从这两个方面去考虑,所以,市场是民办学校管理的有机组成部分。

有关市场、招生的问题我们将在以后的章节中专题论述,在此我们从民办学校管理与市场角度,进行如下探讨。

(一)学校与市场

家长、学生是学校作用市场的重要渠道之一。招生成功和办学成功都需要这一有生力量的配合。学生、家长的"口碑"是学校生存、发展和走向成功的决定性力量。学校的教育、教学质量能够有效地激发和推动这一力量,但对市场的主动管理是"口碑"建立和管理过程,也是按意图的"放大"过程……所以,学校对市场的主动管理,就是主动管理生存和发展。

家长是学校分散在市场中的“员工”，对家长群体的主动管理就是学校对市场的主动管理行为。学校通过对学生的作用作用家长，通过家长作用市场。民办学校在市场中开拓、进取的最有效的方法莫过于“让学生、家长口耳相传”形成“口碑”效应。学生、家长对学校的主动宣传影响行为，是“可信度最高的广告”，是“不过时的广告”……

如果没有过程与绩效的支撑，任何“广告”与“策划”都会显得苍白、无力。

下面就民办学校与市场的问题，首先表明以下几点看法：

1、办学行为与市场的高度一致性要求

学校及其内涵能够被家长接受，过程与结果能为家长认可——学校能够代表市场需求！此时市场管理对市场的作用绩效最佳。相反，如果学校的“宣传”与设计执行过程是“两层皮”，说一套，做得又是另外一套，家长、学生就会不同程度地产生“被欺骗”的感觉。在这种情况下，学校对市场的主动管理行为，收效就不会很好。因此，需要引起注意的是，当学校对市场的工作效果不佳时，一般不是市场管理部门的“问题”，而就需要从学校的理念层面和操作体系上寻找原因了。

2、在校学生的态度

学生在市场管理中扮演着“桥梁”的作用。他们对学校的态度决定着家长对学校的态度。有位校长这样讲道：“学生对学校的喜爱程度甚致用一指标就可以衡量出来，那就是学生喜爱校服的程度”。诚然，如果学生喜欢在任何场合主动穿校服……完全可以想向得出，学校在他们心目中的位置。有人在回答“什么是好学校？”这一问题时，谈到“学生喜欢的学校就是好学校”不无道理。

在改善家长态度的过程中，学生本人的作用甚至要比学校教师的要大。

怎样才能成为学生喜欢的学校呢？这个问题就复杂了。如果从简单的层面上讲，需要学校的教育、教学针对学生的需求实际，依据对学生的理解设计、执行。由此也可以这样讲，当一学校的某一方面不受学生欢迎时，需要改进的象就事论事那么简单。

3、过程作用家长，全程作用家长

家长是孩子的第一任教师。

家长追求结果，但打动和说服家长的不只是结果。从另一角度上讲，家长在市场中宣传学校也需要“理由”,需要依据实际,不能让家长成为“好好先生。”

如何征服家长?让家长开口说些什么?需要过程的作用。更何况,在教育领域,成绩可以比较,但教育效果很难区分。引导和过程中的每一个细节都要让家长真实地参与。

教育需要过程,而且是一个不间断的整体过程,绝不是某一时期的工作,所以,做家长的工作也不是“特殊时期”的工作,果真在特殊时期操作,会让家长感受到学校在“利用”他们,学校在“造假”,“作秀”。在教育上,学校处于专业水平位置,在市场上我们是家长的学生。

4、让家长成为教师,成为员工

家长对孩子的关爱程度要远远高于老师。教育源于爱,始于爱,家长对孩子的爱优于教师,同样对孩子的教也优于教师。什么样家长对孩子的教育结果会没有意见呢?当然的回答是,让他参与的教育。

对孩子的理解我们需要家长配合,对孩子的教育更离不开家长……一些学校和教师对孩子“大包大揽”的“专业型”做法,实际上是迫使家长成为“裁判”,而民办学校需要家长成为“球员”。

5、员工与家长的关系

民办学校员工与家长的任何关系,都是学校与家长、与市场的关系。我们不仅要推动员工与家长建立良好的关系,更要管理和考核这种关系。

6、对市场工作的管理

学校需要把目的、任务和目标与组织管理统一起来。所以对家长的管理要有制度、有要求、有方法、有考核、有评价、有待遇和奖惩。

对此内容将在招生论述中另专题进行讨论。下面我只是从学校的运作和管理角度简单地进行讨论。

(二)民办学校的市场组织

目前对市场中的家长管理较为普遍的有如下做法:

1、建立《学生档案》

这里指的不是普通意义上的学生档案,而指学生的《教育、教学档案》,即:对学生的“画像”。其内容包括:学生的情况,如心理特征,个性特征、兴趣爱好特长,EQ情况,生活习惯等,另外还有的家庭情况,关系等。这一档案在过程中逐步完善,在完善的档案中,还可以发现在教育、教学过程中对学生采用的方法及其效果情况，总之，它代表学校对学生的理解、把握程度。

学校、班主任和各科任教师对学生的教育要依据依据“相册”设计，所以它是校长、领导和班主任的必阅文件。

教师的教学需要依据对学生的理解，分层、区别、设计。所以“相册”是学校产生教学思想的根本，也是教师教学设计的原始依据，任何教学方法，只有在适合学生的前提下才会合理，它是科任教师必读的“教参”。

2、建立家长“台账”

依据对学生和家长的了解，学校要建立学生家长的“台账”。所谓“台账”就是家长与学校的往来信息记录和处理安排、建议等工作记录。

家长的信息资源并不仅限于“反映”，它是各个渠道的汇总，如家长来访信息，教师家访信息，学校的网络平台信息，家校交流信息等。

学校应将这些信息进行汇总，对合理的及时予以解决并向家长通报。对不合理的或个别特殊要求（确实不能解决的）要进行解释，且必须安排专人跟进，如安排班主任，领导专访等。

对家长合理提议的反应速度，是学校自我赢得家长好评的主动工作。而这一切都需要建立起一整套运转、管理机制。

3、家长学校

认同是支持的前提。只有在取得家长“认同”基础上，家长对学校的信任才真实，家长才会积极地影响市场。

家长的认同首先是对思想理念的认同。其次是对学校采取的策略、方法认同，再次是对教育过程寄托着希望。但，教育思想、方法、过程是一个软性运作体系。它不像某种产品可以当场“演示”，可以看得到、摸得着……要形成家长、学校的合力就需要家长对学校的操作及其思想了解、理解……这一切都需要用沟通来完成。沟通渠道是多方面的，但均需要组织和管理。家长学校是学校与家长沟通的有效途径之一。

4、家长委员会

学校我的市场中有许多有威望的家长，家长们自然地围绕他们的周围……我们把这一类家长称为家长代表。对家长代表主动的组织与管理组成家长委员会。

家长委员会是学校对市场的一种主动管理形式。它由家长委员会主席和委员组成，是学校与家长沟通和处理家长与学校之间关系的组织。

5、教师与家长的关系

有的学校特别对教师与家长的关系进行专项管理。这种管理一般由"教代会"与市场部门负责。

当然,学校与家长的其他组织形式也有许多,如,学校的市场部门等就是专职于这种关系的管理的部门,我们在此就不再一一赘述了。

(三)民办学校市场管理的操作方法

各民办学校依据自己的市场目的,各有不同的市场方法,但有一点可以肯定,其目的几乎是相同的。下面我们简单罗列一些常规的市场管理操作方法。

1、与家长的交流制度

一些学校出台了《家长通报制度》并提出通报的内容,时间和汇报等系列化要求。一般"通报"分为以下三个层次内容:

1)教育通报:学生EQ情况,如:学心的学习习惯、生活习惯等内容。生活状况:如学生的饮食情况等。身体发育和健康状况等。交友状况、学生在学校的表现情况等。通报采用"学校教育手册"的方式,一般每月进行一次(有的学校每周进行,有的则一学期通报一次)不等。

2)教学通报:对学生的各科学习分析、评价,学生作业日家长签字要求,学生的教学设计(如:辅导安排等)通报等。教学通报一般学生回家同步。

3)综合通报:学校利用网络平台向家长的定期通报或以家长会、信件的方式通报,如:"致家长的信"等。教师利用电话、信息或通过教育、教学的交流渠道向家长通报学生的及时表现等。

2、活动

学校定期组织家长会(全校型家长会,班级家长会,年级家长会和特殊家长会等),校园开放日,家长联谊会,家校活动,亲子活动等。与家长进行交流和沟通。

以上内容的策划与组织,我们将在招生讨论中详细探讨。

3、家访

家访是民办学校与家长交流的重要方法之一。在民办学校与家长的交流中,家访起着至关重要的作用。一般家访分为:电访、走访两种形式。

电访:就是教师或领导通过电话或电话信息的方式与家长交流,沟通的形式。

走访，就是到学生家庭中与家长直接见面。

在操作中，电访、走访由学校要求，并进行考核：如："一学期班主任对每位学生至少要进行两次电访，一次走访(家庭距学校50公里以外的，例外)；科任教师进行一次电访或走访。"

电访、走访一般由班主任和科任教师进行；特殊情况由相关领导进行，必要时由校长出面，即，对工作与"问题"进行分层过滤，并对应处理。学校应出台有关家访的管理规定制度，如：《家访制度》并配套考核、要求和评价方法等，形成一整套市场工作体系。

在此需要强调的是，家访既是学校与家长沟通的重要渠道，也是员工与家长建立感情的平台，更是学校获取家长对学校教育服务满意程度的反馈途径。

学校应特别重视源于家长的反馈信息，在前面的内容中讨论过这一内容，这里就不再重复。

二、民办学校的教育、教学设计

"区别对待原则"在民办学校的实际操作中更受家长、学生欢迎。家长十分乐意得到学校对学生的分析、设计和采取相应的教育措施。

(一)一所学校的家长试题

例：教育与设计的应用

××学校学生个体培养综合考察题

卷首寄语：

教育的核心问题是良好习惯的养成。让孩子养成良好的习惯是孩子成功的前提。

教育源于对学生的理解，始于对学生的理解！一切适合学生的教育均源于学生自身的需求，绝不是家长和教师的意志，更不是其他任何人！

学生的成绩差是由多方面原因引起的，不能单纯地认为是本学科的问题，我们需要从根本的需求上帮助学生学习，帮助学生建立学习的兴趣和习惯。

本题由家长、学生如实回答，做完后交回学校，请勿外传。

本试题由专家分析后将结果反馈给家长、班主任和各科教师，作为对学生教育培养设计的重要依据之一。

本试题将存入学生的成长档案。

咨询电话：——

家长电话：——

××学校

<table><tr><td>分析及教育意见：

专家：
年　月　日</td></tr></table>

试题内容：

（本试题三十分钟以内完成）学生成长档案编号 NO：

家长姓名：________ 学生姓名：________ 年级：________

一、选择题（共64分每题2分；请在您认为正确的答案下面划"√"）：

（一）第一部分（生活习惯，共28分）

1、您孩子能经常自己叠被子吗？

A、能，叠得不错　　B、能，但叠得不整齐

C、有时能　　D、不能

2、您孩子起床时：

A、能按时自觉起床　　B、有时自觉起床

C、需要叫或用闹钟　　D、喊都不情愿起来

3、您孩子能自己打扫自己房间的卫生吗？

A、经常主动打扫　　B、有时打扫

C、从来不打扫　　D、家长要求，就打扫

4、您孩子能主动洗自己的衣服吗？

A、能　　B、有时能

C、主动换，但不主动洗　　D、不换，不洗

5、"孩子该吃饭了"，经常回答是：

A、我不想吃　　B、嗯，待一会儿

C、我早饿了　　D、好！

6、您孩子经常和朋友在一起吗？

A、是　　B、做完作业在一块

C、不经常在一块　　D、不在一块

7、您孩子能按时回家吗？

A、能　　B、回家的时间不准时

C、很晚才回家　　D、经常玩得忘了回家

8、孩子在家中的谈话是：

A、总是爱谈见闻、风趣的事　　B、主动谈在学校发生的事

C、不怎么主动谈话　　D、不爱说话

9、您知道孩子手里有钱的来源吗？

A、知道　　B、大致知道

C、不怎么清楚　　D、从不过问

10、孩子一进家门的态度是：

A、我回来了　　B、你问他："回来啦"？"嗯！"

C、不作声，只管做自己的事　　D、回自己房间

11、孩子洗脚、漱口等卫生习惯是：

A、良好　　B、一般

C、差　　D、平时没留心

12、家庭在对孩子零用钱管理时，您的做法是：

A、有计划，按计划执行　　B、去找你妈(爸)要

C、"这孩子就知道乱花钱"(随手给)D、随意

13、您的孩子是靠兴趣指派行为吗？

A、不是　　B、一般

C、只去做自己爱做的事　　D、兴趣易转移

(二)第二部分(学习习惯，共24分)

14、您孩子有学习计划吗？

A、有，贴在墙上，能按计划执行　　B、有，但流于形式不能坚持

C、有时有，三分钟热度　　D、没有

15、您孩子有写日记的习惯吗？

A、经常写　　B、有时写

C、写得很少　　D、不写

16、您孩子在家里，晚上学习吗？

A、经常加班　　B、有时加班

C、需要督促　　D、不看管的话，人早就跑啦！

17、孩子常阅读的书是哪一类？

A、文学作品　　B、科幻小说

C、武打小说　　D、言情小说

E、不读

18、在您教育孩子时，他的态度是：

A、争辩　　B、沉默不语

C、不屑一顾，满不在乎　　D、虚心听

19、孩子提出问题，当你回答不上来时，您的态度是：

A、让他找老师问　　B、让他看书，自己动脑筋

C、介绍他去向邻居问　　D、推说自己没时间

20、您认为孩子的耐久力：

A、很好　　B、一般

C、坐不稳，耐性不够　　D、差

21、您孩子经常玩电脑吗？

A、爱玩，玩到深夜　　B、没有电脑

C、一般，有时玩　　D、接触不多

22、您孩子经常去游戏厅玩吗？

A、有时间就去打，着迷　　B、很有兴趣，但一般不去

C、和朋友一起去　　D、不去或偶尔去

23、当孩子打开电脑、电视机、录音机、VCD时，您的态度是：

A、"做作业或看书！"关掉开关　　B、关掉，"考了那点儿分，还有脸看"

C、应该调节一下，休息休息　　D、由他去

24、您对孩子的心理把握是：

A、了如指掌　　B、把握不准

C、表面理解　　D、不知他在想什么

25、孩子考试成绩不理想，您的态度是：

A、打他　　B、骂他

C、一见孩子就想说说　　D、让孩子保证

E、寻找原因,鼓励孩子　　F、无所谓

(三)第三部分(环境,共14分)

26、孩子一进家门的态度是:

A、我回来了　　B、你问他:"回来啦"?"嗯!"

C、不作声　　D、回自己房间

27、孩子回家,您的态度是:

A、说:"你看XXX考了第几名","你要争气"之类的话

B、说:"先做作业","留的作业做了没?"……

C、陪孩子读书或做作业

D、由他去,但不能出去

28、在与别人谈话中,当谈到孩子时,您对您孩子的态度是:

A、以孩子为荣,常夸孩子　　B、羡慕好孩子

C、认为孩子不争气　　D、对别人孩子,您不服气

29、您夸奖孩子的方法是:

A、做对了就夸　　B、一般不轻易夸

C、不夸,也不责备　　D、"恨铁不成钢",他哪有什么优点。

30、当孩子和您争电视频道时,您的态度是:

A、总是打开您的频道　　B、让孩子看他的频道

C、双方争执,谁胜谁看　　D、无所谓

31、孩子对待亲朋来客的态度是:

A、主动、热情　　B、态度一般

C、没有表示　　D、差

32、孩子和家长的关系(经常和谁谈心)

A、妈妈　　B、爸爸

C、见谁和谁谈,或一起谈　　D、和他外公、外婆、爷爷、奶奶谈

E、有时找亲朋谈

附,评分意见

第一题(满分64分)

题号	1		2		3		4		5		6		7		8	
答案及得分	A	2	A	2	A	2	A	2	A	0	A	1	A	2	A	2
	B	1	B	1	B	1	B	1	B	0.5	B	2	B	1	B	2
	C	0.5	C	0.5	C	0.5	C	0.5	C	2	C	0.5	C	0.5	C	0.5
	D	0	D	0	D	0	D	0	D	2	D	0	D	0	D	0
	E		E		E		E		E		E		E		E	
	F		F		F		F		F		F		F		F	
题号	9		10		11		12		13		14		15		16	
答案及得分	A	2	A	2	A	2	A	2	A	1	A	2	A	2	A	2
	B	1	B	1	B	1	B	1	B	1	B	1	B	1	B	1
	C	0.5	C	0.5	C	0.5	C	0.5	C	2	C	1	C	0.5	C	0.5
	D	0	D	0	D	0	D	0	D	2	D	0	D	0	D	0
	E		E		E		E		E		E		E		E	
	F		F		F		F		F		F		F		F	
题号	17		18		19		20		21		22		23		24	
答案及得分	A	2	A	1	A	2	A	1	A	0	A	0	A	1	A	2
	B	2	B	1	B	1	B	2	B	0	B	1	B	0	B	1
	C	2	C	0	C	0.5	C	2	C	2	C	0.5	C	2	C	0.5
	D	2	D	2	D	0	D	1	D	1	D	2	D	0	D	0
	E	0	E		E		E		E		E		E		E	
	F		F		F		F		F		F		F		F	
题号	25		26		27		28		29		30		31		32	
答案及得分	A	0	A	2	A	0	A	2	A	2	A	0	A	2	A	2
	B	0	B	1	B	1	B	1	B	1	B	1	B	1	B	2
	C	0.5	C	0.5	C	2	C	0.5	C	0.5	C	2	C	0.5	C	0.5
	D	1	D	0	D	1	D	0	D	0	D	0	D	0	D	0.5
	E	2	E		E		E		E		E		E		E	0
	F	0	F		F		F		F		F		F		F	

二、简答题(20分,每题4分)

1、请您写出孩子的几个主要缺点:

评分意见:每写一个缺点按,0。5分,1。5分,4分顺序扣分。如写出两个缺点,扣(0。5+1。5)分扣除。写出三个缺点本题得零分。

2、请您写出孩子的几个主要优点:

评分意见:每写出一个优点加1分,写出三个以上优点,满分。不写不得分。

3、当您的愿望与孩子的理想有出入时,您的态度是?

评分意见:

1)从孩子的实际出发,依据对孩子的理解分析决定得4分,与孩子平等讨论,做出决定,4分

2)寻求教师或他人帮助得2分;

3)完全尊重孩子2分

4)完全按照自己的意志得0分

4、在教育孩子时如果家长之间的看法、意见不一致时,你们是如何处理的?

评分意见:

1)协商或学习形成一致意见,得4分;

2)暂时不表态,得4分

3)与孩子协商,让孩子一起参与2分;

4)坚持自己的观点,并要求孩子按自己意愿做得0分

5、孩子在和同伴玩时或在学校受委屈时,您的态度是?

评分意见:

1)认真听孩子述说,然后分析双方的对与错,并给孩子讲道理。对在什么地方,错是因为什么……4分;

2)哄孩子,"等我去给你出气"或只是听听,得0分;

3)认为是他人的过得 -4分

4)要求孩子与之针锋相对得 -4分

第三题参考答案:

1、选择3)得4分;选择其他得0分

2、通过上述实验就孩子的教育问题,您想到了什么?(5分)

评分意见：

对孩子的教育一定要持慎重态度，不可随意。更不能出现意见和态度不一致，经常改变的情况。如言行一致等。

3、请从教育孩子的角度简明回答上述实验的原理？（7分）

教育孩子要有教育观念，以保持思想、方法的一致性。

三、综合题（16分）

实验：

一只铁丝笼子里有两个按板A和B（功能是按一次，出一个肉丸子或被电击一次），把一只饥饿的小狗放进笼子里——观察

第一次实验：小狗按A板，吃到了肉丸子，再按又吃到了……。

第二次实验：把A、B按钮的功能更换后，再把饥饿的小狗放进笼子里……小狗先按A，被电击，又按A，又被电击。

小狗再按B，吃到了肉丸子，再按B又吃到了肉丸子……

第三次实验：把A、B按钮全更换为电击，再把饥饿的小狗关进笼子里……

小狗一进笼子就先按B被电击……接着又按A又被电击……再按B又遭到电击……小狗趴在那儿痛苦地不动了。

第四次实验：把A、B按钮都换成肉丸子，再把饥饿的小狗关进笼子里……

请依据上述实验回答下列问题：

1、小狗第四次被关进笼子后，您认为它的行为会是什么样的？

（共4分）请在正确的答案下划"∨"

1）按A扭　　2）按B扭　　3）A、B全不按

4）按A后再按B　　5）按B后再按A

2、通过上述实验就孩子的教育问题，您想到了什么？（5分）

评分意见：

在教育孩子时要慎重。思想、态度不可随意变化，让孩子无所适从。

3、请从教育孩子的角度简明回答上述实验的原理？（7分）

评分意见：

教育的统一性原则，即：思想、方法的统一性原则。

家长签字：

答题时间：

年　月　日

附：家长得分与孩子的教育、教学效果对比分析（表）

学生姓名	班级	考察得分	学生在校表现	学习成绩			分析思考及提示
				语	数	外	

组长：　　　　　成员：　　　　　　　　　　　　　　　　年　月　日

注：本表由班主任组织组织各科教师及生活教师填写，一式两份报学校档案室一份，另一份留存在本班，作为教育、教学设计参考资料。

（二）班主任的市场工作经验拾零

（一）朴朴实实奉献爱心，真真诚诚赢得家长

……

爱学生是教师职业道德的核心。只有给予学生真诚的爱，教师才能赢得学生家长的信任与尊重。因而，我在对学生“画像”分析的基础上开始寻求每位学生的教育。在日常工作中，我深入学生，与学生平等相处、打成一片，关心他们的健康成长，时时观察他们的面部表情，了解他们情绪，通过看脸色、摸体温……然后采取措施，对于生病或缺课的学生，进行帮助排难或补课。我把教育、教学当成了与学生贴近的方法，把学生“生病”当成了与学生交心的契机。。

研究后进生的心理特点，正面引导，用爱滋润他们的心田，促使他们向好的方面转化。例如，班上的张龙同学：由于小时候生了病，至使她的同龄人上了初中，而她才上二年级。她的性情变得十分孤僻，学习无精打采……我特地抽时间，手把手地教她写字，一字一句地给她讲解词句的意思。常利用星期天到她家家访。现她渐渐有了笑颜，性格逐渐开朗了，学习也十分用心了。成绩提升很快……

（二）家访是为了协力

……

孩子的教育单靠学校是远远不够的，必须依靠家庭、社会共同配合教育，才能取得良好的效果，家访工作是班主任的重要工作之一，进行有重点，有计划、有目的地进行家访，在进行家访时，决不在学生犯了错误时去“告状”，虚心地请家长对自己的工作提出意见，进而更好的教育孩子们。只有大家同心协力，才能把孩子教育好……

（三）班主任致家长的信

尊敬的________同学家长：

感谢您对我的信赖！

转眼进入了期中，为了给您一个满意的答复，本班全体制订了“用质量回报家长”的工作目标；全班学生提出了“用优异成绩回报父母”的倡议！

学校变了，硬件环境在董事会的大力投入下展示出了贵族学校的风采。一位教育主管领导感慨地说“目前为止，这是我区条件最好的学校！”

校风变了，同学们变得彬彬有礼了，正如一位家长说的，“孩子回家给我们倒茶、问候、打扫屋子……见了亲友也开始打招呼了……我十分感谢学校！”。

咱们班也发生了明显变化，在我们的共努力下，本次考试孩子的各科平均成绩，已由原来的第十一名跃居到了第二！

今天我欣慰地告诉您：同学们制订的目标是，到学期未拿下全校第一！

五一节快要到了，根据上级放假七天的要求，学校放假的具体安排向您通报如下，敬请家长安排好孩子的假期。

一、假期安排：

学校经研究决定于 4 月 30 日放假。学生于 4 月 29 日（星期五）下午 16:10 离校。假期七天，即：从 4 月 30 日起至 5 月 6 日止；5 月 7 日正式开学上课。

二、班务通知：

1、在本次学校组织的体检中，您的孩子的体检结果为：<u>　正常　</u>

2、老师已为孩子布置了假期作业，请家长督促他按时完成，并在作业上签字。

3、带孩子一起度假，要远离不健康环境；要控制不要让上不健康网站。

4、注意安全：尤其是要注意对学生进行交通安全教育。

5、夏季就要到了，为了适应气候的变化，学校从五一节后对作息时间做如下调整：其他时间不变，放晚学时间由原来的16:10后调为16 :25，请家长按调整接送学生的时间。

做您孩子的班主任我感到很荣幸！

希望您与我常联系！

班主任：××

×年×月×日

从实际操作角度，上述经验比比皆是，这里只是想说明民办学校的一种思想，一种工作境界……

第三十二章　民办学校的收费

民办学校自身的服务层次“切割”和对应市场的教育需求层次，即，民办学的服务与需求层次，通过市场行为形成统一。

一般来讲，民办学校通过确定收费标准层次完成自身在市场中的层次定位，如：用收费标准来划分民办学校，则可分为“高”、“中”、“低”三档，对“高”收费学校，民众通俗的称为“贵族学校”等。所以，从这一意义上讲，收费策略是学校进行市场定位的标志。

对市场而言，收费策略是民办学校对市场的理解；是对竞争对手所采取的竞争策略；是学校所提供的教育服务和市场教育需求之间关系的诠释。

对校本而言，收费标准是学校自身软、硬件的市场“标价”，也是学校面向市场提供教育服务层次的标志。

对于招生而言，收费标准就是“切割”生源的画线。“更多的民办学校用家庭的经济承负能力作为筛选学生标准。”……

对竞争而言，收费标准是学校的主要市场策略。

下面，我们讨论关于民办学校的收费标准问题。

从市场竞争角度笼统总结，民办学校的收费标准分为“定位收费”、“竞争收费”和“策划收费”。

一、定位收费分析

定位收费就是民办学校用直观的方式，在市场中通过收费标准来定位自身服务层次。现实中，许多学校常常采用“传统型收费”的方式。

传统型收费：我们把采取学生入学时一次性缴纳（一学期或一学年）全部费用的收费形式统称为传统型收费。之所以称为“传统”，是因为这种收费形式与公立学校采用的“一费制”十分相近。

定位收费一般在成熟学校和传统学校中被使用。

【某校新生入学年度收费标准一】

单位:元/ 年

学费	杂费(代收费)项目						合计
	书本资料费	餐费	住宿费	车费	保险费	校服费	
6000	400	4850	2200	500	50	220	14170

注:1、以上费用入学或开学时须一次性交清,中途不再收取其他任何费用。

2、学生在校全寄宿,每日学校提供“三餐三点”。

3、学校要求每位学生必须有冬装、夏装各两套,冬装 130 元(二套),夏装 90 元(二套)。已有的可以不购买。

4、不乘坐校车的学生免收校车费。

(一)定位收费的优势

定位收费标准被市场中各民办学校普遍使用,其优势为:

1、定位作用

年度或学收费标准,在市场中起着明确的学校定位作用,即,它起着如同“商品价格”似的内涵定位作用。市场中对此的通俗认识是,收费标准不同学校的办学层次和提供的教育服务层次也不相同。一般收费层次越高,其提供的教育服务质量越高。

2、直观规范作用

各项收费明码标价。

学生入学(或开学)时一次性交清各项费用的做法,也表示出中途学校不再收取其他任何费用的规范性质。

3、标志性作用

“标准”不仅划分了与同一市场中其他民办学校的办学和服务层次区别,同时也对市场中的教育需求客观地提出了经济对应要求。

4、调整起点

学校对“特殊”学生往往出台收费优惠政策,如:优秀学生、特殊困难学生、关系学生等等。优惠幅度往往以定位标准为参照。

5、奉献标志

也有的学校出于公益目的,以回报社会为己任,对学生甚至采取“全免费”政策等。定位标准能够起到让人直观地看到学校的奉献力度。

6、公立影响

定位收费与公立的收费方式（“一费制”）相近。民办学校采用此类收费，在市场中往往让人与公立的可信度、质量观等联系在一起。

7、优秀定位

现实中，被社会普遍认可的优秀民办学校，通常采用定位收费方式。这不仅体现出学校的规范和服务质量的自信态度，同时也表示出学校在生源竞争中的优势。

（二）定位收费的不足

1、收费标准相对较“高”

与同层次学校相比较起来，定位收费由于是各项费用的累计，所以经给人的第一感觉是收费“高”，我们仍以“【某校新生入学收费标准一】”为例，并在收费方式上进行如下调整：

【某校新生入学收费标准二】

单位：元/ 期

学费	期收费					月收费	
	书本资料费	校车费	保险费	校服费	合计	餐费	住宿费
3000	200	250	25	220	3495	485	220

注：1、以上期收费，入学或开学时须一次性交清，中途不再收取其他任何费用。

2、学生全寄宿在校，每日学校提供“三餐三点”，餐费、住宿费于每月 5 日前按上述标准交班主任。

3、学校要求每位学生必须有冬装、夏装各两套，冬装 130 元（二套），夏装 90 元（二套）。已有的可以不购买。

4、不乘坐校车的学生免收校车费。

通过对比，不难发现，虽然是同样的收费标准，但前者给人的感觉是一年壹万肆仟余元，后者的入学校标准却是叁仟伍佰元。两者收费的相差幅度，很难让人将其列入同一层次学校。如果在招生竞争中，后者在收费上就会占据明显的优势。

2、生源切割面狭窄

上述两个实例相比，第二种收费一般家庭均能承负，所以第二种收费的生源切割面要比第一种大得多。

3、应对困难

收费是学校市场竞争的核心性政策。如果制订的"定位收费"标准面向市场公布后被其他同层次学校"利用"的话,就意味着将会失去招生竞争优势的严重问题。

这不难理解,如果两校在市场竞争中处于伯仲之间,当第一学校公布了"第一种收费标准",而第二所学校采取"第二种收费"的话,就意味着,第一所学校将付出招生失利的代价。

当第一所学校发现了存在的问题后,面临的难题将是"如何调整收费标准"。

这确实是一个棘手的问题,"降价"显然行不通,因为平衡在校"老生"收费的难度更大! 且"降价"自身会给市场带来污染性的后果。通常学校的做法是"利用优惠调整",这样一来,学校不仅招生面临入手的被动,同时也卷入到"讨价还价"的泥潭之中。

4、学校的传统操作思想

在生源困难的学校中,采取定位收费策略,体现了学校在面对市场竞争组织、能力上的不足与困难。这也暴露出对市场主动作用能力差的校内问题。

通常定位收费容易被传统思想管理下的学校效仿使用。原因在于:

一是之所以称之为传统,是因为他们往往采用"民办学校的公立化操作",而定位收费模式是与传统思想、操作唯一对应的"定型"收费模式。

二是对收费策划体现对市场和竞争的理解。传统自身的"短板"在于"市场知识、经验不足"。如何策划、应用收费问题就会显得力不从心。

三是现实中有许多传统的操作者持有"策划收费是骗人"的抵触认识。

生源困难,本身就说明了学校处于被动作用市场的位置。而在生源困难的学校校中,许多选择了"定位"收费策略,这就更进一步说明了学校在对待市场竞争问题上被动问题。

在生源得不到保障前提下选择定位收费,同时会放大"定位收费的不足"。

(三)优秀学校的定位收费

优秀民办学校往往采用定位收费。其原因在于:

1、学校竞争优势突出,在生源市场中处于"领头羊"位置。

2、学校已赢得了相对稳定的生源市场份额。

学校对市场已形成良性的影响氛围；学校的服务、质量为家长、学生熟知，“就读某某学校需要多少钱”已被市场公认。

3、生源量的问题得到保障。

学校的教育绩效已被市场广泛认可。家长、学生认为就读某校是学生最好的成长机会，也是一种家庭荣耀。经济条件允许的家庭持有强烈的就读愿望；不具备经济条件的家庭也希望通过创造条件获得学位……就读需求大于招生量，采用收费策略已失去推动招生意义。

4、学校具备筛选生源条件。

在生源得到保障前提下选择定位收费，同时也会赢得“定位收费的优势”。

二、影响定位收费标准的要素

收费策略是指通过民办学校的自身经济环境市场、竞争环境的把握所采取的收费方式。

市场形成了学校收费定位的实际环境，如，区域经济水平，家庭承受能力，适应就读学生的家庭比例，市场中学生的总量，公办和民办的比例，公办学校的教育资源情况，民办学校比例及办学特点等。下面我们讨论影响民办学校收费要素问题。

1、学校的教育服务定位

民办学校的服务内涵要在针对需求前提下产生。

学校的目标群体是谁？

他们的家庭经济承负能力如何？

在相同的目标群体中本校与其他学校相较所处的位置如何或可拥有的份额有多少？

学校的软、硬件建设是否具备提供服务的条件？

……

家长普遍认为“老板不会亏本办学！”，“一所低收费学校，不会为教师提供过高的待遇。当然，低待遇也就很难聘得到高水平的老师。”……应当承认，家长的这种看法有一定的合理性，在民办学校的经营管理中确实存在“入口决定出口”的法则。

当一所学校的收费标准确定下来后,其学校在市场中所处的层次和所提供的服务档次也就相应地定位了。但这里不包括持奉献精神和回报目的的学校。

所以,学校的教育服务层次定位是收费定位的决定性因素。相反,一所在收费标准定位上含糊的学校,就是自身教育服务定位不清的学校。

2、政策、法规

政策法规是制订收费的决定性条件之一。在讨论此类问题时有专家这样认为"民办学校需要深入研究和有效利用法律、法规……"。

政策、法规构成民办学校的宏观办学环境,起到规范和促进民办学校的作用。规范是对民办学校办学行为,办学方向的要求与管理;促进,就是帮助和服务于民办学校。

实质上,从《民办教育促进法》到地方政府的《实施纲要》及各项相关的行政、法规既是民办学校的保障,也是对其规范的管理,如

物价部门对学校收费的审批,就是通过规范市场行为实现规范办学行为和竞争行为的宏观调控举措。

需要各校理解的是,政策、法规对于学校而言尚有留有很大的"伸缩"空间,这种弹性机制赋予了学校诸多的自主权力,如、民办学校自主招聘、自主招生等,即使是在审批民办学校收费标准方面,宏观管理也只起到规范作用。

3、宏观的经济环境

经济环境是决定民办学校收费的根本因素。

区域经济环境直接影响市场中教育需求的"活性"程度和需求总量。

教育需求决定学校生源区内生源的总体数量。

生源量限定了民办学校的区域布局"密度"。

在学校"密度"一定的前提下,市场中的生源总量,决定了民办学校间的竞争激烈程度。

生源竞争的激烈程度直接影响、限定着民办学校的收费标准。

民办学校收费标准受到,经济环境、文化环境、市场需求环境、公立教育环境和民办竞争环境等诸多因素的影响。但区域经济环境是各种影响因素的基础。

在研究民办学校生存限展环境的过程不难发现,区域经济环境对民办

学校的根本性作用。同样层次的学校，如果所处的地区经济环境不同，则在收费、招生和办学过程中会表现出极大的差性。所以，不能持“用一把钥匙打开所有的锁”的办学和策划思想。民办学校的在策划收费时一定要将区域经济因素列到重要的位置。

值得注意的是，区域经济环境较好也不一定民办市场也好，良好的民办市场除经济条件外，还受到文化环境，市场环境和政策环境等诸多的影响。

4、文化环境

虽然中华民族在育儿观和对孩子的教育观上，具有相同思维趋向和特征，但各地在育儿观上也存在较大的差异性。这种差异性不仅表现在家庭对子女教育的投入热情上，也表现在对教育的不同需求方面。

文化环境要求民办学校在制订收费上，要侧重考虑收费“点”和收费依据等综合问题。学校不能凭空制订收费标准，收费要与学校的服务内涵紧密地结合在一起。而学校的服务内涵需要与当地的文化环境统一，要与需求接轨。

当地家长群体持有相同观或相近的教育要求是什么？这是办学的方向问题，也是服务收费的方向……民办学校对需求的定位，也就是对收费的定位。

5、教育市场环境

市场中公立学校的配置比例、办学情况如何？他们都提供了哪些教育服务？服务的满意情况怎样？……要认识到，公立学校是现代市场教育环境的创造者和维系者。家长、学生对教育的满意和不满意态度主要是针对公立而言的。

随着经济的发展，家庭收入的增加，民众的教育需求日益膨胀，当地公立学校是否持有与日俱进的发展观念？是否满足了广大民众诸多的教育需求……这无疑为民办学校留下了诸多补充余地和发展的空间。民办学校应持“公无我有，公有我精”的服务策划思想，这样就具备了服务优势，同样也就具备了收费优势。

需要提醒的是，不可小觑当地的民办教育的市场环境。良好的当地民办市场环境为各校提供了发展机遇；相反污染的环境，为所有的民办学校带来生存、发展的困难。

6、家庭经济环境

区域经济环境决定民办学校的布局“密度”和生源量；那么生源区内的家庭经济环境就是民办校制订收费策略的核心要素了。

学校在制订收费标准时，首先要考虑在覆盖范围内的生源总量如何？这一问题需要从区域经济上进行分析，进而获得广泛意义上的结论；但更需要从家庭经济的微观环境分析，进而进行准确性收费定位和可行性论证。

标准是否在家庭经济的承受范围？

家庭经济可承受量多大？

公立学校、民办学校的份额比例如何？

……

对环境的系列分析目的是要得出学校的收费层次标准，进而依据标准判断估计出学校在竞争中所占的市场份额，并在份额范围指导下进行招生计划和投入预算……如果，通过分析判断出来的市场份额不能够满足学校的招生量需求，则需要通过调整收费或加大投入的方式来设法提高份额比例了。当然，在收费层次标准不变的前提下也可以通过收费策划和合理科学的宣传、招生策划达到提高招生量的目的。

现实中成熟的办学者，在办学前要对目标市场进行较长时间的考查、论证。论证内容中，决定是否办学，办什么层次的学校，收费标准如何……预计三年内的生源如何等，无论是从哪些方面论证，总结一句话，就是收费标准的定位过程。

影响收费的因素还有许多，在这里我们就不再一一讨论了。

三、定位收费确定操作过程

学校收费定位就是对自身服务层次的定位，就是对市场“切割”范围的定位，就是对与它校竞争策略的定位。

民办学校需要准确理解需求、把握竞争和适应市场……收费就是体现这一切的核心性指标，而定位收费则是其他收费策划的“原点”或“母体”。下面我们共同分析讨论定位标准的确定过程。

为说明分析过程，我们不妨进行如下的虚拟演示：

分析条件

(一)本地区市场情况

1、本地区生源区总人口35万,约10万户;

2、本地经济适中,富有家庭比例约占11%(具有可承负能力的家庭)。

(二)教育环境

1、各层次公立学校优质学校(可分为优质学校,一般学校和较差学校):

(A)、

幼儿园______所(分别为:______人),基本情况:____________

小学______所(分别为:______人),基本情况:____________

初中______所(分别为:______人),基本情况:____________

高中______所(分别为:______人),基本情况:____________

(B)、一般学校(略)

2、民办学校(可分为优质学校,一般学校和较差学校):

(A)、优质学校

幼儿园______所(分别为:______人),基本情况及收费:____________

小学______所(分别为:______人),基本情况及收费:____________

初中______所(分别为:______人),基本情况及收费:____________

高中______所(分别为:______人),基本情况及收费:____________

(B)、一般学校(略)

(三)竞争环境

1、学生总量(幼儿园、小学、初中、高中)占总人口的12%,约为:350000×12% =42000名

2、民办学生总量:对市场范围内在校学生量起直接进行统计,或从教育主管部门获取。

3、各层次民办学校的市场份额:

1)层次(收费标准18000元/年以上)约占多少?

2)层次(收费在10000元/年以上)约占多少?

3)层次(收费5000元——10000元/年)约占多少?

4)层次(收费在5000元/年以下)约占多少?

以上数据,可直接从教育主管部门获取学生量,也可通过调查获取。各校前一年的收费标准都对外公开,也容易获得。

对本地区民办学校就读情况分析

A、统计本地经济增长与就读本地民办学校学生增长之间的关系（如下图所示）

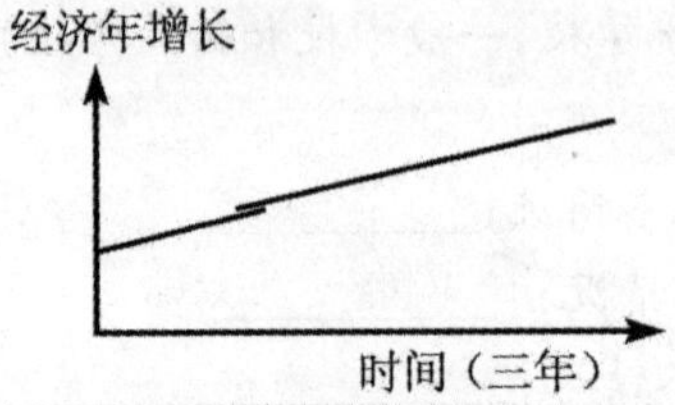

本地经济增长　图一

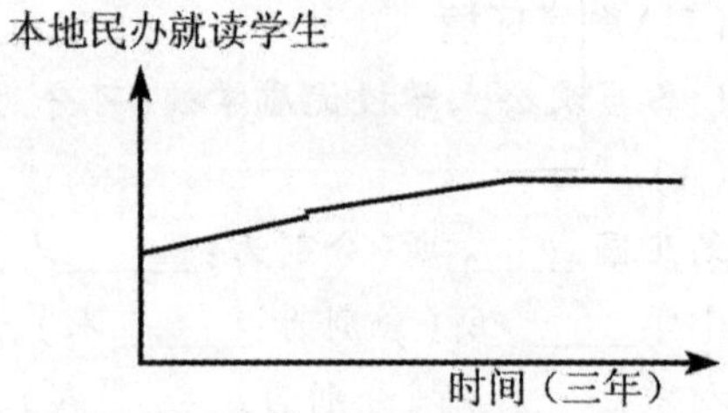

本地民办学生增长　图二

从上述对比不难得出这样的分析结论

本地经济增长与民办学校就读学生成正比例关系。

B、统计生源市场人口增长与民办学校就读人数比例关系

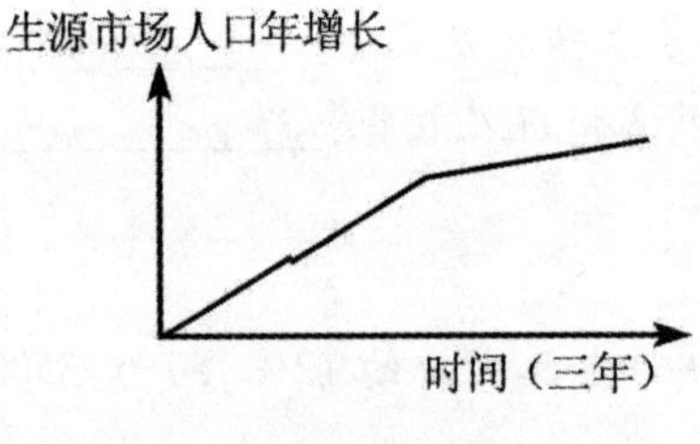

本地人口增长　图三

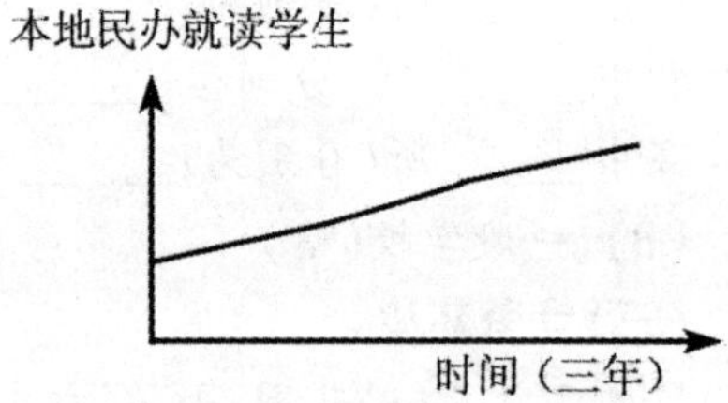

本地民办学生增长　图四

通过以上对比分析为：

生源区域内人口的增长（含流动人口）与民办学校就读学生的增长成正比例关系。

C、统计生源市场富有家庭增长与民办学校就读学生人数的比例关系

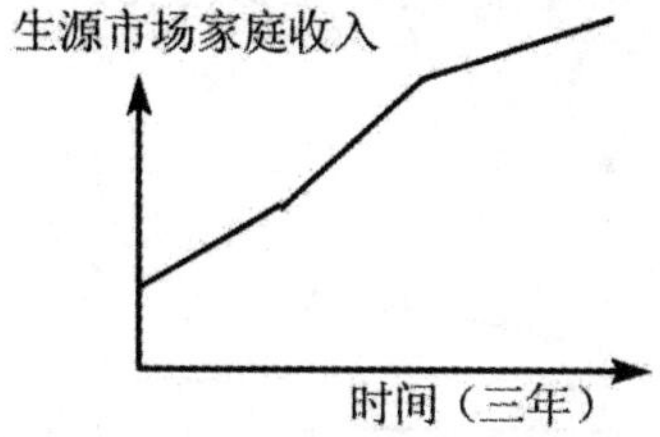

本地人口增长　图五

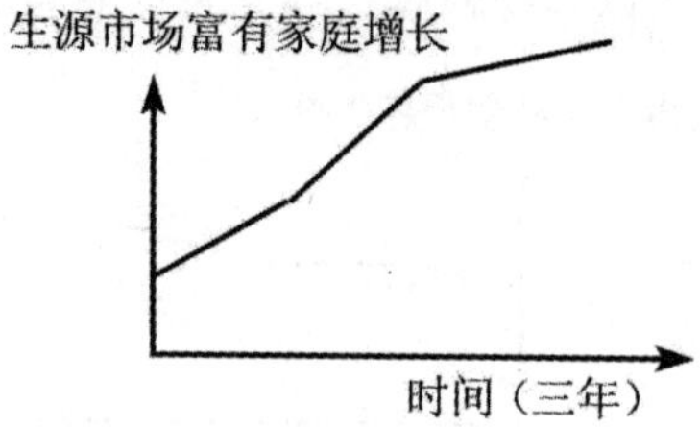

本地富有家庭增长　图六

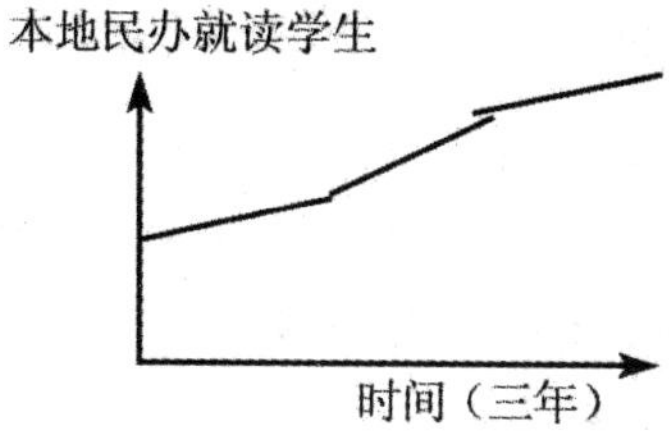

本地民办学生增长　图七

通过上述对比作如下分析：

本地区民办学校的生源量随富有家庭比例的增长而增长。

D、生源市场公立教育投入与总体学生的增长

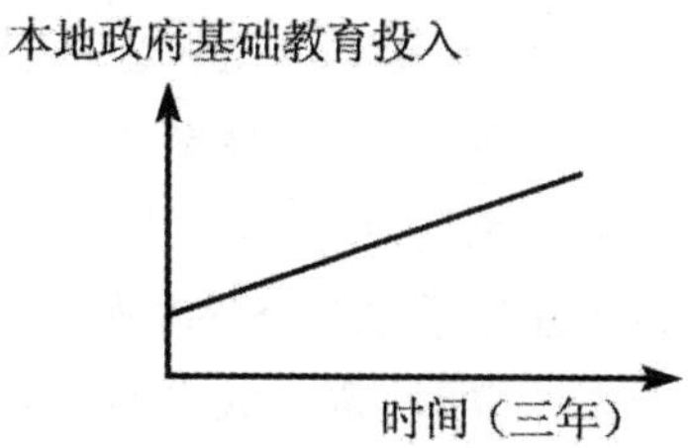

本地教育投入增长　图八

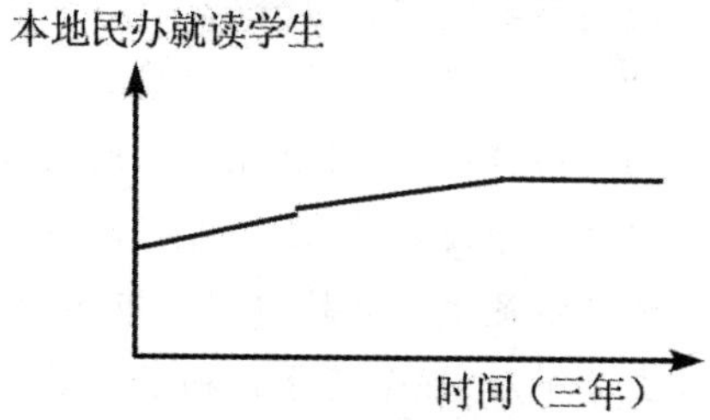

本地民办学生增长　图九

通过上述对比作如下分析：

1、地区政府教育投入与民办在校学生量之间呈反比例关系。即，投入量越大，民办学校的学生越少。

2、教育投入，对民办学校的学生量影响程度不是十分明显。

E、生源市场内各民办学校的招生投入(调查概数)与生源的关系

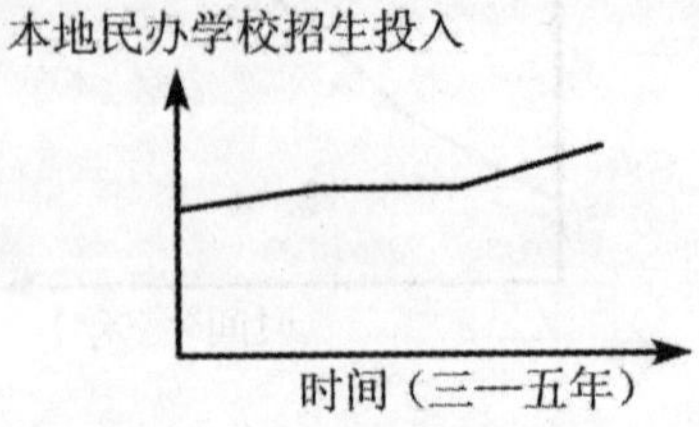

民办学生招生投入　图十

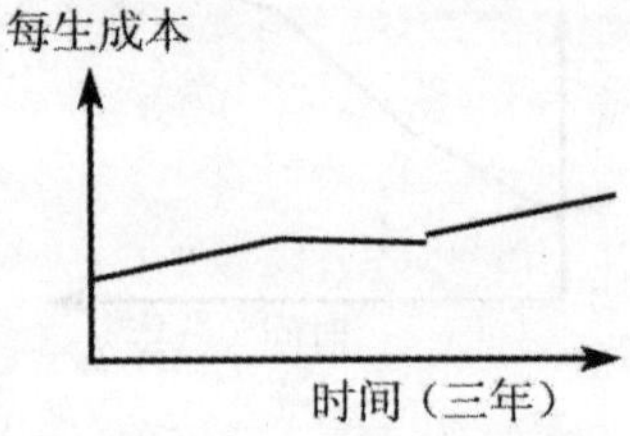

每生投入　图十一

通过上述对比、分析如下：

1、学校招生量与招生投入量成正比例关系。

2、生源的增长量与投入量之间的关系为：______元/生(每生招生成本)。每生招生成本说明了本地区的招生综合情况,尤其是竞争情况,一般竞争程度越激烈,每生成本越高。

通过上述分析,基本可以得出对本地区近年来民办学校生源市场的宏观判断和各层次民办学校的生源分布。这有助于帮助学校自身的层次定位。

地区经济、本地人口和每生成本,可从侧面反映各校之间生源竞争的激烈程度。这也有助于学校确定准确的招生计划和投入计划。

学校的自身层次定位分析

学校自身的层次定位,在正常情况下于学校硬件层次在生源区各校间的位置相统一,即硬件层次处于本地区各校中档位置,学校一般的办学校层次即为中档。除此之外,还应进行学校的优势与不足方面的分析,如:

优势与不足主要从软、硬件、市场影响、招生宣传等方面分析考虑。

综上分析后,假如将学校初步定位为中等层次学校,那么就需要做以下工作了:

1、初步确定本校的定位收费标准

本校的定位收费标准一般与市场中同层次学校相近或相同。

2、确定本校的人才素质、能力层次

人才层次期本上用待遇层次体现。一般民办学校确定人才待遇层次的方法用“教师平均工资”体现。

同一市场中，中档学校各教师的平均工资基本上保持在相近位置。

3、初步确定本校的招生目标

计划本校的招生目标，须以宏观的分析为依据，如：本地区经济、本地人口情况和同层次学校生源分布及近期各校的招生情况等。一般情况下，新建学校在正常的市场宣传和招生组织下，与非优秀学校竞争生源，会获得中等以上的份额。

4、初步确定本校的招生投入

较为准确的招生投入预算必须以本市场，同层次学校招生的"每生成本"为参照依据，如：本校经对宏观市场分析后，确定招收500名学生，则投入最低量应为500人×同层次学校"每生成本"。

如果是本市场中的新建学校，则需要另行增加市场的宣传费用。

5、分析确定本校的收费策略

制订本校的收费标准策略的主题，在于对同市场中同层次学校收费的理解和应用。如果应用得当，则本校即具备收费优势，同时也就具备了招生优势。正如上述"收费一"与"收费二"相比较一样。这样做的原因在于，市场中的许多家长不具备对学校收费的整体预算能力，他们往往专注于"上学校需要多少学费"的问题，而对"伙食费"、"住宿费"、"收本资料费"等，认为是合理的支出。

关于收费标准策划形式和方法还有很多，如：分解型收费、段收费等。我们将在以下的内容中专题论述。

第三十三章　民办学校的收费形式

生源竞争越激烈对招生策划和组织管理的要求就会越高。策划是围绕目的、针对竞争所采取的方法构架体系。收费标准在招生中起着“标价”的市场作用，所以对收费的策划是各校赢得招生的重点。同样，在市场中各校对收费形式的策划与应用体现了民办学校的生源竞争激烈程度。现实中往往存在这样的规律，在竞争较为平和的环境中收费形式也较为简单、单一；在竞争激烈的环境中，各校的收费会表现出多种形式。

上一章我们侧重讨论了定位收费。实质上，民办学校的任何收费形式均以定位收费为原点展开。下面我们再一起讨论分解收费与扇形收费形式。

一、分解收费

分解收费：是指将学校的定位收费按时间、项目分解收取的收费方式。

前一章中列举的【某校新生入学收费标准二】即为将“定位收费”按时间(学期)和费用性质(学费和学生自行开支)分解后形成的分解收费形式，即：

将6000元/年的学费，分解为每学期3000元/期；

将食宿费(4850元/年和2200元/年)分解为485元/月和220元/月。此举在保持年度“定位收费”不变的前提下，将入学一次性交费由14170元，降至3495元。

(一)分解收费的主要分解方式

我们仍以某校的定位收费为例：

某校学生入学的定位收费标准(收费标准＝各项收费之和)

收费标准一：　　　　单位：元/年

学费	杂费(代收费)项目						合计
	书本资料费	餐费	住宿费	车费	保险费	校服费	
6000	400	4850	2200	500	50	220	14170

续表

注:1、以上费用入学或开学时须一次性交清,中途不再收取其他任何费用。

2、学生在校全寄宿,每日学校提供“三餐三点”。

3、学校要求每位学生必须有冬装、夏装各两套,冬装130元(二套),夏装90元(二套)。已有的可以不购买。

4、不乘坐校车的学生免收校车费。

1、**按时间分解**,即:将学费、伙食费、住宿费等因时间发生的费用,按发生时间周期收取。

某校新生入学按交费时间分解后

收费标准二:　　　　单位:元/ 期

学费	期收费					月收费	合计
	书本资料费	校车费	保险费	校服费	合计	餐费	
3000	200	250	25	220	3495	485	220

注:1、以上期收费,入学或开学时须一次性交清,中途不再收取其他任何费用。

2、学生全寄宿在校,每日学校提供“三餐三点”,餐费、住宿费于每月5日前按上述标准交班主任。

3、学校要求每位学生必须有冬装、夏装各两套,冬装130元(二套),夏装90元(二套)。已有的可以不购买。

4、不乘坐校车的学生免收校车费。

2、**按收费形式分解**,即:将定位收费分解为“规定收费”(如学费)和“个人发生费用”(如:伙食费、住宿费、书本资料费、保险费、校服费、接送费等)。

某校新生入学按收费形式分解后

收费标准三:　　　　单位:元/ 期

入学收费			选择交费标准(时间:每学期)				月收费	
学费	校服费	合计	书本资料费	校车费	保险费	合计	餐费	住宿费
3000	220	3220	200	250	25	475	485	220

注:1、以上期收费入学或开学时须一次性交清,中途不再收取其他任何费用。

2、学生全寄宿在校,每日学校提供“三餐三点”。餐费、住宿费于每月5日前按上述标准交班主任。

3、“选择交费”学生视本人需求选择,选择者按标准交费,不选者不交费。

4、不乘坐校车的学生免收校车费。

(二)分解收费的优势

与定位收费相较,分解收费的最突出优势在于:

1、入学门槛低

分解收费给家长的直接感觉是"收费低"。"14170元"与"3200元"的入学费用完全不在同一层次上。学校的入学"门槛"降低后,其生源的"切割"面就相应地增大了许多!这便得学校在意向生源量上具备了优势。

2、招生优势

①对家长择校的影响

目前家长群体已走向了成熟。,许多家长往往要经历"综合分析、对比"和实地"参观"的择校过程。

实地参观后,家长不难得出与"高收费学校硬件相同"的结论;

综合分析后,也会有"本校软件与'高收费学校'基本处于同一层次"的感受。

家长在这种"结论"和"感受"的影响下,他们的择校决定更多地会向"低收费"学校倾斜。

所以,分解收费与定位收费相比较之下,家长参观择校的成功率会相应提高。

②激烈竞争中的作用

分解收费尤其是在激烈的招生竞争环境中,更易发挥其招生优势。

招生环境越激烈,家长群体的成熟度越高。家长成熟的表现在于延长择校过程、加强信息分析、增加参观次数和参观学校量、提出更为具体和更具针对性的咨询问题等方面。

采用争解收费的学校,更希望家长通过学习、分析和参观等行为,进行市场内同层次学校的综合对比。这种对比越细致、越深入,分解收费的"低收费"优势就突出;而且家长就越会感到收费的"合理"性。

需要注意的是,现实中越是择校活动活跃的家长,在群体中往往越具有代表性,他们在家长群体中具有一定的影响力和号召力。

(二)分解收费注意事项

并不是所有的学校都能实施分解收费策略。

实施分解收费需要以一定的条件为前提,主要为:

1、民办观念要求

市场策划程度越高,对校内及操作人员的民办思想素质要求也就越高。民办学校观念是实施分解收费的基础和前提。

分解收费依据“消费”心理策划,不仅源于市场且反过来作用于市场。它需要以对市场的把握和理解为实施基础。

收费只是一种招生手段、方法,实质上招生竞争还得依赖学校面向市场营销教育的能力。招生始终伴随着思想的宣传、渗透和应用过程。持传统教育思想的招生者,更多的方法是“试图让家长、学生适应‘固定’的思想和模式”。他们习惯于用原始的“尺度”衡量、评价,用“要求”的方式筛选学生……

2、招生服务能力

市场中家长面对较低收费时往往持怀疑态度:

“这么好的学校,只收这么点钱,会不会是出现了什么问题呢?”

……

这对学校的参观接待、宣传策划、咨询、答疑、释疑工作提出了更高的要求,且这是对思想高度和应程度的要求。

3、一定要注明“中途不再收取其他任何费用”,以便打消家长“会不会是‘套牢’手段,今后还会再收费呢?”等疑虑。

二、段收费

分解收收费通过“减法”降低入学“门槛”。段收费则是用“加法”,通过降低总体支出的方式,达到招生和融资目的的收费策划。

段收费:对入学学生按就读段(如小学、初中等)进行一次性全程收费。

尽管国家和地方的教育法、规,将“段收费列入“乱收费”行列予以明令禁止,但有的学校还是利用“打擦边球”的方式“顶风”操作。一位办学者对此表示“政策不仅需要遵从,还需要合理的应用”。他们利用政策将段收费设计为“收费+捐赠”,“收费+奖学金”等形式,并在家长“自愿”的前提下操作。

(一)段收费形式

一般情况下,段收费与定收费配合使用,并组合形成收费“套餐”,即,段收费为家长自愿选择的另一种收费方式。

“套餐”中,学校制订两种或两种以上收费形式(定位收费是必备的一种),由家长根据自身的需求自行选择其中的一种交费,如:

【某校新生入学年度收费标准一】

以下两种收费,家长任选其中的一种。

收费标准一(年收费): 单位:元/年

学费	杂费(代收费)项目						合计
	书本资料费	餐费	住宿费	校车费	保险费	校服费	
6000	400	4850	2200	500	50	220	14170

注:1、以上费用入学或开学时须一次性交清,中途不再收取其他任何费用。

2、学生在校全寄宿,每日学校提供“三餐三点”。

3、学校要求每位学生必须有冬装、夏装各两套,冬装 130 元(二套),夏装 90 元(二套)。已有的可以不购买。

4、不乘坐校车的学生免收校车费。

收费标准二(捐赠):(仅以小学为例) 单位:元/

学段	年	捐赠费	备注
小学 1 - 2 年	1 - 2	无	按第一种收费标准收费
小学任意三年	3	36000 元	1、学生放学时一次性效清。 2、其他费用全免。
小学任意年	4	45000 元	
小学任意五年	5	53000 元	
小学六年	6	59000 元	

(二)段收费原理

段收费设计主要有三个目的,即:招生目的、融资目的和稳定学生目的。

1、招生目的

①收费优势

段收费按照给家长“算盘”的方式体现价格优势。“定位收费”标准既是与其他学校横向对比的市场综合定位标准,也是供家长“计算”的依据。我们仍以以上两个“标准”例说明计算方法:

定位收费 14170 元/年标准下段收费的优惠计算(表)

学段收费	计算方法	捐赠标准	与定位收费对比
三年	14170 元/年 ×3 年 ×85%(八五折)	36133 元	节约 6500 元
四年	14170 元年 ×4 年 ×80%(八折)	45344 元	节约 11680 元
五年	14170 年 ×5 年 ×75%(七五折)	53137 元	节约 17850 元
六年	14170 年 ×6 年 ×70%(七折)	59514 元	节约 26000 元

对于家长而言,选择“四年”段,每年可节约近 4000 元!这是可观的节约量!

段收费与本校的定位收费相比较具有了收费优势;

段收费与于同市场、同层次的学校相比较,具有了收费优势。

收费优势是招生工作的突出优势之一。

②扩大招生

招生过程中,处于摇摆位置之中的择校家长占相当的数量,临近开学交费家长骤然增多就是取好的实例。

一方面,处于摇摆中的家长,在于其他学校的对比中看到实惠后,择校意向会明显向段收费学校倾斜。

另一方面,家长会觉得段收费学校更有弹性回旋余地。有的甚至采用试探的方式入读学校,即:第一年选择定位交费,以后再转成段交费。因为在他们认为,选择段交费会感觉到不踏实,选择定位交费又觉得“亏”。

无论是对处于摇摆中家长的吸引,还是对“再转成段交费”家长今后“打算”的牵扯,无疑都扩大了学校的招生。

③家长的需求

在研究民办学校生源与家庭的关系时不难发现,许多选择就读民办学校的家长,受到事业、工作、家庭等因素影响,希望为孩子选择一个“长期”、“稳定”、“放心”的成长、学习环境。段收费正是顺应了这一群体的要求和需求。

现实也证明了段收费对招生量的明显促进效果。据不完全统计,同一市场中处于同层次的四所学校中,其中的一所学校(某年)采取了段收费策略,该校当年的招生量较其他学校平均量高出近 1.5 倍。

2、融资目的

每招一名学生,段收费较定位收费的收费量要高出2-3倍。其融资作用不言而喻。

关于段收费的综合应用问题,我们将在下一章中专题进行讨论。

3、主动稳定学生

①段收费具有“逼迫”学生稳定的作用。

通常采用段收费策略的学校还出台与之相匹配的学生稳定政策,如:入学时学校与家长签订《学生入学协议》等。

其中《协议》核心内容之一就是:“学生因故中途退学或严重违反学校纪律被劝退者,均按如下规定办理退费手续:

一、退费均按当年公布的《定位收费标准》标准计算并扣减后退还余额部分。

二、在校时间不足一年的,均按一年计算,超过一年的按两年计算,依此类推”

……

②退费损失

如果继续履行《入学协议》,家长所支付的费用一年比一年少;如果终止《协议》,不仅得不到以前已享受的优惠,而且再选择同类学校就读还得按它校的定位标准交费。

现实中,选择段收费标准交费的学生最担心的就是违反校规、校纪后被劝退。所以,在此类学校的管理中学生的“表现”要比定位收费的学校表现好得多。家长更不愿意让孩子离开学校,现实中也经常出现家长主动做学生稳定工作的现象。

③家长的稳定心态

正常情况下,家长在为孩子择校后,都希望孩子能有一个长期、稳定的就读环境,而绝不是持短期“借”读。

家长这种长期就读的心理与愿望与段收费吻合。

三、收费+资助金+奖学金

这是定位收费与资助金、奖学金制度组合形成的体系。这种组合不仅公布了定位收费标准,同时也携带着学校的办学方向、质量观念、规范程度和培养实力等信息内容。所以它是集收费、定位和宣传吸引于一体的综合体系。其目的不外乎定位学校、招生和吸引优秀生源。

此类学校往往在公布收费标准时,一同公布《资助金制度》和《奖学金制度》,如:

收费标准(年收费):　　单位:元/年

<table>
<tr><th rowspan="2">学费</th><th colspan="6">杂费(代收费)项目</th><th rowspan="2">合计</th></tr>
<tr><th>书本资料费</th><th>餐费</th><th>住宿费</th><th>车费</th><th>保险费</th><th>校服费</th></tr>
<tr><td>6000</td><td>400</td><td>4850</td><td>2200</td><td>500</td><td>50</td><td>220</td><td>14170</td></tr>
<tr><td colspan="8">注:1、以上费用入学或开学时须一次性交清,中途不再收取其他任何费用。
2、学生在校全寄宿,每日学校提供“三餐三点”。
3、学校要求每位学生必须有冬装、夏装各两套,冬装130元(二套),夏装90元(二套)。已有的可以不购买。
4、不乘坐校车的学生免收校车费。</td></tr>
</table>

资助金条件、标准:

<table>
<tr><th colspan="2">资助要求及条件</th><th>资助金额</th><th>备注</th></tr>
<tr><td colspan="2">省级三好生</td><td>15000元</td><td>本省三年内</td></tr>
<tr><td colspan="2">市三好生</td><td>5000元</td><td rowspan="2">本市、区本年内</td></tr>
<tr><td colspan="2">区三好生</td><td>3000元</td></tr>
<tr><td rowspan="5">参加本校入学测试</td><td>三名前</td><td>15000元</td><td rowspan="5">参加本校组织入学测试</td></tr>
<tr><td>十名前</td><td>10000元</td></tr>
<tr><td>三十名前</td><td>5000元</td></tr>
<tr><td>五十名前</td><td>2000元</td></tr>
<tr><td>一百名前</td><td>1000元</td></tr>
<tr><td colspan="4">注:以上资助金入学后三个月内一次性支付</td></tr>
</table>

奖学金标准:

奖学金要求及条件	资助金额	备注
应届考取全国重点大学	30000	本校应届生

续表

<table>
<tr><td colspan="2">省级三好生</td><td>10000 元</td><td>在本校被评</td></tr>
<tr><td colspan="2">市三好生</td><td>3000 元</td><td>在本校被评</td></tr>
<tr><td colspan="2">区三好生</td><td>1000 元</td><td>在本校被评</td></tr>
<tr><td rowspan="3">本校年度评价</td><td>年级三名前</td><td>5000 元</td><td rowspan="3">依据学校年度综合换算后排名。</td></tr>
<tr><td>年级十名前</td><td>3000 元</td></tr>
<tr><td>年级三十名前</td><td>1000 元</td></tr>
<tr><td colspan="4">注:以上奖学金于发生后三个月内一次性发放。</td></tr>
</table>

此类收费,一般被民办公助型学校或处于成熟期的民办学校采用,当然也被其他学校招生策划使用。

资助金、奖学金并非是收费形式,但它是影响家长支出的重要因素,尤其对优秀学生的择校起着重要的心理影响作用。

助学金一般在新生入学时使用,本意是开通优秀生就读渠道,降低优秀生就读的经济负担。是学校争夺优秀生源和回报、奉献社会的举措之一。学校对资助金的控制和使用较为灵活,甚至可以面对任何一位学生针对性地使用。

在使用幅度上,可免除学生的学、杂费、住宿费,并向学生提供每月的生活费。现实中还有的学校在免除入读学生的一切费并提供生活费的同时,还要另行支付一定数量的费用。这对于家庭经济困难的优秀学生来讲,无疑提供了优越的就读条件。在这种条件下,许多优秀学生希望选择条件相对优越的民办学校就读。

也有人认为助学金是“购买”优秀学生的代名词。虽然各学校各有其目的指向,有的是为了学校的今天竞争,有的是为了学校的市场软性定位,有的则是为了学校明天的发展,有的依此报效家国……笔者认为,这种为优秀学子创造优越就读条件的做法可圈可点,值得肯定!因为投入的最终结果是,为国家培养了优秀的人才。

奖学金在学生学习过程中常见,是学校对优秀学子的一种经济奖励制度。这种奖励,在起到标榜、激励作用的同时,也为树立良好的校风、学风起到了一定促进作用。奖学金制度一般在规范和重视教育绩效的学校中常设。正是因为这样,为数不少的学校将其作为影响市场、定位学校和促进招生的因素加以策划、应用。

一些学校策划者认为,对优秀学校或名校在形式的操作上的“效仿”行为,会使家长产生对本校的条件反射,进而起到良好的市场影响作用。现实中,这种“东施效颦”的行为却收效甚微。

学校是科学,所以需要持严谨的态度,务实的精神。

任何的策划都需要以科学的管理,过硬的质量,周到的服务和良好的市场运作为基础。

四、组合收费

组合收费就是以定位收费为基础,进行各种收费形式组合形成的收费体系,如:“定位收费+分解收费+段收费+助学金+奖学金”,“定位收费+分解收费+段收费”等形式。

组合不是机械地拼凑,它是针对市场实际和竞争实际的策划产物。

五、优惠政策

优惠政策是学校面对市场和竞争进行收费的调节机制。一般,学校出台收费政策的同时也附带出台明确的优惠政策。

学校公布的《收费标准》既是承诺,也是政策。收费标准一经公布即具有“单向”性质。

一方面,收费是校际间竞争策划的焦点要素,学校在制订收费政策时往往会广泛收集、研究其他各校的收费,并产生出针对性的标准。

另一方面,招生过程中会遇到方方面面的“特殊问题”,学校在收费上需要考虑区别对待。

如果僵硬地用公布标准统揽,不仅会带来竞争困难,在处理“特殊问题”上也会显得过于简单,最终带来招生被动和生源上的损失。

出台优惠政策需要注意:

1、明确优惠条件

一般优惠条件可大体分为目的性优惠和客观性优惠。

目的性优惠:指学校用优惠政策推动,希望受体达到享受优惠所规定的条件。

为了配合招生前期突破工作,学校出台“提前交费”优惠政策,如:“7月

15日前交费的予以1000元/生优惠；8月1日前交费的予以500元/生优惠”等。

用优惠政策下调已公布的收费标准，如：“凡8月15日前交费者，统一按1500元/生标准予以优惠。”

为鼓励本校毕业生再选择本校高年级就读，出台相应的优惠政策，如：“本校初中毕业生，就读本校高中、予以1000元/生优惠”。

为配合优秀生招生工作，用优惠政策对《资助政策》进行调整，如：“凡符合本校优秀生条件的学生，除按《优秀生资助》规定予以资助外，另再予1000元/生优惠（若属于免费生，本优惠金即以生活费形式，于学生入学时一次性发放）”。

……

客观优惠：针对招生中遇到的特殊问题，设立的优惠，如：

“一家两名或两名以上，就读本校予以优惠”；

“具有亲缘关系，三人或三人以上同时交费者予以优惠”；

“为本校直接介绍学生者，对本人予以优惠”

……

2、优惠政策的把握与控制

优惠政策一般分为公布型政策和操控型政策两种。

公布型政策：针对普遍性问题出台，公开公布执行，如“目的型优惠”一般按公布型政策操作。

操控型政策：视招生和市场竞争实际确定，一般由招生负责领导依据实际暗箱操作。

六、退费

退费规定是学校收费策略的有机组成部分，它与收费相匹配。退费也是家长择校普遍关注的问题之一。尤其是收费较高或择校时仍持疑虑态度的家长对此问题的关注度相对更高一些。

在制订退费政策时应注意：

1、**要规定明确的退费条件**，如：属以下原因学生可提前一个月（或一周）向学校招生办递交退费申请。

①学生因健康原因经证明不能在学校继续就读，超出休学范围的（须出

具县级以上医院证明)。

②学生因家庭不可抗因素,不能继续在校就读的,如:家庭搬迁、参军、升学(要出具通知书)等。

……

2、明确退费程序

退费程序、时间

程序:向学校递交书面申请—— 核实申批——办理退费手续。

学校从接到书面早请之日起,经核实(一个月内)无误,一个月内按退费规定办理退费手续。

未执行规定程序者,一律不予办理退费。

3、退费办法

学生退费按《学生入学协议》的相关规定办理,具体如下:

1)学费计算:不足一学期,按一学期计算;超过一学期按一年计算。

2)其他费用计算:其他费用按实际发生费用计算。

3)退费:从学生所交的学杂费总额中,扣除学费计算额和其他费用计算额后退还余额。

4)赞助、捐赠不予退还。

5)退费原因不足或不符合规定要求的,不予办理退费。

因退费发生争议的,按《学生入学协议》规定的相关内容执行。

……

对负面问题恰当处理,有效减小学校的负面影响也是推动学校发展的重要举措之一。

家长、学生在"满意"前提下对学校的宣传影响,远远不如由"不满意"造成的"负面"影响力度。有专家这样称"如果说,民办学校的正面影响是'线'的话,那么其负面影响就是'面'或'体'!"

负面影响容易形成,在短期内却很难消退。所以,对负面问题处理不当就会造成学校在市场中负面影响的"累积"。这种累积会不同程度地形成对学校发展的阻力,且随积累"量"的增大而增大。

民办学校的负面影响几乎是单向型的,逆转十分困难。为了有效规避和主动控制负面影响,学校在制订收费政策时应随之出台退费政策。

第三十四章　某教育公司经营学校的操作

段收费的应用

在民办教育走向规范、成熟的进程中,不少民办学校在赢得市场效益的同时也赢得了良好的社会效益。这种双赢结果,无疑会起到激活投资教育的热情。许多教育投资者认为,教育投资“平稳、持续、长效,且可兼顾利国、利民、利己的综合性目的”。

教育市场的任何变化,对于深谙民办教育的专家型办学者来讲都将成为契机,这也许就是市场法则。

当许多办学者将注意力集中在办好学校上的时候,一些办学者却将注意重点转移到了运作教育市场层面上!他们用新建、收购和联合办学等方式介入学校;通过前期管理达到提升学校影响、品位和价值,然后,将其一次性转让出去,或长期承包予学校的管理人才(团队)。如此操作的目的在于,在短期内获得最大利益的同时,将慢长的“回报过程”抛给了他人。

这里即将纰漏的是被运作者极力“保密”的商业“机密”问题。但,笔者认为教育是阳光事业,应将各校摆在平等、透明的公平位置,这不仅有利于各校的公平竞争,更有利于推动教育事业的正常发展,达到教育长久惠及民众根本目的。

【经营教育市场策划】

某教育公司在深入研究当地的教育市场后为:目前,民办学校已进入稳定发展时期,公司的经营应走“经营学校”和“经营市场”道路。

经营学校:立足办学,苦练内功,以良好的校风和过硬的质量赢得市场优势,走平稳发展的办学道路。要本操作的缺点是,过程缓慢,回报周期长,不利于规避过程风险和竞争风险。

经营市场:由经营学校向经营市场转轨。执行前期办学,转让承包策略,即:利用成熟的教育市场,将学校和“准”办学者列作为经营对象。通过前期运作学校获取利益后,适时将学校转让或承包出去,依此在短期内获取丰厚回报,用回笼的资金再另行办学,并依此往复操作。

走“经营市场”道路,具有周期短,见效快的特点,并且能达到及时提取“效益”,合理规避风险的作用……但也面临办学审批、建校起步、招生、转让等诸多困难。

分析认为,“经营市场”没有太大风险,“能转让就转让,不能转让就正常办学嘛!”,“这总比单纯办学校灵活得多!”,值得一试!

……

下面策划、论证内容

【经营教育市场策划方案】

一、思想、目的

思想压缩办学回报周期,赢得短期办学效益。

二、经营原理

将运作的学校推上规模,达到转手条件。具体原理、方法如下:

1、采用“段收费”策略,赢得收费优势和招生优势;

2、加大“段收费”优惠力度,短期内回收更多的投入资金。

3、大力组织招生,用1-2年时间将学校推上50%以上在校生规模。达到“成规模学校”的转让条件。

4、按“投资成本价”转让、承包学校。

5、再运作新学校,并往复操作。

二、效益分析及转让“度”说明

以投资2000-3000万元,新建或收购具有1500名容生规模的小学为例,说明如下:

(一)、收费方法

出台定位收费和段收费两种标准。

1、**定位收费确定原则:**与同市场中的其他同层次学校的平均水平持平,如:

收费标准一(年收费): 单位:元/年

学费	杂费(代收费)项目						合计
	书本资料费	住宿费	校车费	保险费	校服费		
7000	400	1800	500	50	250		10000

注:

1、以上费用入学或开学时须一次性交清,中途不再收取其他任何费用。

2、学生在校全寄宿,每日学校提供“三餐三点”。伙食费按485元/月标准,由学生于每月5日前,交本班班主任。

3、校服:每生冬装、秋装、夏装各两套,入学时一次性发放。

2、段收费确定原则:加大段收费的优惠力度(从八折至六点五折)

收费标准二(捐赠): 单位:元/

<table>
<tr><th>学段</th><th>年</th><th>捐赠费</th><th>优惠折扣</th><th>备注</th></tr>
<tr><td>小学任意三年</td><td>3</td><td>24000</td><td>8</td><td rowspan="4">1、学生放学时一次性效清。
2、餐费485元/月,由学生每月自行交费(每月五日前,交本班班主任)。
3、其他费用全免。</td></tr>
<tr><td>小学任意四年</td><td>4</td><td>30000</td><td>7.5</td></tr>
<tr><td>小学任意五年</td><td>5</td><td>35000</td><td>7</td></tr>
<tr><td>小学六年</td><td>6</td><td>39000</td><td>6.5</td></tr>
</table>

(二)效益测算

转让、承包学校效益测算参考(表)

<table>
<tr><th>在校生量</th><th>段比例</th><th>收费预算</th><th>收费合计</th><th>转让、承包建议</th></tr>
<tr><td rowspan="4">400</td><td rowspan="2">1/4</td><td>段收:400名×1/4×30000元=3000000元</td><td rowspan="2">600万</td><td rowspan="4">高于投资150万元条件下转让。
不宜承包</td></tr>
<tr><td>定位:400名×3/4×10000元=3000000元</td></tr>
<tr><td rowspan="2">1/3</td><td>段收:400名×1/3×30000元=4000000元</td><td rowspan="2">666万</td></tr>
<tr><td>定位:400名×2/3×10000元=2660000元</td></tr>
<tr><td rowspan="4">500</td><td rowspan="2">1/4</td><td>段收:500名×1/4×30000元=3750000元</td><td rowspan="2">750万</td><td rowspan="4">可在承担一年运作费用条件下按投资转让
不宜承包</td></tr>
<tr><td>定位:500名×3/4×10000元=3750000元</td></tr>
<tr><td rowspan="2">1/3</td><td>段收:500名×1/3×30000元=5000000元</td><td rowspan="2">833万</td></tr>
<tr><td>定位:500名×2/3×10000元=3330000元</td></tr>
</table>

续表

700	1/4	段收:700 名×1/4×30000 元=5250000 元	1050 万	承担一年费用;按低于投资200万转让不宜承包
		定位:700 名×3/4×10000 元=5250000 元		
	1/3	段收:700 名×1/3×30000 元=7000000 元	1166 万	
		定位:700 名×2/3×10000 元=4660000 元		
800	1/4	段收:800 名×1/4×30000 元=6000000 元	1200 万	承担一年费用;按低于投资500万转让不宜承包
		定位:800 名×3/4×10000 元=6000000 元		
	1/3	段收:800 名×1/3×30000 元=8000000 元	1330 万	
		定位:800 名×2/3×10000 元=5330000 元		
1000	1/4	段收:1000 名×1/4×30000 元=7500000 元	1500 万	承担一年费用;按低于投资800万转让可考虑承包
		定位:1000 名×3/4×10000 元=7500000 元		
	1/3	段收:1000 名×1/3×30000 元=10000000 元	1660 万	
		定位:1000 名×2/3×10000 元=66600000 元		
1200	1/4	段收:1200 名×1/4×30000 元=9000000 元	1800 万	承担一年费用;按低于投资 1000 万转让 适宜承包
		定位:1200 名×3/4×10000 元=9000000 元		
	1/3	段收:1200 名×1/3×30000 元=12000000 元	2000 万	
		定位:1200 名×2/3×10000 元=80000000 元		
1500	1/4	段收:1500 名×1/4×30000 元=11250000 元	2250 万	承担一年费用;按低于投资 1500 万转让 适宜承包
		定位:1500 名×3/4×10000 元=11250000 元		
	1/3	段收:1500 名×1/3×30000 元=15000000 元	2500 万	
		定位:1500 名×2/3×10000 元=10000000 元		

注:

1、测算以(一)“收费方法”的两种收费标准为依据。

2、表中“1/4”、“1/3”为交费学生选择段收费人数与总体的比例,如:“1/4”表示有25%的交费生选择“段交费”。

3、段收费统一按段交费学生“四年标准”平均测算;

4、收费测算中不含伙食费。

(三)转让“度”控制

在校生量与转让学校条件对照表(示意)

在校生量	转让条件	转让利润	建议
40%	按投资价位转让	500－600 万元	有较大再生值空间可考虑转让
50%	按投资价转让	700－800 万元	
60%	按投资转让	800－9000 万元	按投资价并负担学校一年的运作费用转让
70%	按投资价转让	1000 万元左右	
80%	按投资价转让 另可负担学校一年的办学成本	1200 万元左右	低于投资价位转让或承包
90%	按投资价转让 另可负担学校一年的办学成本	1400 万元百左右	
100%	按投资价转让 另可负担学校一年的办学成本	1500 万元左右	

注:

1、本表测算依据本章“(一)”、“(二)”标准条件。

2、“在校生量”指在校生/学校容生量。

测算举例:

以上例 1000 名容量学校,招收 500 名学生,达到 50%容生规模为例:

收入:2750－2830 万元

①以转让费形式回收投资:2000 万元;

②学生交费收入:750－830 万元;

支出:230 万元

①学校一年运作费用 150 万

500 名学生按 12 班计,按 2.8 配置,约需要一线人员 34,按平均月薪 2500 元/月计算,一年约支出 100 万元。

后勤人员工资及其他费用按 50 万元预算。

②招生费用 50 万元

按 1000 元/生标准计,本费用为市场较高支出标准

③其他:30 万元

含学生书本、校服、被服等费用(按600元/生计)

支出合计:230万

按投资价转让学校赢利:

2750或2830－(2000投资＋招生支出)＝720－800万

按投资价＋负担学校一年运作费用转让赢利:

2750或2830－(2000投资＋230支出)＝500－600万

三、获取学校方法及运作注意

持转让"成规模学校"经营观念,不能单纯地依靠新建学校一种渠道。(新建学校由于申报、审批和建校运作周期较长,会造成被动经营局面)应以多种方式获广泛获取学校,主要形式为:

1、新建学校

应广泛考察办学市场环境,并在适宜的环境中采取多方申办的方式,即:不同地区同时申办,依据运作能力,在建校时间上拉开层次。如果运作条件允许,也可同期建校。

2、收购学校

在适宜的市场环境中,以投资价为参照标准收购运作效益不佳的学校。通过前期招生运作,将其升级为"成规模学校"后转让。

3、联合办学

以联合办学的形式短期介入学校,在一至两年内赢得利益后退出。

联合条件:

在联合时间内,全面负责学校的管理和运作。联合办学合

同需要体现的核心内容:

明确规定联合办学的时间,如:2年(一般不超过2年);

体现联合期间,介入方对学校管理主控权力,或招生的主控权力;

学校财务管理或招生财务管理权力。

明确双方利益分配,如:合作期间,招生投入及策划、组织、管理均由"乙方"(介入方)负责,另一方不得以任何形式和理由插手……学校在校生规模达到600名后(50%以上在校生规模),除预留学校一年的运作费用(万元)后,剩余部分归乙方所有……

4、承包学校

承包招生运作

其一，招生由学校按约定每生成本投入，由我方策划管理。收费额除去运作预留外，多余部分按约定分成，如："乙方招收学生交纳的学费，除按4000 元/生标准预留外，其余款项按双方各占50%比例一次性分成"。

其二，招生由我方投入，收费额运作预留外，多余部分归我方所有，如："乙方招收学生交纳的学费，除按4000 元/生标准预留外，其余款项归乙方所有"。

以上"学费"不包括学生自行消耗费用(如：生活费、住宿费、资料费、校服费等)。

短期承包学校运作

承包期不宜过长，一般控制在三年内。也可通过在校生规模限定，如：容生量达到70%时规模(名)时即视为承包期结束。

要明确投入，如：承包期间学校硬件、设施维护、维修和投入由甲方负责，其他投入由乙方负责。

明确决算，如：

承包到期，乙方一次性支付、清理承包期内的全部债务。

乙方不得动用学生自行消费费用；

达到承包结束条件或承包到期，乙方须按财务统计标准(万元/月)支付学校的运作费用，直至下一年七月止。剩余款项归乙方所有

……

四、选择运作学校原则：

在新建、收购、承包和联合办学时，需注意以下问题：

1、办学环境

市场成熟，同层次学校竞争较为强烈的，且没有采用"段收费"的办学环境。

利用它校：招生竞争越激烈，"段收费"的优势越突出；其他各校招生、宣传力度越大对本校招生越有利。

在各校采用传统的"定位收费"标准或"分解收费"标准的竞争环境中，推出"段收费"，可形成明显的"费用"对比反差。

各校对生源的争夺竞争越激烈，家长的择校周期就越长，考察、对比和费用上的"计算"就越详细……这样，本校对其他各校的利用度就越高。

2、办学层次

办中、高档层次学校。

中、高档层次学校与“段收费”配套。实施“段收费”策略后，具有回收资金速度快的特点，这不仅支持“短期内转让成规模学校目的”，也可达到“短期见效”的经营目的。

3、办学规模

宜选择或新建中等容生规模的学校。

容生规模有过大，如超过3000名，对短期招生的压力大，达到“成规模”转让目标所需的运作周期长……这样极易出现“经营学校”被“套牢”的困局。

容生规模小于1000名，“经营学校”的利益空间不大。

所以，宜选择1000－2000名容生规模的学校。

4、运作时间

对一所学校的运作时间，宜确定在1－2年。

对容生量在1500名左右的学校，制订达到50%以上在校生规模的招生目标较为实际。

5、成规模标准：

学校在校生规模达到容生量的50%或以上。

五、可行性分析

经营市场、转让学校操作的关键环节在于，选择市场环境，获取学校，招生（提升学校品位）和转让承包。

选择市场环境和获取学校：在选择条件（竞争较激烈、无段收费学校，办学属高、档层次等）较为明确的前提下，对于已有各类民办学校丰富操作经验和一定市场影响力的公司来讲，不再是困难问题。

下面就招生、转让和接收风险问题，进行可行性进行论证。

（一）招生预测（以本校所处市场为例）

1、公司在长期招生操作中已积累了丰富的招生工作经验，招生人才团队也相对较为成熟，与同层次其他学校相比，具有招生操作优势。

2、收费优势：“段收费”优惠幅度大，尤其是面对成熟的家长群体应用，易获得收费优势。

招生组织与操作优势在收费优势的支撑下，会取得良好的招生效果。去年，公司在下属某校的招生中使用了“段收费”，当年招生量为523名。这一数字较同层次其他学校招生的平均值314 名,高出1.67 倍。与本校上一年的同期招生346 名相比,高也1.5 倍。

如果在本市场中用同样的方法为1000 名容生规模的学校进行招生操作,有把握当年达到500 名以上的招生量,即:学校当年可进入转让期。

(二)转让操作的可行性

据悉,去年本市场中共转让了三所学校(一所中档学校,两所低档学校),转让成交价均高于投资价位。

经对三位办学者专访,他们表示“急于投资办学,转产教育的购校者为数不少。”,其中一家在学校出手前就“谈”了十几家。在回答“他们为什么不自己办学?”问题时,得到的答复含以下几方面内容:

“看好教育市场,认为教育的增值空间大。”

“没有关系资源……办学审批过程长……在相对成熟的民办环境中审批难大。”

“想转产教育。”

……

目前,已转让学校的三位老板中,有两位仍持有继续办学的想法,他们正在通过渠道“审办”和计划再收购学校。

市场中,易手学校每年都有发生,大部分转让发生在遇到办学“困难”或招生“问题”的学校中。调查范围内,近年转让易手价位大部分围绕投资本上下。但转让“已成规模”的学校,在调查中却少有先例。转让“已成规模”学校中转让方处于“主动位置”。即使同样按“投资”定价,转让方可在实现“赢得短期最大效益”的同时将办学“缓慢回报”的过程抛给对方。

而学校“已成规模”必然对购校方形成更大的吸引力。这种吸引会着实地体现在价位优势方面。在同样的“投资价位”面前,购校方收购“已成规模”学校的几率更大。

初步分析认为,转让已成规模的学校难度不大。

(三)风险分析

1、转让方“零”风险原理

学校未达到“成规模”标准,或未达到“转让”要求条件,仍按常规办学校操作。段收费不会经学校带来任何风险,原因为:

【学校的“零”成本运作原理】

仍以本章“二”所列学校及标准为例，说明如下：

ⅰ、学校随在校生量的增加，向自行收回投资方向发展。

“效益表”显示：在校生量达到 1500 名（满额）时，收费分别为 2250 万——2500 万元，即：当在校生量贴近容量时，即可收回 2000 万投资。

ⅱ、学校的“零”投入运作机理

达到收回投资的在校生“点”后，学可自行“赢利”运作。不需要再做任何投资，下面仍以本章“二”所例说明如下：

在校生 1500 名，收回投资后

第二年，如有毕业生，可通过再行招生收入。

如没有毕业生，收入为：

①所有学生的生活费，自行按月交费，不用学校投入负担。

②3/4 学生或 2/3 学生采取“年交费”形式，学校的年收入

为：1500 名 ×3/4（或 2/3）×10000 元/年生 = 1125 万元 – 1000 万元

以上收入，除按“支出”预算支付学校的正常运作费用 700 万元左右后，仍可赢得 300 – 400 万元利益。

③在以后的每年运作中，如有毕业生，可再行组织招生，并实现收入增值。

如没有毕业生，可参照上述预算，当年收入即可维持学校正常运作，并实现赢利。

④理论上，从第一年采取“段收费”策略，到第四年（按段交费平均四年计算），为一个运作周期，即：

规模招生期（1 – 3 年）：随在校生量增加，不断地回收投资成本；

办学期（4 年）：以段交费学生选择交费“段”的平均时间为准。学校自行维持正常运，并赢得一定利益。

毕业招生期（收费周期）：第一期段交费学生毕业。可再行组织大规模招生，并再赢得较大利益，例如：

第一期 500 名学生四年后毕业，从第五年开始，可再行招生 500 名，其中选择段交费学生的交费量为增加收入额：

500 名 ×1/4 学生或 1/3 ×30000 = 375 – 500 万元。

即：可在原有预算每年赢利 300 – 400 万元基础上，再增收 300 – 500 万

元收入。

综上分析，无论转让学校或不转让学校，此操作不会给学校运作带来风险。

收回投资的“零风”险运作

转让或全面承包学校，使公司在短期内赢得最大效益值。如此操作可“缩短”办学回报周期，达到短期内获得最大利益目的。

(四)接收方风险分析

学校转让或承包成功，对于接收方来讲，最大的风险在于招生。学校自身运转，不会有太大风险。

1、招生风险

接收方，面临的招生风险也将低于同类型其他学校。原因为：

其一，接收方接收的是一所“已成规模学校”，具有一定的办学和生源基础；

其二，接收学校的同时，也将“段收费”的招生收费优势附带到学校中去。接收方，要在收费上与在校生接轨，招生上保持优势，就得延续这种收费形式，不管他们是否理解段收费的内涵与作用。

其三，接收方在接收学校的同时，在学校中会仍会保留部分参与过“段收费”招生的人才。

招生一贯是运作任何民办学校根本。也是发展和维持的核心动力所在，如果接收方在招生问题上不具备优势，和运作其他学校一样，同样会遇到生存、发展的风险，但，这并不能直接归咎于转让方。

2、运作风险

同转让方运作一样。

接收一所未满额的学校，接收方可通过运作招生，达到回收部分投入的目的。

接收一所已满额的学校，每年同样也可赢得上述“(三)”“2、”所分析的利益，四年后进行另一周期。

所以，接收方在运作学校过程中，不会遇到因接收学校带来的风险。

六、承包学校

承包学校的主要目的在于让专家型管理团队，“看护”好学校，并等待下一招生“收费周期”的到来。

承包学校的原则在于：

1、学校前期运作达到或贴近收回投资，因故未转让时，可实施承包。

承包费控制：

①、承包费依据收回投资情况确定，如，在上例中，具体参照《效益测算参考表》和《对照表》施行。

②、对已收回投资的学校承包，承包费就控制在预算利润的50%左右，如在“ⅱ、学校的‘零’投入运作机理”的预算中，承包费可控制在150万200万元/年之间。

承包时间控制：

①、承包期应控制在与段交费的平均时间相同位置，如，3－4年。

这一时间，与在本章“ⅱ”所述内容中“毕业招生期”的时间相符。

②、具体结束时间应确定在招生启动前2－3个月结束（即4－5月份）。

七、退费政策

段收费体系中要明确规定学生的退费标准与要求。退费一般按“年收费标准”进行计算扣除后，退还余额部分。具体在学生入学时，要签订《学生入学协议书》。

《协议书》中要明确规定，退费的计算时间，退费的计算方法，程序等。下在列举某校《学生入学协议书》：

【某校《学生入学入学协议书》】

甲方：____________________学校

乙方（学生监护人）：____________

依据《中华人民共和国教育法》、《中华人民共和国民办教育促进法》、《中华人民共和国未成年保护法》以及相关规定。甲、乙双方就乙方子女____________（以下简称学生）教育事宜经友好协商一致同意，制定本协议。

一、入学：入读时间：从____年____月____日起至____年____月____日止，年限为____年。

二、费用：乙方根据甲方所提供的收费标准自愿选择第 种方式向甲方交付学生就读费用，具体为：

1、乙方向甲方自愿捐赠捐资助学费________元。

2、入学一次性交费________元；从第二学期开始每学期交学杂费：________元；生活费：________元；其他费用：________元。

三、双方的权利和义务

(一)甲方的权利和义务

1、全面贯彻党的教育方针,全面实施素质教育,按国家课程标准要求开齐开足课程,使学生得到全面发展。

2、按照教育部颁发的《中小学学生守则》及教育管理部门有关《学生学籍管理条例》等,对学生实施管理。

3、依照国家有关法律法规,为学生办理团体保险,提供医疗服务,使学生的安全得到保障。

4、甲方有权对未按合同规定标准、期限交费的学生做出劝其退学处理。

5、积极听取并采纳乙方及学生关于教育、教学及生活管理等方面的合理化建议,并不断提高和完善管理。

6、甲方收到乙方所缴纳的学位预订金后须在开学一个月内保证乙方的入读学位。学位预订金计入学费,不予退还。

(二)乙方权利和义务

1、对甲方教育教学及生活管理有权提出意见和建议,对学生在校表现有知情权。

2、积极配合甲方教育学生,对学生不溺爱、不护短。

3、按约定标准及时缴纳各项费用;按约定要求及时支付学生的医疗费、伙食费、生活用品费用。

4、乙方缴费必须汇入甲方(学校)指定的银行账户或直接交至甲方财务部,并向甲方索取正式收据。

5、乙方不得隐瞒学生的既往病史。乙方因隐瞒学生的既往病史,由此所造成的一切后果均由乙方承担。

四、关于休学、退学的处理办法

1、**休学**:学生因故暂停学习超过请假期限的应办理休学手续。手续须由乙方提

前一个月申请并提供相关证明,经学校批准后休学,学生休学期间,费用停止发生。从复学开始继续发生费用。

2、**转学**:学生因出国、服兵役、重病(经县级以上医院的诊断证明需休息三个月以上的)需要转学,须由家长提前一个月提出书面申请,学校接申请后一个月内予以批准。

3、**退费**：

1）学生因严重违反法规及学校规章制度被劝退者。

2）学生因其他原因转学、退学被批准者，按以下规定计算后退还余额。

就读时间：不足一学期按一学期计算，超过一学期按一年计算。

学杂费退费：按"计算时间"，按约定标准扣除后，余额退还。

捐赠费退费：按当年公布的"年收费标准"并按"就读时间"计算扣除后，退还余款。

退费时间：统一于第二年9月10日至30日办理。

五、违约责任

任何一方过错，造成本协议不能履行或不能完全履行的，由过错方承担违约责任。

六、其他

双方未尽事宜双方协商解决。双方协商一致达成的任何补充协议均为本协议的有机组成部分，与本协议具有同等法律效力。

七、本协议书自甲、乙签字之日起生效。

八、本协议壹式贰份，甲、乙双方各执一份，均具有同等的法律效力。

甲方（盖章）：	**乙方（签字）：**
法定代表人（签字）：	身份证号码：
地址：	家庭住址：
年　月　日	年　月　日

第四篇　民办学校的招生工作

生源是民办学校的生命之源。

生源是民办学校办学成功与否的最终评定者。

生源危机就是学校的生存危机。

处于发展阶段,学校的一切工作需要围绕赢得生源展开。学校的软、硬件以及对市场的作用等均需从生源上得到结果。无论学校的思想有多么前卫,管理水平有多么高……在一定时间周期内(如一年、两年、三年),与其他学校相比,如果没有赢得生源结果上的优势,那么,这种“前卫”和管理就是空洞的,不切合市场实际的“纸上谈兵”行为！就会成为没有市场的“产品”！

民办学校在市场中形成良好影响是积累递进过程,他需要依据对市场的深刻理解,布局和运作学校;需要对市场的过程管理和策划运作。

成熟期学校遇到招收优生困难,就是遇到了发展困难。

处于成熟期学校,招生突出的是优生竞争。“筛选”优生需要以足量的生源量作为保障前提。

民办学校的一切竞争均体现在生源竞争上。

招生是学校面向市场营销教育的过程。学校教育理念需要征得家长、学生的认同;学校的教育设计,需要在学生身上有效“效果”验证……所以,招生就是教育思想面对面各种需求的应用过程,它需要思想和思想指导下的教育、教学经验、能力。

招生是教育作用市场的过程,教育需要以市场的思想、能力、方法为载体。所以,招生需要遵从市场规律,以市场的方式出牌。

招生工作的主要对象是家长。

家长为子女择校是家庭中压倒一切的大事。

他们不仅对学校的条件持近乎苛刻的要求,而且对思想理念、过程、方法持更加慎重、严谨的态度。

他们“以题求解”，十分在意得出“是否适合自己孩子成长”的结论……

宣传、影响对于学校的招生而言，其绩效作用要远远大于营销产

品。家长的择校行为不同于其他重大消费过程。由于受到教育专业性认识和校内信息的局限，诸多家长在对学校判断上会显得力不从心。他们不仅需要获得直观效果（如，对孩子的判断与设计）证明，另外还持有浓厚的“从众心态”，他们希望获得他人对学校的评价，看到学校培养效果，听到在校学生、家长对学校的评评……

不可低估教育工作者的招生作用！对于择校家长而言，他们得出的教育结论，是对学校思想、过程、方法的“预支”性判断。如何让家长依据学生的自身实际，得出良性的教育结论？这不仅需要软件整体上的策划，也需要招生过程中让学生真实地“体验”……只有教育工作者，才能更好地运载学校的思想、理念和应用教育、教学经验。

不能单纯地用教育的方法参与市场竞争，教育行为需要市场的方法和思维；

也不能用纯粹的市场方法去运作教育市场；市场行为需要教育的内涵与经验……两者是招生工作者必备的素质、能力。

令人感到遗憾的是，太多的学校疏远了市场！

将招生看成“特殊时期”、“特殊部门”和“特殊人员”工作的行为是单纯地动作市场的错误行为。同样，持“抓好质量”，“水到渠成”招生观者，是缺乏市场运作能力和操作经验的表现。

招生需要通市场的教育专家，或通教育的市场专家。

市场专家与教育专家分离是目前民办学校在招生运作中最常见的“问题”之一。

没有了“教育专家”会使得招生工作失去教育思想、方法和应用经验。招生过程就会缺少号召力、说服力和可信度……

缺少了“市场专家”，招生工作就会失去“上帝”的需求信息，使工作陷入到市场的盲目状态，成为“讲经”、“说道”的过程。

成本大战、广告大战、挖掘拆台、诋毁它校等不良的招生行为，会造成污染共同市场的后果。

生源市场已相当成熟，市场正在进一步细分，目标市场群体正在向个性

化需求方向发展。招生已发展到了细微化、整体化竞争的地步，有位招生员这样讲："你只告诉我家长的住址，我就能知道他的基本情况"，这并不为奇，因为有经验的招生员早已对学校生源阶层家庭的共性、时尚特征等熟识于胸。

往日的成功不一定就是今天的成功，适时发展，与时俱进，学校应随需求的细分及进改进自己的招生策略、方法。

作者依据十五年的民办学校招生、管理工作经验和二十余次招生策划与组织经历，现就民办学校的招生与发展问题与诸位同仁进行探讨。鉴于无系统著述可供参考，大部分只有靠个人的一点儿总结与积累立意，必然会受到方方面面的局限，也会有许多认识上的不足和思想上的失度之处。在此，本着交流目的"堆砌"，有益之处望同仁们参考。

第三十五章　民办学校的招生工作

民办校的招生工作，是学校的教育、教学被市场的接受、认可程度，是市场对学校办学的评价；

招生是教育思想设计与市场需求接轨和被检验的过程；

招生是营销教育的市场运作过程。

招生四个要素是，生源环境，学校环境，家长和学生。招生的三种属性是教育属性、市场属性和经济环境。

一、招生要素

生源市场环境，是指学校所处环境的总和。

（一）外部环境

学校招生的外部环境主要指，学校生源和潜在生源所处的环境。在这一环境范围内，文化环境、经济环境、社会环境、教育环境、教育需求者、消费者和竞争者等，直接对学校的生存与发展形成影响。

从教育侧面讲，文化环境普遍影响着家长的育儿观念。在这一环境中，人们的信仰、价值观念和道德准则基本上趋于一致。文化是人类欲望和行为的最基本的决定因素，在这种倾向、准则和因素的长期渗透影响中，形成了家长的育儿观念。

从需求角度讲，地区经济直接影响家庭收入，家庭的经济水平决定教育的需求量和高度。教育需求的激发程度和民办学校的总体办学水准直接影响需求量的大小。

生源环境中的人口量也是民办教育需求量大小的决定因素之一。一般，中、小学和幼儿的入学学生量占人口总量的12%左右，对民办学校有需求的学生约占学生总量的30%左右，最终决定选择民办学校的约占需求量的15－20%左右。学校的办学条件、软性设计优势，办学成果，市场渗透和招生组织等决定本校的市场份额，也间接影响宏观的需求量升降。

在社会环境中具有相同性质和持久性的群体层次称为社会阶层。共同层次的成员具有相类似的价值观、兴趣爱好和行为方式。民办学校所面对的（生源）也同样具有类似的社会阶层特征。细化地讲，不同层次的民办学校面对具有不同社会特征的家长群体，尤其是家庭的经济层次特征。这一特征也间接地证明了“民办学校生源线型分布的”特点。我们可以这样论述，在同一环境中，处于相同阶层的家长们相互间的关系更加密切，这一关系规律不仅要在招生过程中高度重视，更是学校市场管理的渠道所在。

具有相同特征的家长，具有相似的价值观和行为方式。从教育角度看，育儿观也有许多相近之处。让子女享受优质教育的欲望随家庭经济水平的提高而提高，随市场激发程度而升华……民办学思想理念要高度凝聚和代表与学校对应阶层的教育需求与理想，所以一所学校的思想，不是源于教育，而是产生于教育需求群体。

（二）竞争环境

竞争环境是指在相同生源市场环境中，各个教育机体竞争同层次生源所形成的宏观市场环境。

1、公立学校与民办学校的生源竞争

这是两种形式截然不同的办学校形式，但他们却面对相同的市场和需求。我们在本书第十七章“民办学校与公立学校区别”中专题讨论过他们间的区别问题。实质上这种“区别”最终均都会归结到招生层面上。

从办学意义上讲，民办学校源于公立环境。作为从公立环境发展起来的民办学校，建校之初即具有“补充”和“拔高”两种特征。

“补充”是奉行“公无我有”的办学策略；

“拔高”则是执行“公有我精”的治校方针。

从招生角度看，“公无我有”就是对应需求的生源运作，即：在教育需求环境中，要满足某种需求，就得对应选择“有”服务职能的民办学校。

“公有我精”同样也是生源的指向运作。它是基于从服务质量上区分于公立学校的生源运作方式。

从资源条件上讲，民办学校在办学上具有相对宽松的环境条件，如，投资上不受“计划”的影响，人力上可跨地域招聘，招生上基本不受“划片”局限等。这一条件下，使民办学校打造办学优势，创造吸引生源的条件拥有了更大的空间。

从招生方面讲，民办学校与公立学校在对教育需求提供服务方面基本遵从“双轨”法则，即：它们是推动进国有教育发展的“无偿服务”和“有偿服务”两个“轨道”。

民办学校是以市场为基础经营学校，要求具备一定的“教育消费条件”而公办学校不需要以条件为前提。

民办学校的招生指向具备“教育消费条件”群体。民办学校的教育服务针对“教育消费条件”群体需求策划、设计。与公立相比，它明显具有特殊性和针对性，这种指向就是对需求群体的切分。

所以，与公立学校在招生竞争中的关系是普遍与特殊的关系。是在“条件”前提下对生源的区分关系。

当民办学校在“硬件”和“软件”建设上没有进行“条件”区分策划、设计时，公立学校与民办学校存在实质上的生源竞争。在这种竞争中，民办学校因附加“条件”，往往处于劣势。

当民办学校在“硬件”和“软件”建设上进行“条件”区分策划、设计时，学校处于对公立学校的“补充”位置，生源竞争呈现需求切分状态。

当民办学校处于成熟期时，凸显出来的办学优势会明显起到减弱附加“条件”的作用。与公立学校集中体现在优质生源竞争层面上。

2、民办学校间的竞争

民办学校之间的竞争构成了民办市场间的竞争环境。

首先，处于相同市场中的各民办学校，共同影响和经营着相同的宏观市场。在共同的宏观市场中，任何民办学校对市场的良性影响都起着对需求的总体促进和推动作用。相反，任何学校对市场的污染，均会产生污染总体环境的后果。负面的影响均会放大地影响在市场中，且这种影响在短时间内不会消退。

民办学校间处于共同的环境，也有着共同的命运！

首先，民办学校间的宏观竞争表现在办学层次和思想观念上。

不同的办学层次，提供不同的服务，切割不同的消费层次；

不同的思想、方法，对应不同的需求群体；

不同的宣传策划，激活不同量需求；

不同的市场影响和招生组织获取不同的市场份额；

……

相反，同市场中处于相同层次的学校，面对相近的消费阶层；

持相近的服务思想观念，面对相近的需求群体

……

然而，同市场中，层次相近学校间的生源竞争，市场管理和招生策划、组织对结果的作用越突出。

同市场中，层次相近的学校越多，招生竞争的激烈程度越强。

学校不能凭一时一势作用市场，渗透市场需要过程，也需要时间。再好的招生策划，如果缺少长期影响基础，其招生效果也会大打折扣，“金杯、银杯不如口碑”。

不要过份依赖市场的影响。市场管理与运作在招生中起也着不容忽视的作用。

宣传影响和招生组织，两者间是相辅相成的关系。

市场影响，对招生起关推波助澜的作用；市场管理、运作、策划和招生组织也会收到立竿见影的效果。

民办学校之间的竞争体现在生源上，表现在学校管理过程中，实质上是人才竞争，根本上是思想观念的竞争。

除此之外，也不可低估收费策略在招生中的作用。

（三）内部环境

内部环境是指学校的软、硬件条件及对市场的影响作用能力。

内部环境要素：学校对市场的作用程度、师生关系、教师与家长的关系、学校对市场的管理、影响力度、招生组织与管理、招生员自身的素质、能

力……

学校的任何过程、环节以及员工,都会对市场形成影响。

家长是学校的“员工”,他们的位置处于市场之中,学校的市场管理及市场形象建设他们起着十分重要的作用。所以,学校对家长的主动管理就是对市场的主动管理。

1、员工

员工是学校的第一顾客。

一天比尔·马里奥特向前来求职者提问,连锁店要使三个顾客群满意,顾客、员工和股东,按顺序应先满足那个集体?求职者大多回答是先满意顾客。比尔说:“无论理由如何不同,首先必须满足员工,如果他们热爱工作和有自豪感,他们将会更好地为顾客服务。”

员工与学生、家长建立起来的任何关系都是学校与市场的关系。

首先,民办学校的思想、宣传与实操相统一时,整体工作过程对市场的影响将从良性起步;相反,如果出现思想、宣传与操作相差悬殊“说一套做一套”的局面时,整体工作过程对市场的影响将从“污染”层面起步……而工作过程的主宰者就是员工。

其次,员工是学校市场关系的主要营造者。他们与家长、学生的距离最近,关系也最密切。学校通过员工向学生、家长提供服务过程和取得服务效果……所以,员工是学校影响市场和获得市场评价的第一团队。

其三,员工是招生的主体。要面向市场营销教育,应用教育……教育素质、能力、经验是不可或缺的。更何况,让教育者拥有一定的市场操作能力易,但要让市场工作者具备教育的素质、能力难度却相当大。

目前,随着生源市场成熟,招生工作逐步趋于全程化。员工与市场的关系在招生中的作用越来越凸显出来。

消化和驾驭学校理念需要时间;与市场建立良好的关系需要时间,让员工具备一定的市场能力也需要时间……所以,培训和员工队伍的稳定将成为取胜招生竞争的重要指标。

2、家长

市场中民办学校的家长是指子女有就读需求、愿望的监护人。

家长是教育消费的主要决策者,是学生需求的发现、理解和支持者。他们是招生工作的主要对象,是构成教育市场的主要成分。

一般而言,市场中需求家长数量随着家庭经济承负能力由低到高呈“金字塔”形分层分布。这种分布特征与学校的办学层次对应,即:高层学校,对应具有较高消费能力家庭,潜在生源量较少;低层次学校对应相对较低经济家庭,拥有的潜在生源量较多。

家长的教育需求:家长持有广泛、多样的教育需求。

家长的教育需求源于对子女的培养愿望和实际。教育需求随家庭经济状况的提升被激活、膨胀;随市场宣传的深入和民校办学环境的良好影响而升华。随着家庭经济状况下降或民办学校的不良影响而被抑制和消退。民办教育需求,同时又受到公立办学环境和办学质量等因素的影响。

从微细角度讲,不同的家长所持有的教育需求各不相同,同一家庭中,父、母、学生三者的需求也常常出现较大的分歧。

影响家长需求的因素除学生本人外,主要还有家长本人所处的文化环境、修为、素质、教育观、育儿观等。

家长群体:具有选择民办学校就读意向的家长群体,称为意向群体;持就读民办学校愿望的家长称为意向家长。

同一市场中,需求相同或相近的家长持有相互联系的需求与愿望。他们通过一定的社会关系(如,同事、同学、邻里等)联系形成群体。

家长代表:具有一定教育认识和威望的家长,对群体择校起着重要的影响作用,招生中将这类家长称为家长代表。

家长群体分类:如果从择校角度对家长的需求进行分类的话,主要有:“望子成龙型”、“重塑希望型”、“寄寓型”、“子女当家型”、“逼迫型”、“从众型”和“特殊愿望型”等。不同类型家长,要在招生工作方式、方法上加以区分。

家长成熟表现:家长的择校时间延长,对比学校增多,参观学校频繁,招生工作力度加大……是市场中家长成熟的表现。

家长通过对学校资料、信息学习、研究和分析,或从他人评价中得出学校的教育科学性、合理性、实效性结论。

成熟的家长希望看到针对子女的教育、教学设计、指导方案,并取得短效效果……希望学校能够从理性上完全说服他们,依此,广告对择校决定的影响作用会明显下降。

家长的成熟还表现在,了解更多的“细节”,听到对某些具体“问题”处理方法,得到其他学生的培养结果信息,获取他人对学校的评价等方面。

成熟的家长希望能自己通过对信息的综合分析得出判断结论；

成熟的家长对直观的招生宣传敏感并持一定的怀疑态度；

学校的结果型评价宣传，对他们的影响力度减小。

……

家长成熟表现得更加理性。

对家长的招生工作特点：与教师相比，家长的教育知识、经验、能力相对不足。所以，招生中，招生员在针对学生使用和应用教育时，家长往往会成为旁听、旁观的“受体”。这样不仅在赢得“工作时间”的同时，随着贴近学生实际的教育应用深入，给家长带来的“神秘感”越强。

对学生的爱和负责态度，是家长与招生员共同的焦点之一。这也是推进招生工作必不可少的。充满爱心，从负责的角度出发，在学生身上应用教育，会让学生本人直接体会得到爱与责任的同时，也易引起家长的共鸣。

与家长相比，教师（招生员）的市场知识、经验、能力相对不足。所以，他们会对招生员的“市场式”工作，产生“反感”情绪。

3、学生

学生是教育服务的对象，需求的发生者和载体，是学校与家长间的桥梁，是择校的重要决策者。

没有学生的家长不是直接的意向家长，所以学生是招生员与家长的共同焦点。

学生本人的态度对家长择校起着重要影响作用，家长在自己与学生对学校共同产生好感时坚定择校决心。许多家长的择校意向，随学生本人的态度而转化。

教师（招生员）对学生十分熟识，所以学生成为招生工作教育内涵的直接作用和配合对象。

家庭中，学生与学校、教师间的距离最近，招生工作往往先从学生开始，从对学生的教育、教学策划开始。通过对学生的教育间接做家长工作成为有效的招生渠道。

二、招生的属性

（一）招生的教育属性

教育是民办教育服务内涵，所以学校要遵循教育规律。

教育是学校服务市场的“工具”，也是招生营销内涵。

适合需求的教育才能为市场接受。

①理念作用

鲜明且针对需求产生的学校思想理念，在招生中发挥着整体统筹作用。

理念对需求的代表作用，反过来对市场需求具有强大的号召力和吸引力。

在理念指导下，招生各个环节(如，资料、宣传、招生员工作过程等)形成有机的整体。这样使得招生工作从各个角度上成为对学校整体的展示与诠释，使招生工作形成附有科学内涵的递进体系。

教育思想是招生员教育、教学行为、过程、方法的总体指向，所以一所思想鲜明的学校，宏观上其招生行为是统一的。相反，思想含糊的学校其招生行为和推进层次均表现“不清晰”特征。

面向市场营销成熟理念构建的学校教育体系，将成为成熟家长群体追逐的目标。

学校是教育服务机体，它用教育、教学思想、方法、过程说服家长吸引学生；教育是学校向市场提供服务的“产品”，招生是营销教育的过程，所以教育内涵就是招生宣传和做家长工作的内涵。对于发展期的学校的教育、教学及管理实际上围绕招生工作展开，其最终目标指向市场，目的落脚在市场上。

从教育理念上讲，招生工作是观念的渗透过程，是用一种思想对市场中多种需求的号召与统一，所以招生的教育属性首先是思想的。失去明确的民办教育思想，招生就会缺失号召力，说服力，就会沦为传统的“摆滩”式“招徕”形式。招生工作就成为招生员的“自由”发挥过程，招生结果就会失去控制。

招生的教育属性要求学校招生工作中必须立足教育，从教育向市场延伸，从教育产生作用市场的思想，用教育衡量市场的方法……教育是学校的根本，脱离教育的任何市场运作都不会收到好的效果，无论市场运作水平多高。

(二)招生的市场属性

市场是民办学校的生存环境，所以必须遵循市场规律。

1、市场设计

学校遵循市场规律，首先要体现在对需求的把握与理解层面上，其次才是市场策划与运作问题。

市场是需求的寓所，各类需求群体“理想中的学校”是什么？他们期盼为孩子寻找一所什么样的学校？

针对家长、学生的理想与愿望，学校将如何在服务中体现？

只有明确为谁服务，为谁工作的问题，民办学校才会明白怎样做好招生工作。

2、主动管理

学校的生源市场是做出来的，不是自然而然形成和产生的。做市场不能全靠“自然”渗透影响，对市场的主动管理和运作能在短期内收到显著效果。更何况，学校思想、体系的“软性”特点，更需要加大宣传小渗透力度。现实中，许多学校受益于宣传，一位办学者在总结办学成功时直接地讲到“重视市场运作，不断地让家长获悉学校的消息……让他们成为参与者”是成功办学心不可少的市场措施。

“自然渗透”市场需要时间。许多名校的市场影响和口碑需要经过百年历程，对于面临生存问题的民办学校来讲，这是极不现实的时间概念。学校市场主动的管理渗透行为，会有效缩短这一时间周期，当然，要以理念鲜明和体系完善为前提。

良好绩效的受益者在市场中只能形成“点”、“线”影响。学校要以“点”、“面”为源头、为基点，积推动和构建市场的良性“面”和良性“体”，最终形成良好的市场整体环境。

学校的教育服务过程和每一个环节、细节、结果都在家长监督范围之内，但影响家长态度的不仅仅是学校的服务设计、执行过程和实效结果；让家长参与、与家长沟通、与家长的感情……对家长群体的过程管理所取得的作用、效果也不容忽视。

3、市场竞争

竞争是市场法则之一，是市场就存在竞争。竞争贯穿民办学校生存、发展全程。

学校间的市场竞争主要表现在思想体系竞争、人才竞争和策略竞争方面，最终体现在生源竞争层面。

人才是学校的第一资源，人才竞争是学校竞争的焦点。

人才是市场需求的理解者；是学校思想理念的策划者；是服务过程的组织管理者；是市场影响和招生工作的推动者……但推动民办学校走向成功的人才，需要具备教育、市场素质、能力。

4、市场策划与招生组织

①市场策划

学校要走向成功，必须经过教育与市场关系的缜密思考，和合理处理两者关系的策划过程。

成功学校必然奉行适宜市场需求的教育。

招生不成功的学校除教育设计远离市场需求外，还存在市场管理运作、招生组织管理等方方面面问题。

对于许多人来讲，教育与市场是两个截然不同的行业。让教育工作者策划、运作市场，让市场工作者应用教育，必然出现“如山相隔”的困难。现实中许多学校走上传统“公立”办学道路，是两者不能融合的实例。

只有源于市场的教育，才能真正服务于市场。所以，教育竞争就是对市场理解竞争，就是依据理解策划服务的竞争。在这一层面上，人才居于决定性的位置！在人才中，人才的民办观念居于统领位置。

具有民办观，就有民办市场的营造、推进机制，就会处于主动的市场位置，就会得到市场。没有民办观，市场行为就会陷入到盲目之中，学校也会处于市场盲目的境地。

②招生策划与组织

招生策划、组织和管理工作是民办学校面向市场应用教育“工具”和赢得生源过程。

市场策划需要在对市场的理解的前提下应用教育。对市场的理解包括是对政策法规、消费者心理和竞争对手的理解。

要遵从政策法规，也要合理利用政策法规。

消费者心理，也就是教育需求心理或家长择校心理。学校依此制订招生工作计划，并实施招生工作过程。

竞争对手，既是制订招生、收费政策的重要参照对象，也是招生宣传、组织工作针对的目标。

（三）招生的经济属性

一般情况下，民办学校向市场提供有偿服务。收费标准基本上代表有偿标准。

生源市场所处的宏观经济环境，一般通过影响家庭经济影响需求，进而形成对民办学校的影响。

通常情况下，家庭经济状况与区域经济环境成正比例关系；家庭经济水平与教育需求成正比例关系。在良好的区域经济环境中家庭经济水平也相对较高，教育需求量增大，需求水平增高，反之亦然。

宏观经济环境一般与民办学校的办学层次对应。经济环境决定民办学校的办学层次，在宏观环境中不同层次的学校切割不同的需求层次，并切分不同的份额。不同层次的民办学校收费标准不同，但同层次的民办学校的收费相当。办学层次与家庭经济层次对应，不同的家庭经济层次选择就读不同档次的民办学校。

家庭经济状况决定教育需求，不具备教育"消费"能力的家庭其教育需求处于抑制状态。具备"消费"能力的家庭，其需求处于待激活状态，宣传可有效激活需求，良好的影响可激活提升需求。

各民办学校共同影响宏观的市场环境，任何宏观市场的变化都会体现在需求变化上，因此市场中的需求随经济环境、家庭经济、公办政策和民办学校的影响等波动。被市场认可或定位的民办学校可以有效减弱"波动"幅度，同样，收费标准和技巧也可以有效地达到调节目的。

所以，从市场属性上讲，民办学校自身对市场的适应程度和被市场的接受程度即是其发展的波动幅度。在市场操作中，违背市场的种种行为，或欺骗行为即使是暂时得到眼前利益，从长远的发展角度上讲，也必然被市场遗弃。

第三十六章　民办学校的招生方法简述

被民办学校应用于现实的招生方法很多，严格地讲，每一位招生员在从事招生工作时，各自都有不同的招生特点与方法；面对不同的学生、家长时采用的招生方法也不相同。如果从招生上的层次上讲，招生方法分为，学校招生，团队招生，个体招生和协作招生，本章我们将重点讨论学校在组织招生时经常采用的招生方法。

学校的招生形式实际上就是总体招生方法或者说是招生方法的总体特征。在招生形式前提下，学校经常采用的招生方法大体可归纳为：

一、广告招生

借助媒体面向市场发布招生信息，市场对自信进行反馈，学校通过对信息的处理进行招生。广告分为文字广告，图文广告，定位广告和网络广告等。

常选择的媒介有：电视、报刊、网络等。

二、资料招生

学校制作招生宣传资料，并以资料为载体直接或间接散发招生信息，并依此展开招生。

最常见的招生资料有招生简章、公开信息（公告）、学生、家长考核测试题、学生常见学习心理咨询材料等材料。

三、分层招生

从不同渠道获得生源信息后，在学校的总体组织下，将生源信息与招生员（教师）层次分层对应，如，小学教师负责处理小学生信息，中学教师负责处理中学信息等。

在层次对应基础止，再将生源信息的实际需求与招生员专业素质、能力分层对应，如：学生对语文感兴趣（语文成绩较好），家访出现在他面前的则是语文优秀教师。学生曾是班干部时,出现在他面前的则是优秀班主任……相反,家长对学生的薄弱学科提出要求或特别担忧时,则家访时出现在学生面前的则是薄弱科教师。

四、协作招生

为保证招生的成功率,发挥招生的整体作用与个人能力特长,在招生过程中学校往往将具有某种能力特征的招生员进行分组,把招生员的能力特长与市场需求群体要求对应,如:让善于做家长工作的教师进行组合,去负责处理新的生源信息;接待组具有表达优势;优生组对优秀学生具有说服经验;治差组对差生转化心理把握透彻、方法应用得当;突破组对解决家长疑难问题有独到之处……

五、测试招生

测试招生作为招生方法的与作为招生形式有所不同。方法中,测试招生只是作为招生方法组合中的一个环节。

一般,测试招生用于招生铺垫或烘托招生。也可以作为学校的定市场定位。

铺垫的内涵十分丰富。从习惯上讲,人们有这样的惯性思维“好学校才进行测试筛选录取学生”,所以测试给人以正规,规范和好学校的感觉。

烘托,则是在招生过程中对已做工作的意向生,通知参加入学测试,既可作为招生推进的一种手段,也可作为突破的方法,更可成为招配合招生的辅助等。

六、环境招生

环境是指学校环境和生源环境。

学校环境是招生“物”的首要层面。生源市场成熟的表现形式之一就是家长参观学校。据不完全统计,意向家长为孩子做出择校决定平均要参观四所学校。校园环境包括校园环境、文化氛围、服务过程和过程展示等。

生源环境是指招生所处的市场环境。这里的市场环境更多的是指本校的生源市场环境。学校的生源市场环境内涵十分丰富,它是学校过程积淀的总体体现,也是市场对学校的态度或者是总体评价的表现形式,如:学校的市场定位，市场中家长谈论学校时的“色彩”定位，家长在选择学校时的思维排序，同时也是广告宣传的效果体现等。我们将以后的专题内容中时行讨论。

七、定位招生

人员与某市场区域对应，招生员与某特定家长对应等。

采取定位招生方法的原因是对应特定关系。

在招生操作中许多学校常常采取“划分市场区域”的做法。实质上，随着招生工作的不断深入与推进，在与市场具有关系的学校中，按招生员与市场的关系进行责任划分的做法，更有利于招生。同时这也是学校过程经营与市场接轨值得借鉴的做法。

八、电话招生

电话是与家长进行沟通的常用工具。一般，电话只作为传递信息的工具，如：通知录取、测试，家长向学校咨询，与家长预约等。单纯的电话招生一般被具有招生优势的学校采用。在一般民办学校中，电话被用作初步了解意向家长和探测其意向情况，获得初步分析判断材料等。由电话“工具”在针对性个体需求和携带交流情感方面受到局限，所以招生过程中一般不被用于释疑、推进、突破等。

九、教育、教学招生

招生员为意向家长提供教育、教学服务，进而达到招生和拓展（让家长介绍生源信息）目的。在招生过程中，家长对学生的教学、教学问题有诸多担忧，并表现出焦虑情绪。有的家长则因为工作原因假期对孩子疏于管理等。招生员为孩子进行讲课、补课、辅导等既发挥了教师的专长，又有效增进了与学生、家长的感情。所以“教育、教学招生”在学校的招生组织过程中常采用的方法。尤其是在招生突破中，发挥着主动的作用。

十、储存与控制

假期利用空落落的校舍，将在招生过程中筛选出来的意向清晰学生储存在校内。形成校内由教师控制学生，校外由招生员控制家长的校内外有机配合的招生格局。

暑期招生过程中,意向家长大部分为孩子的学业着急,家长因工作忙碌无暇照顾孩子,由于留给孩子的自由时间过多,生怕他们走出家庭进入不良场所,习染不良习惯……威胁孩子的安全! 尽管许多家长选择为孩子聘请家教,让孩子上各种学习班,补习班等,但还是因为接送问题以及各种“班”缺乏对孩子全天监控机制而犯愁。

将意向家长(具备上民办学校条件)的学生邀请到学校,是家长所期盼的。同时,家长、学生也有诸多对学校的疑虑,暑期来校相当于“试读”过程,可以有效地针对解决此类问题。

1、储存的条件

①暑期校设施、设备等空闲,为学生进校试读提供了物的条件,;

②部分机动教师(如新聘教师、年龄较大的教师等)不能参加招生,在校内可作为授课教师、活动教师和担任班主任。

2、储存的操作方法

①邀请A类学生到校。

②出台“成本”收费政策,如:收取伙食费,住宿费等,其他费用全免。当然也可出台更为优惠的收费政策。

③校内开设学生喜闻乐见的课程,针对学生的需求,以“乐学”为主题,让学生体验到学习的乐趣;

④以丰富多彩的活动为核心,让学生有耳目一新的感受,得出本校与其他任何学校都不一样的评价。

⑤配合校外招生工,及时拉开活动层次,按不同条件组织梯级性活动让达到“要求条件”的学生参加,如:报名的学生发放校服,参加军训等,交费的学生参加夏令营等,推动学生主动实现招生“突破”。

⑥形成校内、外整体配合。校外由招生员控制家长,校内由教师控制学生。学校储存在校,对家长而言就意味着结束择校行为。对招生员而言,与家长的任何接触均有了信任基础和理由。对校内教师而言将招生以做家长的工作为主转化为了做学生工作,即,将招生工作的教育市场应用难度,降至了教育、教学范畴,真正发挥了自身优势。

3、储存的招生作用与意义

将意向较为明确的学生储存在校园之内,从而结束了家长学生的择校行为,这首先具有了竞争优势。

各类意向家长随招生的推进进程陆续地呈现出来,且在招生过程中,在决策交费之前,招生员对他们的工作把握与控制十分被动。如果学校开打校门实施“储存”,就降低了招生员的控制难,加密了工作,使得招生过程趋于完整。同时,学校就变成了一个具有积累职能的“水库”,将各招生员陆续挖掘出来的有效生源集中起来。这样在具有相同特性的生源面前,易于采取突破策略。

“免费”组织学习,或“试读”性体验,站在家长角度理解,是学校诚信办学,公开办学的举措。对于招生员而言,与家长的交流就有了筹码。

学校通过储存在校的学生,实施校内“1 + 1”招生,让他们带动同学,邻居的孩子一同进校享受免费补课。

4、储存学生需要注意的事项

①开设课程一定要围绕学生,以乐学为核心,切忌呆滞,死板传统的教学。

②要从细微处入手,创设“家”的氛围,关爱呵护学生。让学生感受到温暖。

③要广泛开展活动,活动要求:丰富多彩,喜闻乐见。

④要选拔优秀教师担任班主任和任教,活动类教师及专业教师要严格选拔,如果校内不能产生也要不惜成本从校外聘请专业人员担任。需要清晰的是,储存是招生的终端环节,在这一环节上出现的任何问题均将导致招生整个链条的终止。

⑤储存强调内外结合,所以内部教育教学和外部招生要及时沟通。

⑥储存一定要坚持执行入校“条件”,严格履行标准,不可泛滥操作,让不符合设定“条件”的学生入校。

⑦储存一般选择在暑期招生过程中施行;时机控制在放假后半个月左右。

家长对孩子的新鲜感一般在半个月左右。孩子回家约两周后,家长对学生的作业,学习及活动等开始担忧加剧。此时他们为孩子寻找补课,专长培训行为升温。

储存结束,一般在开学前半个月左右。

十一、招生总体工作时间

招生的另一项统计指标是“招生总体工作时间”即,从家长认识学校,到做出交费决定的一般转化时间累计,实际上这也是招生的黄金工作时间。在招生统计过程中,招生员与家长、学生的任何接触时间,都是“黄金工作时间”。

不同的市场“工作时间”不同,所以工作时间是反映市场客观规律的重要指标之一。

在相同市场中,各学校的市场影响不同其“工作时间”也不相同,所以“工作时间”也反映了学校的市场工作程度。

“招生工作时间”,是指招生员与家长的接触时间(如:咨询、家访,参观等),同时也包括家长对学校资料的学习过程以及从广告中认识学校,与他人讨论学校的过程等。从这一角度上讲,学校要依据对本市场“工作时间”的初步判断,出台广告、资料和招生过程的搭配“套餐”。所以,学校在运作广告的同时,也要考虑准备家长“学习资料”等。未达到“招生总体工作时间”的招生行为,被视为不完全招生,其招生结果也不会理想。

十二、情感

情感是招生员与家长、学生实现心灵沟通的唯一渠道。真情能融化一切,消除一切顾虑。“当把孩子看成是自己孩子时,与家长彼此间的隔阂都消除了”这是招生员在总结招生工作时的成功经验。所以,学校在选择招生方法时,情感是通用法则。

十三、宣传招生

招生员面向市场主动宣传学校的招生行为称为宣传招生。无论是在广告,熟悉,还是陌生的市场环境中,招生员的宣传行为就是主动招生行为。这一行为包括走访、散发招生材料、设点咨询和参加各种活动等。据对采取“人力驱动”招生形式的学校统计,在暑期招生获取的总体信息中约有70%以上来源于宣传招生。所以,宣传招生是以人力驱动招生的必要方法之一。

十四、挖掘招生

挖掘招生是招生过程中某些特殊人员的工作,也是学校招生需要策划和管理的重要层面，它是学校招生的附属形式。

十五、2+1 招生模式

在人力驱动招生和片区招生中，将生源市场分成若干个片区，每个片区中选派“1”名市场型工作人员和“2”名教师（招生员），共同组成一个招生团队。

市场型人员负责指导工作方法，教师负责用教育的方式实施，如，在信息量充分时，市场型人员负责初访，教师负责跟进等。在信息量不足时，三人针对市场范围内的重点，可展开“人力驱动”招生，主动获取信息。

所以“2”与“1”是教育与市场的结合。

十六、参观

让来校家长看到什么？参观后持什么样的感受……这需要纳入到招生重点策划之中。校园环境和硬件设施、设备是参观的重点，但在同一市场处于同等收费层次的学校中，在环境、硬件上的区别不是十分明显。所以，更要让家长看到教育、教学过程，用软、硬件条件后自己做出质量判断……这才是参观真正要达到的目的。

为了达到这一目的，学校进行教育、教学过程展示，如，沿参观路线设立学校、部门、班级、生活管理、学生成长、社会及家长评价等展台，如教师展台内容有：教师情况介绍，教师论文，教学特点，取得的成果等。学生展出内容包括，学生作文、作业，纠错本，试卷、个体成长对比总结等。即使是家长看到的班级，也要营造氛围、过程……用环境将其做活。

家长参观学校的“向导”由专业接待员担任。向导以讲解软性内涵为主，家长该看的看到了，让他该想的应想到什么。

十七、校内家长会

按计划召开不同层次的校内学生家长会，校内家长会分为综合的校际家长会、年级家长会和班际交流会等。

民办学校的校内家长会一般每学期召开一次或每年一次。

“让家长知道学校在做什么，这样做取得了什么效果，今后打算怎样做”……校际家长会是学校软性渗透的有效手段之一。

“让家长全面地感受学校”，“让家长看到的是学校的最好的”，这是家长会的组织原则。

十八、招生家长会

在学校招生工作过程中,家长会起着不可替代的作用。作为教师的招生员,对家长的推动力度大许多方面局限在经验、方法层面上,要解决家长的问题,打消家长的顾虑,需要从思想的层面进上做进一步的工作。家长会是家长与学校形成思想共识的有效方式之一。

一般家长会分为校内家长会和区域家长会。由学校的专家(通常指校长)演讲。

十九、校园开放活动

校园开放活动(文艺演出、武术表演、亲子活动等)即,家长会,展示和活动等综合家长聚会。

二十、报告会

针对市场中普遍关心的教育焦点问题,为引起市场的关注、形成影响推动招生等,一般由学校邀请相关专家做讲座、报告等。也可以在招生期间由招生片区组织,专家进行巡回讲座。

二十一、招生突破

招生突破是学校组织招生的关键环节。通常学校的招生突破常采取如下策略。

1、优惠政策:学校对在规定时间内交费的家长予以优惠。

2、循环突破:首先对3A,2A家长突破,激活局部市场形成交

费与带动氛围。以交费家长为契机对A类,B类和C类家长进行带动和推动。

3、特殊带动:对家长代表与在家长群体中具有一定威性的家长采取针对性的突破措施,如:予以特殊优惠等。

二十二、家长意向区分

民办学校对意向家长采用建立“意向家长档案”的方式进行过程管理。

对此各民办学校有不同的操作方式，值得推荐的方式是“家长意向区分”。意向区分由招生员和接待员在接触家长时依据设定条件做出判断，条件为：

1、将家长的意向依据其意向明确情况分层为 A、B、C、D 四种类别（A 类家长意向明确，对学校好感。B 类家长意向明确，但有疑虑，C 类家长对本校意向不明确，D 类家长对本校基本没有意向等）

2、以与家长接触次数为序数，如：与家长第一次接触，并判断

为 A，则记录为“A”，若与该家长进行第二次接触，并判断为“B”，则记录为“2AB”。“3A”表示已与家长接触三次，每次意向判断均为 “A”。

二十三、咨询

这里指学校层面上的咨询。招生期间学校设置招生接待部门对来访、来电家长进行招生服务。其中，让家长全面了解学校，解答家长提问让家长释疑的过程即为咨询。学校的咨询是招生的关键环节，它起着招生的“划层次”作用，对咨询满意的家长，招生过程尚可继续，相反招生即行终止。所以咨询是学校招生组织与管理的重点环节。

二十四、分层接待

学校招生办，或招生片区招生办对来访家长的接待工作一般由专人负责。这绝不是普通意义上的接待，它对接待人员的形象、礼仪、口才、教育教学的应能力，经验水平和家长、学生的心理把握控制等能力都有严格的限制。在此基础上，还要对接待人员进行专业培训。

以自然接待的基础上，接待工作通常还实行“分层接待”。

分层接待就是将来访家长与接待人员的能力、特长对应的接待方式，即，由自然接待员对来访家长进行接待（就是对其需求特点进行分析、判断），然后再将其“安排”到相应的位置与接待员配对。

学校采用的其他招生方法及配合与协作等，我们将在招生的组织与技巧篇幅中讨论。

第三十七章　招生员招生方法简述

招生员是招生工作的具体实施者和操作者。他们自身的素质、经验和能力直接影响招生结果。下面将现实中常被招生员采纳的招生方法进行如下简单述。

招生员对学校所处市场环境的熟悉程度如,对当地文化的理解、人文环境的把握、家长教育需求的理解,当地教育的优势与不足,以及对当地其他民办学校办学校状况的熟识等,是采取任何招生方法的前提。在此前提下,常被招生员使用的有如下招生方法:

一、“1+1”招生

1+1 招生简单地说,就是学生带学生(老生带新生)或家长带家长的招生模式。

1+1 招生的核心是“关系”。我们在以前已对此有过论述,在此突出强调的是,在招生员层面上需要注意得几个问题。

1、利用对象的选择:用“满意”标准对学生区分为“满意”、“一般”和“不满意”三类。教师在启动工 1+1 招生时,要首先从“满意类”家长中选择与自己“关系最好”或最有可能配合自己招生工作的人选。

2、在 1+1 招生管理中,要塑模立典分层渗透,逐层推进,最后形成整体氛围,如:用最具代表性的家长,带动 A 类家长,用 A 类带动 B 类……

3、抓住时机,适时向家长开口。对于关系良好的家长,可以直接开口,如:“学校下达招生任务,每位教师负责招收三名学生,您留意一下,看看同事们,邻里们有没有孩子来咱们学校上学的?……给我提供点儿生源信息。”

4、对提供生源信息的家长要及时家访,家访时最好征得家长的配合与帮助。

5、要让家长感受到他们为你招生的“报偿”。你要用教育行为回报向你提供生源信息的家长和已帮助你招收到学生的家长。同时,还要善于让配合你招生的学生得到“好处”和获得荣誉。

6、有的教师在班级对提供信息和招生到新生的同学进行“公开”和评比，虽然受到批评，但确有推动效果。

二、电访

电访，顾名思义就是用电话或信息与家长沟通。

招生中，“电访”用于“预约”家长或通知。

在与家长建立关系过程中，“电访”具有家访的内涵，如向家长通报学生情况，核实问题等。

在对电访的应用中需要注意的是：电访不易携带情感，尤其是在处理招生初期信息时易造成误解。

三、家访

教师或招生员直接致学生家中或与家长约见称为家访。

家长是招生工作的重要环节之一。可以这样讲，大部分经过招生员招收的学生，几乎都要经过家访环节。

家访的核心工作是对家长的把握与对学生的理解。把握与理解是产生适宜招生方法的基础。

有招生员在长期的招生过程中，对家长、学生进行了分类并依此形成了面对不同类群体的工作方法。

（一）望子成龙型家长

这类家长对子女地培养欲望十分强烈，他们在对子女的培养过程中往往有聘请家教，辅导教师的经历，有的还有过对子女的特殊培养过程（如特长培养等），可谓是想尽了办法，操碎了心。这类家长将人生目标均与对孩子的培养联系在一起。在这种育儿观的影响下，他们对子女的包办思想较为严重，为孩子设计、安排好了一切，希望孩子始终处于他们“圈定”的轨道之上…“这一都是为了你呀！”，“只要有利于孩子的成长，就是砸锅卖铁也行！”

在这种环境中孩子的一般特点，孩子呈现两极分化的性格特点，即：自主力不足或自主过度。他们在学习上沦为受体，成为父母希望的奴隶。在兴趣上，他们的特点是或专注过度或兴趣贫乏。总之，父母希望孩子听话，真正听话的孩子沉默了，不听话的孩子却用行为反抗。在现实中这类家长提出的问题往往围绕对孩子的培养、过程、方法和质量等问题，他们针对孩子存在的问题及设计十分感兴趣，对培养结果的保障特别在意，生怕达不到目的耽误孩子学习时间……

（二）重塑希望型

这类家长对孩子的培养十分头痛，学生的成绩差，基本已被竞争“遗弃”。家长认为孩子还小，生怕一再跌落或走入社会后学坏……也有些家长将孩子的成绩差归咎于学校和老师，“学校班容量大，没有人管”，“教师的水平低”等。他们迫切希望能找到适合孩子成长的教育环境，也希望抓住“挽救”他的教育机会。“这孩子特聪明，就是不好好学习。”孩子呢，面对被冷落和受到歧视，常常表现出不服气的神情，朋的还向家长表示要“好好学习”的决心。实际上由于孩子难管，家长希望能有一个封闭的环境将隔离起来，他们认为，孩子会收心，会将精力放到学习上，对此类学生，强调严格管理，人性化管理和对学生的个性化尊重与设计等易使家长、学生接受。

（三）寄寓型

父母因工作忙无暇照顾孩子，或异地户口上公立学校困难，也有的对安排的学校不满意，有的则是家庭离异，孩子在身边不方便照顾等。这类家长希望能为孩子找到一所满意的封闭学校，花点钱省心。

寄寓型家长对学校的硬件条件及生活条件很在意，他们希望有一个良好的教育环境完成对学生人格的培养与塑造。希望有一个充满爱的环境。

（四）子女当家型

孩子在上学校的决策中起着决定性的作用。这种类型父母的态度往往是“只要孩子喜欢！”，“看他愿不愿意去”……做此类型招生工作时，要特别注意做孩子本人的工作。教师与学生之间的关系是天成的，做此类工作最好派有班主任工作经验的教师。

（五）保守型

这里的“保守”是指家庭的经济不愿公开泄露。有的家长甚至直接提出保密要求。在招生中他们常常持观望态度；交流过程中，他们表示“经济能力有限，要想上就得去借或贷款”之类的话。

（六）环境影响型

家长、学生受到上民办学校学生的影响，有的受到亲朋对民办学校的良好评价影响，还有的是同班同学或邻里孩子在上民办学校过程中进步明显，变化较大……同时在招生宣传、广告的影响下激发起选择上民办学校的欲望。

（七）逼迫型

学生没有被理想中的学校录取或对目前的学校不满意。有的则对学生的学习成绩不达满意，或学生出现厌学情绪等，无论是主观原因或是客观原因，均表现出学生不能再继续在相同或相似的环境中就读。

（八）特殊愿望型

家长希望将子女培养成自己希望中的人才，获得特殊才能，如，有的家长希望孩子能出国，所以他对外语的要求特别；有的则希望孩子继续某种特长发展，如钢琴、书法等，希望寻找到一所将学习和特长培养合二为一的学校。一位与外国做生意的家长提出了一个特别的要求，只要孩子的英语口语能达到交流水准，就一定要把孩子送到他学校……

（九）试探观望型

在招生过程中，这类家长占有很大比例，原因是多方面的，突出的有如下几种：首先是费用问题，这类家长有让孩子上民办学校的愿望，但因经济不富裕或认为孩子上学投入不值得。其次是受到不良的民办学校影响，他们对民办学校的办学持怀疑态度。其三是，对宣传及招生员的承诺有疑虑等。

家访需要注意以下问题：

1、家访前一定要设法了解更多的学生、家长情况，对家长、学生做出准确判断后，并依此制订出家访方案后方可实施家访。

2、一定要选择好家访的时机，不要随意家访，一般情况下，要选择家长在家的非休息时间。

3、家访时避免在家长面前下不利于孩子的定义，也不要虚伪地夸奖孩子。

4、家访前一定要预约，预约后一定要准时，到达家长门前后要致电。

5、不要在家长面前说不利于其他学校的语言，更不要否定其他学校。

6、不要接受家长的邀请和馈赠。

7、当家长提出为孩子补课要求时，如果条件允许，要与家长协商补课计划、安排，一经确定后，要坚守时信。

8、家长遇到困难,如孩子无人照管或生病等,是招生的机会。

9、家访后要保持与家长的联系,但联系不要频繁(一般间隔在一周以上),最好以信息的方式。

10、家访在合适的时机,要进行再访(也称回访),回访时机要间隔在一周以上或更长时间。

四、走访

走访就是对重点市场,街道及家属区等挨家挨户进行招生宣传的过程。

走访是一项十分艰苦的工作,但它是招生效果十分明显的方法。走访的形式很多,可以说“一切活动均招生”。向市场中的每一个门面宣传,争取让街道中每一位有适龄学生的家庭获得招生信息;利用任何的接触机会……走访时要注意:

1、招生员要配戴明显的学校标志和身份证明。

2、依据时尚标志判断确定目标市场。

3、富有热情的爱心。

某校一位招生员暑期招收26名学生!招生之初(一个月内)她平均每天走访三十几户,最多时达到九十几户!在总结招生时她感慨地说“这种招生方法最实在,最有效!”。暑期的南方酷热难耐,她的身影还穿梭在大街小巷之间,一位老奶奶十分心痛地喊道“姑娘,来喝口吧,别累坏了身子!”……一位由她招生来的学生家长专程来校找到校长说“我们全家让她感动了,我们没有见过这样的教师!这样的教师我们信得过!”事后才了解到,真正让家长感动的是她的爱心,吃苦精神和负责任的态度。

据对采取走访招生的几十所学校统计,招生员每天平均能获取3-5个信息,其中A类信息约占1个左右。这样计算起来,每位招生员暑期就能获得几十个A类信息,按正常1:(6-8)计算,每人招生量即为4-5名左右。经过近一个月的“地毯式轰炸”,便可达到家喻户晓的宣传效果。

五、招生统计

这不仅仅是招生员的招生员的工作,也是学校的工作。

招生前期,将招生员获取的信息按家庭住址用不同色彩(如:A类用红色,B类用黄色,C用蓝色),“点标”在生源市场“地图”上。经过积累后,就会发现学校的生源分布特点及重点分布状况。随着重点生源区的产生，学校及个人的招生组织就有了工作重心和重点，如组织校外家长会，开设辅导班，进行集体辅导，组织活动等。同时，重点生源区也是学校进行市场管理和渗透的工作重点，也是接送学生的重点地区。

六、摆台、设点

这也是招生员常用的宣传方法之一。

招生员在市场、街道、小区等流动人口相对集中的地域打出小型广告，并进行现场咨询的过程称为摆台、设点。一般地点选择在繁华街道、富裕居所、特殊行业家属区等。

摆台、设点有利于招生初期摸索生源线索，获取第一批生源信息，是招生入手的有效方法之一。摆台、设点具有灵活、机动的特点，是招生的有效补充形式。

首先要策划、设计好摆台的广告，广告不要求复杂，体现鲜明、直观特点，“台布”大小控制在 1 - 2 个课桌宽度之间，长度以超过桌高 1/4 为宜。

台上摆放招生宣传资料，有条件的话最好摆一台 DVD，并随时播放学校的图文广告。

摆台设点的效果视市场的成熟度不同而不同，一般每天可获取十八个生源信息（含 1 - 2 个 A 类信息）。摆台设点需要注意以下方面问题：

1、在所散发的资料上一定要写清在本地的联系方法。

2、要注意仪表、形象。

3、每地至少要坚持三天左右。

4、要及时进行日工作总结。

七、其他招生方法

在实际招生操作中，还有为学生补课、利用家长介绍学生，利用亲朋关系获得生源信息，抓住市场中的各类机会（如：各种会议，集会等），寻找代理和义务招生员等，在此我们就不再一一叙述了。

第三十八章　民办学校的招生组织形式(一)

民办学校的招生是营销教育服务的过程。是教育服务单位与教育消费者进行沟通并取得认同的过程,即,是教育需求者选择教育服务的过程。

现实中招生组织的表现形式很多,大体有:自然招生、测试招生、1+1招生、代理招生、关系招生、挖掘招生、信息驱动(片区招生),人力驱动、长期招生、立体招生和综合招生等。如果从招生策划思想上区分可分为:被动招生、策划招生、立体招生和综合性招生等。

在"病"与"药"的选择过程中,往往有"药性"与"病"对症的检验常规,要达到治病目的只有在此基础上进一步做出"剂与量"的选择。招生的组织形式的选择亦如此理,各种招生形式都有其长处和不足面,学校需要因市场需求、竞争现状和目的策划选择适宜的招生组织形式。所以各种类型的招生并没有那么"神奇",真正的"神奇"在于,把握市场脉搏的准确程度和采取招生策略的恰当程度上面。下面先简单罗列市场中常见的招生形式。

一、自然招生与测试招生

(一)自然招生

我们在此将依据学校在市场中习惯定位和采取习惯性组织招生的组织形式称为自然招生。

单纯地从招生角度讲,自然招生特点是采取人为的、习惯的招生组织方式。

"习惯"是指沿袭着本校原有的或模仿他校的招生组织模式、方法;也可以从思想角度这样解释为:用原有的习惯性思维指导招生工作的行为。

"人为"是指下达招生任务时缺少分析依据,在进行招生预算时缺乏实际依据,在采取招生策略时缺少竞争的参照依据等,以自我"经验"为核心的决策行为。

自然招生是一般公立学校常采用的招生模式。在民办学校的名校中也常常采用,有的学校也"有意"策划使用。

(二)测试招生

以国有学校的招生模式为基本运作程序,通过对学生进行入学测试,对合格者下达《录取通知书》的民办学校招生组织形式。有的学校还参加"划片招生,就近录取"的原则,按相关法规、要求由教育主管部门按计划"配位",学校按照安排,下达《录取通知书》。

有的学校内部确定:依据某项公开成绩(如:中考成绩等)录取并通知的做法,在本讨论中也归于此类。

自然招生、测试招生的优点

这种以公立学校招生为"模板"的民办学校招生组织形式,在实际操作中,有其鲜明的优点与不足。

1、以高姿态形式出现,给市场以"公立"名校,或私立名校的惯性感觉。在民办学校污染较严重地区,向家长、学生传递"区别于其他民办学校"的学校定位信息。

2、这种招生形式带给家长的信息是:学校起点高,报名学生多,有可供筛选的生源余地,学位紧张,质量有保障等。

3、此类招生往往配之以"测试入学","不符合要求条件者不予录取"等规定。

用这种高姿态,高定位等信息,形成市场吸引力和号召力。

自然招生、测试招生的不足:

1、招生思想

缺少对学校和市场需求之间分析,用几乎相同的思想、方法,面对不同的市场和需求。采用几乎相同的招生策略进入不同的市场和不同时期的市场。

2、招生策略及管理

策略体现局部特征,强调重要环节,如,招生范围,测试安排、

广告投入等,缺乏对过程的管理、方法指导和控制。

3、招生方法与组织

招生方法单调,缺乏招生的整体性配合与作用。招生方法与过程推进突出个体行为。招生个人能力、素质起着决定性作用;在学校招生的整体组织只体现重点环节如:接待、参观、广告、人员的配置等,没有对工作过程和细节进行控制。

4、招生任务与结果

面对学校、部门和个人下达的招生任务指标,往往依据本校历年来招生任务经验总结或参照其他学校务情况,有的甚至凭感觉。自然招生对招生结果只是宏观的预测(如:投入与产出之类),缺乏实质性把握。

5、"两层皮"现象:招生宣传及承诺与学校的实际操作不相匹配。

……

无论采用怎样的招生形式,自然性招生均会表现出对结果和操作过程盲目的特点。所以,自然招生的任何"目标"计划,均会缺乏精确性、准确度。也可这样结论,缺乏针对市场实际的"方法"、"技巧",缺乏对整体和过程、方法控制的招生,对结果也没有把握。

附:某校暑期招生任务目标分析与确定意见

董事会:

遵照董事会今年初"进行暑期招生实行人力驱动策略"的指示精

神,学校安排市场部进行了长期的市场调查,现将分析情况及我校今年的招生任务目标确定意见汇报如下,请审阅后批复。

……

优势面分析

在与其他学校采取同样的策略前提下,我校另具有如下优势:

1、我校由于长期采用广告驱动招生,市场影响面大,已为大部分家长所知,长期的宏观的粗犷作用,为微细市场留下了较大渗透空间。

2、今年学校的教育、教学质量在以往基础上更有提高。尤其是今年学校在教育主管部门组织的"评估"中,我校得分在同类学校中获得排名第二的成绩。

3、用教师的经验,去实地面对家长、孩子,对家长和学生说服力度和成功力度增大。

4、经过一年的关系"经营",目前校内班主任与学生,老师与学生的关系网络已建立起来,并达到了可利用程度。今年寒假,学校组织进行了"人力驱动"招生实验,收到了与设计相同的效果。明显表现出员工与市场间的连带性关系优势。

5、我校的硬件,今年较去年有大幅提升,基本满足了家长的相关要求。

6、学校的环境经过长期氛围营造,已被来访的家长称道。

7、经过长期的业余培训，民办教育理念和相应的管理体系已植根在员工中。教育服务思想已贯彻到了环节中，深入到了员工的行为中，家长对我们的态度已有了明显好转。目前已收到家长表扬信23封，锦旗11面。

不足面分析

经过讨论认为我校今年招生存在以下不足面：

1、人员缺乏实际招生工作经验。培训只是在理论层面上；寒假的实验只控制在小范围。

2、部分教师的观念未得到根本性的转化，个别教师持有“招生就是求人”的思想。

3、招生员数量不足，需要按计划招聘。

市场分析

据对与我校处于相同或相近市场中的其他同层次学校统计：去年暑期有四所学校采取“人员驱动”招生策略，至十月前招生员与交费学生的比例是1:2 – 1:6，平均为:1:4（即每名招生员暑期招收四名学生）。

招生员招生目标确定意见

每位招生员今年暑期招生任务为:5名

原因：

1、经上述分析，我校优势明显。

2、今年生源市场要好于去年（具体另见“生源市场分析报告”）

3、我校在人力驱动招生基础上，实施“贮存”策略和配合其他方法（另见“招生计划”）。

总体招生目标

按审批的《招生预算》，今年拟组织120名招生员，全校总体招生目标为600名。

二、“1+1”招生

“1”是指“一个在校学生”，另一个“1”指“一个新生”。“1+1”

招生，即：在招生过程中每年（或每期）由一个在校学生，招收一名新学生的招生策略。

“1+1”招生由学校组织，并向每位教师、班主任下达招生任务。教师在全程工作中与学生和家长建立起良好的个人关系，学校的配合组织，和个人关系拉动下，推动家长面向市场宣传学校并散发招生信息。许多是家长直接介绍同事、朋友、老乡等的孩子。

（一）“1+1”招生的运作

“1+1”招生实际上是过程招生的一种形式。对“1+1”的理解有几个不同层次，首先是全员招生，即，每位员工均承担“1+1”招生任务。其次是将“1+1”招生当作是招生诸多方法中的一种，直接由与学生有直接关系的员使用。其三是，招生过程中，“1+1”招生区别于新老员工，是老员工的一种招生方法。其四，“1+1”招生在时间上可以是全程，也可以仅在招生过程中使用，如，学校下达全程“1+1”招生任务或招生时期采取“1+1”招生方法。

1+1招生作为学校全程招生策略时，其运作一般是：

1、学校下达明确的招生任务，如，“本学期（或年）招生任务：班主任3名/人，科任教师2名/人，行政人员、生活教师1名/人”等。出台奖惩制度。

2、明确分工，如：行政人员分片管理，班主任与科任教师和生活教师分工等。教师、员工与学生一一对应。

3、在对家长、学生深入理解、把握的基础上，实施“满意”工程。出台员工与家长沟通、交流等制度、要求并进行严格管理等。

4、注重家长反馈信息及处理。

5、以与“家长建立良好关系”为核心进行系列活动策划，如：家长会、开放活动等。

6、组织1+1招生原理培训和定期经验交流。

（二）“1+1”招生的优势

1、办学思想直接服务于市场，所以学校服务体系是依据市场需求制订的，学校职能与市场需求保持一致。

2、学校要让学生招生，让家长出力，员工就需要在工作中达到让学生、家长满意目标。所以“1+1”招生是对员工工作与市场接轨的推动与要求。

3、员工与家长的关系融洽，员工对家长的要求，学生的需求十分了解，工作的针对性较强。学校与市场的关系紧密，对市场的变化反应灵敏。

4、家长介绍的学生呈“线型”分布，新生与老生家长之间通过某种“关系”联系。这种生源分布特点便于学校对市场的管理与渗透。当学校的在校生在某区域内达到一定量时，即形成对该区域的控制。

5、对市场渗透力强。当家长接受招生任各时，他们所处的工作环境，生活环境、业务，亲属等关系中谁家的孩子有上学需求，家长均会去主动说服。

6、可信度高，说服力强。“家长最听家长的话”，家长结合自己的孩子的实际情况，亲身说教并主动推荐的行为，在其他家长中的可信度很高、说服力很强，鼓动力度胜于其他任何形式的宣传。所以许多由家长招生来的学生基本上不用经过参观学校环节。

7、招生成本低。

（三）1+1 招生的条件与不足

1、家长招生的局限性较大，在没有家长或分布较疏散的市场环境中招生十分被动，所以，“1+1”招生不宜在新学校中采用。

2、当学校的办学理念较为传统时，如：学校的职能和过程与需求不相对应等，采取“1+1”招生举措不仅收不到良好效果，有时还会适得其反。所以“1+1”招生需要以民办学校理念与工作体系为基础、条件。

3、“1+1”招生对员工的民办教育思想观念具有较高要求，员工要有服务思想，同时要有用教育、教学工作、过程满足需求和要求的能力。

4、“1+1”招生对在校学生稳定率要求高，由于学生的线型分布特点，一位学生因不满意流失，就会导致一批学生不稳定。

5、由于“1+1”招生是以员工与市场的关系为基础，所以它对学校的人事管理要求很高。校长、领导、员工的流动均会用关系牵动部分学生，流动学生通过线型关系牵动其他学生，造成连锁反应。

6、需要员工在长期工作过程中铺垫，和建立关系。

7、不宜让家长评价不高的员参加。

三、委托招生、代理招生

（一）委托、代理招生的运作

1、委托招生

学校委托其他社会组织（如：旅游公司、街道组织、老年组织等）

进行招生。

学校出台相关招生奖励、提成等政策，与生源市场内社会组织，团体联络并达成招生协议。达成协议后，一般情况下学校对“招生人员”要进行适当培训，并与协议方进行“分工”，如，协议方负责将学生带到学校，学校指定某部门负责接待等。

2、代理招生

学校在生源市场中设立“招生代理人”或“招生代理点”(如:家长、经营个体等),由代理进行招生的行为。代理一般为个人或个体。

学校制订代理招生奖励、提成政策。代理招生员由学校在生源市场内通过各种关系产生,也可以直接招聘(即,兼职执招生员)。代理人一般由在本地有威望的在校学生家长担任,也可以是其他人,如,不同办学层次的招生员(比如,幼儿园招生员可以做小学、中学的招生代理),或不同收费层次学校的招生员等。

代理招生员由学校进行培训,并由专家或部门进行联络管理。代理招生员获得招生信息后,可直接做工作,也可带其参观学校,或向学校的相关部门或人员提供信息,形成接力型工作。

四、关系招生、挖掘招生

1、关系招生

学校通过与教育主管部门、其他学校或个人关系获取生源的行为。学校或个人与教育主管部门的关系,主要是以赢得“指标”,“范围”为目的,有的是以联络和建立与其他学校关系为目的。但最终是为了获得生源或生源信息。

与学校其他学校的关系,是指要求其他学校的领导,班主任和教师直接或协助招生,如,学校领导、班主任为毕业生推学校等。

2、挖掘招生

通过获取其他民办学校的生源信息或“人才”招生和直接带动学生等招生行为称为挖掘招生。

其他学校的生源信息,如“在校学生家庭住址、电话等”,“不稳定生信息”,“意见学生信息”、“招生计划”、“策略方法”和“生源市场分布”等。然后针对“问题”进行招生策划,实施招生。

通过挖掘获取它人才,上至校长等领导,下至班主任、教师、招生员等,通过对人直接带动学生,同进获得它校的生源“关系”,招生信息等。

五、信息驱动招生

以广告为传播载体,学校的招生工作围绕广告展开。围绕广告反馈信息进行咨询服务,家访答疑,来访接待等招生推动工作。在这种招生形式下，招生往往由特殊部门管理（如发展部、招生办等）。通常招生与学校的教育、教学分离。有人将这类招生称之为“守株待兔”式招生，原因在于，在没有广告反馈信息的前提下，招生员对市场的主动作用能力十分微弱，被动。

（一）信息驱动招生的运作

1、信息驱动配置的部门：采用信息驱动招生需要配置，信息运作部门（如，企划部，广告部门等），信息服务部（电话咨询、信息处理等），接待部门（来访接待，参观接待，报名服务等）和学校服务部等。

2、运作与分工

广告运作部门，负责广告的策划、制作、媒介的选择和执行广告计划等。

信息处理部门，负责广告反馈信息的处理，如：电话咨询服务，电话推进及跟踪和向反馈广告效果等。

接待部门负责来访家长的接待、释疑和跟进，家长参观，学生报名等，并及时反馈进展和相关问题等。

学校服务部门负责校园环境卫生，维护和提供保障等。

（二）信息驱动招生的优势

1、广告对市场覆盖范围广，信息传递速度快，图文并茂，生动形象。

2、广告能够因招生时期不同或竞争需要灵活进行调整，所以投入可主动控制。

3、参加招生的人员较少，操作简单，不易形成与学校工作交叉。

4、招生启动快，转换灵活。

（三）信息驱动招生的不足

1、媒介携带教育软件内涵困难，不能够充分说明思想、方法、过程，只能是“结果”表白，招生作用力不足。

2、各民办学校之间形成几乎相似的广告模式——“一流竞赛”。站在家长的角度，只依据广告很难判别学校之间的差异。对于成熟的市场和家长来讲，这样的说服力显得空洞，苍白。

3、市场渗透力和竞争力不足。人员的招生方法简单，这种“守株待兔”的方式，需要建立在市场反映前提下，如果家长不来信息，或不到学校里来，则招生工作就会一筹莫展。

4、被动招生

招生只能用广告投入幅度和周期进行调节。正常情况下，广告投入量越大,周期越短(越密集),市场信息就越多,相反则越少。如出现非正常情况,如:广告投入达到相当量时,市场的反应却不尽如人意时,招生工作就陷入到了无可奈何的僵局。

校招生策略(广告策略)随市场和竞争的需求变化可做适当调整。

5、招生宣传超前、学校工作滞后。

广告内容无外乎,一是学校的远景描述,二是结果性"保障",三是从学校的工作过程中提纯"亮点",四是点燃家长理想,激发、提升家长的需求……所以宣传的超前和扩大行为会促使家长欲望"膨胀"起来,会使学校整体工作陷入到"欲壑难填"的境地。"挑剔"的多了,"挑刺"的多了,质问的多了"你们当初是怎讲的?""入学时是如何承诺的? 有的家长甚至直接评价学校是骗子!"所以,总体上讲,广告驱动不利于学校的整体发展,不利于营造良性的市场环境。

由于广告招生的组织并不是由学校直接策划,或者说,学校全体员工在广告招生中不是直接参与,所以广告招生与实际工作一般都会出现"两层皮"现象。

6、招生被动:广告招生只对家长群体而言,不易进行市场细分的各项招生工作。对于个别家长的需求,在家长做出"打电话"和参观学校决定之前,只能重复地进行广告刺激,而不能进行提升需求的激发工作。

7、广告招生在面对其他学校竞争时显得十分被动。

8、广告驱动的成本较高。

9、广告驱动因不能有效控制过程,所以对结果的把握也不会准确。

总之,广告驱动是民办学校初期被各校常采用形式,随着市场成熟、竞争的深化和招生的规范,这种形式已逐步沦为了配角。之所以目前仍有许多学校采用这一形式只是取其所长而已。

附:某校《学生入学入学协议书》

甲方:____________________学校

乙方(学生监护人):____________

依据《中华人民共和国教育法》、《中华人民共和国民办教育促进法》、《中华人民共和国未成年保护法》以及相关规定。甲、乙双方就乙方子女____________(以下简称学生)教育事宜经友好协商一致同意,制定本协议。

一、入学:入读时间:从____年____月____日起至____年____月____日止,年限为____年。

二、费用:乙方根据甲方所提供的收费标准自愿选择第____种方式向甲方交付学生就读费用,具体为:

1、乙方向甲方自愿捐赠捐资助学费____元。

2、入学一次性交费______元;从第二学期开始每学期交学杂费:______元;生活费:______元;其他费用:______元。

3、乙方自愿一次性缴纳影视班或特训班费用:______元。

三、双方的权利和义务

(一)甲方的权利和义务

1、全面贯彻党的教育方针,全面实施素质教育,按国家课程标准要求开齐开足课程,使学生得到全面发展。学生可按志愿报考国内外大中专院校,甲方也可根据乙方、学生要求及学生实际情况安排出国留学。

3、按照教育部颁发的《中小学学生守则》及教育管理部门有关《学生学籍管理条例》等,对学生实施管理。

3、依照国家有关法律法规,为学生办理团体保险,提供医疗服务,使学生的安全得到保障。

4、甲方有权对未按合同规定标准、期限交费的学生做出劝其退学处理。

5、积极听取并采纳乙方及学生关于教育、教学及生活管理等方面的合理化建议,并不断提高和完善管理。

6、甲方收到乙方所缴纳的学位预订金后须在开学一个月内保证乙方的入读学位。学位预订金计入学费,不予退还。

(二)乙方权利和义务

1、对甲方教育教学及生活管理有权提出意见和建议,对学生在校表现有知情权。

2、积极配合甲方教育学生,对学生不溺爱、不护短。

3、按约定标准及时缴纳各项费用;按约定要求及时支付学生的医疗费、伙食费、生活用品费用。

4、乙方缴费必须汇入甲方(学校)指定的银行账户或直接交至甲方财务部,并向甲方索取正式收据。

5、乙方不得隐瞒学生的既往病史。乙方因隐瞒学生的既往病史,由此所造成的一切后果均由乙方承担。

四、关于休学、退学的处理办法

1、**休学**：学生因故暂停学习超过请假期限的应办理休学手续。手续须由乙方提

前三个月申请并提供相关证明，经学校批准后休学，学生休学期间，费用停止发生。从复学开始继续发生费用。

2、**转学**：学生因出国、服兵役、重病（经县级以上医院的诊断证明需休息三个月以上的）需要转学，须由家长提前三个月提出书面申请，学校接申请后三个月内予以批准。

3、**退费**：

①学生因严重违反法规及学校规章制度被劝退者不予退费；特殊培养费用如特训班、影视班等费用不予退费。

②学生因其他原因转学、退学被批准者按以下规定计算后退还余额。

时间计算：不足一学期按一学期计算，超过一学期按一年计算。

学杂费退费：按“计算时间”，按约定标准扣除后，余额退还。

捐赠费退费：按“计算时间”，按幼儿园5800元/期；小学6800元/期；初中7800元/期；高中8800元/期标准扣除后余款退还。

退费时间：统一于第二年9月10日至30日办理。

③出国留学班的退费：学生就读一学所有费用不退；因甲方原因学生未能出国，甲方退给乙方全部捐赠费。

五、违约责任

任何一方过错，造成本协议不能履行或不能完全履行的，由过错方承担违约责任。

六、其他

双方未尽事宜双方协商解决。双方协商一致达成的任何补充协议均为本协议的有机组成部分，与本协议具有同等法律效力。

七、本协议书自甲、乙签字之日起生效。

八、本协议壹式贰份，甲、乙双方各执一份，均具有同等的法律效力。

甲方（盖章）：	**乙方（签字）：**
法定代表人（签字）：	**身份证号码：**
地址：	家庭住址：
年　月　日	年　月　日

六、人力驱动招生

在生源市场内,以人力为学校招生信息的传播载体,并进行全程推进的招生形式称为人力驱动招生。

(一)人力驱动招生的优势

通过上述案例,对人力驱动招生进行如下总结:

1、人力驱动的招生员主要以教师为主,要求教师面向市场具有“营销”教育的素质、能力。培训工作是这样的目标,实际招生工作也完全能达到这一目的,所以人员对市场的作用能力增强就是学校的发展能力增强。人力驱动对学校的作用不仅仅上眼前,更主要的是长远。

2、教师的市场工作过程,就是对市场对家长、学生的理解过程。只有懂得学生的教师才能教好学生,只有读懂家长的教师才能真正知道工作方向和满意目标。教师招生过程就是与家长、学生建立关系和感情的良好开端,所以招生过程也是“实践”、“培训”过程,是学校产生民办学校教师的有效途径。

3、招生员可携带学校的思想、方法、过程等软性内容,招生说服力强,能够有效针对不同需求。

4、招生组针对教师特点与家长需求特点对应,用整体(教师)面对个体进行协作配合,所以具有招生的主控特点。

5、招生员与家长直接接触,可直接发挥情感作用。与信息驱动等其他招生形式要丰富,真实得多。

6、人力驱动招生的成功率很高;

7、人力驱动招生对市场的渗透力度大。

8、人力驱动招生能够进行完整的招生周期过程推动。招生员的工作随家长的心理变化而变化。同时招生员的工作也促进家长的心理变化。

9、人力招生的成本可控。

10、招生的任务指标(招生员与招到学生的比例关系)反映市场规律的竞争现状。

11、过程的可控性

在招生过程中,通过借助招生员获得的招生信息情况,初步判断市场实际情况和招生结果,以暑期招生为例,据初步统计,在一般市场情况下:

信息（ABC）保持在 0.5 个/人、日时可完成三名招生任务。

八月份以前，个人信息量 15－20 个/人，可完成三名招生任务

八月二十日前，人均 A 类意向家长 7 名以上时，可完成三名招生任务。

全校，意向家长与交费家长的比例 16:1，则说明市场情况一般。“16”以下则市场良好，超过“16”，则市场情况稍差一些。

学校在招生过程中应重视对获得信息的统计，并指导招生工作，如采取加密广告、增多人员等积极措施。

学校应对每年各期的招生工作进行分析，以便作为今后招生工作的重要参数。

（二）人力驱招生的不足

1、对市场的覆盖速度慢，信息传递速度慢；

2、招生的组织与管理难度大；

3、对人员的能力素质要求高，教师要具备营销教育的能力。

4、对思想观念的要求高，学校的思想，过程必须与市场接轨。

5、人员需求量大。

（三）人力驱动分析与总结

无论是在成熟市场或是在非成熟市场，人力驱动都是一种行之有效招的生组织形式。有人这样谈道，“如果市场足够大的话，招生量可以无限量地增长”。也有专家这样讲“用可变的招生员量，完全可以促进招生量的变化”，“没有招生不到学生的学校，没有装不满学生的学校”……这种讲法听起来似乎有些“吹牛”，但细品起来也是有一定道理的。下面我们共同做如下分析：

在此，我们将招生量、市场（广告、市场环境等）和招生员的关系借用数学函数式表示为：$F = f(x)$ 其中：

F 代表招生量

“f”代表生源市场规律：
- 学校的市场管理运作影响力度
- 广告对市场的作用程度
- 招生的组织管理、人员素质等软性条件
- 生源市场规律和竞争激烈程度

x 代表招生员的投入量

则人力驱动招生分析总结为：

1、在“ F ”一定前提下

招生员的投入量与招生总量呈正比例关系，即：理论上讲，计划招生学生量，取决于招生员的投入量多少，如：在1:3环境下，计划招生量为100名，则需要投入招生员的量就是100/3 = 33名；如果计划招收1000名学生，则投入的招生员量就是333名。

当市场环境一定时(即，市场竞争环境，学校运作环境、广告环境等)，增大招生员(人力驱动)的数量，可有效促进招生总量的增长。

2、在招生员一定的前提下

1)推动“F”值增大，以“积”的倍数增加总体生源量。

促进“F”值的变化，几乎体现在学校的各个层面上，从主要方面讲骨以下几个方面：

①学校与市场的关系，简单地讲，就是学校对市场全程作用程度和对市场的主动管理程度，即学校的民办教育理念及其应用。

由此可见，学校用理念和过程对市场的主动作用，是增大招生量“系数”，“积数”的关系。

②合理的、适时、适量的广告宣传也能够推动招生总量以“系数”，“积数”方式增长。人力驱动招生需要广告配合。绝不能出现“只强调人力”，而广告投入为“零”的一边倒局面。

③招生的组织管理、人员素质等软性条件。在此需要注意的是，“招生员一定”是指“合格”的招生员，绝对不只是在数量上的体现。

④、生源市场规律和竞争激烈程。学校所处的生源市场环境，尤其是民办学校环境，直接影响着“系数”的大小。

竞争对手，对市场的影响、作用程度等直接影响份额的分配和招生总量。其影响力度也体现在“系数”上。

2)“F”值减小对生源总量减少的影响

①学校对市场的直接污染，如：“虚假行为”，过分宣传、招生员素质低，招生组织管理不到位……

②过程污染，如：学校教育远离需求，教学质量差，家长、学生对学校的评价较差，生源稳定率低，人才流动量大，校园环境差………

③操作不当，如：单纯的广告或人力驱动，采取不适宜的招生策略等

以上情况，均会导致“F”值减小，并以“积”的倍数体现在生源总量减少

上。出现“②”的情况，其直接后果是导致学生流失，人员流动等；间接后果就是对市场造成的负面影响导致“F”值减小，使总体招生效率下降。

（四）人力驱动招生的运作方法

通过对教师的培训，让教师具有市场作用能力。然后将学校的软性优势由教师推向市场的过程。在此，我想用一实际实例说明其操作过程。

附例：某校暑期局部实施人力驱动招生计划（意见）

董事会并董事长：

目前，我校面对的生生源市场较为成熟，在激烈的秋季大招生竞争中，需采取如下招生策略、方法：校内“1+1招生”和以广告为前提下的人力驱动招生。具体如下，请审核、参考。

某某校务会

某年某月某日

一、实施人员驱动招生分析

1、市场渗透力度大，对市场的控制稳定。

2、人员的工作可形成整体配合，如：出现学生某科成绩差时，对应学科的老师便会拿出具体针对性的解决方案；如学生在教育面较差时，有经验的班主任就会出现在他们的面前……

用教师的经验，去面对家长、学生，招生的说服力度和成功率增大。

3 、“1+1招生”优势：有效地利用校内班主任与学生、家长的关系进行招生，可有效地为人力驱动招生奠定良好的市场基础。同时也可对人力招生起到补充作用。

4、据对我校近三年暑期招生统计显示，三年来8月份以前交费的学生和最终招生结果相比较，平均比例为1:6，且这一比例有逐年增大地趋势（第一年1:4，第二年1;6，第三年为1:8）。比例增大的重要原因是市场的成熟，说明择校家长的决定周期在延长……为此需要招生工作去面对过程，和不同的家长细分群体。

5、广告驱动的招生成本呈现直播线式上升趋势。每生成本的增长幅度，已接承受极限（去年已达到6000元/生），今年若再采用同样招生形式，每生成本还有增长的可能。

综上对比与分析，可得出这样的结论：两种招生各有长处和特点，前者是广泛，快捷，后者是沉稳有力. 为此提出今年秋季的招生策略：两种方式并举，即：以人力驱动招生为主，广告进行前期铺垫和要时期的推配合。

二、招生计划

招生人员：100_120人

暑期个人招生任务：3名/人

总体招生任务：300－360名

三、招生培训

1、6月前完成领导和教师培训（具体按培训计划执行）

2、6月中旬前完成专业部门人员及新聘人员的培训（按招聘计划、培训计划执行）

四、招生的组织与分工

1、招生领导组，全面负责招生工作。

2、企划部：在领导组领导下进行广告运作、招聘信息发布和招生资料的筹备、印刷等工作。

3、招生组，将学校生源市场依据市场特点，划分为五个招生组。

每组设，招生组长（主任）一名，招生员8－12名。组长负责对所属招生员进行组织管理工作和本区域的招生推进工作。

4、专业接待组：主任一名，接线员四名，接待员四名，专业参观导游一名。在招生领导组的领导下，进行公共性服务工作。

5、招生专家组

设主任一名，家访组四名，释疑组二名，突破组四名。

按照专业人员解决专业问题对应原则，抽调具有做家长工作有一定专长招生员组成专家组，在招生组领导下，配合各组招生工作，对口解决各招生组的问题。。

6、招生员（100名左右）

在招生组的领导下，完成对生源市场的宣传和获取生源的基础信息，并负责对意向生源的推动和跟进工作。

五、招生策略

除实行人力驱动招生外，另在招生过程中采用以下策略：

1、召开校内外家长会：为发挥专家的招生作用，在招生过程中定期召开校内家长会和校外家长会。

校内家长会，由学校组织，各招生组配合（按规定时间输送家长），专家演讲（校长或副校长），宗旨是配合招生员，展示学校软件优势，集中解决思想与教育过程等保障问题。

校外家长会，由招生组组织，由校长或副校长巡回演讲。

2、招生的储存（招生后期，抽调部分特色老师）

暑期，针对家长对孩子管理难的厌烦情绪，学校主动对意向明确的学生开设辅导班、兴趣班等。实现对意向学生的储存和控制。在于孩子、家长延长接触时间的过程中，相机诱导如：出台交费学生赠送校服、组织活动等方式推动其交费。这样，利用空荡荡的教室作为储存的机器，由少及多，实现对生源的主动控制与把握目的。

3、加强校内管理，设置教育、教学过程和成功展台，让来校的家长感受教育过程，通过过程得出教育结果.

4、强化校内公共管理，校内保洁、维护等工作，由后勤处进行强化管理，按"平时扫，招生擀"的标准要求。

六、广告、人力招生组织与管理（示意图）

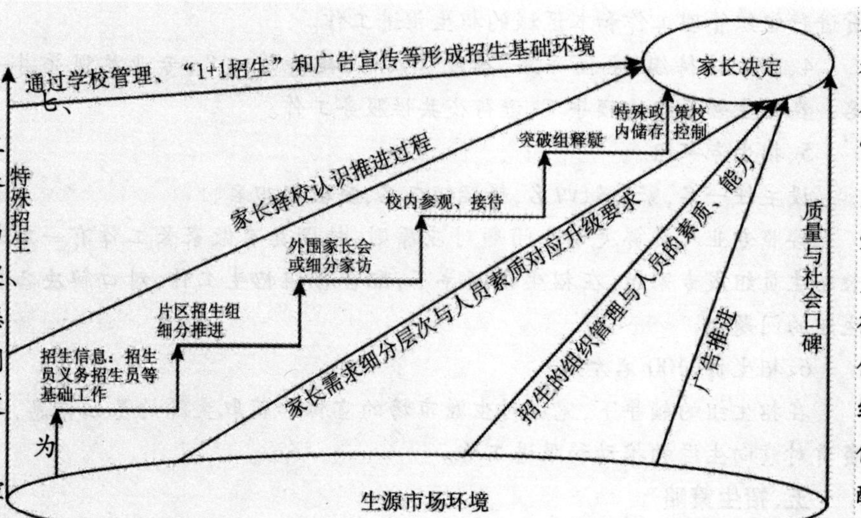

七、工资与奖惩制度

为控制成本，施行"多劳多得优绩优酬"的待遇原则，特制订本奖惩制度。

1、效益工资

招生期间招生员实行效益工资制度，具体为：

完成一名招生任务，发放一个月的基础工资800元；完成2名者，发放两个月的基础工资。未完成一名者，不发放基础工资。

在招生规定任务内，每完成一名招生任务，放奖励工资800元/生。超额完成招生任务，另予以奖励，具体按奖励标准执行。

未完成规定招生任务者，一律不发放效益工资。

2、奖励制度

每超额招生在五名以内，奖励1000元/生；

超过五名，从第六名起，奖励1200元生。

招生业绩突出者另予以奖励，具体按学校奖励制度执行。

八、招生工作安排（表）

工作内容	要求	时间	注
校内培训	对象：全体领导和老师	周三晚上	
招聘工作	30－40岁，有教学经历，证件齐全.有民办教育经历者优先.	五月	广告招聘
第一期	录取35名	5月10日前	
一期培训	校领导及新聘老师	一周	
招生布点	招生前期市场考察工作	5月20日	领导及教师
二期培训	通知备录人员40名	6月5日到校	
招生工作	招生组成立，并下点开始工作	6月10日前	
补充招聘	40名	6月1日前	
三期培训	含接待培训和接线员培训	一周	
接待员上岗	接待、接线员专业培训/上岗	6月15日前	
第一期广告	认知广告	6月20日	
新招生员及校内小科老师下点	分配到已建立的各组	6月15日前	
校内展台展出	五个展台	6月20日左右	

续表

校内老师下点		6月20日左右	
第一期招生总结	招生入手	7月10日	
第二期广告	认识广告	7月初	
专家组成立		7月20日	
第二次交流会议	招生过程的把握	7月25日	
家长会		8月初	
储存学生		8月5日	
第三次交流	突破的方法	8月10日	
招生工作总结			

招生财务制度(略)

招生纪委要求(略)

人力驱动招生,是思想招生,教育教学过程、方法招生,也是教师的经验在实际中的充分应用过程。有人这样评价“打出广告我心中真得没底,但如果多派几名老师出去招生,就有一种踏实的感觉”。

以信息驱动招生为基础,将生源市场划分为若干个片区,每一片区由专人(片区主任或代理)负责依据反馈的信息,展开招生工作。

第三十九章　民办学校的招生组织形式(二)

七、片区招生

将生源区划分为若干个片区,并出台《片区招生承包协议》或《片区招生提成奖励方案》注明:片区范围,明确责任,确定提成、奖励标准等,并划分招生成本支出责任等)。

各片区选派一名“片区主任”,并签订《片区招生承包协议》有的还另设一名招生助理。通常情况各片区配置一至二台小车(费用按《协议》约定执行)。

广告宣传计划由特殊部门(企划部、广告部、对外交流部等)负责执行。

将市场反馈的招生信息,按片区登记。

及时将学校获得的生源信息反馈至各片区。

片区主任依据获得的生源信息,展开招生工作,并进行跟进。

片区组织或带领意向家长参观学校,接待处按片区要求和已拟定的程序进行接待和组织参观。

片区定期向学校汇报家长信息的“处理”情况,接待处进行汇总后,于当日向学校汇报

学校依据“汇报”情况与市场的总体情况进行广告分配和调整。

……

在此补充,的是,在片区招生中,对招生资料十分讲究。它制作精美,款款大方……原因之一是在缺乏教育过程、方法的实际支撑下,招生资料(如,招生简章等)是广告相互呼应的,也是彼此证明的材料,从这一角度上讲,它并不再是要达到携带“软性”内容的载体。

1、片区招生的部门:管理中心,企划部,接待处(电话中心,接待,参观、表演等),后勤处,片区。

2、各部门职能

管理中心:全面组织管理招生工作。审批广告,招生投入预算,执行预

算,选拔人员及培训,出台制度和待遇奖惩方案,组织车辆,校内外管理和进行广告控制等。

企划部:负责广告策划、制作,实施,市场调查,媒介选择,设计制作招生资料,环境氛围营造等。

接待处:负责来访家长的接待、参观工作,负责信息分配、反馈。负责向管理中心报告统计和进展情况及提出建议。

电话中心:来电咨询和按片区进行登记,信息统计,向片区及时反馈信息等。

接待参观:负责来访家长的接待工作。解答家长问题,配合片区,结合学校实际,做深入的推进工作。组织家长参观学校,进行"软"、"硬"结合的解答与说明。

表演:特长表演和特色展示,按接待处安排及时向家长展示。

后勤:卫生保洁,保障服务。

片区:全面负责本片区的招生工作。处理学校提供的信息,及时对家长进行控制,组织家长参观学校,及时反馈源于市场的问题,按计划完成招生任务,负责本片区的车辆管理。

(二)片区招生的优势

片区招生是信息驱动的特殊招生形式,它是在信息驱动的基础上增加了"专业"招生员的成分,所以它除具有信息驱动的优势外,另拥有如下优势:

1、广告与招生的结合得更加紧密。各片区依据招生实际及时反馈广告效果和广告需求。所以较"信息驱动",片区招生的广告多了许多只眼睛。

2、对信息的处理及时。现实中,信息几乎都能在当日内处理完毕。这样意向家长缩短了"降温"过程。

3、片区主任,一般由筛选出来的招生"专家"担任,所以在对信息的处理上,失误率低,成功率高,具有专业水平。

有人做过这样的对比,市场中意向家长的成功率一般在 6-10% 之间,而在片区中,有的成功率可达到 20% 以上。一位资深的片区主任这样讲:"我们在去家访前,总是要试探性地给家长打一个预约电话,他只要能与我进行一分钟的交流,我们就在去之前对他有一个基本把握。该怎么办就心中有数了。"……"一般情况下,第一次家访后,就会知道家长来校的可能性有多大”……应当承认，他们对家长心理的研究与把握已达到了相当的水准。

4、广告，人力与学校形成一个工作的整体，这也就形成了不断推的工作层次。以广告为起点，人员工作为过程，以家长学生来学校参观为推动标志，以做出择校决定为终点——这是一个不断加力的过程，也是细化、深入的过程。

5、总体招生参与人数少，易操作，易管理。

6、策略转化灵活、及时。

片区内，招生主任可依据信息分布情况选择行车路线，并安排当日行程。在辖区域内，家长无论有任何的要求或需求，一至两天内都能当场解决问题，即便是只有一位家长当即要求参观学校，也行。

(三)片区招生的不足

1、招生成本高，投入量大

片区招生的广告投入与“信息驱动”几乎相当。

片区招生的另一项支出的重点就是“片区主任”的“承包”费用(一般内含招生成本费)。通常情况下，这一开支额度范围为学生入学交费总额的10%左右(这里的“交费总额”一般指“块收费”类型)。

2、招生工作被动

片区招生链起于广告。如果市场对广告的反应不好，则各片区就不会得到足量的生源信息，片区的招生工作处于被动局面。一位片区主任讲到“面对茫茫市场，就凭我一个人，怎样入手宣传？……最好的办法就是等待招生办的电话了！……只有干着急的份！”。

3、片区招生方法简单

大部分片区主任主由招生业绩突出的教育人士担任，有的则为纯市场型人才，但无论是哪类人才，其招生过程中使用的方法均比较简单，原因是：

由于缺少理念和教育、教学方法、过程的统一，各片区主任仅靠自身的招生经验面对不同需求的家长。

生中有“招第一名学生难” 的规律。表明招生的线性分布特征，即，招第一名学生最困难。

在招生过程中，承诺多，表态多，保障多……

5、学校的操作与招生“分离”

6、缺少招生过程，如果市场信息量较多时，一个人忙不过来。

7、片区招生一般由董事会操作，所以市场味很浓。

8、招生成本高。

9、片区招生的特殊性

片区招生是一种“专业”招生，其专业的表现在于，其一它对广告具有专业策划、制作要求等（如：广告“角本”策划，拍摄和聘请专业“演员”等）。二，片区招生是学校为达到办学“目的”所采取的特殊招生方式，它需要配之以相应的收费政策，如：“块”收费等。其三，片区招生对“片区主任”素质、能力要求较高。

八、招聘招生

以招生为目的的招聘称为招聘招生。

现实中，人力驱动招生常常以招聘启动，也有的学校用招聘启动挖掘招生等。对此应用内容与实例，我们有以前的讨论中列举过. 在此我们就不再多笔。

（一）招聘招生的运作方法

实施“人力驱动”招生，尤其是在暑期，一方面学校的课程未结束，学校内部分人员不能够实质性的参与招生，此时招生工作已经开始，人招生员从何而来？另一方面，校内参加招生的人员往往不足，招生结果未得到人力比例上的保障，这就需要招聘人员，并用招聘启动招生。其三，广告需要操前铺垫，接待咨询人员要提前培训上岗，校内不合格人员要淘汰……均需要人员数量上的增补。“人力驱动”招生的计划比例是按开学后的新旧生学生配置的所以，需要提前启动招聘工作，并以招聘拉动招生。在运作招聘招生时，不同的目的设立不同的招聘要求“件条”。以招生和获取合格员工为目的时，招聘广告中的要求条件就在侧重：对本地市场的熟悉程度——诸如，具有本地民办学校工作经验等要求了；如，以招生为目的，则需要考虑，民办学校工作经验，招生经验，和年龄的限制要求（可塑性条件）等；如为挖掘招生，则要为本生源市场中其他学校的在校“跳槽”人员出具吸引“条件”了……

（二）招聘招生的优势

1、招聘招生的最大优势在于，它能够让新员工得到源于市场的实际培训和训练。

1)招生是新员工成长过程

一般情况下,通过招聘产生的新员工员,按计划上岗人数的120%或更高的比例录取。这些人员经培训选拔后,经过长期的市场实践后,对学生的分析理解能力,教育教学的应用能力得以提高,对家长的愿望理解与把握更加准……他们不仅将自身的教育观念融入了市场的成分,更知道面对每位学生采取如何的教育措施……

2)新员工的考核、筛选过程

在民办学校仅靠招聘获得高素质领导、教师仿佛总让人有瑕疵,因为如果从学校自身对高素质的要求来讲,首要的恐怕就是思想观念的统一程度了。另外,单纯的招聘考核过程总是让人感到一些“不足”。对经考核合格录取的人员参与招生,是弥补“不足”的有效方法。

“受到学生喜爱的老师能招到学生”,所以招生结果说明教师与学生的关系,也是民办教师素质、能力的表现形式之一。

“吃苦的老师能招生到学生”,所以一些意志薄弱者在招生过程中会逐渐被自然淘汰掉,这一淘汰率约在15%左右。

富有真情的教师易赢得家长依赖,所以踏实,真诚的教师能招到学生。

新员工中的部分年轻教师,尤其是新毕业的学生,招生过程中因个人或其他原因导致最终不能上岗的约占3%左右。这样一来,剩余的经过招生后的上岗人员,

2、能够把握招生的主动

以人力驱动为例:F = f(x)

当市场实际情况与预测相当时,按F值的比例(招生员与招到学生)积极组织、推动。

当市场实际与预测(统计)偏差较大时,可及时采取相应的措施。

实践中,增大人力投入的效果较为明显,如,在面对相同市场和处于相同条件时,50名招生员与100名招生员的招生结果不会相同。

3、招聘招生利于学校今后构建良好的市场关系。

(三)招聘招生的不足

当招聘招生与人力驱动相结合时,其不足与人力驱动招生的不足相同。

当招聘招生与挖掘招生相结合时,其不足与挖掘招生相同。

招聘招生一般不独立运作。

(四)招聘招生需要注意

1、启动招聘招生不可发布虚假广告和设立虚假“条件”。

“水可载舟,亦可覆舟”,在特殊时期,招聘新员工岗时他们往往提出这样的疑问:“待遇条件是不是能够兑现?”,如果在这方面有“水分”,人员的工作积极性就会大打折扣。

2、招聘招生要确保招生员的工人岗位

特殊时期招聘,新员工同样的关注焦点是:“是不是只是让我们来招生?”,“是不是完不成招生工作任务就不能上岗?”等。

所以,招聘招生不能无限地扩大人员量。要知道,每位教师都自己会得出“共需要多少名教师”的结论,一旦他们怀疑自己存在岗位危机时,工作心态就不会稳定下来,就会出现岗位恐慌,形成人员流动大的局面。这样便会严重影响团队的工作势气,造成成本高,效率差的工作结果。

九、董事会招生

由董事会组织管理操作的招生,通称为董事会招生。

董事会招生在新建学校中常被应用,在持有“传统教育观念”的学校中常见。

在有一定办学历史的学校中采用董事会招生形式一般原因是,学校不具备市场操作能力或对学校的市场操作工作不满意,其根本原因是“学校未形成民办学校思想观念”,现实特点是学校管理与市场管理分离。

(一)董事会招生的特点

1、招生部门、人员及招生计划过程由董事会全权管理,学校处于配合、协作地位。

2、招生由独立部门、特殊人员操作;学校独立承担招生任务或不直接承担招生任务。

3、人员由董事会招聘产生。人员素质、能力侧重市场要求。

4、招生宣传中往往体现“学校是什么”,“有什么”等思想、理念、优势、特色与结果;缺乏“凭什么”,“为什么”等过程、推理、论证。

(二)董事会招生的组织

一些学校设立了市场部、发展部、企划部、招生办等专职负责市场工作的部门，还有的学校甚至组织了长期的招生队伍……这些部门及人员在董事会的直接领导下工作，并实施招生发展计划。

董事会招生从运作角度区分，大体上分为新建学校招生，(董事会)直接招生和(董事会)与学校结合招生三大类。由于董事会招生只是组织管理上的区别，并不在招生形式上，所以关于董会招生的方法，在此就不再讨论了。

(三)董事会招生的不足

1、在董事会组织的招生中常被采用的招生形式如，广告招生，片区招生，自然招生、代理招生等，但组织“1 + 1”招生和人力驱动招生较为困难。

2、董事会招生更多地表现在宏观上，如媒介广告，定位宣传、与单位建立某种关系等，缺乏与市场中的家长建立关系，和营销过程及主动方法。

3、招生人员一般为市场型人才，对教育的理解和过程的应用受到局限，招生说服务力度不足。

4、人为地将招生与学校管理分割开来不利于学校今后的持续发展。董事会招生不仅易造成学校管理上的困难，更使得学校在设计和工作过程中失去了市场需求目标的指导。

董事会成立招生部门，直接录用具有市场作用能力的人才，做长期的渗透和招生工作……招生不是某一特定时期的工作，也不是特定群体的职责，学校应极力建立整体与市场，全程与市场的良好关系。

十、长期招生

以在校学生为桥梁，以家长为市场纽带，以学校的教育服务思想、内容为内涵，对生源市场进行长期渗透，主动管理的招生推进过程称为长期招生。

在此“长期”内含全程的意思。通常，学校在组织管理市场和营销教育的过程中十分重视与市场的结合，重视源于市场的需求信息和反馈意见。他们的工作就是要让家长认可、学生满意。这样做的原因就是为市场管理争取主动，达到“让家长开口”，“让学生讲话”之目的，“对学校满意的家长，就是学校最好的招生员”，“喜欢学校的学生，就是学校最佳的宣传员”学校应有效地组织和管理这些家长和学生。

(一)长期招生的运作条件

长期招生是民办学校发展过程的必然。民办学校要解决生源问题，就必须完成从特殊时期招生向过程招生,全程招生的转移;就必须完成从特殊人员招生向全员招生的过渡。为此,学校要建立全员招生机制,除一定的基础前提外,还需要以下条件:

1、学校具有民办学校观念。

2、学校以满意市场需求为工作目标。

3、员工具有市场素质和营销教育的能力。

4、学校的制度要求有市场管理体系;有市场管理的考核、评价。

5、在市场管理中有明确的分工和任务要求。

(二)长期招生的优势

"1+1"招生是长期招生的一种形式,它是长期招生的表现形式但不是全部。"1+1"招生强调在过程中员工(教师)通过学生与家长建立良好的关系。强调教师的工作过程与学生的实际与家长的要求吻合等,以便促进这种关系的深化和发展。长期招生强调营销学校的思想,理念;强调素质、能力和工作过程与市场需求对接。强调对市场的目标管理和整体作用。强调过程和教育教学结果对目标群体的促进与作用。

在通常情况下,如果说学校的广告是为了达到招生目的的话,那么长期招生的广告则是宣传学校的思想、过程、方法。所以,两者之间是大于小,点与面,整体与局部上的区别。为此,长期招生具有如下优势:

1、它具有"1+1"招生的优势。

2、它是民办学校长效发展的必要机制。

3、市场需求与学校之间形成了融洽的因果关系。所以它是为学校发展不断增力的机制。

4、学校与董事会理念相同,关系融洽。

5、生源充足。

6、市场口碑好。

(三)长期招生的不足

1、要求必须具备民办教育思想,并在这一思想的指导下构建市场服务体系。

2、要求领导和教师具有教育市场或市场教育的素质能力。在拥有思想的前提下,要将员工观念转化作为重点工作来抓(如招生实践,、培训等)。

3、管理要求:要将市场管理纳入到学校的常规管理之中。要将学校管理与市场管理融为一体。市场是学校工作计划安排和改进、调整的向导,以对市场的作用为评价部门及个体工作的重点。

十一、立体招生

学校在招生过程中,采取长期招生、广告驱动、人力驱动等综合形式,称为立体招生。

立体招生是指,招生期内选择各种招生的优势,取长补短,形成整体的市场作用体系。以“长期招生”对市场的渗透为积淀,以广告为先导,用“人员驱动”面对个体和携带理念体系做针对性的细分工作,用“片区招生”的咨询服务,“信息驱动”的接待、参观……所以立体招生是各种招生形式的综合应用。

十二、综合招生

简单地说,长期的“立体招生”就是综合招生,或者说,长期招生与立体招生相结合就是综合招生。

综合招生将学校管理、过程管理与市场发展管理融为一体,全程运作和全程招生,寓发展于过程之中——长期招生。

用市场策划、广告宣传和建立招生机制等作为学校主动作用市场的方法——立体招生。

学校在始终坚持以市场为服务向导的前提下,将教育服务全程分为若干个阶段,各阶段有不同的工作侧重点,逐层渗透,立体式宣传影响……形成宣传渗透与过程、绩效作用相互配合的总体构架。所以,综合招生是以长期招生为基础,或者是以民办学校思想,构架和人员素质为基础前提下的,各种招生形式的灵活应用过程。

……

综上所述,招生形式是学校的民办教育观作用市场的手段,或者说是学校要达到招生目的,面对市场选择的“方法”、“工具”。无论是选择什么样的招生形式,成功的关键取决于市场。

市场已走向了成熟,家长的教育需求已逐渐清晰,市场细分群体的需求指向逐渐明确……市场成熟客观地要求民办学校的招生成熟。所以以前的经验可能不再灵验,以前的成功不能再证明今天还能成功。民办学校招生成功的秘诀始于对市场的理解，源于对市场的理解，而这种理解的首要条件是，教育者要通市场，懂市场。对于市场而言，学校和教育只能是吸引市场的场所，方法而已。

教育者要理解市场，找到“上帝”，知道在为谁工作，为谁服务。

办学者要识别人才，找到“天使”。

其实，任何招生形式与方法都是依据学校实际和市场实际所采取的恰当方法。但值得注意的是，任何的思想、方法……人才是唯一的载体。所以招生竞争最终还是人才的竞争。

第四十章　资源共享办学及招生

业余学校的办学与市场策划

在国有教育环境中，原则上公立、民办的教育资源均存在共享空间，如：校舍、设施、设备、人才、软性体系及市场影响等。民办办学、招生不一定非要选择固定的建校、办学模式，走利用资源办学也是一种有效的办学途径。

民办学校办学具有前期投入大，回报周期长的特点。从经营角度上讲，“投入大，回报慢”本身就是风险。如何降低和规避由前期投入带来的风险呢？常态理解这或许有点儿异想天开！“这怎么可能呢?”，“投资办学，历来如此”……但，现实中不乏利用资源办学成功的实例！下面，进行关于一些“业余学校”利用资源办学的专题探讨。希望依此能为在大教育环境下办学、招生打开一点儿运作思路。

一、公立优质资源的民办思考

（一）课程资源

目前，中小学课程体系仍存在，结构以学科为中心，设置以知识基础为目标，模式单一等问题。

我们从开发市场角度，不妨进行如下假设：

如果对现行教材体系以“思维总结”、“方法训练”为主题进行开发。就会形成一整套立足于教材，而又服务于教材的“思维、能力培养教材”体系。这不仅起到了拓展单一教材体系的作用，也为学生的学习开辟出了新的途径。

如此一来，不仅会达到利国、利民，推进教育提升实效性目的；还可着实起到开发市场的综合作用。

倘有如此高度，也会对教材背后的公立学生形成极大的吸引。

（二）师资资源

分布于各公立学校的优秀教师，处于本地区优质教育资源的核心位置。

对教师资源的思考：如果能将各校的优秀教师集中于一点，必将形成市场中其他学校不可比拟的资源优势。

（三）社会影响

长期以来，公立学校处于教育市场的主控位置。他们用长期教育绩效，赢得了良好、稳定的市场影响和地位……学校在市场中具深远的影响力。学校是家长、学生就读追求的最高目标。

对名校资源的思考：如果通过一定的方式，引进、“嫁接”或利用公立名校的社会影响资源，民办学校就“站在了巨人的肩上”。

（四）校舍设施资源

对公办学校校舍设施资源的思考：民办办学，如果能有效利用公立设施、设备资源，就可规避办学前期投入带来的风险。

（五）学生、家长资源

对公立校家长、学生资源的思考：处于公立学校中的家长、学生占教育市场份额的绝对位置。如果，民办学校能有效利用这一市场资源的话，学校的生源将得到保障。

二、围绕“公立优质资源”的策划与思考

与名校联合办学者有之；

运作名校资源，开设网校者有之；

以名校为龙头，进行链锁办学和产业化运作者有之……

在对优质教育资源的市场运作中，名校、名师发挥出了强大的作用，也让更多的家长、学生身受益处，对此人所共识。

但是，我们在此侧重讨论的是，民办学校在利用公立学校校舍、设备和师资资源办学的问题。

教师是学校的第一资源。现行公立学校，对市场形成影响的载体是教师！如果能利用公立学校的优质教师，势必会对公立的“社会影响”和“家长、学生”资源形成拉动。

怎样才能调动和利用公立教师呢？回答是，只有在教师闲置时才会有机会。

教师什么时候闲置呢？放学休息时间或假期……

为此，进行职下办学策划：

（一）办学策划与分析

1、办学形式：

开办“业余学校”，即：利用学校休息时间或假期开课。

2、师资

高薪聘请市场中各公立学校的名师执教。将市场中各校的名师集中于一点，突出形成师资优势。

3、课程设置

全面实施素质教育。以“让学生学会学习”为宗旨，对现行教材进行研发，形成“思维、能力培养教材”体系。

让优秀教师成为教材的归纳、总结和应用者。

4、校舍设备

采取租用、合作等方式，利用闲置或因休息、放假闲置的公立学校。

可行性在于：

让出租校在经济上受益，校舍闲置时间获得租金；

本校引进素质教育课程资源；

学校学生受益于源于各校的名师团队；

本校学生成绩得到有效提高；

本校优秀教师获得可观酬劳。

5、招生

学校组织、宣传、推动，造就招生的市场基础；

以本校名师为旗帜、以学校的社会影响为基础，以本校名师吸引本校学生为基点，以名师团队为号召展开招生工作。

本校中，各科名师相互配合招收本校学生；

各校中，各校名师相互宣传、配合形成梧整体招生环境。

6、规避风险操作方式

①校舍租用，以“每使用一个教室”为计算单位，即：按每用一个教室，每天多少租金租用，不开课不发生费用。

租用教室须以“保障正常教学”为条件，即：教室的设施、设备、水、电等由校方提供。

②教师以课计酬,即:每上一节课多少酬金,不开课不发生费用。

上课教材由校方提供,“蓝本”材料自行准备。

③“零”成本开课原则:

当招生量达到设定开课人数时开课。未达到一定人数不开课。

设定人数:以“零”成本为原则,即:学生的收费总额与总体支出持平时开课。

④学生教材:学生上课所需教材由学校提供,学生按规定价格购买。所需要其他学习用品由学生自备。

⑤接送由学生自行解决。

⑥食宿:开课以学生所以学校“就近”设点为原则;安排“业余”时间上课,不提供食宿。

7、开课时间

总课时:每学期22—44课时/科(每周1-2节);

上课时间:每天下午或晚上;

每周周日全天;

假期全天。

8、预算

以6元/生节为收费,50名开课为条件,进行如下预算:

①每节课预算

总体收入:50名×6元/生节=300元;

教师待遇:60(小学)-100(中学)元/节

教室租赁费:100-120元/节

预算赢利:80-140元/节

②每教室周开课预算

每教室每天开课2节(下午晚上各一节节);周日全天开课6节;

每周开课:22节(5天×2节+2天×6节);

则每周每教室赢利:1760-2640元/周。

月赢利:7040-10560元/月室

③学校收入预算

依据上述预算,租赁学校每周收入:2200-2640元/周室。

月收入:8800-10560元/月室。

④教师收入预算

以每教师每周10节课(周内4节,周日每天3节)为例:

教师每周收入:600－1000元/周;

每月收入:2400——4000元/月。

综上策划与分析,利用公办资源,开办“业余学校”可行。

二、可行性分析

【关于创办“名师苑文化学校”的可行性报告】

市教委:

我们经过充分论证,对创办“ 名师苑文化学校”进行了系统的可行性研究,论证结果如下:

一、教育发展的需要与办学的“软环境”

《民办教育促进法》的实施和无疑为我国的民办教育发展注入了新的活力和带来了发展契机。在我国教育改革和教育振兴的今天,知识创新、技术创新、科学创新已成为了推动时代发展和社会走向文明的主要动力,教育是创新的基础;时代呼唤优质教育,社会企盼适应需求的教育,教育为学习服务和为学习者服务的旗帜更加鲜明。

教育是历史,所以我们需要去总结、继承;

教育是科学,所以我们要务实、认真、探究;

教育是艺术,所以我们要以教育者为依据,应用艺术的方法去设计;

教育是指向未来的事业,所以我们需要以超前的目光去创造,去发展!

在我国与世界经济接轨的今天,教育更赋予了新的使命!

回顾我国教育的发展,“穷国办大教育”,“发展中国家办强教育”……多少教育工作者,多少报国的志士,多少旅居异族的华裔……世界在关注着中国的教育。有人说,教育是社会的母亲,诚然我国明天的发展,要依赖于今天的教育。

然而,办好教育,办强教育除需要硬件条件外更需要捕捉和鉴取先进的教育信息和经验;需要凝集优质教育资源,需要社会中更多的人关心和大力支持……

多年来,我们与多所学校建立起了良好的关系,并通过参观学习,积累了一定的经验和整合了一些优质教育资源。为此,我们申请创办“名师苑文化学校”。

二、“名师苑文化学校”的性质

名师苑文化学校属业余文化学校。主要面对中、小学生进行素质教育。

授课时间：周一至周五晚上18：00至19：00

周六、周日全天上课。

学校面对高市场，以满足市场需求为教育服务核心，全面实施素质教育。

开设的课程有：英语、数学、语文、头脑奥林匹克学科和智能学科等课程。这些学科主要特征为：以激发学生的学习性趣、开发学生的智慧、潜能，培养学生的创新意识和促进学生综合能力的形成为目标。例如：数学课程是教学生用数学思维方式去分析和解决问题，达到综合应用数学知识和原理之目的。这一教学目的是通过教学和实践达到的；它是思维的方法、过程与规律的培养教育，绝不是数学的翻版。开设的语文课不是翻版语文，也不是补习，它是以全新的思路和方法，以学生乐学的生动活泼的方式有效提高学生的书面表达能力和口头表达能力。

学校的教育思想概括为：一种境界，三个转变，即：

一种境界是指：通过他设轻松愉快的氛围，实施娱乐式教学减轻学生的心理负担，消除学生的厌学情绪，使之达到一种乐学境界。

三个转变就是就是通过教育实现从被动学习转变为主动学习，从学会知识转变为学会学习，从单纯地提高课业水平转变为提高个人综合素质、能力。

总之，创办中的“名师苑文化学校”有以五个特点：

一是引进优质教育资源和教育教学体系；

二是引进教育人才尤其是引进教育专家型人才和成熟的教育科研体系；

三是业余学校的规范化操作与管理；

四是搭建我省教育人才平台，增加学习和交流的机会；

五是施行大众化教育造福民众。

政府为我们参与教育事业提供了一个难得的机遇，我们决心抓住这一良机尽我们所能，为繁荣我国教育事业，走出“穷国办大教育”的困境，在我省帅先开创“大国办好教育”的光辉未来。相信在党和政府的大力支持下，在《民办教育促进法》实施的良好环境中，我们一定能办好这所学校，也一定能达造福民众之目的。

三、对我省教育环境的论证

我省是一教育大省，教育资资源丰富，同时市场教育需求也在随着时代的要求，民众的认知水平的提升而膨胀。

市场中，我省业余培训学校较多，但成规模和成体系的相对较少。同时，一些业余学校从思想和形式上存在如下特征：

其一是学校只是在原有公立教育、教学基础上的补充，如各种形式的补习班，强化班等等。

其二是以家教、“私塾”形式存在的业余教育，这些教育奉行的实质还是在原有的教育体系上的补充或推进，其本质就是更多地针对了学生的学习状况，而短少对学生出现目前学习原因分析、设计的思想。

其三是早期业余教育形式，它们主要以对学生的学前培养和获取入学资格或取得入学优势为前提的。

如此种种，在这里绝不是去否定某种办学模式，教育是广泛的也具有其丰富性。但在这里需要量提出的是，对学生的素质教育和学生自身的素质需求需要从思想上、形式上和体系上进行开拓。

据对我市调查显示，我市在校的中小学生中，对名师的期盼度较高；广大家长对学生的学习认为需要由名师指导的所占比例较大，同时更希望对学生的教育体现出“因材施教”的设计。一些家长、学生则认为：学生在学习上的不足或存在不同程度的“厌学”原因，该从教育环境和教育方法上去找原因。

我们以为，在目前实施教育改革的进程中，应减短“摸着石头过河”时间，在尽力规避在素质教育转轨观念影响。而实现这一目的的有效方法之一就是借鉴和汲取外地先进的教育、教学经验，学习和鉴取先进的教育思想，结合我省、市的实际，形成自身的思想理念和体系。

在进一步对我省、市的市场调查中发现，我省、市的业余教育存在缺少有效利用本地优质教育资源的机制，其特征主要为：

一是各校之间在教育、教学上均不同程度地存在相对独立的现象；

二是未形成思想、教材、教学和科研相统一的有效体系，各校的科研力量相对薄弱；

三是在走出去和引进来的力度不大;

四是在引进来的教育优势中,整体与当地教育实际的转化力度不大。

在我省、市创办“名师苑文化学校”的目的在于:整体引进优质教育体系(含:思想,教材,教育、教学方法和科研体系),对其现以成熟的体系结合我省、市的实际进行有效整合并予以实施。以“名师苑文化学校”为依托,进而组建“名师苑名师俱乐部”,以名师为依托,组建“名师苑科研机构”。一方面,结合我省市的教育实际,引进外地的资源进行整合;另一方面以此为平台广泛地进行对外交流;其三就是,在汲取外地经验的基础上对我省、市的教育起到促进和推动作用。四是,调动和整合优质教育资源,形成合力,形成整体优势。当然,其根本的作用在于造福我省、市的广大民众。

为此,“名师苑文化学校”是一所教师与学生共同学习型的学校。

调查中发现,我省的民办教育也经历了不少挫折,许多民办学校仍然存在生源不足和办学滑坡等现象。这无疑,对市场环境形成了不可低估的污染。的确,民办教育经过了一段不寻常的起步,回顾起来,原因是多方面的,诸如,招生宣传夸大其辞,管理出现家族式,个人意志化,学校企业化,资本运营和资本管理不合理等等现象。民办教育发展至今,尤其是随着《民办教育促进法》的出台,政府加大了对民办教育的调控力度,也对民办教育的规范化发展创设了成熟的条件。

市场中,广大的民众在受到民办教育起步冲击后,他们对教育的需求却有增无减!在市场考察中发现,我市的家长为了学生的学业矢志不渝,聘请家教,带领孩子出入师门,有的则不惜重金把子女送往了外地学习……市场在呼唤优质教育!“名师苑文化学校”就是在这样的需求中创办。

四、办“名师苑文化学校”的可行性分析

1、创办“名师苑文化学校”的优势

名师优势:执行所有的课程都由名师上的上课原则。名师有三个来源,其一是当地教育界离职人员,二是在职的教师,三是外省市教师。

对教师的要求条件:被社会认可,有一定的知名度和美誉度或是专家型名师。

上岗条件:通过岗前观念上、方法培训。

收费优势:学校面向工薪阶层办学,收费标准实行大众化政策现在初步收费拟定的范围为:6－8元/节。

教材优势:学生通过学习教材,获得为基础知识、基本技能等;通过学习“思维、能力培养教材”得以拔高。前者为积累过程,后者以教材为“蓝本”,是对教材的反刍、应用与总结,两者间构成相辅相成的关系……

如果民办学校以“思维、能力”培养的形式进入教育市场的话,就会立足于对现行教材体系的补充与拔高位置;就会身处于素质教育的高度。

科研优势:依学校为平台,立足素质教育,依托名师团队逐步形成科研机构。在此基础上,以培养学生的思维、能力为目标,在实践中进行多方探索。

指导优势:采用请进来走出去的方式:邀请外地专家对我省教师进行培训和指导同时,在办学有过程中派遣我方教师学习。

资源优势:引进先进的思想、教材、管理和科研体系。

先进的思想:以现行的国有教育为基础,以市场对教育的需求为向导,广泛进行教育开拓和进行深入的教育科学研究;整合优质教育资源,突破区域封锁,努力向教育的边缘迈进,全面实施素质教育。向业余学校的规范化方向发展。

管理:学校将引进业已成型的管理体系,施行全面规范的管理。在管理思想上,执行业余学校正规管理的策略。

2、学校的招生策略

实施名师执教和面向工薪层收费,办大教育是名师苑文化学校的招生总体策略。具体为:

1)学校由专职和兼职名师级成教师队伍;执行非名师不上课的方针。名师按如下标准聘请:

a、在当地有一定市场口碑的教师;

b、在本地区学校中把关教师;

c、获得过市级以上奖项的教师;

d、经培训合格者;

e、公开讲课被家长、学生认可的教师;

2)公开课制度:

前三节课学校邀请学生、家长免费听课,最后由学生、家长自愿选择。

3)学校将学生将要上的各科教材全面展出。

4)聘请专家现场讲解和进行面对面咨询。

5)学校实行分段收费制度,每学期进行而次收费,每段教学未达到目标,家长学生可中止学习。

6)学校实行工薪收费政策,每节课收费不高于8元/节。

7)开设家长学校,定期免费安排上课。

8)定期向家长免费赠送校刊。

9)招生范围:租赁学校的周边,家长可接送的范围。

实质上,学校的招生最主要是通过学生家长的口碑效应,逐渐渗透,逐渐扩散,由少而多。

四、起步规模

在本市,从三——五点起步,每点招2个班(小学、初中),每班50名学生以内。以后随市场的影响扩大而逐渐扩充。

投资额:壹百伍拾万元(1,500,000元)

五、创办"名师苑文化学校"的办学场地与条件(以租赁学校方式解决,详见租赁合同)

六、课程计划与安排

学校每周1-5晚上上课;周六-周日全天上课。

七、学校管理:

学校常设校长和教务主任负责学生的日常管理体和课程管理;常设专职班主任负责学生的日常管理,同时设专职保安人员和教辅人员。确保学生的安全和日常教学秩序。具体详见学校的组织机构。

八、师资来源与保障

学校的师资历主要来源于:离职教师;外地教师本地在职教师(兼职)。

师资有如下保障:

1、广泛录用已离岗的名优教师;

2、出台合理、科学的工薪政策,提高教师待遇,每节课达到60-120元/节。

3、出台有效的激励机制,设立奖励制度和保险制度;

4、对教师进行严格的培训,提供学习交流的机会,同时定期邀请外地专家对教师进行指导

5、成立名师科研室

九、质量保障——管理机构如下图所示(略)

十、启动资金来源与资金使用:壹百伍拾万元(自筹)

资金的使用:全部用于租赁校舍及办公室(含校舍和办办公室的妆修),教育、教学设备的投入,聘用和培训管理人员及教师。

十一、创办“名师苑文化学校”的风险预测与分析

1、学校属业余学校,教学场地以租赁为主,所以硬件风险指数较小;

2、学校的管理采用专职责任制,学生上完课后由家长自行接送,学生除上课外在校时间较短,并由教师和班主任及领导负责。

3、学校采用分阶段收费的方式,每段收费200－300元,更兼学校施行规范的会计管理制度,同时有教育主管部门的监督和管理,资金风险性很小。

4、学校施行科学的管理体制,这套管理制度已在实践中得到的充分的认证和认可。

5、学校按规定为所有在学生办理相应的保险,如:意外伤害保险,医疗保险和人身保险等。

6、学校定期进行质量和安全检查

7、学校成立以法人为代表的安全管理委员会,推行安全责任制度和实行安全分层管理。

8、按上级领导部门的要求,定期接受对学校的督导评估。

名师苑文化学校筹备处

年 月 日

第四十一章　民办学校招生资料

从广泛意义上讲，招生资料是指学校一切让家长、学生感兴趣的内容，如：招生宣传资料，学校的教育、教学思想，方法过程，学校的环境、设施、条件，社会评价、在校学生、家长评价等。

从招生角度而言，常规的招生资料包括，招生简章，宣传图文资料，测试资料等，下面我们重点讨论招生简章的设计问题。

一、招生简章的产生与分析

回答"当你是家长，如果获得十所学校的招生信息，拿到各校的招生宣传材料你如何选择的问题"。

鉴于市场中同层次学校的招生操作特点，我校今年的招生简章分为两个层次，即，散发型简章（与也称"结果性简章"，与其他学校无异），与学习型简章（从思想到各个层次一直延伸到结果）。

散发性简章，主要用于散发招生信息，获取生源信息；

学习型简章，在已获取的生源信息中，针对 A 类和 B 类家长。其目的就是别的学校说"好"，我校就说"怎样好，为什么好"；另的学校自已得出结论，我校让家长得出结论……给家长思考，分析的余地，而不是让家长"挑剔"，"怀疑"，"求证"。

散发型简章——学习型简章——参观学校——储存——整体推进。这就是工作的基本模式。

学习型简章的基本作用就是、让家长在众多的学校中，首先选择参观考察我校。

二、学习型招生简章的策划实例(招生对象:中、小学新生)

第一部分(理念篇)

如何做合的家长?(一)

——楔子与思考

春天来了,看到别人忙着耕种,农夫也暗下决心“今年一不定要争取好收成!”于是他开始悉心地耕种,瞧!他把玉米种子种在水田中,将水稻种子撒在了旱地里……他坚信:“只要辛勤付出,终有回报”。

当别人的地里长出绿油油的庄稼时,农夫的地里还是光秃秃的!“天哪!这是为什么?!”

卡通图片:
农夫在水田里播种玉米,
在旱地里种水稻

注:农夫没有收获能是种子的错吗?谁都知道是农夫不懂得种子的原因。其实,孩子也似一粒饱满的种子,我们究竟懂得他多少?我们怎能用“试探”的方式去赌孩子的一生呢。不针对需求的教育行为,就类似不懂“种子”的农夫。适合孩子的教育源于对孩子的理解!教育始于对孩子的理解!

卡通图片:
农夫指种子埋怨:
“都是因为种子!”

家长,总是辛苦地量着别人的身体,为自己的孩子做着衣裳。

家长以自己或他人的成长过程为“模板”时刻汲取着成功者的经验,不假思索地逼着孩子走上了别人的成长道路。

卡通图片:
家长指着别人的孩子说
“你要向他学习。”

父母们很少考虑,这样做到底适不适宜自己的孩子,也不问为什么要这样做的理由。

“我就是这样过来的!”

“别人就是这样成功的!”

其实,孩子的成绩就像“农夫”的收成一样,当孩子成绩差时,需要思考的不仅仅是孩子自身的问题了,主要原因很可能出在我自己身上。

如何做合格的家长?(二)

——理念的实际应用

我们总是背着孩子,抱着孩子却怪孩子不能自立。

我们总是用近乎相似的教育面对孩子……

卡通图片:
妈妈指着别人走的路对孩子说:
"跟着他走,没错!"

父母们从自己或他人身上获取的任何成功教育经验,都未必适宜孩子,但却不加区分地应用到了孩子身上!

卡通图片:
医生面对前来就诊的病人说:
"都感冒了!"

到底是"孩子需要怎样",还是"需要孩子怎样?"

卡通图片:
家长:"气死我啦!"

父母们从不考虑,某种方法对自己的孩子是否适用;也不分析自己的孩子有什么特殊需求!只是一味地将认为"好的"搬来,并强加到孩子身上——"都是为了你好呀!"于是孩子成为了"实验"对象。

在回答老师提问时,为什么幼儿园学生"争"?小学生"问"?中学生"躲"?……

卡通图片:
教师提问幼儿生

卡通图片:
教师提问小学学生

卡通图片:
教师提问幼儿生

自信是成功的基石!这就是孩子自信的培养过程吗?

幼儿园学生回答老师提问时,自信地站起举着双手抢答。

小学生回答老师提问时,把手放在桌面上举手。

中学生经常由老师指着名提问,回答时还脸红,心悸……

学校图片:
班级师生互动

教育图片:
教师与学生悉习坐谈

校园图片:
学生演讲——"假如我是市长"

恰当适时的认可与赞赏连我们自己都会改变情绪和心态，更何况孩子呢？肯定孩子是教育他的营养。

做孩子的朋友，做孩子心灵上的朋友。理解孩子是寻求适合教育的必经之路。

在教育上不能把孩子当成孩子，“太子忧国政”要给他们预留成长空间。

如何做合格的家长？（三）

——寻找适合学生的教育

教育源于对学生的理解

始于对学生的理解！

校园图片：

教师深入解读学生

●依据对孩子的理解发现需求，依据需求设计教育、教学，并在实施过程中不断完善。

教育规律首先是人的规律！

校园图片：

专家研讨，学生个体培养方案。

●教育、教学方法如同"百味草药"对学生适宜的方案，依据"诊断"和各方法的特点进行组合。

●如何读懂学生这本“大书”？

与学生平等相处，实施理解策略

⇩

对学生进行“画像”建立教育需求档案

⇩

依据需求进行分析，制订初步教育、教学方案

⇩

培训班主任及教师，在方案前提下制订方法

⇩

执行、跟进，观察修改完善计划并通报家长要求配合

⇩

教育教学图片：

学生个体培养方案，

校园图片：

班主任与各科教师研讨修改计划

相机诱导创设环境和教育机会

⇩

及时总结，肯定和公开表彰

学生自信的树立过程

——自信是成功的基石，兴趣是最好的老师

让孩子在开口（让孩子与同学交流与教师交流——要求的第一标准）

⇩

让孩子在大庭广众下讲话，敢主动问教师“小问题”（第二标准）

⇩

让孩子主动说话（与学生“我的感受”，“我的想法”……第三标准）

⇩

让孩子说出“我的心事”，“我的秘密”（第四标准）

⇩

我行，我能行，我一定行（目标标准）

●实施“理解教育”拾零（教师实践经验总结）

教师指导学生（图）

在对学生实施理解教育操作中，教师找到了“问题”的症结，并总结出了解决的普遍方案。

一般表现	教育因素	透析
数学成绩差	生活自理能力差，兴趣易转移，条理性差，“马虎”，	“丢三落四”……缺少严谨的生活习惯，兴趣支配行为，导致学生在学习上形成了“跳动”思维习惯。这种思维不支持形成数学的逻辑思维，易再犯错误，易丢三落四……

续表

语文成绩差	孩子没形成有良好的学习习惯，缺少学习计划……懒惰，应付	语文需要积累，积累就需要“容器”。良好的习惯就是学习的“容器”。养成良好学习习惯的最有效途径是，学习计划及保障计划实施的环境。
外语成绩差	学生被肯定少，缺少成功的体验，自卑情绪重，自信心不足	“英语是说出来的”。敢说，敢大声地说，敢在大庭广众环境下说，是学好语言和获得语感的必要方法之一。张口需要自信，更需要源于外界的肯定与鼓励。

●《学生个体教育、教学计划》的实施

校园教育过程图片：德有处协调班主任，生活教师正在交流《学生个体培教育、教学计划》的实施情况。

校园图片：
正教领导与班主任，生活教师交流执行《计划》经验

校园教育过程图片：班主任正在组织生活教师，家长共同交流《学生个体培教育、教学计划》的实施经验。

校园教育图片：
班主任、生活教师家长研讨《计划》

校园教育过程图片：学生学习计划执行小组、生活计划执行小组，正在按计划活动。

●寻找适合学生的教育

——学生良好行为习惯的养成教育流程

依据专家的“诊断”制订目标

⇩

将目标内化为日常行为要求

⇩

考核、评价、树立榜样

学生个体分析
文本实录

⇩

训练、及时矫正

⇩

形成集体风尚促进个体行为

●寻找适合学生的教学方法

易错题制度，是配合学生养成良好学习习惯的重要措施之一，它的原理就是"强化训练"，这一制度在实践中收到了可观的效果。

教师班级图：
周易错题总结
一、原因解析
二、总结

将学生在课堂，作业，测试中"错误"收集起，经过"筛选"后进行如下操作：

一、集体易错题，公示产生的原因后，由学校每周印刷后，作为"第一作业"布置到每位学生中去；将再犯的错误按月收集，作为教学重点，进行强化，此项工作也作为评价指导教师和科任教师的重要指标之一。

二、个人易错题，由执行《个体教育、教学计划》的指导教师负责按周、按月收集。并进行强化训练。与集体不同的是，每月要求将"易错原因"分析通知学生本人和家长通报。学校依此评价指导教师，并评价结果列入到"常规考核"之中。

（二）明星评价制度

在执行《计划》过程中，对教育教学中表现突出的学生及时予以表彰即进行"明星评定"明星分为一级、二级，三级。明星学生享受校园荣誉，如：佩带明星标志，学生离校行走明星通道（免检），明星为学校奖学金评价条件。此外，一级明星担任一周的值周班长，二级明星（连续两个月获得明星），担任一个月的班主任助理，三级明星担任一个月的校长助理。

校园教育图片：
明星学生

(三)专项训练

校园专项训练学生上课"互动"场面。

语文、数学、英语主科开设专项训练课,进行特长培训和兴进取培植。语文开设"表达能力训练 A、B 班";数学开设"思维训练 A、B 班"……

家长写道:"老师的教学方法很特别,让孩子很快就理解了,我的孩子进步很大,每周盼着上课"。

教学图片: 外教授课,互动图

学生这样表示:"听老师讲课是一种享受,老师讲得生动活泼,丝丝入扣,我原来不喜欢上的课,现在也喜欢上了。"

一条用母语方式学习外语的通道

针对我国外语教育的现状,我们大胆采用"外国教授母语式授课",让学生尽快进入文化情景,形成直观思维。

教师授课(小学): 黑板打出: 路程问题 一、同向动动 二、相对运动

思维训练(数学)

它被专家称:"打开数学大门的钥匙"。

对思维规律、思维过程、思维类型思维的形成等进行了归纳、总结,从根本上解决了学生"做完作业,随手丢掉""粗心大意、丢三落四"等形

不成严谨的思维习惯等问题。

表达课程图片: 板书:表达层次 一、花开了 二、什么时候,什么地方什么花开了? 三、花开象什么? 四、你想到了什么? ……

表达能力训练(语文):

让孩子如何走出不会写、写不好,不会讲、讲不好的误区。表达是有效提高学生文字、口头表达能力和自信心的示范课程。使学生出口成章、挥笔成文!

良好的学习氛围

班级活动:每日一个英、汉词汇,一个创新之星,一张班报。

校园活动:每日一句英语,一句名言,一则故事。每周一个节目,一次活动,一次评比……

(图)师生研讨

家长委员会锦旗
(图)

校园明星评价
照片明星学生
(图)

放心学校 信得过学校

信得过的学校
(图)放心学校

学生宿舍消毒图

学校获奖励图

☆ 学校保安及执勤人员,实施二十四小时巡查、值岗。学校实施全封闭准军事化管理。

☆ 监督岗,由明星学生组成的学生监督岗,对校园师生进行过程督察。

由督察员针对好人好事当当场开出"奖励单";对不良行为开具"过失单。"

☆ 校医院每学期进行两次常规体检。专职教师全天候二十四小时呵护学生生活部在校医指导下负责学生的"日成长档案"的记录工作。

★ 中、小学生的身高、体重较我市同龄学生高出了许多。

★ 今年我校围边发生了几次流感,我校学生没有出现一例。

★ 家长普遍反映,学生的自理能力提高了。

每日三餐两点，由营养师配餐，实行科学的餐饮管理制度。

学生个体就餐图

在尊重学生就餐习惯的同时，学校出台了"综合套餐"制度。让学生吃好的同时还达到全面营养目的。

学生宿舍图
生活教师指导学生叠衣

学生活部全部由具有班主任经验的教师担任。他们中全部人员均具有专科以上学历。在此，生活成为教育孩子的有效方法。“从管得住自己开始，成功人生从养成良好的习惯开始”！

学生返校（图）

明星通道：

学生返校时，明星学生走"明星通道"免检。其他学生需由执勤人员进行检查。

学校杜绝学生带“玩具”、“电器”和“零食”等。

出入管理：

学生不得出门。

学生出门时，须由指定家长（全家福照上成员）带领并办理离校手续。

校门检查图
明星学生通道

外出就须由班主任和校医陪同

☆ **对每位学生教育的保障**

“画像”：

班主任负责对每位学生进行“画像”内容包括：学生“EQ”和“IQ”如：性格特征、喜好、习惯等，依此形成班级学生成教育档案。

教师与学生谈心图
教师建立教育档案

理解：

在设计学生教育、教学前，教师必须熟悉学生的“画像”档案。学校对此进行严格把关并在教师上岗前进行考核，不合格者不准上岗。

教育、教学设计：教育、教学设计必须在学生“画像”中有充分依据，即：要回答“为什么要这样做”的问题。设计需要由教育专家组审核通过方可执行。

教育源于对学生的理解，始于对学生的理解！

我喜欢教师讲的课
学生评价教师动作图

我们认为，学生是教育的主体，是需求的主体。研究学生的是教育好学生的前提。只有明确了学生的需求，教育、教学才有了目标、方向。只有明确需求，才有了在诸多方法中选择适合学生教育的依据。

学生喜欢源于学生的课堂！

针对部分学生存在不同程度的“厌学”情绪

教师准备了丰富的“课堂套餐”，将课文情景化，生活化，图为教师编导的“课堂剧”的演出情景。

课堂情景剧演出
（图）

大姆指教学（图）

学生喜欢的环境
得到理解
得到认可与肯定，
得到赏识！

学生演讲（图）

学生喜欢的关系
平等相处
朋友关系
主人

师生朋友（图）

家长的肯定与喜悦

☆ 一季收获——学和项成绩提高统计表（历次测试成绩统计表）略

☆ 家长的肯定（家长锦旗展）略

☆ 对比与总结

1、学生入学成绩与提高对比表（略）

2、优秀率及格率对比（略）

3、差优转化学生对比（略）

4、学校获得各类项表(略)

多彩校园

第四十二章　民办学校的招生组织与管理

机构是为目标服务的分工单位。

有人组织比喻为一台机器，部件就是机构，各部件配合工作的过程就是管理。招生工作的组织管理也是一样。招生组织是为实现招生任务、目标的策划、计划和对各招生“元素”搭配、组合形成招生工作体系的过程。

招生管理，则是推动招生工作体系正常运转的过程。

招生的组织管理一般有，组织机构、职能分工、管理制度、资料信息管理等。

一、招生组织机构

招生组织机构一般由决策组织层、实施层和执行层构成如下图所示：

招生工作组织机构示意图

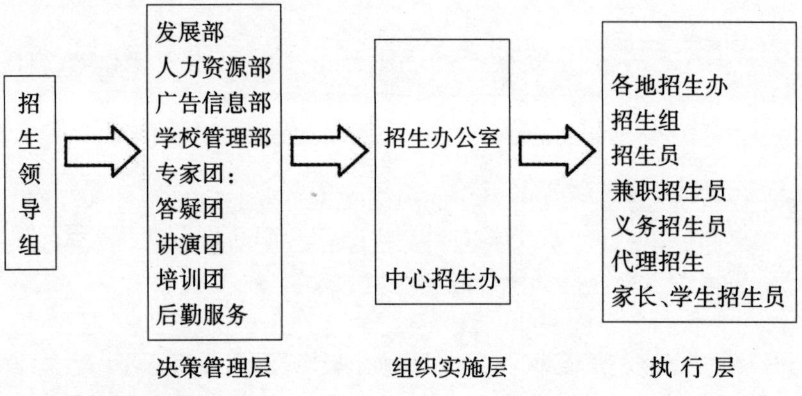

二、招生职能分工

(一)招生领导组

总体负责学校生源市场的统筹、运作与管理工作。

1、负责市场调查工作，及时向董事会提交《生源市场考察分析》；

2、针对市场实际和竞争实际，拟定年度学校招生工作目标，提出《招生财务预算》、拟定招生收费、优惠政策，提交《招生策划方案》。

3、组建招生职能部门,任命各部负责领导,并对各部门进行分工、培训和管理。

4、依据核准的《策划方案》制订《宣传方案》,并负责招生宣传广告制作和招生宣传资料生成。

5、制订和下达校内“1+1”招生工作任务,负责校内、外“长期招生”管理工作。

6、具本执行“招生发展一票否决”人事管理政策。依据对“长期招生”工作、营造市场工作、以及“1+1”招生工作的要求,对相关领导、员工进行全程考核,并依据考核做出人事奖惩决定。

7、负责特殊招生(如,挖掘招生、招聘招生等)的领导工作;

8、负责,招生的保密工作。

9、依据竞争实际,负责招生工作策略、计划和方法的调整。

10、负责招生财务支出的审核、审批。

(二)发展部(或招生办)

1、在招生领导组领导下,具体负责生源市场的考察、管理运作和招生组织、管理工作。

2、依据核准的《招生策划方案》、《财务预算》及相关制度要求,制订《招生计划》,并在《计划》核准后制订《实施方案》。

3、负责《实施方案》的培训工作。

4、负责中心招生办的领导工作。

5、组建各类招生队伍,并负责招生组及招生员的分工、安排与管理工作。

6、负责来访家长、学生的参观、接待和答疑工作。

7、负责信息中心的管理工作。

8、负责人广告信息部、答疑团、讲演团、培训团、后勤服务,配合招生工作的具体安排。

9、负责校内外家长会的组织与管理工作;

10、总体负责车辆的管理、调配。

11、负责校内外招生工作的日常考核、管理工作,及时对招生工作进行总结,并出修改、改进意见、建议。

(三)人力资源部

1、在招生领导组领导下工作;

2、具体负责执行“挖掘招生”计划。

3、负责各级招生人才的招聘、培训工作；

4、依据《招生策划》和《招生工作计划》具体制订，各类招生员的待遇标准及奖惩制度。

5、依据《长期招生计划》和《“1+1”招生计划》，制订校内员工的招生待遇和人事奖惩制度。

6、负责公共关系的管理工作。

(四)广告信息部

1、在招生领导组领导下，开展工作；

2、负责生源市场各类信息的收集和整理工作，及时向领导组提供市场信息。

3、负责生源市场的考察工作，及时向领导级提交《考察报告》；

4、依据《策划方案》和《招生计划》安排、要求，负责招生宣传广告、资料的生成。

5、依据《招生计划》，提交《宣传计划》。

6、负责宣传媒体的选择，按照《宣传计划》，在发展部指导下，执行计划。

7、配合人力资源部“挖掘计划”，负责获取挖掘信息；

8、负责校内市场的考察工作，及时向领导组提供长期招生、“1+1”招生等市场反馈信息。

9、密切关注竞争学校动向，招生期间“第一时间”向领导组提供，各竞争学校的招生策略和政策“变化”情况。

10、分析市场趋势和招生竞争趋势，及时提出建设性意见、建议。

(五)专家团

答疑团

1、在招生领导组领导下，围绕学校理念，全开展答疑工作。

2、负责来访家长、学生的答疑；

3、统一思想，统一口径，负责本校员工及招生员的理念培训工作。

4、依据《策划方案》，负责生成《家长答疑》文稿；

5、参加校内外家长会，负责理念宣传及现场答疑工作；

6、参与招生总结会议，负责招生员的理念应用指导；

7、负责接待员和接话员的日常工作释疑工作。

讲演团

1、在招生领导组领导下开展演讲工作。

2、校内外家长会进行演讲、公开答疑，展示软件优势，将意向家长、学生对学校的认识推进到“理念层面”。

3、宣传学校理念、服务过程，广泛应用现代手段，图文并茂地充分展示学校“软件”、“硬件”优势；科学论证软件、过程与培养结果的必然关系。

4、在理念指导下，充分应用教育、教学经验、方法，针对家长、学生需求特点，现场设计教育方案，并征得各类家长的信服。

5、家长会现场回答家长、学生提出的各类教育问题。

6、负责参与校内“问题”家长的接待工作；负责参观团体（五人以上）的接待工作。

培训团

1、在招生领导组领导下，负责对校内员工、招生成员的培训工作，并达到思想统一、口径统一、宏观招生策略统一的培训目标。

2、负责校内员工，的“长期招生”、“1＋1”招生及市场渗透、运作培训。

3、负责各类招生员招生思想、策略、方法及纪律要求培训，并达到上岗标准要求。

4、负责新员工的招生上岗培训工作，并达到上岗标准要求。

5、负责宣传、资料、接待咨询、释疑和招生宣传的统一控制工作。

6、按照人力资源部和发展部的安排展开工作。

（六）学校管理部

1、在发展部领导下配合招生工作，具体负责校内的师资、学生的管理。

2、执行“贮存计划”，负责贮存学生的教育、教学策划、设计和管理工作；

3、负责在校学生的生活、活动策划、管理工作；

4、校内控制学生，负责贮存学生的“消化”、突破工作；

5、建立贮存学生成长档案，及时向各对应招生组提供学生在校信息，配合招生做好家长工作。

6、编制、印制各级、各类测试试提，负责组织来访学生“测试”。

7、配合校内家长会；

8、配合接待工作。

（七）后勤财务

1、在招生领导组领导下为招生工作提供物资保障。

2、负责车辆维护管理、文印和招生员及学生的食宿管理工作。

3、招生期间负责学校的卫生、门卫、安全、展台展品维护工作；

4、招生期间负责会场管理、清理和维护工作。

5、负责后勤处负责学校财务室管理工作。

6、负责"贮存学生"的生活管理工作。

(八)招生办公室

1、招生办公室，在发展部(或招生领导组)领导下工作；

2、全面负责学校具体组织、实施《招生计划》及优惠政策；

3、协调、配合招生领导组下属的各个部门的具体工作。

4、全面负责招生日常管理工作。控制招生进程，阶段性总结招生工作，组织以经验交流，下达《招生简报》。

5、上传下达，向董事会、招生领导组和发展部日报《日招生工作通报》情况；及时向上级反映招生遇到的问题，提出意见建议；及时向各招生组、成员传达上级指示精神。

6、划分招生范围，产生招生组、任命组长、分配成员、并下达具体招生任务。

7、负责招生巡查工作；

8、负责组织校内、外家长会；

9、负责校内"贮存"学生的全面管理工作；

10、负责招生信息管理工作；

11、负责校内接待参观工作；

12、负责《宣传计划》的实施与执行；

14、负责招生资料的印制工作；

15、依据招生实际，具体安排演讲团，答疑团工作；

16、调整人员、调配车辆、分配资料，控制招生财务预算支出。

17、具体领导中心招生办的工作。

18、负责学校网络的管理。

19、负责定位广告的策划、设计和市场投放工作。

(九)中心招生办

注：本职责在招生期间独立执行，非招生期归并招生办公室。

1、中心招生办在招生办的直接领导下，负责校园周边生源市场的招生工作（一般办公地址设在校内或本市）和执行招生优惠政策。

2、负责组织实施和管理校内“长期招生”和“1+1”招生工作；及时招生办通报校内招生进展情况。

3、配合人力部门、信息部门做好挖掘招生工作；

4、收集和获取学校周边其他民办学校的相关信息，向招生办及提供各种信息；

5、与其他民办学校的人才建立广泛联系，形成并经营人才关系网络。向人力资源部及时提供“挖掘”信息。

6、与在校学生家长建立广泛的联系，建立家长、学生关系网络，负责家长学校、家长委员会的领导工作。

7、具体执行家长、学生招生计划或招生政策。

组织本市场家长、学生的招生工作；向其他招生组提供在校家长、学生关系信息，及招生信息。

8、执行招生日通报制度，定期总结招生工作。

9、配合校内各项招生工作。

（十）各地招生办（或招生组）

1、在招生办领导下，全面负责指定市场（片区）的招生工作。

2、负责组织管理本片区内，在校学生、家长的招生工作；

3、负责本片区内，义务招生员的招聘，培训及管理工作；

4、负责实施经发展部核准的本片区媒体广告、定位广告投放计划。

5、负责招生员管理，执行本片区财务预算，控制和管理招生投入。

6、按招生办统一安排，组织并召开本片区家长会；

7、执行招生优惠政策。

8、执行招生日通报制度，定期总结、汇报招生工作。

9、负责与当地公共关系管理。

（十一）接待员（信息员）

1、在招生办领导下，负责来访家长的接待、参观和电话咨询工作。

2、按规定，执行标准接待。

3、执行“分层接待策略”，疑难问题及时转至答疑团，或校部门解答。

4、总结发现相关“问题”，及是向上级汇报；

5、对负责工作进行日工作总结；

6、负责与招生单位的联络工作；

7、负责组织来访家长的参观工作；

8、负责家长会服务工作；

9、负责信息的统计工作。

10、对学校交费家长提供全程服务。

（十二）、招生员（兼职招生员、义务招生员、代理招生）

1、招生员在本片区招生办（或中心招生办）的直接领导下，开展招生工作。

2、负责《招生计划》完成规定的招生工作任务。

3、负责建立意向家长、学生《招生档案》；

4、具体负责本人意向家长的跟进工作；

5、参加《招生工作日碰头会议》，填写《日招生工作安排实施情况登记表》；

6、按本地招生办安排，配合其他招生工作。

三、招生组织与管理（示意图）

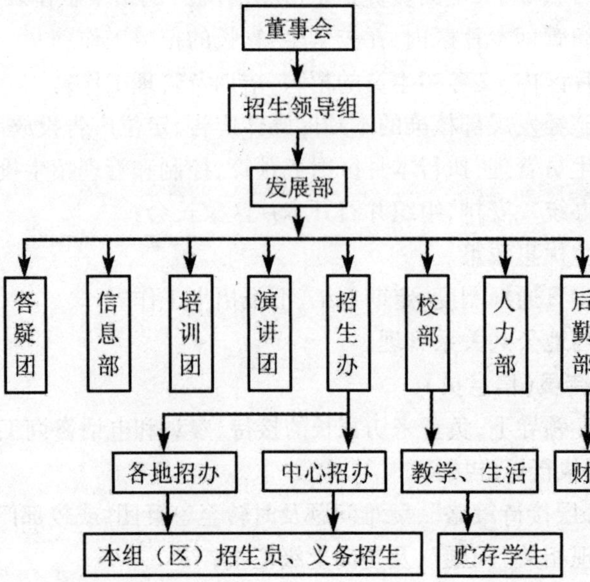

四、招生制度、要求及策略方法说明

(一)招生人事要求

1、全员招生

按照董事会核准的《招生工作计划》要求,本年度学校实行“全员招生”。全体教师均须参加学校组织的,校内(“1+1”招生)或市场招生工作。对不服从安排和违反规定的教师、领导均按自动离职处理。

2、招生期间招生员最好不要请假,因故需请事假半天之内由本区招办主任批准;超过半天由学校招生生办主任批准;请事假超过三天由人力资源部主任批准。招生期间因病请假,须由县级以上医院证明,并经由人力资源部批准后,允许请假一星期,超过一周按自动离职处理(特殊情况例外)。

3、招生员均实行上岗、会议签到制度,迟到(早退)三次按旷工半天处理,累计旷工一天按自动离职处理,缺会一次按半天旷工处理。旷工,除进行通报外,另停发一周补贴。请假、旷工停发工资和补贴。

4、招生员按安排执行《日工作计划、安排》制度,若因个人原因脱岗,负责主管的招生主任有权视情节轻重予以处理。情节严重者,可向人力资源部提出辞退建议。

5、招生期间,招生员不得擅自外出,因故外出,需由区招办主任核准,并要按规定时间返回。

6、招生期间按规定时间均实行上、下岗签到制度。

(二)汇报要求

7、汇报:

校招生办,每日将《招生日工作汇报表》,报招生领导组。

区招生办主任每天于20:30分,向校招生办汇报一天的工作和次日的工作计划;

招生员须在18:30分前向区招办主任汇报一天的招生情况,并作好次日的工作安排。

以上汇报均填写专用表格,表格在培训时下发。

汇报不得延时,超出规定时间,按20元每次统一扣罚。

(三)其他规定、要求

8、招生期间对招生信息不得虚报或隐瞒不报,一经发现有弄虚作假者予以100元/次罚款,所隐瞒学生不计入成绩。

9、招生期间不得抢夺生源,对有“争议”的学生信息和学生,按最初登记为原则进行区分。

10、意向学生填写的《招生报名表》均标有序号,每位招生员领取《招生报名表》时,各招生办均须按领取序号进行登记,有“争议”时,以登记为准。招生员不得交叉使用《报名表》。

11、招生期间全体领导均要24小时开机,招生员上岗即开手机。

12、任何人不得擅自收取家长的任何费用!

13、招生领导及招生员,不得向家长借钱和收取家长的任何馈赠。

(四)日工作计划与总结

各招生办招生期间,均实行“日工作计划、总结”制度,具体按以下安排统一执行:

6:40:各招办组织召开,日招生总结、日工作安排会议

8:30:向校招办上报区招办《日工作安排》

18:30前:招生员将《招生员日招生工作总结》交区招办主任

19:30前:各招办上报本招生办《日招生总结报告》

20:30前:区招办上交《区日招生总结报告》

21:00:学校招办向招生领导组汇报日招生情况。

说明及要求:

13、区招办于每日6:40——7:10组织召开本区日工作安排会议;

会议要求招生员填写《日招生工作计划表》,区填写《区日工作安排表》,并于8:30前交校招生办公室。

14、区招办于每日18:30组织召开本区日招生总结会议并填写《区日招生总结报告》于19:30分前将报告交校招办。

15、招生员要求在于会前填写好《招生员日招生工作总结报告》并于参会时交区招办主任。

16、招生员上报的《日工作报表》,要准确填写意向学生的地址、电话、姓名等基本情况。区依据上报情况进行电话或走访,对所报情况不实者除按纪律予以处罚外,另予以通报批评,情节严重者予以辞退。

(五)周交流要求

为交流经验,形成整体合力,形成和促进招生工作氛围,使招生工作适

应市场需求、竞争要求，各招生办须按以下安排组织招生交流：

17、学校每两周组织一次由全体招生员参加的，招生总结交流会议。

18、区招办每周组织一次本区招生工作交流会议；

19、学校每月组织一次，由各部门领导、区招生办主任参加的招生工作研讨会议。

20、周工作总结制度要求：

每周一晚19:00召开全区招生工作会议，并下达周工作任务目标，要进行经验交流，要树模立典，要强调工作纪律和批评不正当的行为等。要针对市场情况进行分析，并做好记录。

区总结会议要以周工作计划的形式报告校招办；报告要有会议记录，并制作成《简报》向其他各招生办发行。

（六）招生工作巡视、检查制度

21、区招办依据《日招生工作安排》，对各招生员的招生工作进行查检，执行每岗日查要求。

22、学校招办，依据《区招生日工作安排》，对各区招生进行不定时巡视检查。

23、联系制度：区招生办每天要不低于一次与招生员联系；

招生员每天不低于一次于区招办联系；

招生员晚上家访，要在上岗后30分钟内与区招办联系。

（七）其他

24、招生员需按《日工作安排》计划严格执行，未经批准不得撤离岗位。

25、招生员实行上岗开机制度，在岗时间不开机每次按一次迟到论处。

26、要求按《计划》展开工作，如更改计划，须及时向上一级报告。

27、区或招生员需要上级或它人配合招生工作时，须在计划中注明，或提前24小时向上一级提出请求。

28、招生员因故需到计划外地点招生，须提前向区招生主任请示，征得同意后方可离开。

（八）A、B、C意向标注制度

29、招生员要详细填写意向家长情况，具体要求如下：

①家长、学生姓名、就读年级、家庭住址、联系方式、学生关注的教育问题和成绩特点等。

②每次与家长、学生接触均要统一"标注意向评价"，即：

"1A"："1"表示第一次接触，"A"表示意向明确，对学校好感，家庭有来我校就读的经济实力等。对此家长第二次接触家长时，如意向情况良好，则用"2A"标注，如意向下降但仍有意向，则标"2B"，"2C"表示第二次接触时家长基本没有意向，依此类推……

"B"表示有意向，但不明确；

"C"表示意向不明确，不能判断。

30、意向标注规定：

①在各级汇报中未体现A、B、C评价、判断者按不合格处理，并按50元/次扣罚。

②在A、B、C汇报中未注明前面系数者，按不合格汇报处理，并按50元/次扣罚。

③三次不合格予以通报批评。

（九）储存控制制度

对"A"类意向学生实施主动双重控制，区招办按上级安排时间，将本区A、2A、3A学生送至学校"贮存"，形成校内由班主任、和教师控制学校，校外由招生员控制家长，两者相配合的主动招生突破局面，具体为：

①学生免费到校进行适应性试读（只按规定收取生活费、住宿费和特别活动费等）。

②校内开设兴趣课，暑期作业辅导课和特长训练课等（开设学生最爱上的课）。

③形成，校内控制学生，校外控制家长的主控格局；延长对学生、家长的接触时间。校外以学生的成长与表现为由，要定期向家长"汇报"。

④校内设置不同层次的服务和活动，促进突破，达到让学生交费目的，如：让已交费的学生参加旅游等。

⑤校外随着招生工作的深入，不断地将新的"A"类学生送进学校；学校打开空荡荡的教室、宿舍，让它成为一个"蓄水"和转化的机器……

⑥对意向为B、C类的学生意向升级，由区研究组负责把握和推动（具体另行出台相关安排的要求）。

（十）点、线、面的构建策略

招生最困难的是做第一个家长的突破工作，我们把第一个突破的学生称为“点”，把依此拉动出来的生源称为“线”；把以“线”形成氛围带动起来的学生称为“面”；据对民办学校的招生结果统计，点与线面的比例约为1:7的关系。所以本次招生的成败在于做面、做线！具体技巧招生培训中专题培训。

(十一)参观学校与交费突破的原则

31、参观学校的家长和突破交费的家长，要以3A,2A,A类家长为突破口，却不可随意选择B、C类家长，要确保成功率。

32、对意向明确的家长要研究突破；突破要选择具有针对能力的人实施。要形成集体团队的力量，反对个人英雄主义。

(十二)家长会

33、外围家长会：家长会的作用在整个招生推动协程中的作用下十分明显；当本区的意向家长达到100名以上时开始组织外围家长会。

家长会由专家团(演讲团)主讲，目的就是利用专家的作用，推动家长的意向提升，把意向家长向校内参观推动。

外围家长会在本地组织、召开；

家长会会场租赁和宣传费用等具体落实后，须上报批准。

34、校内家长会：当来访家长达到十人以上时，组织小型家长会。当累计参观家长达到100人时，组织召开大型家长会。

校内家长会以提升学校的软性档次为核心；另针对来访家长的问题或孩子的问题进行专业性的设计等。以打消家长的顾虑，帮助家长决策为目的。

第四十三章　招生工作应注意的问题

一、招生的统一性要求

招生是学校整体作用市场需求群体的工作，具有工作"分散"和招生员各自"独立"的特点，这无疑对组织管理工作提出来了极高的要求，只有统一，才能发挥整体的力量，才能形成有机的协作机体，才能达到提高招生工作效益目的。要实现统一，需要从以下几个方面注意，统一思想、策略统一、方法统一、口径统一。

思想统一处于，招生统一的核心位置。也是招生组织、管理的难点所在。

有思想才会有统一的可能，如果学校思想的缺乏实际指导意义，是"空架子"，或思想传统缺少市场成分，学校的招生工作就会失去"统一"凝聚核心，如，传统思想观念指导下的民办学校，由于在学校的思想观念中缺乏市场成分，所以，在面对作用市场的招生策划和组织管理中，就会出现组织"涣散"，缺乏协调和招生员各自为阵等现象。下面我们举一个，在招生策划中统一思想的操作过程。

某校的暑期招生工作会议按时召开，会议的主题就是统一招生思想、策略。

某校市场部通报了市场分析情况及对竞争对手的对比分析情况。

学校通报了教育、教学思想及采取的方法，取得的成绩后，校长做了报告式分析发言：

"一年来，我校在校风建设上和教育、教学上是取得了一定的成绩，也被社会认可，赢得了家长普遍的好评。但与同等收费层次的学校从环境、硬件上比，我们并没有优势。

从社会评价方面比，我校因种种原因至今还没有上等级，没有一块业务主管部门授予的牌子……

今年的招生任务初步计划目标是招收五百名新生，学校净增三百名！

这是我校办学以来董事会下达的招生、稳定目标最高的一年！董事会的决心十分明确，‘抓住今年暑期发展机会，不惜代价，以满额为目标招生’……

起点有了，就是各部门通报的情况，就是学校目前的处境；

目标有了，就是招生目标，稳定目标，净增目标。

下面，我们需要研究制订的就是一个问题——怎样才能实现招生目标。”

校长就招生目标，提出了自己的思考：

“要回答这一问题需要从三个方面考虑：

其一是家长希望什么，在期盼什么？

二是让家长听到什么，看到什么，感受到什么？

三是我们应该做什么，做好什么？

其中第一个问题是后两个问题的核心。

下面请大家长围绕招生目标，展开讨论”

……

最后大家讨论总结认为以下三点意见：

其一在校学生及家长对学校的认可和肯定，胜于其他的牌子效应；

其二让家长看到教育过实际过程，由过程过渡到效果，要比单纯地宣传效果，结果更有说服力；

其三要争对市场中的其他学校，回答‘当你是家长，如果获得十所学校的招生信息、材料后，你如何选择的问题”。

听完总结，校长十分欣慰地对各部门领导布置了“作业”：

1、各部门以“如果你是家长，在获得十所学校的招生信息、传材料后，下一步你如何做？”为题，从各自的角度，立足家长做出诸如，想看到什么？听到什么？想得到怎样的回答等问题的策划和回答。

2、市场部，以“家长拿到十所学校招生信息资料后，第一个想参观或深入了解我校”为题，策划招生宣传资料。

3、组成专家团，在我校思想理念的基础上，以吸引家长为题，形成我校的招生思想观念及软性体系。

以上任务，两周后交卷。并于三周后的今天同时间，召开“招生策划工作会议”。

……

三周后的招生策划工作会议如期召开。

以过对各部门的“作业”进行综合后,最后形成如下招生策划意见:

1、总体招生策略

执行全员招生、综合招生策略。

校内启动“1+1”招生,以稳定促发展;校外组织以本校教师为主的人力驱动招生,并配合媒体广告、资料广告和定位广告。

2、思想号召

思想统筹为区别于它学校的最主要招生特点。

形成理念思想,针对性教育教学设计,执行过程,和取得实效为层次,软件体系,并围绕体系展开各层次招生工作。

向家长摆事实,说理;让学生体验个性化设计效果。

为此,需要准备:证明过程结果材料,和在校学生、家长对学校的评价材料等。

3、校内环境准备

收集家长来信,锦旗等家长、学生肯定材料,准备放假前夕在学校展厅、走廊、教室等地展出。用在校家长、学生的肯定,影响和感染来校参观家长。

在原有十一面锦旗的基础上,要求再主动运作,总数达到百面。具体为:家长委员会一面,有威望的家长代表各一面(名单另附),各班二面。

4、准备展出资料,设立七个展台

第一展台,体现学校的教育成果,教学成果,竞赛成果,家长、社会评价(家长来信、感谢信等)。

第二展台。以展示教师素质为中心,教师教学心得,个案实例,教师论文,获奖证书等。

第三展台,展示教育、教学设计,实施执行等。对学生的理解、分析,教育、教学设计案例及取得的成果等。

第四展台,教学过程展示,学生作文,作业。

第五展台,学生成长案例,学生教育转化案例,学生学习成绩提高案例等。

第六展台,学生特长过程、成长展示。

第七展台,学生生活等综合展示。

5、准备学生学习情况分析考察试题5000份，入学测试试题各年级各1000份。

6、拍摄招生宣传广告一分钟，三十秒和十五秒的各一套。

7、准备“说理型”招生简章30000份。

……

“1+1”招生，“在校生稳定方案”，“人力驱动招生计划”，“宣传计划”等，围绕本总体策划思想制订。

以上是一所学校招生前期决策的实际操作过程。这一过程，围绕招生目标，起到了调动整体，统一思想思想目的，也收到了集思广益，招生策划与市场需求和学校接轨的实际效果。

正是因为这种统一，才使得招生组织有机、严密，最终达到了招收582名学生的良好效果。

二、招生的整体性要求

（一）市场的整体性需求

市场初期，那种从策划宣传到直接获取结果的招生模式，已逐渐失去作用。

就招生的全程性而言，招生只是学校向市场打开的“窗口”。市场中家长们希望看到学校的全部！希望从对学校教育的全程性了解中，得出培养的结论。希望从其他的培养事实中，获得自己子女的成功培养证明……市场中家长群体的成熟，本身就意味着对学校全面了解的需求。他们迫切地想通过与招生员的接触和参观学校，深入了解学校的思想、教育教学过程、取得的绩效……

（二）招生的整体性配合

招生是整体协作的市场工程，绝不能成为特殊某部门或特殊群体的工作。

1、招生工作的单向性要求

招生需要分层配合，集体多方协作。对于处于疑虑中的家长而方，招生工作在任何细节或环节上的失误与疏漏，均将造成不可弥补的后果。所以，无论是招生员、参观接待员、答疑专家、演讲专家和校内的教师等是招生工作整体的有机组成部分。他们都须从不同角度，做对处于不同时期家长的工作,最后形成连续的总体推进工作机制。

2、分层对应

没有疑虑的家长不是意向家长,不同时期家长对学校所持的疑虑不同。越是提出“尖锐”问题的家长,择校意向越明确。

所以,招生工作的推进与深入过程,也是家长疑虑升级的过程。

这一规律要求,招生工作不能以一种方式做到底,也不能死板地让同一个招生员负责到底!它需要分层推进。

分层推进就是依据家长不同时期需求,对应不同工作群体、采用不同工作形式的招生组织过程。

一般来讲,招生员负责获取信息,做基础性铺垫工作和跟进服务工作。

专家团负责将家长拔高到软件优胜高度。

校长或答疑团负责将家长的认识,提高到认可思想高度。

家长对学校没有形成认识上的共鸣,不会成为择校的坚定者。

3、区别对待

招生员群体中,自身的素质、能力也存在差异;招生员自身所从事的工作也不尽相同。招生员在面对家长群体时,各有其独到的方法……所以,不能让同一位招生员面对各种需求。

区招生办应做好,自己招生员能力、素质和擅长的分层、分类工作。

善于做小学工作的,最好不要面对中学家长、学生;

善于处理学生数学问题的,不要让他去解决学生的外语问题;

4、整体配合、发挥专长

招生过程也是各招生领导对招生员的深入理解过程,这一点尤其是各基层招办更为重要。随着对招生员的把握,招生分工也在不断的调整之中。招生办将招生员分为“突破组”、“信息组”、“信息组”、、“辅导组”……的做法取得了突出招生实效。

①“突破组”

是帮助家长做出最终择校决定的招生工作组。通常情况下,专项负责本组内各招生员在招生过程中产生的“A”类家长,意向升级推进工作。

他们可以由一名或几名,对此具有专项能力的成员构成。

“突破组”可以在本组内产生,也可以在学校范围内产生。

②“信息组”

信息组的工作主要以获取招生基本信息为主。此类招生员，吃苦耐劳，具有一定的交际能力和与家长初步接的亲和力。但相对的教育、教学经验不足，对学生的策划、指导能力不足，不善于解决疑难问题等。

③“策划设计组”

教育、教学经验丰富，擅长于针对各类学生应用教育，并能取得立竿见影的效果。此类招生员多由老班主任和具有一定教育、教学认识高度和经验功底的教师组成。针对家长提出来的学生问题展开工作。

④“辅导组”

由各科把关教师组成。招生中面对学生执行某学科的辅导任务。围绕展示学校师资素质、能力，激发学生兴趣和取得短期效果等目标展开工作。

辅导对象可以是个体或群体。辅导形式可以“上门”，也可以集中。

辅导具有延长与家长、学生接触时间，贮存控制学生，通融感情等多种招生作用，是招生工作的有效方法之一。

……

读懂每位家长，招生才会有明确的工作目标；理解每一位招生员，才会知道完成“目标”的最佳选择。所以，将家长需求与招生员素质能力特长对应配对，是招生组织管理的核心性工作内容，也是招生领导必须具备的素质、能力。

招生不是个体行为，所以在组合形成区招生办时，要考虑人员的均衡配置问题。

招生不是个体的线型工作，所以要形成有机、透明的工作团队，这就是每天要召开《招生日工作碰头》及安排各类交流、总结会议，相互沟通招生信息的要旨所在。

三、招生的全程性要求

市场中家长成熟就意味着，“表象”、“结果”型信息对他们的择校影响力减弱；思想、师资、方法过程等教育“软件”内涵影响力增强；市场对校内、外工作的“立体”性和全程性要求增强……学校与市场融合。

①招生不能成为“特殊时间期”的工作。

从时间上讲招生只是学校的“秋收”过程，全程作用和主动经营管理市场已成为现代民办学校招生工作的趋势。成熟的家长群体最想了解的是学校的工作方法、过程与实效。随着“家长择校期”延长,“招生工作时间”也相应延长。

②招生也不是“特殊部门”和“特殊群体”的工作。

招生是学校向市场打开一扇“窗口”,家长希望通过它了解到学校的全部。家长们更希望由自己论证和得出判断结果。

③择校全程化趋势

家长从获悉学校的招生信息,到做出最终择校决定,要经过:获取信息——收集资料——学习分析——参观对比——质疑巡访——市场调查——排除疑虑——成员论证——初步决定等相当复杂的过程。而且随着市场成熟进程,家长的这一择校过程日趋细致、理性和完善!

④环节、细节的招生作用放大。

方法、细节、环节、师资及区别对待学生的能力,在招生中的作用日益增长。

在家长了解学校的过程中,更趋于关注某些细节、环节,如:他们想与教师直面,想接触在校学生、家长,直接听到评价,想看到针对其子女的具体教育设计方案或“处方”,想取与其他择校家长取得联系……细节、环节将对择校结果起到决定性的影响作用。

招生的全员性要求:

每一位员工都要成为招生员。他们要从各自岗位,通过工作和关系起到影响市场、影响招生的作用。

招生的协作性要求:

从每一位员身上体现学校层次、高度。从有机组合整体中体现

学校对培养结果的保障性。

招生的稳定性要求:

招生要以员工稳定,学生稳定,市场稳定为基础。

招生的科学性要求:

要求学校具有构筑适宜学生成长体系的能力。

四、招生其他主注意事项

(一)接待注意事项

1、接待人员要按招生作息时间,提前5分钟到岗。

2、要主动搞卫生工作和保持桌面的整洁。

3、按要求统一着装、化淡妆和保持个人的卫生整洁。

4、接待要热情，要认真听家长的要求，并判断家长学生的需求，做针对性的接待工作。

5、强调情感投入，要求在与家长共同为孩子设计打算的前提下，从教育、学校的硬件和优势保障等方面和家长形成共鸣！

6、不得语言浮夸，不得胡乱承诺。

7、遇到难度家长或有特殊要求的家长（如：对学生服务，价位等），要分层接待，让在此方面有经验的人接待或请示领导亲自接待。

8、在面对自己不清楚的问题时，要形成主动的“转移”，接待配合“对不起，我是教语文的，您提的是英语问题，我不太熟悉，我们这儿有×××英语老师，她很有经验，您和她谈谈好吗？等

9、接待工作要进行日工作总结，日工作总结由接待组长负责组织。

10、要认真作记录，接待工作记录要求写出 A、B、C 的意向打分。

（二）接线员注意事项

1、接线员要求语言和蔼可亲，认真负责，细心听取家长的要求和意见。

2、接线员一定要设法让来电家长留下电话号码和登记家庭地址，并判断家长意向，按 A、B、C 打分。

3、与家长的通话时间即”控制时间“，理论上，达到一定”控制时间“后，家长意向方可坚定，请不要主动挂断和家长的连接。但也不要在电话上与家长聊天。

4、要按规定及时将信息上报，不得延误。

5、要坚持保密原则，不得向任何人泄露招生信息。

6、要按规定填写日汇总报告。

（三）校内参观注意事项

1、校内参观由专人负责，按接待员相关规定要求执行。

2、负责参观的人员要按规定路线带领家长参观。

3、介绍学校时要结合学校实际，进行教育讲解，讲解要清晰透彻，尽可能联系教学过程让家长产生”场景效应”

4、讲解要求与接待口径一致，并紧密结合接待，要执行以”物“证实接待员的说明语言。

5、家长来校接待15分钟内，要组织参观学校，参观学校要在10——15分钟内完成；参观完成后，要即时将家长（全体）和来校学生组织回接待室，不得出现家长、学生在校自由参观的现象。

（四）收费规定及要求：

1、要按原则履行收费标准，不得私自做主；

2、对有特殊要求的家长，在500元以内由区招办主任审批，批准后个人提成按100元扣减；

3、对选择段收费标准交费的家长要求后，由区招办直接请示校长，校长按董事会受权酌情审批，核准后，仍按原提成标准执行。

4、对超出受权的家长要求，由校长上报或直接请示总指挥审批。

5、对有优惠的招生，视优惠实际，酌情按400－100元扣减招生提成；但计算个人招生任务。

附：某校秋季招生工作的总结与思考

今年秋季我校共招收学生582名。

今年秋季招生工作与以往相比有许多值得注意的地方，需要引起董事会的高度重视，也需要依此对今后学校的发展做出策略性的应。现就今年秋季我校的招生工作总结如下：

一、招生任务完成情况及奖惩：

按《招生计划》规定招生目标：10月1日前，招收中小学生500名。目前已完成设定任务，并超额完成82名。

按计划约定，学拟于今年10月15日，召开招生总结表彰会议，并按已上报的奖惩制度兑现。

二、今年秋季招生工作特点

1、市场成熟，招生难度增加：

与去年同期相比，招生简章量与家长参观的比例增加了四倍！

去年：1:43（即：每发放43份简章就会有一名家长来校参观）

今年：1:135（即：每发放135份简章就会有一名家长来校参观）

单从这一比例显示，今年比去年的招生难度增加了近四倍！

2、市场中35周岁以下的家庭经济实力呈下降趋势。

择校意向十分明确的小学生家长，更多是因为家庭经济因素放弃来校交费。

因家庭经济问题导致原在学校就读的老先生流失率增加。

3、**家长择校成熟，生源市场正在走向成熟**。

①各校的招生"表面宣传"工作效果下降，如：招生简章、广告等的作用力度下降。

②家长对多所学校均表现出"意向"；

③家长往往对更多的学校时行实地考察"参观"；

④家长择校的决定周期延长

与去年同期（至8月15日）交费入学校的新生比较：

去年截至8月15日，交费入学的新生占总体招生的78%；

今年截至8月15日，交费入学的新生占总体招生的48%。

⑤家长对学校的针对性更加理性化和具体化，由感性向理性转移。他们关注的问题也呈现过程向，微细化、方法化特点。

⑥宣传工作中，家长更相信过程而不是结果。更相信适合孩子的具体方法，而不仅仅是表象问题。

三、秋季招生工作的策划特点

今年秋季招生的策划中，我们对市场的成熟和家庭经济问题的判断是有充分思想准备的，对"难度"增加问题也有所估计。

反思起来，今年市场招生难度的增加幅度之大，已超出了我们的估计范畴。依据对生源市场的考察、判断，我们在办学过程中，为今年秋季的招生工作做了较为充分的准备如：

1、校内准备

①学校环境、氛围的准备：在办学过程中，我们依据学校实际和家长来校的参观要求，对学校进行了全面的包装，如确定了样板教室和宿舍后，动员全体员工利用休息时间按要求对全校进行了全面的美化，并按要求一一检查过关。对学校的文化氛围进行了专项设计，仅挂在楼道里的大小展版，就做了250多块，为了节约成本，这些大部分是师生自己动手做的。

②充分展示办学过程：在办学过程中，我们注意积累学生的优秀作业、试卷、班报等体现学生成长足迹资料；还充分准备了教师优秀论文、优秀教案、个体教教育设计方案及执行过程资料，和差优转化全程资料等。这些资料分为六个展台在校内展出，在参观的家长对此评价很高。

③最有说服力的是家长、学生对学校的认可：长期的办学过程中，学校

通过"树模立典"的诱导,在班主任和各位老师的努力下,家长共为学校送来70多面锦旗。同时学校还主动把学生获得的各种奖项做成了奖杯、获牌等三十余块,为设立展厅打下了基础。

④下狠心解决卫生问题

学校进行了全面的粉刷、油漆,任务由全体员工利用业余时间完成的。

招生前,学校又进行了全面的卫生清理工作,彻底清除了多年来污渍,如:清洗了地板,楼道墙壁等;组织人员,对多年来玻璃上的油漆、铁锈等进行了清理。

同时又在工程部的配合下,做了外楼清理等多项工作。

⑤质量是根本

通过全体员工的艰辛努力,在教育、教学质量上取得了优异的成绩。期未会考,我校各年级语文、外语均分取得了街道第一名的成绩,数学获得了第二,三主科平均成绩获得了全街道第一名!

在六年级82名学生的升学考试中,我校有21名学生考取了重点中学!

2、招生准备

①一年来,我们利用家访,对生源市场时行长期的调研,取得了较为丰富的一手资料。在此同时,我们对扩大的生源市场环境时也进行了较为细致的调查。

②一年来,学校对教师进行了长期的培训。培训工作每周一次,一直坚持。

③对市场趋势时进行分析、研讨,在总结其他学校招生的过程中,学校面向全体教师提出了"假如你是家长,最想知道?最想听到、看到?"等一系列问题,并围绕"问题"展开调研。老师们带着问题去家访,科任教师和领导带着问题去在市场中寻求答案……

凭对市场的考察、分析结果,我们及时设计出台了A、B两套简章。一为散发性简章,目的是为了传递招生信息;二为学习简章,让家长在拿到多所学校简章后,通过对比后确立我校的优势地位,进而达到推动家长来校之参观之目的。

④校内准备:在对校内环境营造好以后,我们对接待工作进行了专门的设计并对接待教师进行选拔和培训。与此同时,对校内接待、参观和校外招生的衔接工作又进行了特殊的要求和训练。

⑤储存学生针对学生放假两至三周后，家长担心或没人管理和家长对其他学校参观等特点，学校设计了储存学生的补课。收到了校内控制学生、校外控制家长，校内外配合的良好招生效果。

⑥政策准备充分

“谋定而后动”政策是保障，针对已有的政策不足和出于对招生员的调动目的，学校于招生前，全面出台了各项招生政策。

⑦对生源市场的覆盖扩大了五倍

四、招生的组织与管理

（一）今年招生常规工作

去年来校参观与交费的比例：约4:1

今年来校参观与交费的比例：约2:1

以上参观与交费比例提高说明：

1、今年校内环境及准备被家长认可，校内的接待工作力度加大并取得明显成效；

2、校内、外工作的衔接度加强，整体性招生格局已形成。

3、招生工作力度加强。

“今年的招生工作组织十分严密，招生员，没有一个人偷懒”这是招生教师的共识和评价。

总之，招生宣传与家长需求趋于贴近，招生过程与家长择校心理贴近，员工的思想正在市场化进程之中，他们面对不同学生所采取的教育方法并且普遍为家长、学生接受。学校的民办教育思想的前期渗透工作已收到了良好的效果。

五、招生组织与管理体现“严”

1、严而有理

为了确保招生工作的顺利进行和保持竞争力。学校对本次招生进行了分层、分组组织，并对招生区域进行明确的划分。各层、各组职责分明协调配合。

在管理方面，执行了小组日计划、总结制度；组内的岗位检查制度；一天四签到制度；学校的周总结评比制度等。

出台了招生期间严格的人事管理制度，对脱岗、迟到等违纪者进行了及时的严厉的处理。在招生过程中，有四位招生员因此被开除。

2、严而有情

在招生过程中，学校组织后勤定时为招生员提供凉茶。

校内留守人员总是利用业余时间为教师们打扫宿舍和提前10分钟打开空调……

一个暑期，教师们仅放了一周的假，领导一天假都没有放！

每个双休日，教师们执行的是单休。8月后，领导全都没有单休。

8月15日后，教师的单休也补取消。

广大招生员，茶余饭后谈论的全是招生工作，交流的全是招生工作经验。领导带病工作，员工放弃了照顾家人的责任……全体人员体重减了、黑了……

“虽然没有达到学校设定目标，但我们尽力了……”这是我校招生员一致的口吻。

六、意见与建议

可以这样讲，今年的招生是我校策划、准备和组织比较到位的一次。与前期多年的招生相比，使我们充分认识到：今年的生源市场转折力度较大，集团需要对这一“现象”进行深入的总结，并依此对各学校的发展做出策略性的调整。

为此特向董事会提出如下意见和建议。

1、“现象”标志着我市生源市场走向了成熟。今后任何表面的招生（如：广告、简章等）的作用将会下降。

2、市场的成熟意味着，招生不仅仅是假期的专项工作，市场和发展要求民办学校要全程作用市场。学校更应注意和满足家长的需求和要求。

3、今后的招生应强化校内环境和校内、外工作的整体作用，个人和局部的作用效果将减弱。

全程作用的根本是对人才素质的要求提升。要求要人才更要具备市场与教育能力。

4、40岁以下家庭经济状况表现出与以往不同的特征。这需要考虑今后调整小学、初中的收费标准问题。

5、市场的成熟不支持“块”收费政策。相反，分散的扇形收费将受到欢迎。

6、办学过程中应加大“1+1”招生力度。

7、家长对过程的设计和如何才能教好孩子更感兴趣。与之相比结果型的招生将更加困难。

8、关注政策。政府的教育相关政策已对我民办学校开始产生影响,要及时根据政策调整发展。所以民办学校的竞争,高层智囊将会发挥更大的作用。

9、招生的竞争与市场的成熟导致民办学校的领导和员工暑假期休息时间减少。

今年暑期的工作实践证明,生源市场已经成熟,这就需要校内管理作出针对性的全程调整。

10、建议各校实施“长期招生”策略。

七、其他工作

1、“块”收费政策实施情况:

今年出台的“块收费”政策在实际运营中,多数家长对此的表示:以先试试再说……实质上,这是家长成熟的特征和表现。

2、招生费用——按计划,成功地实行了招生成本控制。

今年招生费用支出最大的特点就是:从招生开始应对各项支出费用进行了经营核算。总体上讲,对成本的控制较为成功。基本上能按计划进行,低成本运转。具体总结为:

人员支出:实行了机构工资制度(基础工资+提成),且基础工资以工作期满一个月为发放前提。同进注意控制招生员与上岗人员的比例(招生员总量)。

广告:在招生过程中,我们十分关注广告效果,并派专人进行调查。面对生源市场成熟的现状,我们及时做出了以简章为媒介,以人力为核心的招生工作方针。注重控制招生成本,实行经营式招生,放弃了媒体广告,节省了招生经费。

招生资料A、B分层,注重实际使用校果

在招生工作中,我校的每一名招生员都十分爱惜《招生简章》。学校从培训开始就十分注意这一问题。在招生的操作过程中,今年制作的100000份招生简章,没有一份浪费。

某某学校招生办公室

年　月　日

附:【某校招生对话手册】

说明:

本手册作为招生老师回答家长问题,统一思想、口径材料。参考则是,“硬件条件、办学思想、校史等问题要求统一,方法、经验等要依据学生实际与个人教育、教学经验回答”

一、学校简介

1、谁批准?

2、谁办学?

3、什么性质的学校?

学校位于……

具体位置……

4、学校提供什么样层次的教育服务?

5、学校的硬件、软件资源特点是什么?

6、师资队伍情况如何?

7、有什么特色?

8、学校的教育结果如何?

9、赢得了什么荣誉?

二、家长常问问题汇总

1、学校创办到现在有几年?

答:

2、学校在哪(地理位置)?

答:

3、学校有什么教育特色?

答:

4、学校有什么优势?

答:

5、学校能满足哪些学生的需求?

答:

6、学校的教学设施如何,齐全吗?

答:

7、学校的学生主要来自哪里?

答：

8、学校的创办人是谁？他的情况怎样？

答：

9、学校的学风校风如何？

答：

10、学校的师资力量如何？

答：

11、学校的课程是怎么设置的，教学效果如何？

答：

12、学校有什么具体的活动实践？

答：

13、学校是否开展国外教育交流？

答：

14、学生如何接送？

答：

15、学生的业余生活如何安排？管理？

答：

16、学生淘气了怎么办？

答：

17、学生厌学怎么办？

答：

18、学生挑食怎么办？

答：

19、如何控制学生乱花钱？

答：

20：学生生病了如何处理？

答：

21、如何控制学生爱上网的问题？

答：

22、对学生的成长如何进行主动管理？

答：

23、我孩子是绘画特长生，学校如何培养？

答：

24、学生如何进行测试？

答：

25、学生如何进行辅导？

答：

26、对学生的作业有什么要求与规定？

答：

27、如何进行家校沟通？如何让家长随时了解学生在校的学习、生活等情况？

答：

28、孩子偏科了怎么办？

答：

29、由小学升初中怎么升？初中升高中如何升？

答：

30、孩子高中毕业后有什么出路？

答：

31、贵校如何组织学生参加高考的？

答：

32、对未考上大学的学生贵校有没有其他办法？

答：

33、近年来贵校的升学情况如何？

答：

34、能否介绍一下贵初三高三的教师情况？

答：

36、我的孩子有某某特点，应该读某年级，请为孩子推荐一名合适的班主任教师？

答：

37、你们学校如何实施“区别对待”的？

答：

38、我孩子老是“丢三落四”的你们如何？

答：

39、我孩子老是爱玩、爱动，怎么办？

答：

40、如何对待谈恋爱问题？

答：

41、如何杜绝孩子吸毒问题？

答：

42、学校怎样安排学生的饮食起居？

答：

43、学校采取哪些措施保障学生在校的生活及安全？

答：

44、学校是如何收费的？

答：

45、会不会乱收费？

答：

46、学校的收费细目如何？

答：(招生老师参照招生简章)

47、你们学费怎么那么高？

答：

48、你们的学费能不能打折，可以打多少折？

答：

49、学生中途转学如何退费？

答：

50、交费后签不签《家长学校合同》？

答：

第五篇　某学校制度手册(简例)

第一部分　教职工岗位职责

(一)校长职责

一、全面贯彻执行党和国家的教育方针、政策、法规和上级教育行政部门的指令,完成国家及董事会下达的教育计划和各项任务。

二、确定办学目标,制定任期内学校发展规划,在征询学校教代会意见后上报董事会批准后执行。

三、建立岗位责任期,一依法治教,按章办事,实行统一指挥和分层管理,使各项工作规范化、制度化、确保任期目标顺利完成。

四、领导学校教育、教学工作,积极开展教学改革和教科研活动,全面推进素质教育,努力提高教育质量。

五、做好思想政治工作,加强干部和教工队伍建设,提高教师队

伍素质。做好教工的聘用,考核,奖惩和培训工作,关心教职工思想工作,争取改善教职工工作、生活条件,保护教职工的正当权益。

六、校长有对学校教育,教学和行政管理的决策指挥权。

七、校长对干部有培养管理权。校级干部提名、报批、考核,中层干部任免,具有校务会的组阁权。

八、校长按董事会编制要求聘任教职工,并对教职工的业务及工作表现进行考核和依据制度实施奖惩。

九、校长对学校人员的管理、安全和财产保护负责。

十、根据全局性工作的需要,董事会对干部的调动,校长应无条件服从。

十一、校长应自觉接受集团总督学及校监的工作指导,每年以书面或口头形式向董事会述职或汇报思想工作情况一次。

(二)副校长(教学、政教)工作职责

一、协助校长分管学校的教学(政教)工作,对校长负责。

二、抓好教学(德育)的管理,负责教学(德育)工作计划的制定。

三、抓好教学(德育)工作队伍的管理,具体负责实施教学(德育)工作计划。

四、组织教师学习、教学理论、教学信息,不断提高师资素质。

五、管好教务处(政教处),充分发挥教务(政教)主任的职能,落实层级管理责任制。

六、领导学校的教研、教学评估、测试,进行教育、教学质量分析,并提出提高教育、教学质量的意见。

七、抓好教育、教学理论的研究工作,做好学校教学教育、特色的建设与发展工作。

八、搞好家长学校的建设,定期召开学生家长会,介绍学校教育教学工作情况,提出希望和要求,做好家长工作。

九、对优秀的教育、教学工作者进行奖励与表彰。

十、努力完成校长布置的其他工作任务。

(三)教导主任基本职责

协助校长(副校长)领导和组织全校的教育和教学工作。

一、组织和管理教学工作

1、领导教师执行国家的教学计划。对学校的教学工作做到有计划、有检查、有总结;审查教研组的教研计划和任课教师的学科教学计划。

2、了解教师的业务状况和思想状况,合理安排教学人员,做到用人所长。

3、领导教研组工作。深入各教研组了解情况,促使其积极开展教研活动和教学改革;检查教师完成教学计划情况,分析教学质量;参加和组织各

教研组的观摩教学和公开课教学的研究工作。

4、在上好课的同时,每学期听课不少于40节,课后及时同任课教师交换意见,进行具体指导。

5、重视劳动教育。根据新《标准》的要求,组织学生搞好劳动技术教育课。

6、经常与各班学习委员和科代表保持联系,了解学生的学习情况,作业负担,以及学生对教师的意见和要求。

二、组织和领导日常教务行政工作

1、协助招生办做好招生工作及新生的编班工作。

2、做好教师的家长访工作,依据家长的要求结合学生特点,做好分层教学工作和执行区别对待原则。

3、合理安排课程表,作息时间表,处理好教师的请假、代课事宜。

4、合理安排单元测试和期末复习考试,定期检查教学进度,及时做好分数统计和质量分析。

5、抓好毕业班工作。

6、汇集各种资料,做好信息管理工作,建立健全教师业务档案。

7、根据学籍管理规定,做好新生注册,学生的升级,留级、转学、退学、休学、复学、奖惩等工作,建立和完善学生的学籍档案。

8、指导图书室、资料室、电教室、电脑室、自然实验室的工作。

政教处主任职责

1、政教主任在校长(副校长)的领导下,负责制定和组织实施学校德育工作计划,审定和督促实施年级工作计划、班主任工作计划。

2、抓好班级管理工作。定期召开班主任会议,学习先进教育理论和经验,指导班级积极开展创建文明班的活动,加强对学生的思想、学习、劳动、生活、卫生等方面的管理。建立后进生档案,加强后进生的管理。

3、组织教职工政治学习,检查教职工齐抓共管的德育情况,考察年级主任、班主任和其他授课教师,对他们的奖惩、考核、评职提出意见。

4、抓好团委会和学生会工作。定期召开班团干部会,大力培养学生干部,指导团队活动,充分发挥学生干部在"自我教育,自我管理"中的先锋作用。

5、抓好学生操行量化管理工作,建立学生德育档案;组织评选"优秀学生干部”和“三好学生”。

6、组织、安排行政领导、教师值日和周一升旗活动。

7、广泛联系家长和社会有关部门,充分发挥学校、家庭、社会一体化德育网络的育人作用。

8、会同总务主任,抓好综治工作和安全保卫工作。

9、加强德育研讨,及时总结、推广先进事迹和经验,负责撰写德育工作学期、学年总结。

10、政教副主任协助正主任工作,并做好自己分管的工作。

教务处主任职责

1、在校长室直接领导下,全面负责主持教务处工作,副主任协助主任工作,制定教学工作计划,并具体负责实施,要求和督促各教研组认真贯彻落实,并定期进行检查总结。

2、负责组织学校教学和教务工作,开展教研活动,处理教学日常事务。搞好学籍管理,维持正常教学秩序及第二课堂的开展。

3、主持召开教研组长会议,检查教研组织工作计划,听取教研组工作汇报,提出教学工作要求,推动学校教学和教研工作的开展。

2、负责检查教师备课、批改、辅导和课堂教学情况,了解和掌握教学情况,提出改进教学的意见和建议。

3、坚持开展以老带新活动,发挥老教师的作用,积极培养青年教师,使他们尽快地挑起教学重担。

4、负责新生入学和编班的具体工作,组织好期中、期末和毕业班复习考试工作。

5、检查、指导实验室、图书室、文印室和音乐室工作,注意图书、仪器、电化教具、体育器材等教学设备的管理与使用。

6、完成校长委托的其他工作。

(四)总务主任岗位职责

1、根据学校规划要求,拟订学校总体建设规划,搞好学校的基本建设,保证教学、办公及师生生活学习、工作的条件。

2、根据教学要求购置各种教学设备、仪器、教具、图书、体育、文艺、卫生、医疗、办公、生活等用品,保证教学方面的需要。

3、管理学校的各种财产,组织登记、保管、维修,建立必要的制度,经常向师生进行爱护公物的教育。

4、管理好财务,领导做好经费预算和决算。每月向校长汇报,建立财务的管理制度,组织好各种学杂费的收缴工作。

5、管理好师生生活,搞好饭堂工作,不断提高和改善膳食管理的水平,帮助师生解决日常生活的困难。

6、搞好学校环境卫生,保证良好的教育教学环境,做好安全保卫工作,制定安全保卫条例。

7、管理好各类勤工俭学,利用一切有利条件,增加收入,提高教师的福利待遇,不断改善办学条件。

8、合理地、科学地安排好后勤的工作和人员分工,制订后勤人员岗位责任及各种规章制度。加强总务部门的人员的思想教育,树立为教学服务、为师生服务的思想,加强责任感,提高服务质量。

9、合理安排好节假日教职工值班工作。

(五)行政办公室主任职责

1、每学期制定办公室计划并做好工作总结。参加校长办公会、行政干部会及职称评定的评委会,做好会议记录,并负责协调落实各处室、各部门的有关工作。

2、督促、检查人事干部工作。其中包括:教职工调动;编制出入;节假日福利造册;办理离退休手续;职称、评优的申报、材料、公示等前后期工作;师生的各类政审;人事档案的保管;印章的管理及各种证件的开发证明;各种"年报""年检"等报表的填报、传送工作。

3、负责教职工住房的调配,集资房、公改房的租购手续,负责校园网、有线电视网的管理工作。

4、关心教职工的生活,切实帮助教职工解决工作、学习及生活上的各种实际问题。

5、热情、细致、周到地接待来宾来访、办理本校师生出访手续,同时做好与国内外一些重要学校的联系和交往工作。

6、做好学校文书档案工作。做好各类来文、来电、来函的登记、处理工作,确保上级的指示及时传达、落实。

7、做好撰写校史、校志及人物志等各项工作,负责校史纪念馆工作,并做好校友会的工作,调动校友的积极性为母校做贡献。

8、做好学校车的调配使用及管理工作,督促、检查司机对车辆的保养、维修及各种票据的及时报购等工作。

9、完成校长等校级领导安排的任务,请示并定期汇报工作。

(六)少先队大队辅导员职责

少先队大队辅导员在上级团委和学校党、团支部的领导下,围绕全面贯彻国家的教育方针,坚持以教学为中心,针对队员的思想,系统制定少先队配合全校性思想教育工作的安排,针对少年儿童的特点,组织少先队员开展富有思想性、知识性、趣味性的教育活动,以形成良好的校风和生动活泼的学习局面。

一、领导中队辅导员工作,定期召开会议,组织学习,布置工作,总结交流经验,经常向主管领导汇报工作,争取他们的支持。

二、重视队干的培养,指导大,中队委和小队长订好工作计划,组织好队的活动,做好发展队员、选举、奖励等组织工作,充分发挥队于当家作主的精神,并认真搞好少先队的鼓号队、服务队和队部室、墙报、广播站等阵地建设。

三、在学校统一领导下,协同有关教师,开展文艺、科技、体育等活动,在队活动中锻炼队员自学、自理、自护、自律、自强能力,使之逐步成为有理想、有道德、有纪律、有文化的社会主义事业的建设者和接班人。

四、要真正成为少先队员的知心朋友和指导者,注意了解少先队员的思想、学习和生活情况,及时向学校领导和教师反映,开展有针对性的教育,使队员健康成长。

五、认真学习有关业务知识,加强职业道德修养,不断提高工作水平,作到热爱儿童,辅导育人,忠诚积极,立志为红领巾事业贡献一切力量。

(七)科组长岗位职责

一、制定学科教研活动计划,安排好学科教研时间,按计划组织好学科教研活动。

二、领导和组织本科教师学习业务知识,钻研标准,教材、教法,举行研究课，观摩课，组织专题研究，开展教学质量检查与分析。

三、及时了解各年级学科教研活动情况，抓好年级集体备课，指导各年级开展教研活动。深入年级听课（在各类公开课之外，一学期不少于10节），帮助教师提高业务水平。

四、科组长要有团队精神，严格要求全体教师，以改革创新的姿态，奋发进取的精神，通过积极实践，学习交流，注意培养教学骨干，及时推广先进的教学经验，努力开创学校教育科研新局面。

五、科组长要服从领导分工，对分管的工作要有责任心。要帮助本组教师解决工作中的困难和问题，并关心他们的学习、生活或疾苦。塑造自己良好的人格魅力。

六、每学期作一次学科工作总结，及时上报教务处。

七、负责《教师考核制度》规定的有关任务，客观公正地对科组教师进行考核评价。

八、负责定期检查老师的备课和批改作业的情况。

九、定期了解各班单元练习情况，并有针对性地对任教老师作适当指导。

（八）年级组长岗位职责

一、带领级组老师全面贯彻教育方针，执行学校布置的各项工作任务，按有关规定依时填收报表。

二、负责《考勤制度》规定的有关任务，协助政导处协调级组内的日常工作及其他级务工作。

三、负责《教师考核制度》规定的有关任务，客观公正地对级组教师进行考核评价。

四、每学期分析研究级内学生思想、品德、学习及身体健康情况两次以上，坚持正面教育，有针对性地开展全级性形式多样的思想教育活动，重视减轻学生过重的课业负担。

五、主持级会，组织以级为单位的校内外活动或各项竞赛活动。

六、级组长要带头发扬团结协作，互爱互助、互谅互让的精神，处理好级组之间的关系，以实际行动，带领教师创造良好的人际关系及和谐的工作气氛。

七、关心级组老师的思想、教学、进修、身体各方面情况，协调各班各科教学工作，尽力协调、平衡解决出现的各类问题，向行政反映级的好人好事和偶发事件、存在问题及对学校工作的意见。

(九)班主任职责

一、班主任是班集体的组织者和指导着，是学校贯彻国家教育方针，促进学生全面健康成长的骨干力量。贯彻《学生行为规范》要求，按照全面服务学生理念思想要求，促进学生全面发展。

联系本班的实际，开展班级工作，培养良好的班集体，全面关心、教育和管理学生。进行思想品德教育，着重培养学生良好的道德品质、学习习惯、劳动习惯和文明行为习惯。

二、经常与任课老师取得联系，了解学生的思想、学习情况，协同对学生进行学习目的的教育，激发学习兴趣。培养刻苦学习的意志，教会学习方法，学好功课，并掌握学生的课业负担量。

三、关心学生的身体健康。教育学生坚持体育锻炼，注意保护学生的视力，培养良好的卫生习惯。

四、指导班委会和少先队工作。培养团结友爱，积极向上的班集体。注意有针对性地做好特殊学生的教育工作。

五、指导学生参加劳动实践。关心学生的课余生活，支持并指导组织学生开展各项有益的课外活动。

六、搞好班级的经常性管理工作。对学生进行常规训练，做好学生的品德评价和学籍管理工作。

七、经常与家长保持联系，互通情况，取得家长的支持与配合，指导家长正确教育子女，注意争取社会力量教育学生。

(十)副班主任岗位职责

1、参加家长会，参加班干会议，凡学生外出、集会劳动、早操，都要跟班协助班主任工作，共同做好思想工作和处理偶发事件。

2、协助班主任出墙报，收缴各种学生交费及做好其他班级事务工作。

3、参加对学生评价工作，协助班主任搞好与学生家庭的教育配合工作，做好学生的档案资料工作。

4、班主任不在时,由副班主任代理一切班务工作。

(十一)教科研人员岗位职责

1、教科研人员具体执行和负责学校的教科研工作。

2、制定学校的教科研管理制度。

3、每学期初制定学校的教科研工作计划,期末进行教科研总结。

4、负责审定和批准各科组的教研计划,并监督实行,进行考核。

5、负责审批教师的研究课题申报,并监督实行,进行考核。

6、广泛了解教育科研的发展,深入钻研现代教育教学理论,对教师的实验研究负理论指导责任。

7、广泛收集教科研资料和书籍,及时向教师们介绍推广阅读。管理和整理好各类科研资料。

8、认真完成自己负责的课题研究任务,同时协助其他课题组的研究工作。

9、认真撰写科研论文,多出科研成果。

10、负责编辑教师的科研论文集,推广科研成果。

(十二)教师基本职责

《中华人民共和国教师法》阐明:教师是履行教育教学职责的专业人员,承担教书育人,培养社会主义事业建设者和接班人,提高民族素质的使命,教师应当忠诚于人民的教育事业。

一、教师应拥护中国共产党的领导,热爱社会主义祖国,热爱教育事业,努力学习马克思主义和党的路线、方针、政策,坚持四项基本原则,遵纪守法,有良好的师德,品德行为堪为学生的表率。

以服务为理念全面帮助学生成长、学习。关心爱护学生,教书育人,做到教育思想端正,教学态度端正,服从工作安排,积极完成学校规定的教育教学任务。热爱学校,努力做好本职工作,团结协作。

二、严格执行教学计划,按课程标准要求要求认真钻研教材,努力精通所教学课的教学业务,力求胜任大循环的教学任务。结合学生实际,制订教学计划,在教学中运用科学的教学方法,调动学生学习的主动性,积极性,合理组织课内外教学活动,对学生的作业能力作出妥善的处理。独立设计和正确运用试题对学生进行考核评价,努力提高教学质量,不但让学生基础知识学得扎实,还要有目的、有计划、有步骤地在教学中发展学生的智力,提高学生的能力,面对全体学生,重视对中下生的辅导,大面积提高教学质量。

三、爱护学生、教书育人,因材施教,严格要求,要善于发现培养学生中的突出人才,注意寓思想政治教育和品德修养教育于教学和课外活动之中,正确诱导学生个性发展和指导学生全面发展,培养有高尚的共产主义道德品质和良好的行为习惯。不得对学生体罚和变相体罚,热情做好中下生的转化工作。全面推进素质教育。

四、努力提高文化知识专业水平。使自己完备从事教育教学工作必须具备的基础理论知识和专业知识,努力提高教育教学水平。

五、努力提高教学研究能力,积极参加教育改革的试验,注意积累在本职教学、教育工作中心的资料,按学校教育教学工作的具体部署,认真做好各项计划、分析、总结工作,承担各项教育教学试验任务,认真总结、探索和掌握教育教学规律。

(十三)科任教师职责

一、严格执行教学计划,按课程标准要求要求认真组织教学。教书育人,完成教材、保证进度,搞好各科考核,并注重有计划辅导中下生,注重在各科教学活动中渗透思想教育。

二、科任教师要主动配合班主任做好学生思想教育工作,和班主任一起全面关心学生德、智、体、美、劳的成长。

三、科任教师按学校分工参加所在年级或全校组织的各项活动,对整体的工作负责,接受学校分配,承担文体、科技业余队伍培训及学校环境布置等工作。

四、科任教师必须做到课内、课外一起抓,主动及时处理课堂教学中学生出现的各种问题,要对教育教学的全过程负责。

五、学校要建立教师值日制度。科任教师在值日期间,应严格履行值日教师职责,处理有关偶发事件。

(十四)爱生公约

一、平等相处,以诚待生。用全新的教育理念看待师生关系,处理师生关系。

二、尊重学生，对有错的学生耐心教育，以理服人。

三、对学生不体罚和变相体罚。不随便赶学生回家或出课室，不罚抄、罚写。

四、关心学生身体，发现学生有病或受伤，及时送往医院治疗并通知家长。

五、关心学生健康，减轻学生过重的课业负担和心理负担。

六、对学生一视同仁，热情帮助中下生，不歧视，多鼓励，循循善诱。

七、师生关系融洽，热情帮助学生解决思想和实际问题。

八、爱护学生，深入学生中，细心观察了解情况，发现问题及时教育，妥善处理，确保学生在校安全。

（十五）财会人员职责

一、董事会及校长领导下管好财、用好财，做好后勤工作。

二、协助领导做好经费的预算计划，完成具体财务管理工作，经常向领导汇报收支情况，努力提高教育投入的社会效益。

三、认真履行具体责任人职责，做到依法收费，并做好收费登记、结算工作。

四、管好饭堂、膳食账目。

五、做好学校有关各项统计工作。

六、完成领导交给的其他任务。

（十六）电教人员岗位职责

一、电教人员负责全校电化教学设备的管理、维修工作，同时负责一般的电器安装、维修工作。

二、制定学校电教设备的管理制度，做好设备的登记、清点、使用记录、保管工作。

三、负责学校的网站及网络设备的维护，确保其下一常运转。

四、注意电教设备的维护，保证闭路电视系统、接待室设备、阶梯课室设备、摄像机、无线麦的良好备用状态。

五、对各班、各专用室的故障设备要及时维修。

六、根据学校教育教学的实际需要,提出电教设备添置的建议和计划。

(十七)教师值日工作规定

一、值日工作是教师工作的一部分。

二、每天编排值日教师若干人,选派一名值日组长。

三、值日时间:上午××:××——下午××:××。

四、值日组长任务:

1、领导、组织和监督检查值日教师、值日学生的工作

2、早上学生值日开岗,下午收岗

3、收岗时小结一天值日工作,提出表扬或批评,最后填写值日记录。开岗时提出要求

五、值日教师任务:

1、巡视管理学生在校一天的活动。

2、贯彻执行小学生日常行为规范,礼仪常规,纠正学生不良的言行。处理前、课间的突发事件。

3、管理和检查排归程队放学。

4、清场。

六、值日教师岗位:大门(口负责学生仪表、教师出勤记录)操场、天台、走廊等。

(十八)后勤工作人员岗位职责

后勤工作人员必须树立“为教学服务”“为师生服务”的思想,遵守学校各项规章制度,有事必须请示汇报。服从分配,乐于完成交给的工作,并按质按量完成。同事之间要团结一致,互相协调、互助互爱共同完成后勤工作,努力做好为教学服务的各类工作。各岗位具体职责如下:

一、保安人员职责

1、保安员要有高度责任心,高度警惕性,做好校门卫安全工作、热情接待来访人员、做好登记通传工作,谢绝闲杂人进校,当班时不擅自离开工作岗位。

2、加强巡视,晚上锁好校门,每小时巡校园一周,发现可疑迹象立即向校领导报告,如紧急情况立即与当地派出所和小区管委会联系。

3、加强门卫值班，爱护值班室一切物品，禁止无关人员在值班室逗留、闲谈。

4、交接班时间要做好情况纪录，明确责任、值班人员有急事暂时离开值班室，必须把校门锁好并有人顶替方可离开。

5、保安员未接到校领导或班主任的通知，绝不能让住校生离开校园。

6、节假日未经校领导批准不得放学生入校、其他单位人入校，玩篮球、足球、单杠等体育活动。

7、搞好各自地段卫生，每日对：花草施肥一次、隔日浇花一次、要勤除草、剪枝、洗鱼池、做好学校的绿化工作。

8、家长来校接学生，必须出示接送卡，才可让学生走。家长有事迟来接，不得放学生出校门，要看管好家长没接的学生，确保学生安全。

二、司机人员职责

1、热爱本职工作，服从分配、听从指挥、严格遵守国家法律、法令和学校的各项规章制度。

2、遵守职业道德，端正驾驶作风，增强岗位责任感，遵守交通规则和汽车操作规程。

3、每天早上6:45分准时开出校车，接学生回校上课，下午15:00准时送走读生回家，如遇到塞车等情况，要及时向家长解析清楚。

4、不准开快车，确保师生在车内安全。

5、车停定，才把车门打开，让学生落车。

6、车关好门，跟车老师告知司机，才能开车。

7、周日下午3:00准时接学生回校，做到缺一不漏。

8、爱护校产、公物，搞好车容卫生，认真保养车辆。要求做到汽车每天一清扫，保持车窗响亮、干净，车内舒适、设备良好、按要求时间汽车进行检查、保养，确保安全。

9、做好学校水电维修工作，每天到事务室门口查看维修记录本进行及时维修。

10、周五送完学生回家，请把车匙交给事务室。

11、兼职学校校门卫部分工作。

12、完成校长室同事务室交办的临时性工作。要做到随叫随到、随时出车。如：中午、夜间学生有急病要送医院，要马上出车，不得延误病情。

三、校医职责

1、每天做好晨检工作,并做好纪录,定期健康检查,及时掌握学生健康状况,建立健康卡,及时矫治近视眼、沙眼、龋齿、扁平足、脊椎弯曲。

2、开展卫生宣传教育、指导培养学生的良好卫生习惯,对高年级的学生进行青春期生知识教育。

3、督促和指导搞好学校环境卫生,膳食和饮水卫生、定期灭文、蝇、老鼠,预防食物中毒和传染病的发生。

4、每学年对学生进行一次健康检查。建立健康卡片和保健档案,做好体检,发长发育,疾病监察统计分析。

5、做好计划免疫工作,缺一不漏。注意季节性天气变化,冬季防寒保暖,夏天防暑度夏,做好防暑工作。

6、做好学生小伤小病的简易治疗和急重病的转诊工作,遇有偶发事件,要在第一时间报告,并采取应急措施。

7、对学生课内外活动进行卫生监督,防止运动量过度和意外伤害事故发生。

8、上好健康教育课,保证健康教育课有本、有教时、有教案、有考核。

9、加强饮食品卫生管理,办好学生闪失,安排好学生每周食谱,加强营养指导,食物搭配,卫生、科学合理。

10、每天检查全校的卫生,特别是各楼梯的睡室、厕所保持清洁、通风、无臭味、无污渍。

四、食堂人员职责

1、食堂工作人员必须严格按《食品卫生法》有关规定,严格执行食物存放实行“四隔离”。

2、工作人员必须穿工作服、带工作帽、开饭戴口罩。

3、食堂工作人员必须坚持社会主义服务方向,遵守社会公德,做到热情、周到、方便、满足师生不同的饮食需要。热情解决病号师生的用餐,征求意见,改进服务。

4、食堂周围环境卫生要经常保持整洁,垃圾要当餐清运。

5、饭菜周围质量要做到色、香、味俱好。根据不同季节经常变换品种花样、讲究味道,做到饭热、菜热、汤热。

6、负责学生饮用水的供应。

7、工作人员上班时必须检查食品原料及厨具卫生，下半时将工具、食具洗干净，并放在橱柜内，保持内外环境卫生。

8、库房熟品要分类，加盖、以防老鼠、蟑螂。

9、食堂要保持一天一小擦，一周一大擦、防止食品污染，保障师生身体健康。

10、努力做好膳食工作，同时安全注意用电、防火、安全，加强防范，杜绝不安全事故发生。

11、食堂工作人员每日定编人检查食堂内、外煤气瓶是否有关好掣，并锁好放煤气瓶的门，才能下班。

五、生活老师职责

1、有责任心，有法制意识，关心学生、爱护学生。

2、每天早上上班，检查每个学生情况，同时要点好人数，并做好交接纪录。

3、指导每个学生又快又好地处理内务，叠被褥，保持寝室清洁，使学生一切生活事能自主。

4、指导学生讲究个人卫生、勤洗澡、勤换衣服、勤剪指甲，不乱吃零食，防止病从口入，注意用人卫生，春、夏、秋、冻等适时添减衣服。

5、晚上要组织好学生分批冲凉，主动照顾好低年级同学冲凉环节，学生冲完凉或洗完头后，生活老师要用干毛巾擦头，并涂上面脂、润唇膏。

6、指导开展有益的文娱体育活动，组织好学生到扑克、象棋、游戏室等活动。

7、管理好学生作息时间，督促按时起床、就寝和处理内务，把握每个学生业余时间里的动态，不得让学生随意出校园。

8、禁止学生在寝室喧哗，做不文明游戏或其他不正当行为，组织好、安顿好学生情况，点齐人数，交给值班工作人员。

9、督促学生晚上听到熄灯铃声，要马上上床，不准大声讲话、吵闹、对学生要耐心教育，不允许大声训斥学生，要有爱心，要关心，爱护学生，让每个学生感觉到学校和在家一样的温暖。

六、清洁工人职责

1、负责校内的卫生保洁工作，包括：教学楼男女卫生间，教师办公室，九间功能室的公共场所的保洁工作。

2、保洁工作时间安排：

(1)工作时间为每天上午7:00－12:00，下午5:00－9:30，特殊情况除外。

(2)上午7:00－8:00搞分若干地段的卫生工作。

(3)上午8:00－12:00搞分若干地段的卫生工作、功能室、办公室。(室内外)

(4)负责送饭到各课室。

(5)下午5:00－5:30在睡室里督促学生拿衣服、食桶、毛巾、换洗的衣、裤等。

(6)下午6:00－7:00负责学生冲凉。

晚上7:00－8:30负责洗学生衣服、袜子等。

(7)晚上8:30－9:30搞各楼层走廊、厕所、楼梯的卫生工作。

3、卫生要求：

(1)要求每天拖抹一次楼梯、走廊、课室卫生。

(2)要求每天男女卫生间洗三次，瓷片要抹干净。

(3)要求每周擦洗一次走廊和教学楼走廊地面。

(4)每天抹一次楼梯扶手。

(5)功能室每天要用吸尘机(音乐室)吸尘，门窗地面要求每天拖抹。

七、夜班人员职责

1、工作人员需用高度责任心和爱心尽职尽责。

2、确保住宿师生正常生活秩序，每晚按时开好睡室门，并做好晚上交接班，点好人数，做好情况纪录。

3、晚上学上就寝后安锁好门，学生就寝后分别每小时巡查一次，与偶发事件须及时应变处理并报告校领导。

4、做好分若楼成、走廊、睡室、门、窗、风扇、清洁、卫生工作。

5、每周对学生是使用的毛巾、口杯、盒、桶、牙擦、拖鞋、枕头套进行消毒、清洁。保持睡室空气流通。让学生有一个清新舒服的环境。

6、直到学生要遵守作息时间、入睡关灯、管理用水、用电，防止铺张浪费。

7、工作人员每天入睡前要看门槛窗通风，睡室的厕所每天洗一次，每周用盐酸彻底清洗。

8、如晚上巡视学生过程要做到一摸、二看、三检查，发现学生生病，及时通知医生，并作好转诊工作。

(十九)实验室人员职责

一、执行学校有关实验室的工作计划，负责实验室的建设与管理工作。

二、按照教材规定的实验内容准备和开出教学事业，积极配合有关教师，、切实保证完成实验教学任务。并积极创造条件，组织学生课外科技实验活动。

三、不断总结经验，开展实验教学研究和教学仪器的研制，改进管理方法，努力提供实验室工作水平。

四、掌握实验仪器的验收、构造、性能、工作原理、熟悉材料、药品的性能。负责做好仪器设备的验收、保管、使用、维修、更新工作和材料、药品的使用、回收、处理工作。

五、负责实验室、仪器室及材料、药品、标本、模型、挂图、教具的物质管理工作:保持实验室整齐清洁，使教育学生保持良好习惯。

六、采取措施确保人身安全和健康，保护好国家财物。按规定做好三废处理工作。

第二部分　工作制度

(一)行政班子学习,会议制度

一、学习制度

1、行政班子人员必须坚持学习,努力提高自身素质。

2、学习内容以邓小平理论,教育,教学理论,心理学习为主。

3、学习形式以个人自学为主与行政中心学习组讨论相结合。

4、坚持每月行政中心学习组进行学习讨论一次,中心为组以自学基础上的中心发言与集体议论相结合,行政人员要按时保证参加学习,积极发言。

5、要求中心组成员适当写读书笔记。

二、会议制度

1、学校一切重大问题必须经行政会议讨论后,取得统一意见才作出决定。

2、每周召开行政会议一次,沟通各部门情况,小结本周工作,研究和部署下周工作。

3、每学期开学前专门召开行政工作会议研究制订学校工作计划。

4、每学期中段召开一行政会议检查分析上半学期执行工作计划情况,并对教学质量和学生思想品德情况进行研究,对下半学期工作提出指导性意见。

5、每学期末专门召开行政会议全面总结本学期工作。

三、校长办公会议制度

1、校办公会由校长主持,一般每每周召开一次,周日16:00时进行。

2、校长办公会由学校校级领导和学校中层干部参加。

3、校长办公会的议题,由校长商定。

4、各处室(园)提请办公会研究决定的问题,填写议题单,提交校长办公室主任,由校长办公室主任向校长汇报后,安排议程与时间(一般在每周星期四上午)。

5、校长办公会研究决定的问题,由教学科研处处长、德育处处长、后勤处处长、人事劳资处处长、校长办公室主任、幼儿园与有关处室组织实施,校长办公室负责协调督促,并及时向校长报告。

校长办公会议工作流程

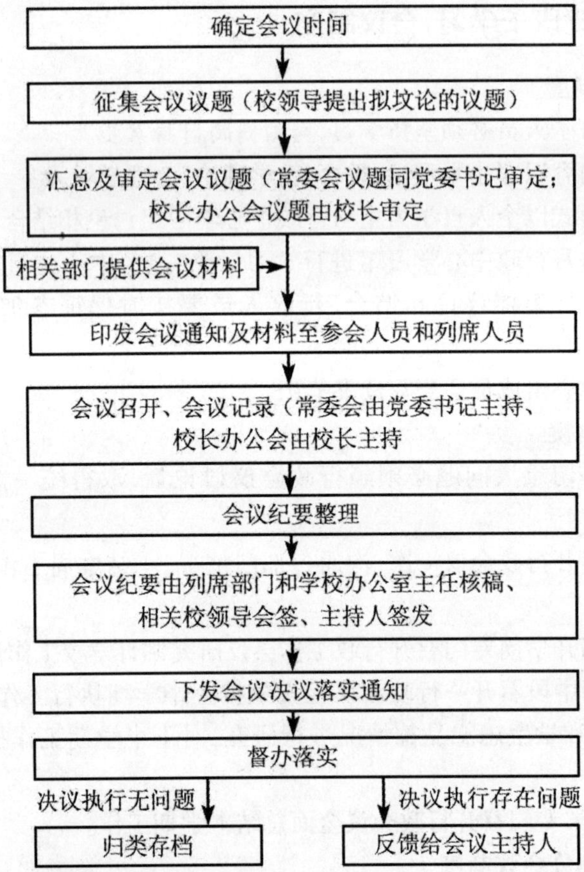

(二)校长办公会议事规则

1、校长办公会的主要任务是:就学校的发展建设、中心任务和其他重要行政工作做出决策;讨论教学、科研、行政、后勤等工作中的重要问题,并做出相应决定;听取各行政职能部门的重要工作汇报,分析学校形势,检查总结工作。

2、校长办公会研究处理的事项主要有:贯彻落实上级指示的具体措施;校党总支提出的重要问题;学校长远发展规划、年度工作计划及重要工作的实施方案;学校、教学、科研、行政、后勤等工作的重要改革措施及实施办法;机构设置调整和一般人员调配;职能处室年级月工作检查测评;对教职工的奖惩、奖金分配方案;重大活动的接待安排;重大工作计划的执行情况和工作总结;安全保卫的重要问题;其他重要工作。

3、校长办公会参加人员:校长、教学科研处处长、德育处处长、后勤处处长、人事劳资处处长、校长办公室主任、幼儿园和学校中层以上干部,必要时通知其他有关人员参加。

4、校长办公会召开时间:一般每周召开一次,特殊情况可随时组织召开。

5、校长办公会由校长召集和主持,当校长不在时由主持工作的中层召集主持。

6、需提交校长办公会讨论的问题,有关方面必须作好准备,认真填写议题内容,拟定解决措施和办法,并经过分管校长同意,在开会的两天前交人事劳资处,由人事劳资处处长汇集后送交校长确定议题。未列入议题的事项,会议不做讨论。

7、校长办公会要贯彻民主集中制,研究问题时要充分发扬民主,重要问题需经到会人员充分发表意见。重大问题要经过调查研究、科学论证,有关部门要提出书面意见,并提交两个以上的方案,以增强决策的科学性。会议主持者要在充分听取各方面意见的基础上,集中多数人的意见,做出决策。当意见分歧双方人数相当时,可再次复议,重大问题请上级决定。

8、参加会议人员要按时到会,集中精力研究工作。会议期间一般不会客,不办与会议无关的事情。要严格执行保密纪律,不准泄漏会议讨论情况和会议决定的机密事项。人事劳资处认真作好记录并妥善保管会议记录,对一些重大问题必要时形成会议纪要,下发各处室贯彻执行。

9、对会议决定的问题,须明确主办单位和协办单位。人事劳资处协助校长了解决议执行情况和催办有关事项,并把办理情况及时向校长汇报。

(三)学校会议主持“十不”要求

1、不迟到,准时开会,对无故迟到者进行批评。

2、不开没有明确议题的会。

3、不开有许多议题的会。

4、不开没有准备的会。

5、不开可开可不开的会。

6、不允许与会议无关的人参会。

7、不要作离题的发言。

8、不要作重复性的发言。

9、不要议而不决。

10、不要开“马拉松”式的会,每次会议一般不超过一小时。

(四)教职工参加会议、学习制度

一、会议的形式有上级主管部门召开的党、政、工、团、教研等会议,学校的行政、校务、周工作布置,政治学习,业务学习,科级组,少先队会议及总务后勤人员会议。

二、各级主管部门及学生的会议活动,全体校职工无特殊情况都要认真参加。确因事不能参加者,必须向校长或有关行政说明原因,获批准作请假论,如末请假不出席,不参加会议学习者作旷工论处。

三、要遵守会议纪律,准时到会,不早退不中途离场,及时做好记录,不交头接耳,不做与会议无关的事情,影响会议质量。

四、对会议的内容和工作质量,要认真领会精神,深入讨论、贯彻、执行,按时按质完成任务。

(五)考勤制度

一、住校教师早上6:00到校带学生晨运,值日教师7:00前到校,负责早读教师早上7:40前到校,其他教师7:55前到校。

二、病、事假提前书面告知有关领导,不能提前写请假条者须后补。无请假手续则视为旷工。请假三天内按实际时间扣基本工资及奖金,请假三天以上的除按实际时间扣基本工资外,不发当月奖金。教师如调课后请假则只扣上述处理方式的一半。

三、旷工一天以内扣发当天工资和奖金;两天以内除扣旷工时间工资外,并取消本月奖金、嘉奖;连续旷工三天作开除处理。

四、上下班按时打考勤卡,无按时打卡者每次罚5元(有特殊情况漏打卡者事后须由有关行政签名证明)。

六、加班须主管领导登记,并交由财务核准考勤卡情况后发给加班费。

七、假期发放基本工资。假期加班,除领假期工资外,还可按实际加班天数参照按平时每月工资、奖金总和的平均数计算加班费。

八、上班时间不得做私活、办私事,擅自离岗作旷工处理。

九、本校教职工如要辞职须提前一个月写辞职报告,呈交主管领导签字后才能离岗,否则当旷工处理。

(六)学生考勤制度

一、学生必须严格遵守学校的规定,做到不迟到,不早退,不旷课,因事或因病不能上学者,要办理请假手续,未经请假而不上课者作旷课论。

二、学生考勤情况每月由班主任公布一次。学期结束时,需将学生情况填入学生手册,向家长汇报。对全勤的学生,应给予表扬,并作为评选三好学生和优秀少先队员的条件之一。

三、学生请假需有家长或医生证明,请假三天以内的由班主任审批;请假一周以内的,经班主任和教导主任提出意见,由校长审批。学生因急事或因病来不及请假者,应在回校后两天内持证明办理补假手续。

四、患有传染并不宜上学的学生,应请假治疗,经医院治疗并具医院证明治愈或确已没有传染性,方可继续回校学习。

五、患有慢性病不能坚持学习的学生,凭医院证明可申请休学半年,休学期满应回校办理复学手续,经医院证明病未愈不宜复学者,可继续休学半年。请假超过一个学期上课总时数三分之一者,学校可作休学处理。学生休学期满,应于新学期或新学年向学校申请复学,由学校编入相连接的年级学习。学生复学时,如原校已改办,停办,搬迁或与他校合并,可持休学证书向当地教育部门申请,由教育部门安排到性质相同的学校复学。

六、校长和班主任每天掌握学生考勤情况,对旷课、迟到、早退的学生,及时查明原因,与家长配合进行教育。学校要采取有效措施,做好工作,尽量减少和杜绝学生非生常流动。

(七)小学生日常行为规范养成教育细则(试行稿)

一、升降国旗制度

为贯彻《中华人民共和国国旗法》,严格升降国旗制度,使学生通过升降国旗过一具有教育意义的仪式受到深刻的爱国主义教育。特此,对小学生升降国旗仪式提出

如下要求:

一、升国旗仪式

(一)时间:

1、每周星期一早晨(寒、暑、例假出外,遇到恶劣天气可不举行)。

2、重大节日和纪念日

(二)参加人员

1、在校的全体师生。

2、经过现场的人员。

(三)程序和要求

在学校统一指挥下,师生分别依序面向升旗台整理仪表整齐列队。

1、"升国旗仪式现在开始,全体肃立"。

2、介绍本周升旗手。(国旗手站在国旗杆旁边)

3、"出国旗,敬礼"

鼓号、乐队奏乐。四名旗手每人手执国旗一角,高度至肩部,护旗手随旗手后面,齐步走向旗杆下。场地狭小的学校持旗方式可因地制宜。

4、"升国旗,奏国歌。"

国旗随乐曲徐徐匀速升旗,国旗升至杆顶。全体师生行注目礼,少先队员行队礼(戴帽者要脱帽)。

5、"唱国歌"

全体师生在主持人的指挥下,音乐伴奏着高唱国歌,要求歌声洪亮,发音准确。

6、"国旗下讲话"

全体稍息。由校长和行政领导、团员、先进人物做简短而有教育意义的专题讲话。讲话时间已控制在5分钟之内。

7、“齐呼号、校训和唱校歌”

“我是中国人,我爱我的祖国。我们的校训……”或唱校歌。

8、“升国旗仪式到此结束”

主持人统一指挥队伍有序离场或进行其他活动。

二、每日升降国旗制度

在总辅导员指导下旗手合乎旗手每天傍晚静校前降下国旗,次日早晨升旗国旗(均不举行仪式)。

国旗升、降时,不得让国旗接触到地面。经过现场的师生员工都应面向国旗,自觉肃立,带国旗升降完毕后方可自由行动。

三、几点注意事项

1、要指导学生开展“升国旗的联想活动”。抓住学生的兴趣点、兴奋点,要求学生在国旗升旗的一瞬间,眼睛注目国旗,脑子里联想:当国旗升旗的时候,我想起了什么,把自己的想法在日记上记下来或在晨会、办会上说出来,激发学生情感。

2、为保持升国旗仪式的严肃性,在场人员在整个升国旗仪式过程中不得随意走动或中途离场,且必须面向国旗肃立。

3、升国旗仪式要严格按规定程序进行(时间一般控制在 8 - 10 分钟之内),不得随意价差其他内容。情况小结、工作布置、评比颁奖等应放在升国旗仪式结束后进行。

4、为确保国旗下讲话的庄严性,国旗下讲话的发言人必须面向全体师生、规范的站在国旗下进行。

5、各校可结合学生情况实际,推选先进学生和进步大的学生和有突出良好表现的学生轮流担任升旗手。旗手合乎期许经过严格训练后方可执行升降其任务。

6、不得升挂破损、污损、退色或者不合规定的国旗,以保护国旗的尊严。

7、指定责任人再生七千要认真检查国旗放置的位置,以及扣钩、拉杆、拉绳的状态,以免出现国旗倒置、中途滑落或升降受阻等技术性故障。同时,对在升国旗仪式中使用的音响、录音带等设备亦应作好检查。

二、国旗教育

1、尊敬国旗。全体学生每周一早晨参加升旗仪式。平时实行早晚升降国旗仪式。

2、升旗仪式常规要求

①全体学生必须穿校服,少先队员佩戴红领巾。

②升旗仪式铃声响,各班学生在教室外走廊整理好队伍,按鼓号队演音乐节拍沿规定路线有秩序走进操场指定位置。不得跑步,不得推、撞,要保持安静,各中队长负责整理好队伍。

③升旗仪式开始时,全体学生按队列要求成立正姿势,精神饱满,严肃目送旗手护送国旗到旗杆下。

④奏国歌升国旗。全体学生向国旗敬礼,少先队员行队礼,非少先队员行注目礼。全体学生随国旗徐徐上升至旗杆顶、行注目礼。

⑤唱国歌时要满怀激情、引吭高歌。

⑥诵读校训时应声音洪亮,整齐有力。

⑦国旗下讲话时,全体学生保持肃静,认真听。

3、平时经过旗杆正遇到升(降)国旗时,须立即停下来,行注目礼送国旗升(降)完毕,方可离开。

4、国旗教育各年段要求。

	低年级	中年级	高年级
1	学唱国歌	会唱国歌,理解国歌歌词意义	唱好国歌,理解歌词含义
2	学会向国旗敬礼	认真地向国旗行礼	向国旗行礼规范
3	认识国旗国徽	懂得国旗,国徽的意义	理解国旗、国徽的含义

(七)十项教育

一、礼仪教育:

1、听老师的话,遵从老师的教诲,接受老师的帮助教育,不与老师顶嘴,叫老师要用尊称。例:“陈老师”,不许直呼姓名或指名道姓。见到老师要主动打招呼、行礼,会使用礼貌用语。

2、孝敬父母,不给父母添麻烦,不任性,不撒娇,不无理取闹,不当“小皇帝”。

3、尊敬老人,跟长辈讲话要有礼貌要轻声细语。

4、乘车、乘船自觉购票,主动给老人、病人、孕妇让座。

5、同学间有意见要互相谅解。不给别人起绰号,不讥笑别人的生理缺陷,不背后乱议论别人。爱护小同学,不作弄不欺负小同学。

6、坚持讲普通话。使用礼貌用语,如“请”、“谢谢”、“别客气”、“对不起”、“请原谅”、“没关系”、“你好”、“你早”、或“××好”、“××早”、“××再见”等。见各年级要求:

低年级	中年级	高年级
学讲普通话,学习使用礼貌用语。	坚持讲普通话,注意使用礼貌用语。	讲好普通话坚持使用礼貌用语。

7、少先队员上学要戴红领巾。(夏天天气炎热时可以佩带队徽)学生在校不结领带、不穿拖鞋,不戴有色眼镜。女生不烫发、不戴戒指、项链、不穿背心,学生不戴迷信物,不穿奇装异服。

三、卫生习惯教育

1、公共卫生要求

①不随地吐痰。吐痰时,有痰盂地方应吐入痰盂。在教室应把痰吐在纸上包好,课间时扔进纸篓。

②不乱丢纸屑,废纸张扔进纸篓里。提倡见纸就捡的好风气。

③不乱扔果皮和包装物。果皮和包装物应扔进果皮箱或垃圾桶里。野外郊游用餐离开时应把废物收拾干净。

④不乱扔垃圾。垃圾应倒在垃圾桶里。

⑤不随地大小便,大小便应上厕所,并在厕所指定位置进行,保持厕所的卫生。不在厕所内乱倒吃剩的饭菜。

2、场室卫生要求:

① 要搞好课室和包干区的卫生保洁工作,包括课室内外、包干区的地面、墙壁要保持干净,桌椅、扫把等物件要摆放整齐。

②实行个人包干责任制做好自己座位附近一带的卫生保洁工作。

3、个人卫生要求:

勤剪指甲,常洗头,常洗澡,勤换衣服,早晚刷牙,勤洗脸,上学要带手帕,衣服整洁。

自我服务卫生方面	低年级	中年级	高年级
	学习天天刷牙洗澡、洗脸。	坚持天天刷牙洗脸，学习剪指甲、洗澡、学会自己换衣服。	坚持天天刷牙洗脸，会自己洗头，会剪指甲，自己洗澡，自己整理好仪容仪表。

4、用眼卫生要求：

①看书和写字要保持正确姿势，做到用眼卫生保持“三个一”即：

眼离书、本一尺，手握笔、离笔尖一寸、课桌离胸一拳。“四个不”即：不在太弱和太强的光线下看书，不在行驶的车船上看书，不躺着看书，不长时间看电视和玩电子游戏机。

②坚持天天做好眼保健操。在上午第二节课和下午第二节课前全体同学身体坐直，闭上眼睛做好眼保健操。做操时应按节拍，按准穴位认真做，不许讲话，不许离开座位，不许做别的事情。

四、纪律教育：

1、队列要求。

站立排队	低年级	中高年级
	按队形排好，眼睛看前方。不乱动，不讲话。 在老师的指导下，学习排队学会排队。	按队形站直、挺胸收腹，两眼平视前方，两手放两侧，保持肃静，在班干部带领下排好队。做到快、静、齐，队形要直。

2、做操要求：

①全体同学要求参加广播操，生病或有伤的经老师同意后方可免予参加。

②要求：早操铃响全体学生在教室外走廊整理好队伍，随着乐曲的节奏齐步走（上下楼梯应轻步）按规定的路线进入操场的指定位置，排头的学生应定好位置，与左右班级的同学对齐。不得跑步，不得推撞，保持队伍安静，边踏步边看齐。

③做操要跟准节拍，动作要刚劲有力，认真完成每一组动作。

④做操完毕，听乐曲节奏，按规定路线退场，整个过程注意保持队形整齐，安静地回到课室。

3、课前准备要求：

课间应事先做好下一节课所需课本学具，预备铃响一切活动停止，一律进入教室,摆放好课本学具,坐在座位上闭上双眼伏下静等老师上课。到专用室上课时应在预备铃响后全体学生到达专用室。

4、课堂纪律要求:

①遵守课堂秩序,不做小动作,不与他人讲话,不作弄同学,不离开座位,不插嘴,不打瞌睡,不看与本节课无关的书,不做与本节课无关的作业。

②发言要举手,举手动作要规范,不能边举手边叫喊,回答问题要起立,回答问题时不能拖腔,要讲完整话。

③不做违反课堂秩序的事,上课时不许随便喝水,吃东西,冬天上课不准戴帽子、戴手套。

④迟到者应站在教室门口立正,向老师行礼报告迟到,经老师同意后方能进入教室。

⑤课堂师生问好要求:

a、值日班干部待老师进入课室后叫口令:“坐好!”。

b、全班同学立即改伏为坐,双眼正视老师。

c、老师叫:“上课”。

d、值日班干部叫口令:“起立!”。

e、全班同学迅速起立,两手侧放面向老师站好。

f、老师:“同学们好!”

g、学生一起向老师鞠躬行礼:“老师,您好!”

h、老师点头示意。

i、值日班干部叫口令:“坐下!”

j、全班同学迅速坐下双手放桌面坐好。

5、课间要求:

①在走廊和楼梯行走不蹦跳,不追逐,不在走廊和教室里打球、踢毽子、跳橡皮筋等。

②上下楼梯靠右行走

③不三三两两搭肩并排走。

④自觉遵守课间“五不”即:不追逐打闹,不拳打脚踢,不大喊大叫,不扔沙石,不做危险活动。

⑤课间提倡文明健康活动,课间活动不宜激烈。

⑥不准在风雨操场内踢球,在操场上踢球、打篮球、羽毛球要经老师同意。

⑦在操场活动区要注意安全,不玩危险游戏,互相礼让,遵守纪律。

6、上学、放学要求:

①上学放学不在路上玩耍、逗留或追逐打闹,不跟别人去玩。

②不迟到、不早退、不逃学。有病有事不能来校上学要向班主任请假。

③放学时各班组织队伍收拾书包在课室门前排好队,有秩序、安静地带队伍离开,出到校门口方可解散,路上不追逐、不打闹。

7、在家要求:

①放学回家后应抓紧时间做功课,或者帮忙做一些力所能及的家务。

②吃完饭后可适当看一些新闻或教育节目,不宜看电视连续剧。

③抓紧时间温习功课,按时睡觉。

④晚上睡觉时间:低年级8:30,中年级9:00,高年级9:30。

(保证每天不少于十个小时的睡眠时间)

8、校外活动要求:

①听从老师的指挥,不擅自离开队伍,离开队伍时要征得老师的同意并有人做伴,不独自行动。上下车船有秩序,不争抢座位。路上行走要保持好队形,不讲话,不打闹。

②看电影或文艺演出时,不随便走动,不讲话,不开玩笑,不打闹,不带零食吃,上厕所要有秩序。

五、学习习惯教育:

<table>
<tr><th></th><th>低年级</th><th>中年级</th><th>高年级</th></tr>
<tr><td rowspan="2">1、听课</td><td colspan="3">上课专心听讲,积极动脑筋,大胆发言,不懂就问,回答问题声音响亮。</td></tr>
<tr><td></td><td>学习记简单笔记。</td><td>会记笔记。</td></tr>
<tr><td rowspan="2">2、作业</td><td colspan="3">①按时完成作业,当天作业当天完成,做到不拖欠,不缺交,不抄袭作业,不叫别人代做。
②作业书写要工整,按老师的要求和规格做,做作业时要专心,不许边做边玩。
③养成先复习功课后做作业的好习惯。</td></tr>
<tr><td>在父母的关心下完成作业复习功课。</td><td>在父母的提醒下完成作业复习功课。</td><td>自觉、认真地完成作业复习功课。</td></tr>
<tr><td>3、使用课本</td><td>学习读书和看书。</td><td>学会读书和看书。</td><td>认真读书和看书。</td></tr>
</table>

续表

4、阅读	学习看浅显的课外书,把主要内容复述给别人听。	学习看儿童读物写简单读书笔记。	看有益课外书,写读后感和读书计划。
5、使用工具书		学习查字典。	会用字典。
6、使用草稿纸	在老师、家长的指导下学习使用草稿纸。	有计划地使用草稿纸。	规范使用草稿纸。
7、	在家认真学习功课,老师布置的内容一定要完成,不能迷恋电视或电子游戏机而影响功课。		

六、劳动习惯教育:

1、积极参加学校组织的各种劳动,上好劳动课,带好劳动工具。劳动中做到不怕脏臭,抢重活干,努力完成劳动任务。

2、自我服务劳动要求:

	低年级	中年级	高年级
在家	在父母的指导下,自己的衣服、用品摆放整齐。做完作业会收拾学习用品。学习整理书包、穿衣服。自己吃饭。学会洗脸刷牙、梳头发,穿鞋戴帽。	学会自己的生活小事自己做。会收拾学习用品,整理好书包,学习收拾房间,做力所能及的小家务。会洗简单衣物。	会自己料理生活小事,会收拾房间洗衣服,洗碗、洗地板,做简单饭菜,承担力所能及的家务活。
在校	学习当值日生。15 分钟内完成教室扫地清洁任务。	做好值日生工作,负责好卫生责任区的清洁工作。10 分钟内完成教室扫地清洁工作。	认真当好值日生,负责好卫生责任区的清洁工作。10 分钟内完成教室扫地清洁工作。

七、爱护公物教育:

1、爱护课桌椅。不在课桌上刻画、涂写。不踩、摔、推、拉、摇课桌椅。

2、保护好课室的门窗及玻璃。放学关好门窗,不打破玻璃,不用力关门。

1、保持教室、走廊、楼梯墙壁洁净。不在墙上留下脚印、手印、球印的污迹。

2、爱护教学用具,劳动用具,实验器材,活动用品,演出器材和服装。不随意损坏、不丢失、不乱放。

3、爱护学校的一切设施。

4、爱护他人和集体财产。不损坏他人和集体的东西。

5、爱护社会的公共设施。不损坏果皮箱,宣传牌、广告栏,公园的桌椅、栏杆等。

6、爱护花草树木,保护益鸟。不摘花,不折树枝,不爬树,不摇树。

八、勤俭节约教育:

1、生活要勤俭,正确使用"压岁钱,不乱花钱",不随便向家长讨零花钱。

2、克服爱吃零食的不良习惯。不乱吃零食,不带零食到校。

3、爱惜粮食。不挑吃,家长煮什么就吃什么。课间餐要在教室吃完,不乱倒课间餐。

4、穿衣要整洁朴素大方。不穿奇装异服,不穿名牌衣服、歇袜,不搞攀比。

5、提倡节约。不丢弃和随便损坏生活用品和学习用品,能用的应该继续使用,学会变废为宝、废物利用。

6、节约水电,随手关灯、关水。

九、安全教育:

1、不玩火。不放鞭炮、烟花,摔炮等不玩打火机、蜡烛。

2、不玩电器。不乱拆用电器,不乱拉电线。

3、不私自游泳,不擅自到海边、水库、池塘边玩要。

4、不做危险活动,不开危险玩笑。不爬树、不爬墙。不爬在栏杆或阳台上玩。同学之间不推推拉拉,节假日不三五结群到处闲逛。

5、遵守交通规则。不在马路上玩要、踢球追逐打闹,不在马路上学骑自行车,不违章骑车。

6、上下车船有秩序,不爬不搭车船,不抢座位。

7、在家做好放火防盗,遇到危险情况及时向家长反映或打电话报警:

盗警:110　　火警:119　　急救:120　　交通:122

十、品德教育：

1、要当个诚实的孩子。

①不说谎话，做错事要承认，检讨或道歉，要有勇气和毅力改正缺点。

②拿别人的东西和钱是坏孩子的行为。借了东西用完要及时归还，不能占为己有。拾到东西和钱要交还失主或交给老师。

③损坏公物或他人东西要赔偿和道歉。

④考试不偷看，不抄袭，不递条子，不交头接耳。

⑤在校和在家表现要一个样，不能有两种表现。

2、积极开展"红领巾读书"活动，不看不健康的书报和影视。

3、不沾染社会上的坏风气。不吸烟不喝酒，不赌博或变相赌博，不猜拳。

4、积极参加学校、少年宫等校方各部门组织的各种有益身心的活动。不参加封建迷信活动，不信教。

5、敢于同坏人坏事和不良行为作斗争。敢于检举揭发坏人坏事。

(八)鼓号队训练制度

一、鼓号训练时间：

队员必须依时到齐，如有事不能来必须提前口头或书面请假。

1、实行分组管理。组长每周选一次，由辅导员制定上周训练任务最好的队员担任。组长的职责：管理训练纪律，协助老师指挥组员完成训练任务，训练结束后交还器材和向老师报告训练情况。

2、对鼓号队员的训练进行记录，并根据他们平时训练的表现评比，每学期评出"优秀鼓号队员"。

3、器材实施编号管理。队员训练时对号拿器材，专人专用，如有损坏照价赔偿。

4、对违反上述鼓号训练纪律的队员进行如下处分：

① 警告 ② 三次警告后仍不改正者开除出队。

(八)班风评比制度

目的：

为了让学生从小就养成遵守纪律，勤奋好学的良好习惯，对全体学生有计划、有步骤地进行日常行为规范的培养，使学生养成全面的良好的道德行为。

评比依据：

按照《小学生日常行为规范》、《小学生守则》，并根据我校制定的《日常行为规范养成教育训导细则》，制定班风评比项目及要求。

评比内容：

早读、课间操、眼操、课堂纪律、课间纪律、卫生（室内外）、归程队、小星星广播、黑板报、队容、升旗（集会）活动、文明礼貌、安全。

评比人员安排：

值日组织：归程队、汇总

体育组老师：课间操、升旗（集会）

卫生老师：眼操、室内外卫生

各科任课老师：课堂纪律

大队部、执勤队：早读、课间操（队伍行进及集合）队容、课间纪律、卫生保洁、小星星广播、汇总、黑板报、安全、文明礼貌

评比构思：

1、各项评比由各负责人员按要求进行评比。

2、每月作出总评结果，表扬分数值高的班级。

3、参照要求，评出好、中、差三个定性评语，并定出量化分数（好：5 分、4.5 分、4 分；中：3.5 分、3 分、2.5 分；差：2 分、1.5 分、1 分）

4、每周进行一次统计，学期结束汇总评选优秀集体。

5、负责评分老师当天将评比情况交到大队部统计。

实施方法：

1、向班主任分发各项评比项目的要求及评比细则。

2、利用班会、校会向学生进行评比要求的宣传。

3、第二周试行，第三周正式开始实施。（公布各班评比成绩）

奖惩：

1、每周按评比结果评选出 6－8 个流动红旗班，并颁发流动红旗。

2、学期结束，根据每周评选结果，选出 3 个优秀集体。

3、课堂纪律、黑板报、安全的评比结果，作为学期末评选优秀集体的条件之一。不作每周评比流动红旗的内容。

各项评比细则(要求评定)

早读:

1、早读过程中,全体学生积极参加,没有同学搞小动作,无一人迟到。好。

2、进行早读时,有个别同学讲话、搞小动作,有5人以下迟到。中。

3、早读时,有较多同学讲话,搞小动作,课室嘈吵,有8人以下迟到。差。

课间操:

1、进、退场快、静、齐,做操队列整齐,动作规范、认真。好。

2、进、退场有人讲话,队列不够整齐,动作不听节拍。中。

3、进、退场吵闹,队列零乱,动作马虎。差。

眼操:

1、按眼操要求,认真做好,动作准确,全过程不张开眼。好。

2、做眼操期间,有讲话、搞小动作现象,部分同学动作不准确。中。

3、做眼操期间,大声讲话,有互相搞小动作现象,大部分同学动作不准确,甚至全班没有做眼操。差。

广播:

1、安静专心收听广播,课室内没有人走动、聊天,反响效果好。好

2、收听广播时,有个别同学讲话或搞小动作、做作业。中

3、收听广播时,课室乱哄哄,吵闹声大。差

卫生:

1、课室与包干区地面和墙壁干净,桌椅整齐,墙壁、黑板无乱涂乱画,扫帚摆放整齐,坚持做好保洁工作。好。

2、课室保洁工作做不好,地面有纸屑,扫帚没摆放好,包干地段墙壁有弄脏现象。中。

3、课室有大量纸屑,桌椅凌乱,扫帚乱放,包干地段墙壁有严重弄脏现象。差 。

课间纪律:

1、没有在走廊、课室追逐、打闹,开展有益身心的活动。好

2、有同学在走廊、课室追逐、打闹。中。

3、课间活动因追逐打闹引起事故。差 。

升旗(集会):

1、升旗时严肃认真,集合队伍快、静、齐,听从大会指挥,集中精神听讲。好。

2、集合队伍拖拉,有讲话现象,行进时不够整齐,有个别分散精神。中。

3、集合队伍时较慢,有大声讲话现象,影响会场,较多人分散精神。差。

归程队:

1、每天放学时都能排好归程队离开学校,队伍整齐,并向老师说“再见”。好。

2、归程队队伍零散,有奔跑现象。中。

3、归程队队形零散,不成队伍和不集合队伍。差

课堂纪律:

1、全班同学遵守课堂秩序,不搞小动作,认真听老师讲课,积极举手发言。课堂纪律良好。好。

2、有个别同学没有遵守课堂纪律,搞小动作,没有认真听课。中。

3、有较多的同学不遵守课堂秩序,课堂乱哄哄,吵闹声大。差。

队容:

按要求穿校服、佩戴红领巾或队微。要保持服装和红领巾的整洁,一个同学没有穿校服或没有佩戴红领巾扣0、1 分。(利用早读时间检查)

文明礼貌:

会使用礼貌用语:“请、对不起、没关系、谢谢、早上好、再见”。

黑板报

能按学校和少先队大队部规定的主题按时完成,每次评比成绩优秀。试打分情况而论。(每月评比一次)

安全教育:

能正确处理学生之间的关系,不体罚和变相体罚学生。与教师们共同管理一日常规,使学生的早锻、早餐、午饭、午睡、放学,晚修等正常进行,做到无安全事故发生。

(九)卫生包干制度

一、实行卫生个人包干制度,按常规每周清洁一次,遇特殊情况应随时清洁。

二、责任到人,行政随时检查,如发现脏乱作失职论。

三、清洁包干地点及要求如下:

人员	清洁地点	要求
班主任 副班主任	课室、门前走廊(包伙天花板、走廊围栏、瓷片)	(1)每天扫门窗灰尘、扫地两次。 (2)每周用水抹门窗、黑板及室内东西,走廊围栏、瓷片等。用水拖地一次。
卫生老师 总辅导员 财务 炊事员 体育老师 电脑老师 住校老师 杂工	卫生室 队部室 财务室、校产储物室 厨房、储物室、食堂、面包房 体育室 传达室 宿舍 功能室、厕所、学生睡室、空地、楼梯、绿化地、洗澡房	室内外及室内东西每周用水抹一次,用水拖地一次。

(十)少先队值勤队长的工作要求

一、负责组织本队值勤队员的组织工作,检查各岗位的情况,保证每个岗位有队员负责值勤,如发现缺席的,应马上协调好。

二、值勤队长要到卫生老师拿卫生眼保健操的评比结果(在第六节下课后),下午放学后把评比总表交给总值日老师评分和汇总。早操后问体育老师要早操评比结果。下午放学后组织队员清场、评分、降旗等工作,周五要把流动红旗收回来,交给关老师。

三、接受大队委员的检查,接受老师及同学的意见,遇到特发事件一定要立刻报告老师。

四、下午放学值勤队长一定要做好交接班的工作。(登记表、胸卡等)。

(十一)少先队执勤队员的工作要求

一、每天早上7:20前到岗,站好自己的岗位;门口站岗的同学要做好升旗、给到校老师开门的工作。一般情况下,不得让家长进入校园。

二、每天固定岗位值勤时间为早上7:20-7:45;下午4:55-5:15。

三、负责大门口岗位的同学在开门后要注意不要让家长及闲杂人员进入校园。注意在值勤时使用礼貌用语,见到老师要行队礼及问好。

四、负责各楼值日的同学维持好本层的纪律,包括早读、文明礼貌、广播及课间纪律,并做好记录,学期末交回大队部备案。

五、下课后,值勤队员应到各楼层巡视,劝告追逐、打闹的同学,登记好课间活动情况。如发生事故,应立即值日老师、学校领导汇报。

六、每天放学后要做好清场工作。

七、值勤队员在值勤期间要注意礼貌,使用好礼貌用语,如果遇到偶发事件,应该立刻向老师汇报。

八、值勤队长负责好班风评比汇总、统计工作。管理好本组的值勤队员,做好考勤记录(包括课间),定期召开会议,提出要求,总结值勤工作的情况,并做好交接工作。

注:学期末,组织值勤队员外出活动,并对在值勤工作中认真负责的同学进行表彰。

(十二)学生操行评定和三好学生、优秀班评选条件

为全面贯彻《中华人民共和国教育法》,推进小学素质教育,培养有理想、有道德、有文化、有纪律的人才,促进学生德、智、体、美、劳诸方面发展,出尽量好的学风、班风、校风形成,先队员评选条件进行修改、补充,让师生更易于理解和掌握,更客观地、合理地评价学生,激励、驱动学生努力争取进步。

一、操行等第

甲等:能自觉遵守中小学生手册》及《中小学生日常行为规范》,热奶祖国、热爱集体、热爱劳动、文明有礼、认真学习、遵纪守法、有良好的生活态度和意志品格的学生可评定为甲等。

乙等:能基本遵守《中小学生守则》和《中小学生日常行为规范》,但纪律观念较差,学习态度差,病友经常违反学校规章制度的学生可评定为乙等。

丙等(以小学为例):

项目	品德行为评价标准		
	低年级	中年级	高年级
热爱学习 热爱科学 勇于进取	1、上课留心听讲,大胆发言。 2、课后认真傅锡、按时完成作业。 3、会读课外书,有好学好问精神,不参加封建迷信活动。	1、上课专心、勤于思考,积极举手发言。 2、认真独立完成作业,预习新知识。 3、喜欢阅读有益书籍,懂得身边科学小常识,相信科学、不迷信。	1、学习刻苦,勤于思考,重视预习、复习,独立完成作业。 2、自觉阅读有益书籍,积极参加科技活动,喜欢搞简单的科技小发明、小制作,不搞迷信活动。
热爱劳动 勤俭节俭 自我服务	1、爱惜粮食和学习生活用品,不调吃穿,不乱花钱。 2、认真做好学校值日清洁工作。 3、会收拾书包和自己的衣物,抹桌椅、摆碗筷,洗手帕和红领巾等简单劳动。	1、爱惜粮食和学习、生活用品,不挑吃穿,不乱花钱。 2、自觉做好学校值日工作,掌握一些劳动技能,生活自理能力较强。 3、自己能做的事情自己做,积极参加家务劳动。	1、爱惜粮食和学习、生活用品,不挑吃穿,生活节俭,能正确使用零用钱。 2、积极参加各项公益活动,尊重劳动者,爱惜劳动成果。 3、自己的事情自觉做,集体、家务劳务积极做
遵纪守法 注重公德 讲究卫生	1、上学不迟到,不早退,有病(事)要请假。 2、爱护公物,不折花草,不践踏草地,不在课桌倚乱刻、乱画不做危险游戏,不玩火。 3、养成良好的个人卫生习惯。	1、遵守校规、校纪、按时作息,有病(事)要请假。 2、遵守公共卫生制度、交通规则和公共秩序,爱护名胜古迹,维护绿化,不乱涂乱画、乱丢乱吐,不在校内追逐打闹,不做危险游戏。 3、有良好的个人卫生习惯。	1、自觉遵守校纪、校规,维护班校秩序。 2、爱护公共财物,保护文物和名胜古迹,维护绿化、维护公共利益,公共卫生,不违章骑车,不吸烟,不喝酒,不赌博、不看不健康书刊、录像。不到游戏机室活动。 3、讲究个人卫生。养成良好的卫生习惯。

不遵守《中小学生守则》和《中小学生日常行为规范》,品德行为低劣学习态度差,有严重违法违纪行为,受到公安机关部门拘留教育的学生可评定为丙等。

二、三好学生

(一)评选条件:思想好、学习好、身体好

1、思想好

操行评定为"甲等";思想品德科学年总评成绩达85分以上并能达到以下为标准要求(以小学为例):

项目	品德行为评价标准		
	低年级	中年级	高年级
热爱祖国热爱社会主义	1、以自己是中国人为荣,知道祖国名称,首都,国旗,国徽。升国旗、奏国歌时立正、行礼,唱国歌声音响亮。 2、热爱红领巾、天天佩戴。衣冠整齐。	1、以自己是中国人为荣,知道祖国的一些历史和国家领导人名字。升国旗、奏国歌时立正、行礼,唱国歌声音洪亮、准确。 2、爱惜红领巾,天天佩戴,衣冠整齐,热心社会、集体公益事,由当家做主精神。	1、自己是中国人为荣,懂得中国的近代史及各个重大节日的来由及国家领导人名字。升国旗、奏国歌时肃立、敬礼,唱国歌声音响亮准确 2、珍惜红领巾,天天佩戴,衣冠整齐,关心国家大事,常读报,听广播。
热爱集体有爱他人礼貌待人	1、积极参加班组织的集体活动。 2、和同学友爱相处,肯帮助人,不打架,不骂人,不任性。 3、对师长、父母、友人见面要行礼,会用简单礼貌用语。	1、参加集体、社会公益活动,服从集体利益,维护集体荣誉。 2、友爱同学,热心助人、与同学平等相处,乐于与他人合作。 3、对师长、父母、友人要尊敬,见面行礼、主动问好,能准确用礼貌用语。	1、极参加集体、社会公益活动,维护集体利益和荣誉,积极完成集体交给的任务。 2、团结友爱,乐于助人、富有同情心,能正当交友。 3、尊敬师长、父母、友人,懂得为父母分忧,主动帮助父母做家务,习惯使用礼貌用语,懂得待人的基本礼节。

续表

热爱生活 诚实朴素 辨别是非	1、学会安排自己的上学与放学时间及内容。 2、不贪小便宜，借东西要归还，拾到东西，归还失主或归公。 3、不说谎话，知错能改。	1、衣着整洁，不攀比，学会有条理，有规律安排一天的学习、生活。 2、拾金不昧，不私取别人的东西，借东西自觉归还。 3、诚实、不说谎话，知错能改，讲信用。	1、衣着整洁，不攀比，不追求时髦，能有条理、有规律安排一天的学习、生活。 2、不贪小便宜，借东西要还，损坏东西要赔偿，要拾金不昧。 3、正直、诚实，讲信用，敢于开展批评与自我批评，知错就改。
意志品格 心理健康 文明交往	1、活泼、开朗，不任性，不骄傲，不怕困难。 2、珍惜时间，不马虎拖拉。 3、喜欢交朋友，和同学、小朋友和睦相处，合作、互助，不讲假话骗人，为别人进步高兴。	1、活泼、开朗、热情、诚实、谦虚，不怕困难挫折，积极进取。 2、办事认真负责，守时、守信用。 3、积极参加校内外交往活动，善于合作，待人宽厚。 4、学习、生活自理的能力强。	1、活泼、热情、开朗、有同情心、诚实、正直、谦虚、自尊、自爱。 2、办事认真负责，讲效率，重质量，守时、守信用。 3、积极参加各种交往活动，能正确评议身边的人和事，善于合作，乐于助人，待人宽厚，进取、竞争意识强。 4、分辨是非，自护、自理能力强。

1、学习好

(1)学习目的明确，能认真刻苦学习，具有一定的自学能力。

(2)上课专心听讲，勤于思考，积极举手回答老师提问。

(3)课后认真复习，依时完成作业，书写工整。

(4)有良好的课外阅读习惯，积极热情参加学科课外活动。

(5)在课堂上、校园内能准确地、熟练的讲普通话。

(6)学年成绩总评达到以下最低起点线：

分数/学科 年级		语文	数学	英语	体育	体育达标	其他学科
一	二	90	90		80		80
三	四	85	85		80	良好	80
五	六	80	85	80	80	良好	80

2、身体好

(1)认真上好体育课，掌握所学体月知识与技能。

(2)自觉锻炼身体，积极参加各项体育活动。体育达标学期出平和个以上，学年总评良好以上。

(3)读写姿势正确，有良好的用眼卫生习惯。

(4)自觉遵守公共卫生，有良好的个人卫生习惯。

(5)全学期病假累计不超过10天，全学期体育课确可是不超过体育总课时的五分之一(办好请假手续，有病假证明)。

三、优秀班集体评选条件(以小学为例)：

年级	条件	各项指标	比率或平均分
低年级	班集全逐步形成，人人关心班集体，热情、积极为班集体争荣誉。爱老师，尊重长辈，班干部团结。同学之间、师生之间关系融洽。同学之间互助精神好，遵守学校的规章制度，学习风气好，积极上好“两课”、参加“两操”精神饱满，听从指挥动作准确，各项比率达到要求，受到任课老师的好评。	甲级操行 三好学生率 全勤学生率 语数科 体育课 其他学科 近视率 行为偏常学生进步率 集体获奖(表扬)	80% 45% 50% 85分 75分 75分 有所下降 70% 经常

续表

中年级	良好的班集体已形成,集体荣誉强,逐步形成公正的集体论言,人人能认真遵守集体规范,班风好,班荣好,学风好,尊敬师长,遵守学校规章制度,学习热情高,同学之间团结互助,爱护公物,能完成每项集体、公益任务,积极参加各项课外活动,认真尚好"两课"、"两操"动作准确,逐步养成良好的集体卫生习惯,受到课任老师和同级同学的好评。	甲级操行 三好学生率 全勤学生率 语数科 体育达标合格率 其他学科 近视率 行为偏常学生进步率 集体获奖(表扬)	80% 40% 50% 80 分 80% 75 分 有所下降 70% 经常
高年级	团结、积极、向上的班集体形成有公正的集体言论,尊敬师长,爱护弱小,文明交往,关心集体,热心公益,班风好、班荣好、学风好,积极锻炼身体,尚好"两课"、"两操"讲究集体卫生,积极参加各项科技文体活动,成绩显著,受到学校师生的好评。	甲级操行 三好学生率 全勤学生率 语数科 体育达标合格率 其他学科 近视率 行为偏常学生进步率 集体获奖(表扬)	80% 40% 50% 80 分 80% 75 分 有所下降 70% 经常

四、评选办法

1、学生操行登记评定由班主任根据学生德、智、体、美、劳表现在听取任评教师意见的基础上评定。操行评定一边采用评语方式和评定操行等级,如使用表格式评定的也应有简明扼要的操行评语。

2、"三好"学生评选办法采取学生自评、互评和教师评的三级评选方法。自评由学生对照三好学生守则进行自我评价;互评是由班小组进行评议,最后由班主任和班级任课教师讨论同意。

3、"三好"班由隔板对照"三好"班条件自评,经年级组组讨论同意。

4、有机组长八哥班的学生操行评定等第、"三好"学生、"三好"班名单上报教导处和少先队大队部审核后经行政会批准。

5、"三好"学生、"三好"班不受名额限制、凡符合条件均可评上。

五、评选周期

每学期评选一次，时间在学年考试后放假前进行。（第一学期可做一次初评）

六、奖励方法

凡评为三好学生者、三好班级由学校分别授予“三好”学生、班得称呼，并要在学校张榜公布，每学年召开一次表彰大会，举行授奖仪式，并发给证书个给予一定的物质奖励。

学生德操行等第、三好学生德评定应记录在学籍册和学生手册上，建立“三好”班、“三好学生”登记表，以便存查。

（十三）广播站广播员操作制度

一、“小星星”广播站只允许广播站的广播员及主管广播的大队委进入，其余学生不得擅自进出。

二、广播员要保管、爱护好广播器材，要做好电器、音带等器材的使用登记工作，如发现损坏或遗失用立即上报大队部，因工作不当造成损失的要追究直接责任人。

三、广播员要主动、积极搜集广播稿，广播当天的上午要到组长处预讲一次，广播时要认真，声音要响亮，要有感情。

四、严格遵守电器使用制度，注意用电安全。

五、广播完毕后，要把麦克风的插头拔掉，注意不要动调音量的按钮。

六、广播前由当天的组长到大队辅导员处拿广播室钥匙。每天广播后，检查完毕锁好门，由组长把钥匙送回大队辅导员处。

（十四）推广普通话制度

一、每一学年都要成立推广普通话领导小组、部门负责人。

二、每学期出一期推普墙报。在走廊、通道设有的语言文字宣传标语不准破坏。

三、每位教师要坚持使用普通话上课，纳入科组和教师评先条件。

四、每一位教师都要积极申报普通话等级考试，纳入评职条件。

五、凡语文教师的普通话等级考试要达到二级甲等，非语文教师的普通话水平要达到二级乙等。

六、每位教职员工在教学、集体活动、会议时都要做到使用普通话。与同事、学生交谈时要使用普通话。学生与学生之间交谈时要使用普通话。

七、按照新《课程标准》,掌握和熟识汉语拼音知识和技能要求。小学毕业班学生语文教学要达到《课程标准》关于普通话朗读和说话的要求。

(十五)语言文字工作管理制度

一、每位教师要帮助学生树立汉语的民族意识,自觉维护汉语和文字的纯洁和规范。

二、每位教师要教给学生正确、规范的语言文字。在课堂上不准读写错别字。

三、每位教师要使学生对祖国的语言文字产生乐观的态度,达到提高学生的汉语能力。

四、在汉语中,不允许夹杂大量的网络用语和英文现象,以及错别字现象。

五、在正确书写汉语时,不准写不规范的简化字和繁体字。

六、禁止"网络语言"出现在正式的书面语言之中,教师应对学生进行引导,在教学中逐步加以规范。

七、对于大众媒体、广告界和社会各方面出现的语言不规范的现象要敢于批评和指正,不要误导学生。

(十六)学生早操管理规定

一、组织学生早操是体育老师工作的一部分,要严格训练学生进退的步伐和纪律,认真纠正早操动作。

二、班主任要教育学生积极锻炼身体,认真做早操,要培养良好的精神面貌。协助体育老师按要求排好队,训练学生听进行曲行进。

三、为培养良好的校风,全体教师必须参加学生的早操(特殊情况,经领导批准的除外)。进场时,班主任领队,副班主任在队伍后面。做操时,班主任面向学生战例,观察学生表现。退场时,副班任(或班主任)领队。团结协作搞好早操工作。

（十七）眼保健操管理规定

一、全体老师重视学生的眼保健工作，不得占用眼操时间来上课。谁上课，谁就负责管理该节课结束时的眼操管理。

二、卫生老师要教会老师和学生找正确的穴位。协助班主任指导学生正确地做眼操。经常检查全校眼操，做好情况纪录，并注意检查录音带及播放效果。依时开机，及时换带。

三、班主任要做好学生思想工作，指导学生正确做眼操，随时纠正错误的动作。

（十八）工作制度

一、按照国家财务的规定，严格执行财务计划、预算、遵守各项收入制度和收费标准，遵守开支范围和标准，分清资金渠道，合理使用。

二、按照会计制度的规定，计账、算账、对账、报账等日常工作做到凭证合法、手续完备、账目健全、数字准确。

三、按要求编制会计报表、按期上报，妥善保管好会计凭证、账簿、报表等档案资料。

四、严格遵守国家银行的各项结算制度和现金、支票管理制度。

五、熟悉业务情况，本着少花钱多办事的原则，定期检查，分析预算内外执行情况，当好领导的参谋助手。

六、银行存款账、现金出纳账应按期进行结算，保证账款相符。

七、遵守、宣传维护国家财务和纪律制度，认真执行《会计法》，保护公共财产安全，同一切违法行为作斗争。

（十九）寄宿生宿舍管理制度

一、学生遵守作息时间、按时起床，就寝。

二、不得在睡室喧哗、嬉戏。

三、不得在睡室乱扔、乱画、乱贴、乱挂。

四、不带不健康的书刊、电子玩具、零食进入寝室。

五、不得在睡室奔跑、避免碰撞。

六、节约水电，人睡关灯，人离关电源，洗刷完毕关水龙头。

七、住校生无特殊情况不得擅自离校外出。

八、学生要讲究卫生,勤洗澡、勤换衣服、勤理发、勤剪指甲。

九、寝室每天坚持打扫,便后随手冲厕,时刻保持公共卫生。

十、每天自觉处理内务、学习、生活用品放置规定的地方,被子叠整齐,时刻保持寝室美观。

十一、同学之间互相友爱,互相关心,互相谅解、力求创造出和谐的住宿环境。

(二十)卫生室工作制度

一、学校卫生老师和小卫生员定期参加培训学习,不断提高业务水平,当好领导的卫生参谋和助手。

二、对全校师生进行定期体格检查,建立师生健康卡,以掌握师生的健康情状况。

三、定期对学生进行身体测量,随时观察学生生长发育情况发现问题及时处理。

四、按季节及时进行预防注射,切实做好师生中常见病,传染病的防治工作。

五、对传染病患者应做到早期发现,及时治疗。

六、认真处理好师生小伤小病,严格注意消毒。

七、分期分批对视力不良的学生进行耳穴治疗。

八、抓好学生的两操一检(早操眼操和晨操)。

九、小卫生远轮班到卫生室值班负责清洁工作。

十、认真做好督促检查学校环境,体育卫生工作。

(二十一)治安、值班保卫工作制度

一、值班人员要有高度的责任心,坚守岗位,加强巡视,发现可疑迹象立即向行政报告(白天向校长报告,晚上及节假日向有关领导报告)。

二、值班时间不允许做私事、抽烟,不随便离开值班室。

三、未经行政许可,不得让外人进入学校,外人有事进入学校要登记。

四、交接班时间要做好记录,明确责任。值班人员如有急事暂时离开值班室,必须把校门口锁好。

五、晚上锁门后要巡视校园一周，并关好门窗才睡。

六、保安人员要有高度的警惕性，作好防盗、防破坏、防火、防拐工作，确保学校安全及师生在校安全。

七、值班室配备电筒、哨子，发生险情（特别是节假日和晚上）马上采取有效措施，尽可能减少损失。

八、未经学校领导同意，任何人员不准接纳外来人员、家属亲戚、朋友在校住宿。

九、家长接送小孩，值班人员应有礼貌得请他们到校门口止步，不要随便进入学校。

十、接送学生要持接送卡并对人对照片，符合才能放孩子放学。

（二十二）司机岗位责任制

一、司机必须牢固树立为幼儿开好车和安全行驶的思想。

二、积极参加安全学习。

三、严格遵守城市公路交通规则的规定和安全操作规程，做到一安，二严，三勤，四慢，五掌握；转弯注意二件事。宁停三分，不抢一秒，礼让三先，坚决杜绝开英雄车，斗气车。

四、爱护车辆，爱护幼儿，开车前必须检查幼儿是否坐好，人员站立是否安全。快停站时，待马路边无来往车辆（特别是摩托车，单车，行人）才紧靠路边停，并提醒老师先下车才开门让小孩下车。

五、做好开车前，行驶中，收车后的三检查，例行保养工作，保持车容整洁，底盘引擎干净。做到有故障及时排除。

六、立足本职，尽量做到准时，准点，接送小朋友。

七、驾驶远必须根据本车行驶公里，提前做好车辆维修计划，预约修理。

八、注意节约油料和汽车零件，保管好随车工具。

九、在日常工作中，必须严格遵守幼儿园规章制度，不迟到，不早退，请假外出要经领导批准。

补充：

一安：树立安全行车观念。

二严：严格遵守交通规则，严格遵守操作规程。

三勤：勤检查，勤调较，勤保养。

四慢:情况不明慢,通过交叉路口慢,通过桥梁,弯路,险坡慢,车站或繁华地点慢。

五掌握:掌握车辆技术状况,掌握路面情况,掌握行人,儿童活动的特点,掌握车辆动态,掌握情况变化。

转弯二件事:减速,靠右行。

(二十三)司机违章交通执法制度

一、必须明确目的,遵章守法。

二、调整好停车地点,路线,避免违章。

三、凡因人为造成违章(如冲红灯,逆行,冲禁令等)被罚款项不报销。

(1)司机是车长

车长责任:作为一车之长,必须照顾全面,行使权力,系统性地指挥跟车老师接送小孩。指挥他们配合车辆安全行驶,达到准确无误,安全接送小孩。车长做事心中有数,常备一本接送小孩地址,电话簿,老师亦备一本。

(2)各车配置手机(二个方案)

1、手机由司机保管,遗失赔三百元,每月给手机费130元。

2、手机由跟车老师负责,司机出车前取手机,收车后即交还 。

(3)治交通车秩序

小学(幼儿园)由当班值日老师负责点齐人数。必须待接送车停稳后列队上车,车上跟车老师再点齐人数,确保不漏接,错接小孩,必须做好交接班接送。

(4)司机做好车辆交接班,养成制度,交班讲清车辆概况。

(5)顾全大局,各司机随时汇报各行驶路线路况到总部(有无修路,路障等)

(6)车辆不能随便动用,私自用车处以100元以上,500元以下罚款。

注:1、随车工具登记好,以旧换新,无损要赔。

2、要维修车辆,提前上报领导。

3、安全学习做好登记 ,有事外出要请假。

(二十四)门卫值班制度

一、遵守国家各项法律法规及学校各项规章制度,严格遵守保安人员制度。

二、按时上班，认真做好交接班记录，交接班除有口头通知外还需有书面记录；认真做好收发记录，邮件按名单收发。

三、严格做好出入访人员登记，凡非本校人员需凭出入卡方可进、出校。拒绝无关人员进校。

四、认真做好学生的离校工作，凡家长接送的学生严格实行“一对一”要求；自己离校的学生凭“离校卡”方可离校，对不清楚接送的需通知总务处，明确后方放行。

五、做好校车的导停指挥工作，校车行驶时必须在其行驶方向指挥，确保学生安全，坚决防止学生横行穿过；谢绝外来车辆进校，入校车辆需停于指定车位。

六、不得擅自离开岗位，非开门时间必须上锁，上班时间禁止吸烟、聊天、做私事，保持警惕，认真做好安全巡查。

七、注重仪表，衣着大方得体，对家长、来访者及接听电话注意礼貌用语，如“您好，请问您找谁？”“您稍等”“对不起，不在”“您慢走，再见！”“您好，明日之星艺术小学，请问有什么事？”等。

（二十五）午餐午休管理规定

一、以级为集中在一课室吃饭，有厨房工作人员、杂工、保安员把饭菜送到课室。（级可安排个子较大的学生协助）

二、级全体任课老师一齐到课室分发饭菜（或 3 人一组轮值分），老师打饭后在课室与学生一同食，进行管理、派学生把食具送回厨房。

三、学生洗碗后上厕所。12:30 排队进入睡室，级老师均进入睡室管理，待学生安静后，留一人在睡室值班，其余各自休息。

四、2:00 起床钟响，该级老师起床马上到睡室协助值日的老师管理，督促学生叠好被子。

（二十六）放学归程队制度

一、一般情况下，上最后一节课的老师要依时放学。学生、上、下午放学必须排好归程队。班主任先把该班自己放学的和家长接送的学生分别编队，并进行纪律教育。

二、负责最后一节课的老师负责排好归程队,并要管理好纪律,安静、有纪律地放学。

三、老师把全班学生带到校门口,先让自己放学的学生放学,再让已有家长来接的排着队走出校门,最后把还未有家长来接的学生带到暂时休息的地方,等候家长来接。

一、课后管理时间:4:05——5:00

二、课后管理的目的:

1、对中下生要进行个别辅导;

2、让学生在校完成部分作业;

3、等家长来接孩子。

三、管理人员以该级任课老师为主,其他老师协助。由级长统筹安排时间看管。

四、负责课后管理的老师除进行个别辅导外,还要管理全班记录,使其安静,专心地复习和做作业。

五、课后管理结束后,由当天看管老师负责排好归程队放学。

(二十七)晚自修、寄宿管理规定

一、寄宿学生依时参加晚自修,按学校安排集中在课室。时间安排:第一节 7:15 - 8:05 第二节 8:15 - 9:05 熄灯睡觉 9:30。

二、学生晚自修以做作业和温习为主,强调自觉性,不准随便讲话、开位。

三、每室安排一名辅导老师。辅导老师要依时到课室。

四、辅导老师的职责:

1、管理纪律,处理突发事件;

2、回答学生课业的问题;

3、利用该时间对中下生个别辅导;

4、晚自修结束,督促学生关灯、关门窗、迅速做好睡觉前的工作。

五、下午放学至晚自修前的时间,由负责生活管理的老师,晚自修值日教师、保安员负责管理,该段时间安排如下:5:00 - 5:30 锻炼; 5:40 晚饭 ; 6:20 洗澡; 7:00 晚自修。

六、早晨 6:30 起床 7:00 - 7:35 早段 7:45 早读。

(二十八)安全用电防火制度

一、安全用电组长要经常对电源、电器设备、易燃物品进行检查,如发现不妥要马上维修,防止事故发生。

二、灭火器材要放置在适当的地方,定期检查更换,搞好消防供水设备,做好火灾预防和补救工作。

三、教学、照明及使用一切电器必须遵守用电安全规定,严禁让学生乱摸电器设施。大清洁应关电总掣。不用可燃材料座灯罩。

四、经常检查住校宿舍,不准使用电炉、电茶壶、电熨斗等电器。

(二十九)防火制度

一、厨房及适应地方要放置灭火器材,定期检查更换药物。经常检查消防水管,做好放火、灭火知识教育几火灾预防工作。

二、校内走廊、楼梯,各出口处不堆放杂物,保证畅通。

三、加强火源管理,经常清理易燃杂物,烧火时必须有人在场负责,专人专用,工作结束时必须熄灭火种。

四、如有火灾发生,及时组织人力扑救,关掉总电开关,并拨打“119”火警电话。

(三十)学生安全管理规定

一、建立值日教师值勤制度,指定教师值日组长。值日教师必须提早到校(上午7:30、下午2:00),做好学生进校,课间活动,放学、午休、寄宿生的管理工作,任课教师组织好学生排归程队放学。

二、组织学生外出旅行、活动、劳动等,要做好安全教育,带必要药物,教师要带队往返。外出活动行政要带队,并发家长通过书。

三、在校内或校外出活动发生安全事故,教职工应及时妥善地处理,并报告行政。

四、体育教师要经常检查、维修体育器械,上体育科技开展体育活动,对高难度动作要加强保护。

五、组织游泳活动,要通知家长,证得家长同意。配备带队教师,组织救生小组。下水前了解学生健康状况,检查人数,游泳过程中定时起水检查人数,游泳毕上水检查人数才更衣。

六、落实义务教育法和未成年人保护法,教师经常要对学生进行防火、防拐、防交通事故的教育。耐心教育有错误的学生,避免学生离家出走和轻生,加强考勤检查,如发现学生无故缺席,要当天及时了解原因,如情况严重,即向领导汇报。

七、法人必须定期对校舍进行安全检查,对门窗、栏杆、花架不够牢固的要及时修理。落实治安、防火、用电责任人的岗位职责,经常检查出发放卫生,加强对炊事员饮食卫生常识教育。

(三十一)教职工宿舍管理条例

一、遵纪守法,遵守学校的各项规章制度,遵守宿舍的管理制度。

二、凡入住宿舍者都必须是在校的正式职工,教职工未经学校许可禁止私自接纳外来人员,亲戚,朋友留宿,一经查明予以警告处分并罚款 50 元/人次。

三、禁止带有学校声誉及早教师形象的人员进入宿舍,若因此造成不良后果的予以警告处分并罚款 50 元/人次。

四、禁止在宿舍打扑克,玩麻将等其他带有赌博性质的不良活动,一经发现罚款 50 元/人次,并承担由此造成的一切不良后果。

五、禁止在宿舍放高音喇叭,吵闹喧哗等影响周围住户的行为,若有住户投诉到学校,一经证实将视情节轻重处罚,并承担由此造成的一切不良后果

六、爱护宿舍的一切财产,若使用不当造成损坏的照价赔偿,蓄意破坏的按原价的三倍赔偿。

七、正常工作日晚上的就寝时间不超过 22:30,非工作日不超过 00:00,若因此影响他人休息的舍长予以其警告处分,劝告无效的罚款 50 元/人次。

八、宿舍实行舍长负责管理制,自觉服从舍长的管理,按值日安排表搞好寝室的卫生,不自觉遵守的舍长予以其警告处分,劝告无效的罚款 50 元/人次。

九、寒暑假需继续住校的要提出书面申请,未经许可擅自留校住宿的承担一切后果,离校时将匙交还总务处。

十、安全使用电器煤气,不得擅自乱接电线,不要在床上吸烟,若出现问

题后果自负。

十一、学校不定期抽查各宿舍情况，若有违犯上述条例将一律作出处理。

（三十二）食堂管理制度

一、凡聘请的厨工，必须经卫生防疫部门指定的医院检查身体，持有体检合格证明，方得录用。（带病厨工不能上岗）。

二、厨工操作期间，要按工作规程要求进行工作（采购部卫生岗位责任制；粗加工间卫生岗位责任制；烹调部卫生岗位责任制；熟食间卫生岗位责任制）。厨师及熟食间工作的厨工必须戴口罩，穿厨工服，分菜前要消毒双手。

三、坚决杜绝采购变质或将要变质的食品。

四、食物要煮熟方可分发，每餐要留适量食物为样板，以便出现偶发事件时验查。

五、生熟食物、食具和厨具要严格分开，不得混在一起安放。

六、主管后勤的行政和卫生教师必须每天都到饭堂巡视检查有关工作。（如食物卫生验收、食物留样、洗削及厨工操作等。）

七、存放所有厨具，用具每天要严格消毒，并做好保洁工作。

八、认真注意用电，用火安全，杜绝意外事故发生。

（三十三）消防安全责任书

一、为贯彻执行《中华人民共和国消防法》的规定和要求，提高全体后勤员工法制观念和明确有关的责任，进一步落实消防安全责任制，促进消防管理规范化，预防和减少火灾的危害，个后勤工作人员均为各岗位的消防责任人必须认真履行下列职责：

1、要求每个人对自己负责地段定期进行消防安全检查，发现安全隐患及时上报并协助消除。

2、保证自己管辖地段或楼层的消防畅通无阻。

3、定期检查应急照明设施，确保完整无损，如有发现失效即上报，不得损坏或擅自挪用，拆除。

4、不得在宿舍乱接电线和使用功率大的电器，残损电线应及时上报（由专业人员更换)。

5、一旦发生火灾,即按“火灾应急预案”各就各位,把损失降低至最低限度并保护好现场。

二、各室安全用电,保卫消防负责人:

1、二楼睡室:

2、三楼睡室:

3、四楼睡室:

4、五楼睡室:

5、一、二楼功能室及天台:

6、三、四楼功能室生物亭:

三.各楼层热水器开关及更换煤气、水挚负责人:

1、二楼:　　2、三楼:

3、四楼:　　4、五楼:

若要换煤气,请负责人到厨房叫陈明祥,吴伟清两位同志帮忙拿到各楼层并更换。

四、厨房由具体负责:

1、负责煤气更换、煤气仓库、煤气摆放、空瓶搬运、定期检查、更换煤气管、防止事故发生。

2、负责厨房内外、餐厅、电掣、灭蚊灯、冰柜、消毒柜、排气扇、厨房机器等。

3、负责各楼层煤气更换。

注:厨房其他人员听从班长安排:

4、负责全校应急照明、定期放电、充电、负责检查全校走火通道是否畅通及灭火筒更换、电房安全、消防箱是否有堆积杂物,车辆安全检查。

5、负责各消防栓及灭火器检查和记录。

总务室由负责。　　财务室由负责。

医疗室由负责。　　保安亭由负责。

本责任书一式两份,学校及本人双方各执一份,自签约之日起生效。

负责人签名:

第三部分　中学生管理条例

培养全面发展的优秀人才，必须建立统一规范的学生管理制度。我部根据《中学生守则与珩为规范》以及我校学生管理条例，特强调以下 9 条管理条例。

一、尊敬领导、服从管理、团结同学、尊师爱幼、尊重他人。

二、严禁携匕首等凶器、黄色书刊入校。严禁拉帮结派、聚众斗殴。严禁抢夺、偷窃、诈骗别人财物。严禁赌博、抽烟、喝酒。严禁进入营业性舞厅、电子游戏厅、酒吧和音乐茶座等不宜学生活动的场所。违者、严加管教，情节严惩的直至送公安机关惩处。

三、要爱护公共财物，遵守公共卫生。不在课桌、门窗、墙壁、黑板等处乱涂乱画、刻写、拳打脚踢。违者，视损坏情况，予以赔偿。不乱丢纸屑、果皮、不随地吐痰。违者，负责打扫该区卫生 3 – 6 天。

四、举止要端庄文明。进办公室及他人房间，应仪容整洁，不穿拖鞋。在门外喊报告或轻声敲门，经允许后方可进入，离开要道别。

五、要遵守课堂纪律。按时上课，不迟到、不早退。上课专心听讲，不讲话与做小动作。及时、独立、认真完成每天作业，对教师与教练的教导要虚心听取，不许顶撞。

六、值日生要认真负责，及时做好擦黑板、清扫教室、走廊、卫生区、倒垃圾、关闭电灯、关好门窗等工作。

七、要遵守班级、食堂、宿舍等有关规章制度。

八、学生要严格遵守请假制度。有病要有医生建议休息条，上文化课要向班主任请假。请假回家，需由家长或招生教师申报总教练、班主任及校办公室审批后，方可离开。

九、对勤学守纪的学生，要予以表彰；对违纪学生根据错误事实’性质、情节和本人认识态度与一贯表现实施处罚。处罚分为：1、在班上或全校大会上做检讨。2、跟踪教育、警告、严重警告、留校察看、开除学籍。对情节特别严重、触犯法律的，报送政法部门追究刑事责任。

学校与家长尽量取得联系，以求得家长的密切配合，教育转化好后进学生。

中学部学生请假条例

一、请假要求及程序：

1、学生因公请假，由有关教练或有关部门出具书面名单及请假时间，请假条由该生或有关部门人员事先送交班主任。

2、学生私事原则上不得利用文化课时间输，家长带学生外出、购物，应安排课外时间进行。

3、学生请假回家，需经学校办公室和总教练批准后方可将请假条送班主任签字，完成请假手续离校。

4、学生因病需请假由学校送出去看病，或由家长带出看病的，均应在上课前30分钟亲自持医生诊断证明，再经班主任核实批准，方可离校。如急病须紧急外送的，返校当天必须补办上述请假手续，逾期视为旷课。

如病重无法亲自请假，医生诊断证明连同请假条必须经该生教练签字证明，可由其他同学在课前30分钟代转班主任。

5、原则上，学生不得利用上课时间看病、疗伤。确有需要的应事先经班主任批准，班主任应从严掌握。

6、上课时间，除非特殊情况，教师不得中途让学生离开教室。

任课教师如认为情况特殊，须让学生中途离开教室的，由任课教师开出假条，此假条由学生保管，下课后，任课教师要立即向年段长报告情况，说明理由。由年段长审核该项处理是否恰当。如果判断为不恰当，则以早退处理。

7、凡该班当天有学生请假的，当课任课教师和班主任当开天到宿舍探视，关心学生健康情况。请假时间届满时，班主任要主动探视，关心学生恢复情况，并督促学生及时回教室上课。

二、审批手续：

1、上课时间学生因公、因事、因病请假均按上述要求，事先将请假条送班主任审批后送看做的有关人员审核登记，因病请假休息的，由班主任换为中学部假条由该生保管，方可视为完成请假手续。

1、紧急情况不能事先请假的，事后返校的当天应按上述要求补办手续，逾期视为旷课。

2、非上课时间学生请假可到中学部值班室，由值班教师并及早报班主任。

中学部公共财产保护制度

为了给同学提供便利的学习条件，从小养成爱护公物的良好习惯。特制定以下“公共财产保护制度”，要求全体师生自觉遵守。

1、学校的一桌一椅都是我们共享的，谁都应该爱护，谁也无权损坏。全体师生应牢固树立爱护公物的意识。

2、全体教师应经常对学生进行爱护公物的教育。

3、学生要爱护课桌椅，不许乱涂乱画，不许乱摇乱刻，各班主任应将课桌椅包干到每个学生，凡有人为损坏者赔款 50 – 100 元。

4、开窗后必须挂好风钩，每天放学后必须关好门窗，以防风雨损坏。窗户的管理也落实到有关学生身上，凡有损坏者赔款 50 – 200 元。

5、各教室、厕所的门须特别爱护，敲门、开门要轻缓，严禁重敲、踢打等，凡有损坏者赔款 100 – 500 元。

6、讲台、黑板、卫生用具等公共财产的爱护应委派班干部负责，有人为损坏的赔款 50 – 200 元。

7、严禁在墙壁上乱涂乱画，凡有人为污损者赔款 50 – 100 元。

8、电灯、电扇、监控器等严禁学生乱动，若有损坏，按价赔偿。

9、音乐器材、实验器材、电脑等应倍加爱护，科学使用，凡有人为损坏的，照价赔偿。

10、对不爱护公物的行为，全体师生应及时制止，严肃教育。对爱护公物的同学应及时表扬，特别优秀的可给予适应奖励。

中学部安全管理制度

为进一步贯彻落实党中央、国务院领导同志对安全工作的重要批示精神，牢固树立安全工作“责任重于泰山”的意识，对家长负责，对人民负责，依据我校的实际情况，特制定以下“安全管理制度”，望全体师生居安思危，严密防范，时刻注意安全。

一、外出安全

1、凡学生外出，均需班主任、教练的批条，并由老师、教练或家长陪伴。

2、外出要遵守交通规则，注意交通安全。

3、外出不许买烟、酒等不该买的东西。

二、游泳安全

1、游泳池未正式开放前，任何人不得私自下池游泳，也不得在游泳池周边玩耍。

2、下池游泳必须由教练或老师统一组织，在池内游泳也要时刻注意安全。

3、要严格遵守游泳池管理制度。

4、任何人不得私自外出游泳。

三、用电、用火安全

1、宿舍、教室严格按学校要求用电，任何人不得私自乱拉电线。使用电器也要注意安全。

2、学校宿舍内不得使用打火机，注意用火安全。

3、按时熄灯。

四、教学楼安全

1、严禁到施工区乱窜。

2、严禁去幼儿区玩耍。

3、上、下楼一律右侧通行，要轻声慢步，不许推挤。

4、教室、走廊严禁追逐打闹。

五、饮食安全

1、讲究饮食卫生，不乱吃零食，不乱喝饮料。

2、饭前、饭后要洗手，预防常见传染病。

3、吃饭要定时、定量，不过分饱食，不少吃。

六、其他安全

1、严禁看黄色书刊。

2、不爬高。

3、严禁打架、斗殴。

4、练功要注意保护。

5、有病要及时治疗。

6、班级活动要严密组织，注意安全。

关于考勤、卫生、纪律的量化考核规定

随着学校办学规模的迅速扩大和教育改革的进一步深化，为了让全体教师继续形成尽职尽责、无私奉献的教风，让学生继续形成严格自律、积极进取的学风，使学校的教学管理切实做到制度化、科学化，根据学校实际情况，经学校中学部行政会议讨论，特制定以下"三项"考评的规定。

一、考勤

1、早读要点名，按出席人数的百分率作为出勤名次的参数。

2、迟到、早退每人扣3分，旷课扣5分。

3、学生有事、生病，要提前30分钟内办好请假手续，病假需持有医生证明、班主任的批条（凡超过六节课以上的病事假要经校长批准）否则按旷课处理。

4、每节课，课任老师要负责检查出勤情况，发现缺席，旷课的要马上汇报班主任和学校政教处，否则应负完全责任。

二、卫生

1、保持好室内外环境卫生，发现有脏物应立即清扫。课前课后要擦好黑板。

2、教室内桌椅要按一定位置摆放整齐，其他用具（卫生工具、学习用品、教学用具等）要按规定位置摆放有序。

3、放学后要关好电灯、门窗。

4、不得向窗外、走廊后楼梯乱抛垃圾，不能乱涂乱画损坏墙壁、桌面，不能随意调动监控器。

5、第周末进行一次全面卫生大扫除，并根据检查记录确定扣分。

三、纪律

1、严禁打架、斗殴，互相谩骂，杜绝抽烟和不安全事故发生。不许和老师无理取闹或不服从管理。

2、不遵守课堂纪律的（如看与本课无关的书，打瞌睡、吵闹、起哄、乱讲话、光背、坐姿不正等）每人次扣5分。

3、破坏公物，除按价赔偿或罚款外每人次扣5分。

4、班主任、科任老师要相互配合，按时上下课，不能无故压堂、串堂（除特殊情况外）。上、下课的师生问候要精神、规范；不许乱班，违者应承担责

任和受到处罚。

5、学生上下楼梯要轻声慢步,不准逃跑、追逐、打闹、嬉戏。

6、严禁学生无故(除特殊情况外)乱串别的班级。

7、严肃考试纪律,违者视情节轻重扣10－20分。

除以上条款外,凡不利于学生成长,不利于学校发展的,检查人员均有权予以制止,并酌情扣分。

教学楼管理公约

一、爱护门窗、墙壁,损坏者,加倍罚款。保持教学和楼区整洁优美。

二、门窗、桌椅、墙壁不准乱写乱画,不准脚踢墙壁,违者,按清洁责任区追究责任。

三、爱护公共设施,不污损,不玩弄电器设备,节约用水用电,放学后关好门窗。

四、爱护花卉、草坪,不折,不践踏。

五、课间不准在走廊大声喧哗、吹口哨,不准追逐打闹。上下楼梯和在走廊里一律要右侧慢步缓行。

六、按卫生分担区搞好卫生,楼上严禁往楼下扔纸片、果皮等脏物,更不允许吐痰。

七、各班学生严禁窜班,严禁在卫生间偷抽烟。

八、时刻注意安全,不准攀爬走廊护墙,放学下楼梯严禁拥挤,冲跑。

九、每周检查一次,检查结果纳入三项评比。

中学部政教处对后进生进行帮助教育的具体措施

对后进生进行帮助教育,使其健康成长,是每个教育工作者的神圣职责。由于后进生的转化工作任务重、难度大、周期长,因而要常抓不懈。为做好中学部后进生的帮助教育工作,特制定本措施。

一、责任和分工

1、中学部政教处负责布置、指导、检查、总结中学部对后进生帮教工作的开展。

2、年段长负责领导本年段后进生帮教工作的开展。

3、班主任主持本班后进生帮教工作并积极配合、协助任课教师对后进生进行帮助教育的工作。

4、科任老师应积极主动地抓后进生的工作并与班主任、年段长经常交流情况协调工作。

二、后进生的确定

1、班主任与所有任课老师共同审定本班的后进生,报年段长和政教处备案。

2、每班后地生的数目应根据本班的具体情况确定,要以对学生负责的态度慎重筛选,反复衡量,然后确定,数额不宜过多。

三、后进生申报

班主任将本班的后进生表现填写在“后进生情况摸底登记表”中,填写要实事求是,客观评价。主要填写行为表现和学业情况两项内容,登记表一式两份,一份由帮教课任老师保存,一份送中学政教处保存。

四、后进生帮教工作实行责任落实包干制。

1、各教学班的后进生帮助教育任务,由班主任汇集全体任课教师的意见,落实到每个任课教师负责帮助教育。要做到本学期每个后进生都要专人负责,一帮到底。

2、帮教教师要以真诚的爱心和极大的耐心与帮教对象交朋友、结对子,做他们的知心人,做他们的良师益友。要深刻地了解他们的过去、家庭情况、社会背景,认真分析学生现实表现的根源。做到有的放矢帮助教育感化他们,使他们早日改变不良行为,早日改变不良行为,早日转化为品学兼优的学生。

五、帮教工作记录

负责帮教教师要认真做好帮教工作情况的记录。要较详细地记载每次帮教过程,记录每次帮教工作的重点内容和效果。每月在“后进生情况摸底登记表”上作小结性记载,报送有关校长审阅后由中学部政教处存档。

六、后进生帮教工作的评估

1、中学部对各年段帮教工作的开展情况进行月评估。总结帮教工作开展情况。

2、半期考后,进行帮教工作小结,通过经验交流会树立后进生转化典型及优秀帮教典型。

3、期末进行帮教工作总结,教师写出经验总结论文,以利推广。

七、帮教教师的帮教工作情况作为评价教师工作业绩的重要依据之一。

中学部政教处对严重违反校规校纪学生进行跟踪教育的措施

为整顿校风,严肃校规校纪,教育严重违反校规校纪的学生,中学部政教处采取对严重违反校规校纪学生进行跟踪教育的教育手段以促其尽快改正缺点错误。具体实施措施如下:

一、实施跟踪教育的对象

对有下列严重违纪行为的学生,进行跟踪教育:

1、一贯违反校规、校纪,如经常迟到、早退,故意扰乱课堂秩序,经常逃课等;

2、沾染吸烟、赌博、偷窃等不良行为;

3、打架、结伙打架、低级下流行为等;

4、侮辱、谩骂老师,集体起哄等;

5、故意损坏公物和损坏学校形象的声誉者;

6、不服从老师教导,与老师闹对立,拉帮结伙分化班级集体或出自对老师严格管理不满,以不实之词或其他形式以投诉名义报复老师者;

二、跟踪教育方式

1、中学部政教处根据学生严重违纪行为的错误性质确定对该生进行跟踪教育的时间:短期跟踪1-3周,长期跟踪3周以上。

2、中学部政教处一经确定对该生进行跟踪教育,即将其违纪事实进行登记,向该生签发"跟踪教育登记表"。

3、该生的所有任课老师负责对该生每节课的表现进行评价,在本节课栏目填写评语。

4、接受跟踪教育的学生在跟踪教育期间,每晚8:00-9:00持"跟踪教育登记表"到中学部政教处汇报录天的表现情况,接受训导、教育。

5、根据学生在跟踪教育期间的表现情况,全体任课老师和班主任可提议对该生延长或缩短跟踪教育时间。

6、跟踪教育后表现好的,由全体任课老师集体意见决定是否对该生解除跟踪教育。

7、班主任要及时与跟踪教育学生所在武术班教育取得联系,向教练送达《教练、教师协调单》争取教练的配合。

三、对犯严重错误及在跟踪教育中进步不显著、效果不佳的,班主任及时报送政教处共同教育处理。

第四部分 教学管理

(一)教师教学技能的培训

1、以各种形式学习新的教育教学理论:校内集体学习、通过各种渠道自由学习、不定期外出听课。

2、结对拜师,老教师带新教师。

(二)小学教学常规管理暂行条例

为全面贯彻党的教育方针,保持正常的教学秩序,深化各科教学改革,逐步实现教学管理工作的制度化、规范化、不断提高教学质量,减轻学生过重负担,使学生全面地生动活泼地成长,特制定以下常规要求:

一、备课

备课是提高教学质量的前提。

1、认真执行新《课程标准》精神,明确所教学科的教学目的和要求,以及本册教材在新《课程标准》中的位置。

2、熟悉全册教材内容,掌握教材的重点、难点。

3、深入了解学生,掌握学生实际,面向全体,因材施教。

4、坚持按单元整体备课,分节写出切实可行的教案,根据教材特点,围绕教学要求,认真选择和改革教学方法,精心设计教学程度(使用备课手册要求:内容全、项目全——教学目标、重难点、教学过程、练习、补充注释、教学延伸、教学效果检查)。

5、每位老师应有(一周)储备课,杜绝不备课就上课或课后补备的现象。

6、对于每个教案实施以后,教师要进行简单扼要的小结(教学效果检查),以积累教学经验,研究课要认真写好课后小结。

二、上课

教师上好课是提高教学质量的关键。

1、做好课前准备,按时上下课,中途不离开教室,不做与上课无关的事情。

2、严格按新《课程标准》、课程表和教案上课。

3、摆正教与学的关系,激发学生学习兴趣,调动学生的积极性和主动性。

4、注意多种教学方法的有机结合,使全班同学动脑、动手、动口,动用多种感官获取知识,增长能力。

5、充分利用现代化的教学手段,努力提高课堂教学效率。

6、教学时间分配得当,课内有 10－15 分钟练习时间,力争不留或少留作业,以减轻学生过重负担。

7、教书育人,挖掘教材中的教育因素,使学生受到思想教育;挖掘教材中的审美因素,培养学生高尚的情操。

8、教师以身作则,教态亲切自然,板书规范,条理清楚。严格要求学生,培养学生的良好习惯,坐、立、执笔姿势正确,书写工整。

9、课风朴实,注意实效,教得轻松,学得愉快。

三、课外作业

布置好学生作业是提高教学质量的必要手段。

1、作业布置要根据教学要求,教材内容,做到重点突出,形式多样,富于思考,避免机械重复性的作业,不搞惩罚性作业。

2、要严格控制学生的课外作业量,一年级不留课外作业,二、三年级控制在 30 分钟以内,四年级控制在 45 分钟以内,五、六年级控制在 1 小时以内,由班主任负责协调,学校领导定期检查。

3、对学生的作业教师要严格要求,除按时独立完成外,书写要工整,格式要正确,做完后要认真检查。

4、教师对学生的作业批改要及时、认真、准确、规范,使用学校规定的统一符号,注明批改日期,评语要有针对性、启发性、鼓励性,错题要得到纠正。

批改符号:答案正确的“√”,答案错误的“X”,部分正确的“√”;对“X”之类的作业都应要求学生改正。

作业批改符号:错字“■”,别字“X”,错别字改正“c”,漏字“■”,用词不当“……(?)”,病句“——(?)?”,佳句“~~~~~”。

四、辅导中下

课内外相结合辅导是帮助后进生的重要措施。

1、辅导要坚持以明确学习目的、端正学习态度为前提，帮助学生提高为目的。

2、课堂教学中要有目的，有层次地让中下生有发言的机会，对中下生作业要有计划地“面导”、“面批”，组织优等生帮助知识有缺漏的学生。

3、对辅导对象要排出名单、拟订计划及措施，方法上要动之以情，晓之以理，持之以恒。

4、不搞全班性补课。

五、单元过关考查要求

单元双基检查是学校把好质量关的重要手段。

1、坚持单元集体备课制度。学校下放单元双基检查卷到各科教师。目的是让教师有针对性地把握教学的重难点，以便更好地提高教学质量。各科组长要按单元计划统一安排时间考查。

2、以市学科优化课堂教学评价标准为指导，上好单元各课。在考查之前科任教师不准透露题目给学生，更不准先拿考查卷上的题目讲解。

3、组织好单元复习。

4、抓好单元形成性评估。考查后要认真批改试卷，上好讲评课。及时地填写登分记录，写出单元考查质量分析，算出平均分、优秀率和及格率，再上交学校教导处。

5、各科教师要根据单元过关考查中存在的问题，拟订好各单元计划，做好单元查漏补缺工作。

（三）期末总复习的指导意见

根据“系统整理，总结规律，查漏补缺，巩固提高”的十六字目标，教师在期末总复习中应组织如下的活动：

一、年级任课教师集体备课，把本学期授课知识按“知识块”，“点、线、面”的理论，系统整理有关本学期授课知识，作出复习的计划。

二、复习每块“知识面”适宜上一节综合复习课，又连续上一二节以练习为主的操作复习课，然后拟出题目作为小测后进行小结，每转入下一块知识面的复习，也同样实施“单元过关”。

三、复习课要注意做好查漏补缺的工作，把平时收集学生容易做错，不理解的东西重点复习，有目的有针对性地个别辅导，平时注意做好记录，提倡写教学后记。

四、复习课还要注意做好“巩固提高”的工作，提高在于给优生一个发展的机会和提高学生(全体)的应考的应变能力，使学生在测验考试中遇到(计算、解答)困难能够想出办法克服。

(四)学校考试管理规则

一、备考阶段

(1)设一名试卷保管员，学校取回试卷后必须立即封存，未经校长同意，不得启封，(如属学校内各年级的常规测验考试，也应参照此精神加强管理)。

(2)分配试卷的工作原则上在考试前一天的下午进行(如属局安排的“水平测试”或毕业考试则按有关部门的统一办法处理)，包括学校行政在内要有 3 人以上在场，按各班人数分好试卷后要封口。余下的试卷必须封存好。

(3)分卷人员必须是非考试科目的教工，分卷过程中不准带笔、纸记录，也不准议论试题内容；分卷后，考试前也不能将试题内容泄漏出去。

(4)分配试卷工作基本结束后，由学校行政督促保管员清点卷数后，锁好试卷。

(5)做好试室的检查工作，凡与学生学习有关的文字资料、数据等不能放置考室内。

二、考试阶段

(1)保管员在学校行政在场的情况下于开考前半小时开锁取卷，清点数目。

(2)开考前 20 分钟可将试卷发到各监考人员手中，监考人员可以拆卷检查份数，核对试卷内容是否无误。

(3)监考人员必须是非任教试班该科的教师。

(4)监考人员阅卷后不准在开考前接触考生。

(5)考试过程中，监考人员不读题、不解题。考生如觉试题字迹不清楚或需索取草稿纸时可举手向监考员询问。

(6)监考人员巡视本考室时不准以任何方式提示考生。

(7)除本考室监考员、考试主考(副主考)、上级部门巡视员(领导)，其他人员不得于考试期间随便进入考室。

(8)考生在开考30分钟后才准交试卷离开考室。迟到30分钟者,不得进入考室。考生在考试期间原则上不能中途离开考室。因特殊情况必须中途暂时离开考室的,须经考场(学校)负责人批准;中途离开及再次返回考室的应遵守考场(学校)的相应规定。

(9)保持考室安静,考试过程中不准交头接耳,不准偷看他人答卷,不准夹带,换卷等。对违规者,视情节轻重分别给予批评教育、警告、试卷作废、取消考试资格的处理。

(10)在考试规定时间结束前15分钟,监考员应向学生提示,考试结束应按时打铃(敲钟),按规定收齐试卷,不能以任何理由延长考试时间。

(11)监考员收卷后不能将试卷再次退回给考生(漏写姓名或漏填准考证号码的可以在监考员监督下补写),任何人不得替考生涂改、补充考卷内容。收齐试卷后按有关规定封存好试卷。

三、批改阶段

(1)学校领导在评卷前组织全体评卷教师学习有关规定,端正态度,统一评分标准。

(2)学校行政和科技组长应对评卷登分和统计成绩的全过程实施有序有效的监督管理,并对评卷教师进行及时的指导。

(3)各学科和评卷原则上集中批改,采用流水作业方法。(非基础学科,考核性的可灵活处理。)

(4)关系比较重大的考试要组织力量进行复评,发现错漏,集体研究,行政过问,及时纠正("水平测试"和毕业试则按局统一规定办法实施)

(5)对成绩统计和登分入册应持慎重态度,认真核对,防止错漏。

(6)评卷工作结束后,根据实际情况做好试卷和有关资料的封存工作。

(五)实施学生课堂常规计划

一、目的:

结合少先队制订的学生一日常规和贯彻课外活动常规的基础上,进一步进行课堂常规的训练,为三年内树立良好的校风而努力。

二、学生课堂常规的有关规定:

1、学生:

常规要求	常规训练	训练说明
做好准备	预备铃响,即进教室,取出用品,放置桌上,伏案静候,准备上课	学习用品分别放在桌面左右上角;伏案脸应朝里。
专心听讲	上课问好,挺胸站立,坐姿端正,视线集中,读书写字,动作规范。	起立时向椅旁跨出半步;读书时双手拿书斜放;写字眼睛距离一尺。
积极思考 主动提问	边听边记,边听边想,分析理解,不懂就问,小组讨论,发表意见,发言举手,声音响亮。	发言举右手,教师允许才起立回答,立正姿势正确,使用普通话回答问题;四人小组讨论围坐一圈。
认真练习 做好笔记	动脑动手,巩固练习,笔画圈点,记录重点,登记作业,准确清楚,上课结束,收拾文具。	待教师宣布下课后,学生才能迅速收拾文具。

2、教师:(要求)

(1)做好课前的各项准备工作,包括备好课,准备教具和本节教学必需用品,正钟打响,立即进教室上课,准时下课不拖堂。

(2)教态良好,姿势规范(包括讲课姿势、朗读姿势、指读示意姿势),讲课语言清晰,声音适量,姿势助说话,板书字体工整。

(3)注重课堂纪律,及时组织教学,穿插课堂常规训练,注视全体学生,适当巡视课堂。

(六)教师教学质量评价体系

	1、收集教学资料能力	a. 会根据教学需要选用有关参考资料、工具书
		b. 会从教学资料中选择补充教材及课外阅读材料
		c. 能根据资料提供的信息,“挖掘”《课程标准》、教材的内涵
		d.. 能向学生学习。

续表

A 教学能力 0.3	2、钻研与组织教材的能力	a. 能根据学科《课程标准》教材确定教学的目标要求,制定好单元与课时教学计划
		b. 会根据教学目标,确定教学的重点、难点,组织教学内容,对教材提供的内容作详略、增删处理。
		c. 会分析和选定课本中的练习和作业。
		d. 能挖掘教材中的德育因素,准确地找到渗透的结合点。
	3. 选择与运用教学方法的能力	a. 把握教学法的理论,会运用多种启发式教学方法。
		b. 会根据具体教学内容、教学对象、选择和运用教法。
		c. 会指导学生的学习,使教与学有机地统一。
		d. 会分析、研究、总结自己的教学、学出有关教法的专题论文。
	4. 教学科研能力	a. 每学期至少有一篇论文公开发表,或获我市属级以上的论文奖,或在市属学校内公开交流
		b. 能承担学校或上级教研部门交给的教研课题的研究,并按要求完成。
		c. 会从教学中找教学科研的题目,每学期至少有一个主题,解决一个总结且计划完整,材料齐全。
		d. 能制作教具,改进和补充教学试验。
	5. 表达能力	a. 能用普通话教学。
		b. 教学语言准确流畅,条理清楚,逻辑性强,有启发性。
		c. 会设计布局合理、新颖醒目、提纲挈领的板书,粉笔字书写规范、美观。
		d. 作业批语准确恰当、简洁。
		e. 能用普通话教学。
		f. 教学语言准确流畅,条理清楚,逻辑性强,有启发性。
		g. 会设计布局合理、新颖醒目、提纲挈领的板书,粉笔字书写规范、美观。
		h. 作业批语准确恰当、简洁。

续表

	6. 教学实践与操作能力	a. 会使用本学科常见的教具,理科教师能完成演示试验。
		b. 会使用投影仪、录像机、语言设备等电教仪器。
		c. 会维修简单的教学设备,制作与改进简单的教具。
		d. 能指导学生使用学具。
	7. 组织课堂教学能力	a. 掌握组织课堂教学的有关理论,如原则、方法。
		b. 能维持课堂的良好教学秩序。
		c. 能采用适当的教学组织形式,例题安排一节课的教学。
		d. 对课堂上出现的偶发事件,能妥善地加以处理。
	8. 教学诊断评估能力	a. 掌握教育测量、评价有关知识。
		b. 会从分析学生作业中了解研究学生。
		c. 会运用问卷、提问、听讲、观察等方法评价学生的学习,获取教与学的反馈信息。
		d. 能科学编制“诊断性”测试题,从试卷分析了解学生
B 教学工作 0.4	1、备课	a. 能按要求备课,按质量写出教案。
		b. 坚持启发式教学,做到因材施教。教学语言准确、生动;板书清晰、规范。
		c. 能准确把握教材的知识体系,,抓住重点、关键,精心处理教材合理组织内容
		d. 能准备好上课所需教学用具、实验仪器等。
	2、课堂教学	a. 课堂结构安排合理,组织严密,教学密度适中。
		b. 坚持启发式教学,做到因材施教。教学语言准确、生动:板书清晰、规范。
		c. 注重学生能力的培养和学法的指导,能正确处理好主导与主体的关系。
		d. 寓德育与学科知识传授之中。
		e. 会根据教学需要,使用好教具和现代化教学手段。

续表

	3、作业	a. 能结合课堂教学的目的与要求，精心选择和编制作业。
		b. 作业的量和度均适中，对学生的作业有明确的规范要求。
		c. 能用多种方法及时批改作业，认真规范。
		d. 能根据作业反馈的信息调整教学计划。
	4、课外辅导	a. 有辅导计划，设有分类辅导档案。
		b. 会指导学生科学地安排学习时间，有措施地督促学生养成良好习惯。
		c. 能较准确的分析学生的学业状况，有成效的辅导学习有困难的学生。
		d. 会指导学科兴趣小组和“三小”活动，并取得一定成绩。
	5. 测试与质量分析	a. 会运用多种方式评价学生的学业成就，方法科学合理。
		b. 会编制教学目标的双向细目标，并据此编制测试题。
		c. 能及时作好各种测评结果的分析，对教学效果作出较准确的判断。
		d. 能根据测评所反馈的信息对教与学等订出改进施。
C教学效果0.3	1. 学习习惯与方法	a. 学生具有良好的学习习惯，在大多数学生学能做到课前预习，听课认真，课后即时复习、做作业。
		b. 学生明确上课的常规要求，能自觉遵守课堂纪律。
		c. 学生掌握正确的学习方法，懂得怎么订学习计划，安排学习时间，学会做学习小结和自我检测。
		d. 学生能主动与教师配合，及时弥补知识缺陷
	2. 学业成绩	a. 考试的合格率达到学校规定的指标要求。
		b. 考试的优秀率高于其他平行班级。
		c. 低分率控制在学校规定的指标要求内
		d. 学习成绩有显著提高。
	3. 能力发展	a. 学生能积极主动地学习，学习能力
		b. 具有较强的独立完成作业、试验等能力，理化试验的会考合格率达到规定要求
		c. 在参加学科竞赛中，所教学生成绩显著。

(七)学生课堂表现记录表

评价内容	操作要点
理解能力	能根据教师的提示,很快把握所学内容的内部关系,并迅速找出与已有知识之间的实质性联系,并运用这种联系,彻底地把握新知。
分析判断能力	能根据教师的提示,初步运用已经掌握的知识进行分析,果断的选择解决问题的起点,能很快把注意力集中于问题的实质方面,较少注意次要方面,勇于做出判断,得出结论。
记忆能力	能按教师的要求记住所学的有关内容;学习有意识记住事物的特点和联系;能够运用理解的方法记住事物;识记迅速,保持时间长,再认重现准确。
演绎推理能力	把握用于演绎推理材料的真实性,演绎推理的过程符合逻辑。
想象能力	在教师的指导下,能开展有目的、有意识的想象;能依据语言文字及图表模型等表象,在头脑中独立的形成新的事物形象;富于想象,想象的创造成分增强。
归纳概括能力	能正确地认识表象,并通过对表象的认识得出表象的本质属性,快速的寻找不同表象之间的所有的共同之处以及造成表象不同的本质原因。
自我评价能力	能在教师的指导下全面准确的界定评价自己科学文化素质内容,并能根据评价内容的不同采取多种途径搜集有用的信息和选择与评价内容相适应的评价方法,最后还能根据评价结果有效地矫正自己的学习。

(八)学生课堂表现记录表

<table>
<tr><td colspan="2">学生</td><td>科目</td><td colspan="3"></td><td colspan="2">教师</td></tr>
<tr><td colspan="2">信息内容</td><td colspan="4">记录</td><td>观察日期</td><td>备注</td></tr>
<tr><td colspan="2"></td><td>优</td><td>良</td><td>中</td><td>加油</td><td></td><td></td></tr>
<tr><td rowspan="9">学习
效果</td><td rowspan="3">提问
反馈</td><td></td><td></td><td></td><td></td><td></td><td></td></tr>
<tr><td></td><td></td><td></td><td></td><td></td><td></td></tr>
<tr><td></td><td></td><td></td><td></td><td></td><td></td></tr>
<tr><td rowspan="3">思维
活跃</td><td></td><td></td><td></td><td></td><td></td><td></td></tr>
<tr><td></td><td></td><td></td><td></td><td></td><td></td></tr>
<tr><td></td><td></td><td></td><td></td><td></td><td></td></tr>
<tr><td rowspan="3">情感
体验</td><td></td><td></td><td></td><td></td><td></td><td></td></tr>
<tr><td></td><td></td><td></td><td></td><td></td><td></td></tr>
<tr><td></td><td></td><td></td><td></td><td></td><td></td></tr>
</table>

学生课堂表现纪律表

情况记录:
情况分析:
教师: 日期:

(九)学生学习态度评价的具体内容

心理因素	外显行为
认知因素	1、对学习对象的价值有充分认识。
	2、能在学习过程中主动加深这种认识,使之强烈、正确。
	3、使认知和情感同步发展。

续表

情感因素	1、热爱学习对象,与学习对象接触能产生愉悦感。
	2、能在学习过程中主动加深这种感情,使之饱满、持久。
	3、对学习对象长期保持浓厚的兴趣。
行为因素	1、学习的积极行为能持之以恒。
	2、在学习过程中,能以坚韧不拔的毅力克服各种重大困难,排除严重干扰。
	3、在学习过程中,养成良好的学习习惯,包括注意听讲、认真思考、积极发言、完成作业、仔细审题等。
	4 能根据不同的学习对象选用与之相适应的学习方法。

(十)"主导、主体、合作、创新"课堂教学评价表

<table>
<tr><td colspan="2">学校</td><td></td><td colspan="2">班级</td><td colspan="3"></td><td>学科</td><td colspan="3"></td><td colspan="2">时间</td><td></td></tr>
<tr><td colspan="2" rowspan="2">执教者</td><td rowspan="2"></td><td>男</td><td>女</td><td>老</td><td>中</td><td>青</td><td>普通话</td><td colspan="3">方言</td><td colspan="2" rowspan="2">职称</td><td rowspan="2"></td></tr>
<tr><td></td><td></td><td></td><td></td><td></td><td></td><td colspan="3"></td></tr>
<tr><td colspan="2">评课者</td><td></td><td colspan="2">课题</td><td colspan="3"></td><td>课型</td><td colspan="6"></td></tr>
<tr><td colspan="2" rowspan="2">评价项目</td><td rowspan="2">权重</td><td colspan="6" rowspan="2">评价重点</td><td colspan="5">评价等级</td><td>得分</td></tr>
<tr><td>优</td><td>良</td><td colspan="2">中</td><td>差</td><td></td></tr>
<tr><td rowspan="4">主导</td><td rowspan="4">创设情境主体调动</td><td rowspan="4">16</td><td>4</td><td colspan="5">1、创造良好的学习氛围,提出目标,有激趣性,导向性</td><td>4</td><td>3</td><td colspan="2">2</td><td>1</td><td></td></tr>
<tr><td>4</td><td colspan="5">2、教学容量恰当,组织严密</td><td>4</td><td>3</td><td colspan="2">2</td><td>1</td><td></td></tr>
<tr><td>4</td><td colspan="5">3、能恰当运用电教手段、各种教具和实验</td><td>4</td><td>3</td><td colspan="2">2</td><td>1</td><td></td></tr>
<tr><td>4</td><td colspan="5">4、重点突出,难点突破,完成教学任务</td><td>4</td><td>3</td><td colspan="2">2</td><td>1</td><td></td></tr>
</table>

续表

	引导探索因学施教	20	4	1、教法先进，体现学法	4	3	2	1	
			4	2、创设情境，激发兴趣	4	3	2	1	
			4	3、巧妙引导（导读、导思、导议、导练）启发思维	4	3	2	1	
			4	4、创设学生质疑氛围，激励学生质疑问难	4	3	2	1	
			4	5、充分满足学生学习欲望及时反馈因学施教	4	3	2	1	
主体	主体参与	10	5	1、学生学习兴趣浓厚，情绪饱满	5	4	3	2	
			5	2、参与实践、动脑、动手、动口、发现问题	5	4	3	2	
	主体探究	27	7	1、读、思、议、练、说，操作活跃，学生举手和发言面大于50%	7	6	5	4	
			7	2、学生参与学习过程面达90% -100%	7	6	5	4	
			4	3、积极参加小组讨论，有效利用时间，会听讲者达80%以上	4	3	2	1	
			5	4、学生有主体探究，积极思维的时间、空间	5	4	3	2	
			4	5、学生知识内化明显，掌握了一定的学习方法	4	3	2	1	
合作	关系和谐	12	4	1、教态亲切、自然、语言简练、生动、板书合理	4	3	2	1	
			4	2、爱护信任学生，鼓励学生点滴进步，让不同学生能感受到成功的喜悦	4	3	2	1	
			4	3、教学过程中，注重学生合作，师生合作，注重分层指导	4	3	2	1	

续表

创新	教学特色学生特长	15	5	1 能展开联想与想象,学生发言有独创性,思维占总数的5% －10%	5	4	3	2	
			5	2、独立运用知识和方法解决实际问题,并养成良好学习习惯	5	4	3	2	
			5	3、达到身心的陶冶、知识的内化、思维的发展	5	4	3	2	
简要评语:									

(十一)语文课堂教学优化评价标准

项目	评价要点	等级		
		A	B	C
教学目标	1、明确、适度 2、多元整合			
教学内容	1、容量恰当,突出重点,抓准难点 2、重视只能联系和单元及政策的系统性 3、重视各学科的联系			
教学结构	1、体现可行特点,环节清晰。 2、以学生的自主合作探索学习活动为主。 3、反馈调控有效、师生活动协调			

续表

教学方法	1、多种教法优化组合 2、重视学生指导,学法与教法有机结合 3、教学组织形式有效运用			
教学媒体	1、教材运用的充分。 2、教学语言得当,板书合理。 3、重视多媒体教学,运用适时有效,能熟练操作。			
教学效果	1、基本上完成听说读写训练任务。 2、课堂呈现民主、和谐、合作、互动的气氛。学生处于积极的思维、情感交往状态			

(十二)语文课堂教学优化评价表

一级指标	二级指标	三级指标	评价等级		
教师教学	教学目标	1、体现"课标"倡导的理念,符合学段目标。	A	B	C
		2、有明确、具体的知识、能力、情感目标。			
	教学过程	1、教学重点突出,双基与能力训练点准确、明显、量足。			
		3、以读为主,能引导学生自主探索、感悟、积累好词好句,实践运用。			
		4、恰当运用教学手段,做到适时、适度、适量。			
		5、注重激发学习兴趣,培养动机,采用有效的激励评价,增强自信。			

续表

	教学基本功	1、能科学地、创造性地运用教材,优化教学设计。			
		2、板书设计合理、美观,突出重难点。			
		3、教学语言规范,富有感染力。			
		4、注重反馈调控,体现因材施教。			
学生学习	参与状态	大部分学生能积极自主地参与学习活动,善于倾听,理解他发言,敢于发表不同见解。			
	交往状态	师生、生生关系民主,平等,和谐,体现互助、合作。学生的每个发言都能得到尊重和回应。			
	思维状态	大部分学生能积极思考、自读自悟,敢于提出问题,并能在教师指导下解决问题。			
	达成状态	大部分学生通过努力能达成教学目标。			
综合评价					

节次	执教者	课题	评价等级			名次
			A	B	C	

(十三)数学课堂教学优化标志:

(根据市的标志制定)

主要标志	要点
新——教学观念新	1、现实数学的理念。 2、互动的理念 3、教师主导、学生主体的理念

续表

活——学习方法活	1、教学方法灵活多样,教与学有机结合。 2、教学主动思考,积极交往,思维活跃,学会学习。 3、有效组合于运用各种教学媒体
实——双基扎实	1、重视知识的引入、来源和应用,切实让学生掌握基础知识。 2、着重体现数学思想与数学方法,重视数学意识的培养。 3、重点突出,难点突破,狠抓关键
全——面向全体	1、对不同层次学生有不同层次的达标要求。 2、为学生提供充足的时间和空间,进行充分有效的训练,使学生在思维能力,情感态度与价值观等多方面得到进步和发展。 3、重视烫伤巡视和检查,及时反馈,合理调控。 4、堂上达标检测正确率达90%以上,全面达成数学目标。

(十四)数学课堂教学评价表

	一级指标	二级指标	要素	评价		
				A	B	C
基本性目标	教学目标与内容	科学性	教学思想体现课改思想、课程标准理念教学目标明确、具体、全面、恰当 教学内容科学、体现时代性、结构性			
		适切性	切合学生实际,关注学生已有经验			
	教学过程	张弛度	教学密度适当,时间分配合理,按时下课 练习具有层次性、针对性、开放性			
		参与度	广度:全体学生动脑、动口、动手参与教学全过程 深度:主动参与,思想活跃,有独到见解			
		有效性	教学方法灵活有效,教学组织活泼有序教学媒体使用恰当有效,适时适度			
		差异性	对不同学生有不同要求 对不同学生进行不同的激励评价			

续表

	教学氛围	师生关系	师生民主平等,师生友好合作			
		课堂气氛	教学活动协调 学习环境宽松,学生心情愉悦			
	教学效果	知识技能	理解掌握知识要点 灵活运用知识解决问题			
		问题探究	自觉主动提出问题 积极探索,对问题有自己见解 演示操作有新意			
		情感体验	获得成功体验,建立自信心 感受数学思想方法			
发展性目标	教学特色		一项或几项基础指标发挥得特别突出;基础指标之外的课堂教学活动具有独创性			

节次	执教者	课题	评价等级			名次
			A	B	C	

(十五)英语课堂教学优化的标志

根据素质教育和教育部、省、是“关于积极推进小学开设英语课程的指导意见”及“小学英语课程标准”,小学英语教学要重视激发和培养学生学习英语的兴趣,培养学生学习英语的兴趣,培养一定的预感和良好的语音语调基础,引导学生乐于用英语进行简单的交流,我们提出以下五点作为学英语可让教学优化的标志:

(1)教学面向全体学生,并能体现我区、市或有创建的课堂教学模式。

(2)体现教师主导地位,山渔船社情景,运用听、做、说、唱、玩、演、读、写等方法进行教学。

(3)学生主体地位突出,乐于模仿,敢于开口,积极参与,主动学习。

(4)有较好的英语氛围,听说训练充分,实现知识向技能和能力转化。

(5)目标大程度高,教学效果较好。

(十六)思想品德课堂教学评价标志

	评价项目及要求	权重	得分
教学目标	1、符合课程标准及教材的要求、符合学生实际,目标明确、具体、要求适度。 2、培养学生运用本科观点去认识和分析问题,直到行为实践,有较强的针对性。	10%	
教学设计	1、根据学生思想品德形成规律,改革教法,突出学法、注重学生创新精神和实践能力的培养。 2、学结构合理,层次清楚:教学过程能体现倒入新课、启发明理、激发感情,直到行为等基本环节。 3、紧密围绕说理这个中心环节、清理交融,知行统一,各个环节优化组合	20%	
教学过程	1、以学生为主体,有效组织课堂教学,应变能力较强。 2、教学重点突出,难点解决较好。 3、教学方法选择恰当,赋予其发行,教学环切紧凑、合理。情感、教学贯穿全过程。 4、正确、训练中和运用各种教学媒体,效果良好。 5、面向全体学生,调控教学活动及时、有效。 6、板书字体端正、规范,准确把握教学时间。	50%	
教态语言	1、仪态端庄、大方,亲切、和蔼。 2、以动作、姿势和表情助教学 3、普通话流利,语言准确、形象、生动,有感染力。	20%	

(十七)思想品德课堂教学评估表

听课人：　　　　　　　　　　　　　　　　时间：

<table>
<tr><td>学校</td><td></td><td>班级</td><td colspan="6"></td><td>科目</td><td colspan="3"></td></tr>
<tr><td rowspan="2">执教者</td><td rowspan="2"></td><td>男</td><td>女</td><td>老</td><td>中</td><td>青</td><td colspan="2">普通话</td><td rowspan="2">方言</td><td colspan="2" rowspan="2">职称</td><td rowspan="2"></td></tr>
<tr><td></td><td></td><td></td><td></td><td></td><td colspan="2"></td></tr>
<tr><td>课题</td><td colspan="8"></td><td>课型</td><td colspan="3"></td></tr>
<tr><td>项目</td><td colspan="8">评价要点</td><td colspan="4">定量评价(优——差)</td></tr>
<tr><td rowspan="2">教学目标</td><td colspan="8" rowspan="2">1、目标完整具体
2、目标符合实际,要求适度</td><td>5</td><td>3.5</td><td>2</td><td>1</td></tr>
<tr><td></td><td></td><td></td><td></td></tr>
<tr><td rowspan="2">教学内容</td><td colspan="8" rowspan="2">3、容量恰当,精心组织
4、重点突出,抓准关键和难点
5、把握内在联系,要求正确、深刻</td><td>6</td><td>4.5</td><td>3</td><td>1.5</td></tr>
<tr><td></td><td></td><td></td><td></td></tr>
<tr><td rowspan="2">教学方法</td><td colspan="8" rowspan="2">6、方法选择适当,教学环节合理、紧凑
7、创设情境,激发兴趣
8、重视启发,思维活跃
9、及时反馈,做好调控</td><td>6</td><td>4.5</td><td>3</td><td>1.5</td></tr>
<tr><td></td><td></td><td></td><td></td></tr>
<tr><td rowspan="2">教学手段</td><td colspan="8" rowspan="2">10、正确运用文字材料,板书合理
11、语言准确、清晰
12、恰当运用各种教具或实验,效果好</td><td>4</td><td>3</td><td>2</td><td>1</td></tr>
<tr><td></td><td></td><td></td><td></td></tr>
<tr><td rowspan="2">教师管理</td><td colspan="8" rowspan="2">13、管理得当、纪律良好
14、师生关系和谐合作,学生参与学习积极性高
15、学习风气良好,群体凝聚力强</td><td>4</td><td>3</td><td>2</td><td>1</td></tr>
<tr><td></td><td></td><td></td><td></td></tr>
<tr><td>总
评</td><td>得分</td><td colspan="2"></td><td colspan="2">等级</td><td>优
40－30</td><td colspan="2">良
29－20</td><td colspan="2">合格
19－15</td><td colspan="2">差
14－10</td></tr>
<tr><td></td><td colspan="12">意见：</td></tr>
</table>

(十八)音乐学科课堂教学标准

根据中共中央国务院《关于深化教育改革,全面推进素质教育的决定》以及《音乐课程标准》的有关精神和要求,充分体现音乐学科的特点和功能。

一、正确、适切的教学目标

1、准确体现《音乐课程标准》和教材内容。

2、教学亩的贯穿始终,在各个环节均有体现。

3、教学目标切实可行,是大多数学生经过学习能符合要求。

二、综合性的教学内容

1、要正确理解、分析、优化教材。

2、内容容量及安排繁简适当。突出重点,解决难点。

三、合理的教学结构。

1、教学个环节承上启下,衔接自然。

2、教学节奏张弛有序。

3、教学结构布局合理。

四、多样的教学方法及手段

1、教学方法要灵活,针对性要强。

2、教学语言要清晰,要具有艺术感染力。

3、教具运遥遥数量,积极运用多种教学媒体进行教学。

4、要具备发现问题及解决问题的教学方法。

5、注意培养学生学习兴趣,充分调动学生的学习积极性。

五、良好的教学效果

1、能完成教学,整体质量好。

2、体现出对学生音乐审美能力的培养。

3、学生较地地掌握所学的知识技能。

4、注重对学生感受音乐及创造能力的培养。

5、教学有创意。

(十九)音乐课堂教学评价表

	教学目的内容			教学过程方法		教学基本素养		教学即时效果		特长特色
指标要素	明确性	科学性	教育性	合理性	启发性	教学能力	专业技能	双基能力	情意发展	在教材处理、教学设计、教学结构、教学方法、教学语言、教学手段运用、学生积极性调动等方面,具有特长,改革创新确有特色者,在前四项指标总分上另行酌情加分。加分宜从严掌握,前四项在良等以上者方可加分。加分幅度一般为1—6分,最多不超过10分。
标准因素及其分值	目的明确2 要求具体2 美育特点鲜明2	符合《标准》的要求3 教学内容正确6 切合学生实际3 密度容量适当2	抓住音乐艺术形象有机渗透思想教育6	设计合理5 突出重点3 突破难点3 面向全体分类指导8	创设情景富有美感5 方法有效激发情感5 手段灵活动静交替5	备课充分准备完善2 环节紧凑节奏适度3 及时反馈随时调空3 表述简练语言规范2 教态亲切富有激情2	专业技巧熟练规范4 板书图示合理清晰2 教具设计形象直观2	按时完成教学任务2 双基乐感及音乐素质培养5 主体作用与创造力的发展5	深入意境身心愉悦4 积极参与反应面广4	
得分										加分
总分						等第				

使用说明:1、评价时将有关教学状况与指标要素、评价标准因素逐项对照衡量后,在标准达到度的分值栏内打“√”。

2、评价等第为优、良、中、差四等。一般优等为100－90分,良为89－80

分，中等为79-60分，差等为59分以下。

（二十）体育课堂教学优化意见

一、指导思想

为了贯彻落实第三次全国教育工作会议精神，实施素质教育，切实优化体育课堂教学，进而推动体育教学的全面改革，以优化课堂教学为中心，以健康教育为基础，以全面提高学生素质为宗旨，不断提高科学研究和教研活动水平，逐步提高体育课堂教学质量，培养学生健康身心和适应现代社会生活的能力。

二、更新观念，深化改革

1、树立整体的体育观

坚持以课堂教学为主体，辅以开展多种形式的课外群众性体育活动，两者相辅相成，互为补充。

2、树立全面发展的教育观

课堂教学既要树立全面发展的教育观，又要注意重点突出的教学策略。在教学过程中，要处理好单元教学和阶段性教学的关系，处理好重点内容与全面要求的关系，克服课堂教学质量与效率偏低的现象，要利用体育课教学的特点去培养学生的能力。在单元教学中，要根据教材的特点，教学的原则，针对教学的重点与难点，有所侧重地开展教学活动。

3、树立体育教学体系的发展观

（1）教学内容方面

教学内容是体育课堂教学的基本因素，直接影响体育教学的效果。教学内容地改革，首先要处理好教材和教学方法、教学手段的关系，体育教学与竞技运动的关系。开展优化体育课堂教学的活动，应在贯彻体育教学课程标准的过程中，简化教材的技术要求，包括简化规则、裁判和活动形式。避免教材过于竞技化、成人化。要在体育教学《课程标准》所规定的必修和选用的教材范围内，结合广东省教育厅编写的《快乐体育》丛书，以及在社会实践中选择学生喜欢的体育项目进行教学。在教材的选择中，应重视优秀的民族传统文化，并结合本校有特色的传统项目，以此丰富学校的体育教学内容。

（2）教学模式与教学方法

教学模式是按照一定原理设计的一种比较稳固的教学程序及其方法、

策略体系,或者说是为了完成特定的教学目标和教学内容而构建的科学结构和活动过程。体育课堂教学,应根据体育教学的特点有效地选择能突出学生在教学中主体地位的教学模式。体育课堂的教学设计,应注意传统教学方法和手段与现代教学方法和手段相结合,使教学方法和手段更具有针对性和现实性。

(3)建立学科评价标准

近年来,为了进一步促进我校体育课堂教学的优化,我们对原来的设计评价进行了修订,制定了《明日之星艺术小学体育课评价标准》,使评价标准更具科学性和可操作性。

三、确立学生在课堂教学中的主体地位

优化体育课堂教学,必须明确教师和学生在教学过程中的关系和作用。

1、在课堂教学中,要坚持突出学生的主体地位,培养他们良好的个性;

2、要面向全体学生,对不同层次的学生要因材施教;

3、建立和谐亲密的师生关系,应在知识技能、身心健康、个性品质等多方面,关心学生,注意对学生进行正面评价;

4、要创设优美的环境和愉快的教学氛围,使学生乐学善学,充分挖掘教材中的愉快教育因素,提高学生学习兴趣。

四、积极开展教研活动

要提高体育课堂教学的质量,必须加大科学研究和科研活动的力度。本阶段,我校主要加强有利于开展素质教育的体育课的研究,广泛探索素质教育思想指导下的体育课堂教学的新模式。

1、进一步推广"快乐体育"教学模式

"快乐体育园地"的建设,体现了教育观念和体育教学思想的转变,它是以全面提高学生素质为目标,竞技性与娱乐性、技术性与趣味性相结合,使学生在活动中享受到体育的乐趣,实施"乐教"、"乐学"的一种新的教学形式。这种形式能有效地激发学生参与体育活动的兴趣,并养成锻炼身体的习惯,为终身体育打下良好的基础。

2、加强对一批有代表性的教学模式的可操作性和评价方法的研究,以适应体育教师的实际需求。

五、提高体育教师教学设计和实施的能力

衡量一个教学计划是否符合现代课堂教学的标准,不是看实际进行的教学是否能与计划一致，而是看这个计划是否能够使教师在教学中采取恰当的教学行为、有针对性的教学方法和灵活多样的教学手段，使学生创造性地进行学习。

做好课前教学设计，应按教学目标、教学任务和学生实际水平来进行，内容的组织、方法的选择、学生教师共同活动的方式与过程，都应全面策划。具体要求如下：

1、教材内容要根据《体育课程标准》的要求，合理搭配广东省教育厅编写的“快乐体育”丛书中的内容或自行选择合适的内容。

2、教学任务要符合教材的特点，目标要明确和具体，要体现培养学生健康身心与适应现代社会生活的能力的特点。

3、编写要认真，字体清晰，图文并茂，简明扼要，贴切、可行。

4、教学顺序合理，组织教学的方法、手段以及对学生学法的指导得当，课的结构严谨，导入精炼适当。

5、教学设计中要有预测运动脉搏曲线图、运动负荷、练习密度和强度指数。

6、场地器材布局合理，充满美感，并能充分利用。

在实施教学设计的过程中必须注意教学反馈。教师应在每节课后，将组织教学、教法、手段以及完成教学任务的情况和改进意见加以小结。

在优化体育课堂教学活动过程中，每位体育教师必须按照《明日之星艺术小学体育课评价内容及标准》为标准，对体育课的质量进行评价，切实提高课堂教学质量。

（二十一）健康教育评价标准

评课要求	分数	
1、观点鲜明，符合新课程标准要求。	10	
2、将正确卫生常识传授给学生。	15	
3、能突出重点、解决难点。	20	
4、有否生活实际结合起来，学生判断是非能力有否提高。	15	
5、有否采取措施，注意引导学生把知识变为行为，形成良好的行为习惯。	20	
6、口头表达能力、教态、体现学生主体、教师的主导作用。	20	

(二十二)《体育课程标准》体育评价表

内容	评价内容	评价标准					权重	得分
		优	良	中	合格	不合格		
		10－9	8－7	6－5	4－3	2－1		
1. 教学设计	能体现健康第一的指导思想,根据达成目标,学生特点,场地,教材,器材、天气等涉及科学的教案。内容清晰,层次分明,教学过程科学,运动负荷符合要求,场地器材布局合理,安全卫生,预见性强						1	
2. 教学组织	科学的安排利用时间,形式多样,控制全局,安全措施落实,并能充分天线出教师为主导、学生为主体						1	
3. 教学方法	循序渐进,照顾全面,淡化技术,培养兴趣,创新方法,形成能力。讲解明确、扼要、生动、学生易懂						1	
4. 教态仪表	教风踏实,仪态美,示范正确优美起表率作用,身体力学,和蔼可亲,力求对学生起到陶冶作用,站位适当,普通话教学,术语规范,口令响亮清楚。						0.5	
5. 互动方式	体现多位的互动方式,以学生为主体,调动学生的积极性。能及时收集反馈信息,及时指导。						1	
6. 思想教育	能寓各育于体育教学之中,做到知、健、情、意、行的有机统一,培养学生品质,发展学生个性。						0.5	

续表

7. 学习态度	自觉认真遵守纪律，积极主动参与教学过程，团结互助好、注意力集中，听从指挥。						0.5	
8. 运动技能掌握	学生能在自己的水平上涨我提高运动技术，形成能力						0.5	
9. 运动参与	学生能主动，全员参与到学习过程中	50以上	49－41	40－35	34－30	29以下	1	
10. 心理状况	学生自信心强，有强烈的竞争意识，能正确对待成功与失败						0.5	
11. 社会适应	有良好的集体意识，互相尊重，互相帮助。						1	
12. 运动负荷（指数）	运动强度于运动密度合理，负荷学生的年龄特征，所选教学内容的特征。	1. 51以上15	51－1. 41	1. 41－1. 41	1. 3－1. 21	1. 2以下	1	
13. 处理突发事件	教师能对突发事件做出正确处理方法						0.5	
总评								

学校：　　　　　　　　年　月　日　　　　教师：

年级：　　　　　　　　人数：　　　　　　评分老师：

(二十三)美术学科课堂教学优化意见

一、树立六个新观念

1、树立开放、多元的“大美术”教育观。

2、树立“面向全体，促进全面发展”的学生观。

3、树立“以人为本、以美育人”的学习观。

4、树立视觉造型艺术语汇为主的训练观。

5、树立“以培养创新精神和实践能力为重点”的发展观。

6、树立优质高效的美术教学效能观。

二、建立六个优化标志

1、正确、适切的教学目标。

2、切实有效的教学内容。

3、科学、合理的教学结构。

4、灵活、多样的方法、手段。

5、和谐、合作的教学活动。

6、优质高效的教学效率

三、掌握六个教学基本功，提倡“六字”教学艺术

1、教学态度认真，教学仪态自然。

2、教学语言规范生动。

3、板书设计公正合理。

4、范例视觉形象典型、合理、美观。

5、板汇（制作）演示步骤、熟练、准确。

6、恰当运用各种教具、学具和教学设备。提倡把微笑、激情和趣味带进美术课堂。

四、具备四种基本教学能力

1、驾驭新教材和教学信息的能力。

2、设计课堂教学方案的能力。

3、实施课堂教学设计的能力。

4、总结经验和科学评价的能力。

五、研究课型和模式，把握五个维度

1、构建知识体系。

2、创设视觉情境。

3、渗透史论结合。

4、参与动手实践。

5、体现人文教育

(二十四)美术学科课堂教学评估表(试用稿)

学校		班级		教材版本	
执教者	男　女　老　中　青　普通话　方言			职称	
课题				课型	
项目	评价要点	定量评价(优－差)			
教学目标	10、目标完整具体 11、目标符合实际,要求适度	5	3.5	2	1
教学内容	1、容量恰当,精心组织 2、突出重点,抓准难点 3、作业适量,要求明确	6	4.5	3	1.5
教学结构	1、教学环节合理、紧凑,体现课型特点 2、教学过程遵循学科的认知规律	4	3	2	1
教学方法	1、创设情境,激发兴趣,突出视觉形象环境氛围 2、方法和手段选择适当,重视启发,思维活跃 3、优化组合教学媒体,及时反馈调控有效	6	4.5	3	1.5
教学活动	1、管理得当,纪律良好;学习风气好,群体凝聚力强 2、师生关系和谐合作,学生参与学习积极性高	4	3	2	1
教学效率	1、课堂气氛好,基本上完成堂上观察、欣赏、表现的主要任务,体现教学特色 2、作业效果好,各层次的学生都能达到各自的基本要求	5	3.5	2	1
教师基本功	1、教学态度认真教态自然,适当运用教具、学具 2、教学语言规范生动,板书设计工整、合理 3、范例视觉形象典型、合理、美观 4、板绘(制作)掩饰步骤清晰、训练、准确	10	7	5	3

续表

总评	得分		等级	优 40－30	良 29－20	合格 19－15	差 14－10
	肯定意见						
	改进意见						

听课人　　　　　　　　　　　　　　　　　　　年　月　日

(二十五)自然学科等级评价实施意见

一、指导思想

为贯彻第三次全国教育工作会议精神,推进素质教育,加大培养学生创新精神和实践能力的力度,减轻学生的负担,使学生生动活泼地发展,制定自然学科考查成绩地等级评价意见,希望各小学参照执行。

二、等级评价意见

1、等级考查地内容

九年义务教育全日制小学《自然教学课程标准》规定地范围。

2、等级评价范围:小学1－6年级

3、等级评价的形式(等级考查可采用以下地一种形式)

①操作考查(指观察、实验、制作、栽培、饲养等内容)

②卷面考查(指口答、填空、选择、判断、作图、综合等内容)

③卷面与操作相结合地考查

4、评价等级

采用优秀、良好、合格、不合格四个等级。

5、等级确定地建议

优秀是指目标达成度85－100%;

良好是指目标达成度70－85%;

合格是指目标达成度55－70%;

不合格是指目标达成度在55%以下。

三、几点说明

1、任课教师有命题、制定评价标准与实施评价地权利;

2、等级确定允许有误差;

3、期末、年度考查的时间由学校确定；

4、建议以能力考查为主，着重培养学生的实践能力；

5、积极参加自然学科探索活动的学生可评为优秀；

6、卷面考查可采用标准化命题与综合题相结合的形式，达成度给予等级的评价；

7、小组协作完成的成绩可作为组内各成员的个人成绩；

8、对不合格学生，任课教师应给予补考。教师可根据学生自报特长确定考核形式和拟定评价标准。

（二十六）自然课评价意见

评价项目	具体要求		实施情况				备注
			好	较好	一般	不好	
			10分	8分	6分	5分	
教学目标	1、全面：考虑兴趣、知识、能力、思想 2、适宜：符合大纲、教材和学生界扼守能力						
教学内容	1、具有科学性：知识、方法、观点正确，符合科学 2、符合教学目标，有教育价值						
教学过程	教	1、符合认知规律，具有探究性并符合科学探究过程 2、过程完整、层次清楚、连接紧密、过渡自然 3、指导得当、得法					
	学	1、自主参与：活动参与面广（时间、人数）且有意义；有一定的独立性和自主性 2、主动获取；体现自行探究，得出结论					
教学方法	1、选择得当：符合教学目标、教学内容 2、运用得好：符合各种教学方法的一般步骤、要求，教学效果好						

续表

教学媒体	1、选择的党(符合教学目标),具有精心设计的结构,准备充分,效果好 2、操作正确、熟练,与其他媒体或方法配合得好					
教学组织	1、教学组织形式(全班、分组、个人)适当 2、教学活动组织严密,不乱不死板					
教学气氛	1、愉快 2、民主、和谐					
教师素质	1、教学基本功好(语言、操作、板书、教态等) 2、具有一定教学应变能力					
教学效果	1、学生学习积极、主动、愉快 2、兴趣、知识、能力、思想等方面达到预期教学目标					
教学创新	教学的某个或某些方面不一般化,有创造性,并因此取得了非常好的教学效果。					
总评分数	10×( )+8×( )+6×( )+5×( )+( )=					

(二十七)教职工综合考评制度

<table>
<tr><td>姓名</td><td></td><td>性别 | | 任教科目</td><td colspan="4">日期</td><td></td><td></td></tr>
<tr><td rowspan="2">A级标准</td><td rowspan="2">B级指标</td><td rowspan="2">C级考核标准</td><td colspan="4">自评</td><td rowspan="2">小组评</td><td rowspan="2">考核组评</td></tr>
<tr><td>A</td><td>B</td><td>C</td><td>D</td></tr>
<tr><td>政治思想和教师道德</td><td>政治思想表现</td><td>坚持四项基本原则,热爱社会主义祖国,执行党的路线、方针、政策。参加政治学习和会议,留心听,发言积极,认真做笔记,认真贯彻落实会议要求</td><td></td><td></td><td></td><td></td><td></td><td></td></tr>
</table>

续表

	教育思想	学习和贯彻党的教育方针，教书育人，落实“一手抓常规管理，按规范办学，一手抓电教科研创学校特色”办学思路。全面关心学生的成长，教育好每一个学生，发挥教师主导作用和学生主体作用。尊重学生，管教管导，加强教育、全面提高学生素质。						
	职业态度	明确抓好“双基”教学，培养和发展“双力”的教学任务，充分运用现代教育技术和传统教学媒体、手段相结合，提高课堂教学效率。 热爱教育，有事业心和责任感，讲奉献、齐拼搏，积极完成工作任务，努力做好本职工作，服从学校工作分配。有积极改革和进取精神，努力进修提高自身素质，积极参与科研教研，与有关教师团结协作。文明办公，工作时间不干私活，不吃零食，不闲聊妨碍别人办公，办公桌面整齐无杂物。						
文化专业知识水平和教育教学能力	文化知识	精通学科知识，准确掌握学科知识，熟悉学科结构体系，清楚把握重点、难点、关键，重视不断进修学习，知识更新，知识广博。						
	教育理论知识	熟悉教育学、心理学、学科教学法，理论联系实际，吸收先进经验，不断探索教学规律。						

续表

	教育能力	了解学生身心发展规律,能灵活运用正确的教育观点、原则方法,做好学生思想教育工作,解决学生的实际问题。						
	教学能力	善于培养激发学生兴趣,启发引导学生探究、思考、理解掌握知识;根据学生实际因材施教能力强;表达能力、板书能力、组织能力强,会操作多媒体教学平台,能用电脑进行教学。						
教研能力	科研教研能力	能独立开展教育教学活动,能承担科研专题研究课题和教研实验专题,具有撰写教育教学论文的能力和指导其他教师的能力。						
履行职责情	工作业务和工作量	承担教学科目数、课时数达到学校规定;承担班主任工作或各级协助班主任工作;承担教研科研任务;承担科组长、级组长、工会委员等教育教学社会工作。						
	出勤	依时上班和参加政治、业务学习,不迟到、不早退、不请假不旷工,依时签到;依时上课,完成教学任务,不缺课。						
	备课	认真钻研大纲和教材,熟悉教材内容,准确把握教学目标,明确重点、难点和关键,写好教案,既备教学设计、板书设计,又备媒体的运用,备好每一节课,预备一周的教案。						

续表

履行职责情况	上课	打预备钟立即前往课室，打上课钟马上开始上课，保证 40 分钟教学时间。教学目标明确：抓好关键，突出重点、难点；讲授得法；坚持运用启发式，讲练综合；安排紧凑；注意课内辅导后进生。课堂管理严格，纪律良好，活而不乱，学生参与学习积极性高，学习风气好。课堂教学效率高，达到整体优化。						
	辅导学生	对优生有再提高措施，对后进生辅导重点放在课内，做到“五优先”，学生练习时要巡视，偏爱后进生，热情鼓励，耐心辅导，不训斥、不讽刺 不挖苦、不放弃. 并辅之以课外辅导。						
	批改作业	课外书面作业不超过规定的时间堂上作业堂上面批，家庭作业及试卷一周内批改完毕送行政阅后尽快发还并依时分析，及时纠正错误重做。改错更正有回批。						
	其他岗位	① 担任教研组长、年级组长、工会委员；②担任值日教师（组长）；③负责晨会、早读、早操；④升旗仪式落实各班管理；⑤落实班参加全校性、级组织性活动，协助管理；⑥ 带 队。到 门 口放学。						

续表

工作成绩	教育工作效果	教育转化后进生达 80%；70%；60%；60% 以上，对学生干部培养效果好，小干部大胆能独立工作. 管理好班级按学校各月教务安排对学生进行教育效果好，班风学风良好，规范行为养成良好，尊师守法，文明礼貌，团结友好，创建文明班。							
	课堂教学效果	教师主导作用发挥好，学生主体精神体现突出，学生积极参与教学过程，师生有效相互沟通，学生理解、掌握运用课堂知识，学生注意力集中，课堂纪律良好，所教学的知握识节节掌过关。							
	教研	积极参加三级教研活动，无迟到、早退、缺勤；积极参加学历进修和业务讲座，无迟到、早退、缺勤；全学期听课 8 节以上，青年教师每月上请帮课 1 节(全学期共 5 节)；承担教研组的教研试验课任务，认真写好教学论文(总结)。							
	科研情况	参加科研实验小组，承担科研课题任务；积极认真按实验计划上实验课；积极参与实验课配套的检测、统计、脚本设计、软件制作等；积极参与撰写科研实验总结、论文。							

续表

	指导学生	指导学生参与学科竞赛、体育竞赛及艺术类竞赛等分别获得国家、省级奖、市级奖；区局级奖；校级奖。					
	获各级各类奖	获各种荣誉称号，撰写论文、经验总结、编写教材资料，出版发表论文等。获得国家、省级奖；市级奖、区局级奖；校级奖。					
获全国省、市、区奖励的记录							
违反教师职业道德记录							
总评结果	自评等级			考核小组			
	小组评等级			评定			

（二十八）建立“教师教学业绩档案”的意见

一、目的

把教师的功绩记录在案，为今后的晋升，增资，奖励等提供翔实、客观的依据。教师教研教改的成果收集归档，将是一笔宝贵的财富。

二、档案内容和栏目

1、学历；

2、简历；

3、每学期的任课和任职；

4、工作效率：

（1）教育教学活动实路与实绩；

A、完成学校交给的各项工作任务情况，包括计划、总结、教研活动，教育教学实验，接待课，指导师范生实习、见习转化双差生，任课科目合格率、优秀率和平均分，升级率等。

B、参加省、市、区教育教学活动的实绩。

（1）进修、自学情况

(2)奖励情况(收集表彰奖励材料,获奖证书、照片、论著、作品或复印件)

(3)出勤情况

三、记载和收集

记载表格每学期由教师本人填写两份,期末交校长验记核实,签字盖章,一份由教师本人保存,一份归学校档案。

四、流通和运用

使档案不仅起到收藏积累的作用,让这些资料投入流通,更加有效地为教育教学管理服务,另全面贯彻方针服务。

(1)把收藏到的教研教改信息,择优推广,迅速反馈到教学第一线。

(2)不定期编辑教改经验汇编。

(3)教师调动,档案随人定。

(4)每学年一次教师业务档案公开展览——这是无声的总结表彰会。

(二十九)教师教学业务档案资料(一)

姓名		性别		出生		文化程度	
何时参加工作			何时到校			专业职务级别	
学历							
简历							
备注							

(三十)教师教学业务档案资料(二)

学年:　　　　　　　　　　　学期:

姓名		任课			任职			
进修自学情况	出勤部门	成绩	出勤情况	全勤	病假	事假	迟到	早退

续表

教育教学活动实践与成绩			
获奖情况			
验证核实日期		校长签盖章	
备注	1、史记包括每学期完成学校交给的各项工作任务情况:计划、总计教研活动、教育教学试验;接待课、指导师范生实习;转化双差生;任教科目合格率、优秀率、平均分、升级率;班主任工作以及三好率和各项积极分子评选情况等;参加省、市、区教育教学活动的实绩。 2、获奖情况除如实填写外,还要缴交表彰材料、获奖证书、照片、论著、作品或复印件。		

★此表每学期由教师填写一式两份,期末叫校长验证核实、签字盖章,一份发还本人保存,一份归学校教师个人业务档案。

(三十一)青年教师教学业务达标要求

(初稿)

青年教师教学业务入门,重点在于达到教学常规要求,掌握扎实的教育教学基本功。指导思想是:一要继承,二要发展。就是说,青年教师要认真学习和吸取那些行之有效的传统教育方法,在讲台上站住脚;在基础上,要求青年教师要有改革意识，不断获取新的知识，结合自己的特长，探索新的教育教学方法，逐步形成自己的教育教学特色，具体措施是：在三年时间内，分三步布要求，上三个台阶。

第一步，教学常规入门。“起步要正规”，青年教师必须认真学习，要严格遵守，坚决落实学校的各项教育教学常规要求，其中包括《课堂教学常规》（备课、上课、作业、辅导、考试五项）、《中小学教师职业道德规范》、《听课规定》、《制订教学计划和总结的规定》、《请假制度》、《学生课内外常规》等。一年见习期满，经过考核，平时单项记载与学年末综合考评合格的可以进入第二步。

第二步，课堂教学过关。根据影响课堂教学效果的最主要因素，以及各科《优化课堂教学评价标准》，制订出过关的要求有：教学目标、教学内容、教学结构、教学方法、教学手段、教学效果，“过关”评估指标既是青年教师课堂教学是否过关的评价标准，又是对青年教师上好课的一种原则引导，为客观、全面评价一个青年教师上课是否过关，设立考核办法，每隔一段时间听一堂课，看其发展和进步的趋势，听一切研究课（由有经验教师指导），再听一节汇报课（独立准备）和检查课（事先不通知）听满三类课后，再作出是否过关的综合评价，被认定过关的可进入第三步。

第三步，教学能力达标。提出五项要求：(1)能基本上掌握任教学科必备的教学基本功（课堂语言、板书、制作教具、教态）；(2)能对任教的学科编制有一定质量的正式考试卷（独立）；(3)初步具备指导学生开展第二课堂活动的能力，提交一份反映自己指导工作成绩的业务档案；(4)初步具备有结合自己的业务实践进行教学研究的能力，提交一篇有一定质量教学论文；(5)任教学科的学生考试成绩，单元过关成绩达标或接近本区、校的平均水平。上述五项，全部合格者即认定教学业务能力达标。

完成上述三步大致需要三年时间，但允许加快进度，提前通过考核。若不能按时通过，则延长考核时间，直到达标为止。我校规定：(1)一年常规入门考核作业新教师见习期考核的主要内容，作为转正定级的主要依据之一。(2)达标考核成绩作业今后申报专业职称的必备条件。(3)达标活动列入学校年度考核成绩，记入业务档案。(4)学校设单项奖励，鼓励脱颖而出的青年教师和为扶持后辈作出成绩的年级组及中老年老师。

(三十二)青年教师业务达标档案

姓名:　　　　　　　　到校时间:

任课:　　年　——　年　任＿＿＿＿＿

　　　　年　——　年　任＿＿＿＿＿

　　　　年　——　年　任＿＿＿＿＿

达标成绩:　　　　　　达标等级:

第一步

数学常规入门

项目 / 分数		师德工作态度	计划	总结	备课	上课	批改作业	单元过关	考试成绩	出勤情况	奖励加分	总分	奖金等级
满分	基础学科	20	5	5	10	15	10	15	20			100	
	专科	30	5	5	30	30						100	

注:辅导学生参赛取得优良成绩可加分。

第二步

课堂教学过关

课型	课题	评价标准	目标	内容	结构	方法	手段	效果	总分
		满分	15	20	20	20	10	15	
研究课		得分							
汇报课									
检查课									
总评得分									

第三步

教学能力达标

要求	满分	得分
(1)教学基本功(课堂语言、板书、制作教具、教态)	30	
(2)独立编制一份考试卷	10	

续表

(3)指导学生开展第二课堂活动的能力	10	
(4)教学研究论文	20	
(5)学生考试成绩、单元过关达标	30	
总评得分		

注:60－74为合格,75－84为良好,85以上为优秀,完成上述三步的平均成绩为达标成绩。

评价人(签名):　　　　　　　　校长(签名):

(三十三)教师工作评价方案

年　月　日

姓名		任教		加分		合计		奖金等级				
师德表现、工作态度(40)				教育教学工作质量(60)								
				班主任工作(20%)					教学工作(40%)			
项目	自评	他评	校评	项目		自评	他评	校评	项目	自评	他评	校评
1、依法治教、贯彻方针(10分)				班务工作(10分)	7、计划总结与落实措施(5分)				15、计划、总结(5分)			
					8、与科任教师的协调(2分)				16、备课(5分)			
2、爱岗敬业、尽职尽责(10分)					9、学生家长的联系(2分)				17、上课(5分)			
3、热爱学生、尊重家长(5分)									18、作业批改(5分)			
					10、班、队干部的培养(1分)							

续表

4、团结协作、互相学习(5分)					11、班风、学风(3分)				19、教学辅导(5分)			
5、遵章守纪、为人师长(5分)					12、班容(2分)							
6、提高素质、德才并进(5分)					13、自理、自治能力(2分)				20、考查、考试(单元过关)(10分)			
					14、体、卫工作(3分)							

第五部分　各功能室管理制度

(一)自然实验室制度

一、实验室要保持科学、文明、安全、整洁的实验教学环境。

二、实验室的供排水道、电源、消防器材、保健药箱等必须经常保持完好,以便随时启用。

三、实验操作过程要安全、科学、规范。

四、在进行有毒气体操作时,必须在通风橱中进行,使用剧毒物质或强酸、强碱等腐蚀性药物时,腰戴防护用具。

五、演示实验应简练、直观、形象、生动、顾全学生的可见度,以增加学生的科学态度和思维能力,帮助学生形成新概念,获得新知识。

六、每次实验完毕要刷洗仪器,清扫实验室。清除易燃、易爆、有毒的实验残渣。离开实验室前必须关闭电源、气源、水源。

七、实验室万一失火,首先切断电源、气源,转移易燃、易爆药品,向消防队报警,同时积极采取有效措施进行补救。

八、如有毒气体中毒事故发生后,要首先消除毒源,打开门窗和排气扇排气,同时将中毒人员转移至空气新鲜处,并向领导报告和请医生抢救。

(二)学生实验守则

一、按时进入实验时,到编定位置就座,遵守纪律,保持安静,不准喧哗。

二、实验前要先检查仪器、药品是否齐全。若有缺损,要求补齐要换后再进行试验。实验过程中有如仪器损坏要及时报告,等候处理。

三、在实验课堂上,认真听教师讲解实验目的要求和所用仪器、药品的性能,弄清实验步骤。

四、实验过程中,必须严格遵守操作规程,人人动手动脑,按实验步骤进行,做到细心观察实验现象,真实记录实验数据,按时完成实验和实验报告。

五、实验完毕,应将仪器药品整理好,把废水杂物清理干净,经教师或实验室人员检查后。方能离开实验室。

六、爱护公共财物，节约水电和药品。凡是违反是操作规程，损坏仪器设备，拿走器材、药品者，按情节轻重分别给予经济赔偿和纪律处分。

（三）资料室规则

一、入室须经允许，不得擅自进入。

二、入室后保持安静，不得高声喧哗。

三、不得擅自翻阅室内物品。

四、不可随意开启室内电脑。

五、保持室内地面、空气清洁。不携带异味物品入室。

六、不带易燃易爆物入室。

七、离室放齐桌椅、关窗、关灯、关空调、锁门防盗。

（四）图书室管理制度

一、图书室是师生进行教学研究的学习基地，用于借阅、收藏书籍，设专人管理。

二、任何人未经管理人同意不能擅自出入图书室，藏书阁。

三、进入图书室请迅速安静坐好，阅读图书时保持内部安静，严禁喧哗打闹。

四、爱护图书室内一切公物，包括：书籍、设备；未经管理人员同意，不能随意将书籍带出图书室。阅读图书时，不准乱写、乱画、乱涂、折叠、撕毁图书，如损坏图书应照价赔偿。

五、保持室内清洁，注意文明卫生，不准乱 丢纸屑，不准吃零食。

六、借阅图书后请自觉放回原处，离开座位请摆好椅子。

七、进入图书室的带队老师要填好《阅览室登记》。

八、管理人员下班前应清点书籍，关好门窗，切断电源。

（五）图书室阅览规则

一、阅览室为各班每周一节的课外阅读提供课外书及场地，并定期推荐新书。

二、每天图书室开放的时间：

1、下午 4:45——5:30 分

2、下午 5:30——6:00 分

3、晚上 8:00——9:00 分

三、学生进入图书室,要做到三不:

1、不随便交谈,以免影响他人阅读图书;

2、不涂画图书,保持图书的整洁;

3、不乱丢杂物,保持图书室室内的卫生清洁。

四、爱护图书,不在图书上乱涂乱画,看完图书应放回原处,不得将图书带出图书室。如发现损坏图书,应照价赔偿。

五、在老师的指导下开展读书活动,教师应注意指导学生阅读书籍,教会阅读方法、学写读书笔记,提高学生的整体阅读水平和阅读兴趣,增长学生的知识面。

(六)电子阅览室电脑使用规则

一、用机范围:

1、做课件或录入有关教学资料;

2、观看多媒体教学光盘(学生观看必须要有老师在旁指导);

3、其他情况用机必须由主管部门批准后,方可用机!

二、开放时间:

每周一至周五:8:00————————18:00

三、开机步骤:

1、先开电源总闸;

2、后开外围设备电源;

3、最后开主机电源。

四、外界媒体的使用事项:

1、使用者应确保所带媒体(如光盘、软盘等)不带病毒,使用前必须对所带媒体进行杀毒;

2、自带媒体应不含破坏性、政治性、不健康的内容;

3、不随意更改文件、删除文件、安装软件等!

五、关机事项:

1、用机者确保文件已保存在自己的存储器上;

2、取出所有外界媒体；

3、待系统安全关闭后，再关闭电源！

六、使用者确保按照规则第五条关好机，并填写好用机记录后，方可离开！

（七）队部室管理制度

一、队部室是用来向少先队员进行组织教育的重要阵地，少先队总辅导员和大队委要认真管理好队部室，做好卫生轮值工作。

二、进入队部室的队员必须佩戴红领巾，队干要戴标志，做到服装整洁。进入队部室后，请自觉保持安静和室内整洁。

三、坚持每周星期一下午第三节课后的队干例会。开会时不能随便搬动室内的桌椅，保持地面干净，会后把桌椅摆整齐。

四、队员参观学习，不能损坏展览物品。队干翻阅资料，不能随便撕破弄脏，不在资料上乱涂乱画。

五、鼓号队员训练完以后要把鼓放回原处，不能用手敲击队鼓。

六、室内安装风扇，窗户要装窗帘，以防阳光直晒队鼓，延长队鼓的使用时间。

七、离开队部室要关光管、风扇、门窗等，并做好使用登记手续，方可离去。

（八）美术室管理规则

一、美术室是美育的场地之一，供各班上美术课及有关课外活动使用。

二、对室内的一切物品要认真爱护、保管和保养，对损坏的物件要及时维修。

三、保持室内环境卫生和美观。

四、上课及课外活动后，应上好门锁，关闭电源。

（九）电教室管理规则

一、电教室用于幻灯、投影教学，应设专人管理。各学科教师使用电教室，需隔周预约时间，以便安排准备。

二、学生进入电教室按编位就座，未经许可，不得动用室内电教设备。

三、进入室内保持安静,不准喧哗打闹。

四、注意文明卫生,在室内不准乱写乱画,不准乱丢乱吐,不准吃零食。定期进行清洁扫除。

五、室内安装风扇,窗户安装窗帘,以防阳光直晒设备和满足教学上的遮光要求。

六、电教室使用完毕,借用教师应通知管理人员。管理人员下班前,遮盖好设备,关好门窗,拉断室内电源总开关。

(十)使用电教平台的有关规定

一、需要使用电教平台的教师,必须先申请,经领导批准后,填写《使用登记手册》方可使用。

二、需要使用移动平台的教师,要经领导批准后,方可去保管室领取,再送往教室。

三、使用电教平台的教师,必须教育学生遵守纪律,不准乱动平台上的仪器。在操作过程中,若机器有不正常现象,要及时报告。

四、严格遵守电器的使用制度,注意用电安全。

五、上完课后,教师要正确地关闭仪器,待专业管理人员检查后方可离开电教室。使用移动平台的教师要把平台送回保管室。

六、专业管理人员要整理平台,并上锁;然后把钥匙送到后勤处。

(十一)电教平台使用规则

一、打开电源:

先开中控电源总闸 ——‘ 投影机:开 ——’ 幕:降

二、使用电脑:

打开电脑电源 ——‘ 待启动完毕,’中控:电脑 ——‘ VGA1 -’播出

三、使用展台:

打开展台电源 ——‘ 放入投影资料 ——’ 中控:视频 ——‘展台 ——’ 播出

四、使用 DVD:

打开 DVD 电源 ——‘ 放入影碟片 ——’ 中控:视频 ——‘DVD ——’ 播出

五、切换：

切换到电脑：VGA1 ——’播出

切换到展台：展台 ——’播出

切换到DVD：DVD ——’播出

六、关闭系统：

中控：选择系统——关闭——选择“2”

注意事项：

1、需填写《电教平台使用登记册》，经教导处同意后取得电教平台钥匙，用完电教平台后由该老师把钥匙归还。

2、功放声音不要调得太大。

3、话筒不要正对着音箱。

4、不能让学生乱碰电教平台（特别是各器件镜头），一旦因此出现故障，后果由使用者承担。

5、用展台时不能把手指触摸镜头。

6、待投影机指示灯不闪时再关掉中控电源。

7、离开时一定要把平台的总电源关闭。

（十二）电脑室管理规则

一、电脑室是学校计算机教学上机场地，必须严格按照上机规程和程序要求上机。

二、凡进入室内上课的师生一律要穿室内拖鞋。

三、除课堂教学上机和教师备课操作外，任何无关人员一律不准擅自入电脑室。

四、学生入电脑室后，应按指定座位做好，在教师指导下认真操作，不得离开座位随意走动。使用过程中，如发现不正常情况（故障、过热、冒烟、冒火花、有异味等），应立即关机并报告老师。

五、上机完毕，学生按规定顺序关机，然后盖上机罩（布），放回凳子方可有秩序地离开。

六、做好每台电脑的课前开机检查准备及课后关机检查工作。

七、注意防火用电安全，认真做好电脑的防潮、防尘工作，保持室内干净清洁。

八、电脑室负责人全面负责室内一切用品的管理,所有物件不得随意外借,对物件的遗失要及时上报。

(十三)音乐室管理规则

一、音乐室用于音乐课使用,应设专人管理。

二、学生上课按指定位置就座。未经许可不得动用乐器、电教设备等。

三、爱护公物,不得在室内喧哗、打闹。

四、注意文明卫生,不准乱写乱画,不准乱丢乱吐,不准吃零食。每天使用后由值日生打扫清洁,摆好桌椅用具。

五、离开音乐室要拉断电源,关好门窗。

六、其他人员借用音乐室或音乐用品,必须做好登记。若损坏应照价赔偿。

(十四)舞蹈室管理规则

一、舞蹈室是美育教学的场地之一,用于舞蹈课及有关课外活动时使用,应设专人管理。

二、学生入室前应先脱鞋子,并在指定的位置上摆好,不允许穿鞋进舞蹈室。

三、学生上课按指定位置排队,站好,未经许可不得动用室内的一切设备。

四、爱护公物,不得在室内喧哗、打闹。

五、保持室内清洁,注意文明卫生。

六、任何人未经管理人员同意,不能擅自出入舞蹈室。

七、其他人员借用舞蹈室或舞蹈用品时,必须做好登记,若有损坏应照价赔偿。

八、离开舞蹈室要断开电源,关好门窗,并做好使用登记手续。

(十五)体育器材室管理规则

一、体育器材室做到分类摆放,备用器材入柜、常用器材上架,保持器材完好、整齐、整洁。

二、学生未经许可,不得进入体育器材室,学生早锻炼、课外活动所需器材，由各班体育委员来领取，并按时如数归还，放回指定位置。

三、爱护体育器材，不得损坏或遗失。

四、值日的体育教师除负责器材的发放、保管外，需坚持每天清扫、整理。

（十六）仪器管理制度

一、仪器由仪器管理人员负责管理。

二、未经室负责管理人员允许，其他人不得私自进入室内，确保仪器、药品安全和室内安静。

三、室内仪器、药品添置，保管和更换由管理人员负责提出，由学校负责购置和研究实施，并做好添置登记。

四、使用仪器，均先填好报告单和预先做好准备，仪器使用完毕要及时放回原处。

五、仪器、药品应分类合理放入仪器柜，做到摆放整齐、清洁，如损坏应及时填写报告单，记账报损。

六、教学仪器借出，必须经主管领导批准方可借出，并要按规定时间归还，如借出损坏或遗失，双倍赔偿。

七、认真做好各类实验资料收集工作。

八、加强管理，切实做好防盗、防火工作，如失职造成损失，扣学期奖金或损失程度，追究事故责任。

（十七）心理咨询室管理规则

一、未经心理咨询室负责人允许，其他人不得私自进入室内。

二、进入心理咨询室后，请自觉保持安静和室内整洁。

三、爱护室内的一切物品，未经允许，不得擅自使用。

四、心理咨询室使用完毕，要关好光管、风扇、门窗等，并做好使用登记工作，方可离开。

（十八）软件制作室管理制度

一、用机范围：

1、做课件或观看有关教学资料；

2、观看多媒体教学光盘(学生观看必须要有老师在旁指导);

3、其他情况用机必须先有管理员批准,方可用机!

二、开放时间:

每周一至周五:8:00——18:00

三、开机步骤:

1、先开电源总闸;

2、后开外围设备电源;

3、最后开主机电源。

四、外界媒体的使用事项:

1、使用者应确保所带媒体(如光盘、软盘等)不带病毒,使用前必须对所带媒体进行杀毒;

2、自带媒体应不含破坏性、政治性、不健康的内容;

3、不随意更改文件、删除文件、安装软件等!

五、关机事项:

1、用机者确保文件已保存在自己的存储器上;

2、取出所有外界媒体;

3、待系统安全关闭后,再关闭电源!

六、使用者确保按照规则第五条关好机,并填写好用机记录后,方可离开!

(十九)钢琴室管理制度

一、钢琴室用于课外兴趣小组、兴趣班使用,应设专人管理。

二、学生练琴按指定位置就座。未经许可不得动用室内其他设备。

三、爱护公物,不得在室内喧哗、打闹。

四、注意文明卫生,不准乱写乱画,不准乱丢乱吐,不准吃零食。

每天使用后由值日生打扫清洁,摆好琴凳、放好琴罩。

五、离开钢琴室要拉断电源,关好门窗。

六、其他人员借用钢琴室或使用钢琴,必须做好登记。若有损坏应照价赔偿。

(二十)器乐室管理制度

一、学校各种器乐,分类摆放,造册登记,专人管理。

二、教师上课所用乐器,需办理登记手续,课后按数按量归还,放回原处。

三、学生课余时间,需用乐器,应经主管批准后。如有损坏,追查责任按价赔偿。

四、学校的器乐,每学期全面查点一次。

五、搞好室内卫生,保持室内整洁。

六、注意安全,做好防防失、防火、防盗工作。

(二十一)文印室管理制度

一、文印室是文件印刷的基地,也是价格昂贵的微电脑设备、印刷设备的保管室,要设专人管理。

二、文印室要特别注意防盗和安全用电。要安装铁门、加固铁窗,安装防漏电保护开关。室内禁止吸烟煮食。下班前,管理人员要关好门窗、拉断室内电源总开关。

三、室内应减少尘埃和保持适宜温度。防止阳光直晒微电脑和文印器材。安装空调机(带抽湿),调温降湿。

四、文印纸张要注意防潮,要放在保管柜内。

五、进入文印室未经管理人员许可不能擅自使用文印器材。

六、保持室内清洁。不准吃零食,不乱丢乱吐。

(二十二)档案室管理制度

1、档案库房管理责任到人,指定专人管理档案库房,档案柜钥匙专人保管,无关人员一律不得进入档案库房。

2、做好档案库房的“七防”工作。(防盗、防火、防光、防高温、防水、防潮、防虫)。

3、库房门窗必须牢固安全,安装铁门。库房内严禁吸烟和存放易燃物品,清除不安全设备。

4、库房内档案柜的摆设布局要合理、整齐、美观,保持档案室的清洁卫生,创造一个优美、舒适的环境。

5、档案移交入库要认真检查档案卷是否有蛀虫。对库存档案要定期翻动检查,若发现蛀虫、要变及字迹退色等问题及时处理,不留隐患。

实验室制度

(一)物理实验室规则

一、实验室是学生进行科学实验的场所,学生进入实验室应慢步轻声,不得喧哗,不得高声谈笑,必须对号入座,必须肃静,保持室内清洁、卫生、不乱丢纸屑和随地吐痰。

二、上实验课时必须专心听讲,细心观察老师的演示实验和幻灯教学。

三、做分组实验时必须听从老师指导,保持肃静,不高声喊叫,不开玩笑,各组实验按需要配备仪器材料,学生不得任意变动,更不得任意带出室外,使用实验仪器时要轻拿轻放,按照步骤进入实验,不得任意拿走本实验仪器去做其他实验,如有创新的实验者,应征得任课教师同意后方可进行,否则损坏仪器应按原价二倍以上赔偿。

四、实验仪器是学校的财产,师生必须共同爱护,未经教师许可,学生不得擅自搬动或玩弄实验仪器,如有发现要给予批评教育,直至校规处理,凡是盗窃实验器材,除按原价五倍罚款赔偿外,还要给予校规处分。

五、实验完成后,有通电的电路应先断电,整理好每组仪器,靠窗口的同学应关好窗户。

六、要爱护实验桌椅,不得用小刀乱刮乱刻,削铅笔时应用纸片垫上,以免损坏油漆。

(二)物理实验员职责

一、实验员要树立为教学服务的思想,认真学习,熟悉本行业务。

二、对所有固定财产做好入账造册,认真管理本室的所有财产,实验完毕后要立即清点归档,以防损坏和散失,保证教学顺利进行。

三、协助任课教师做好大纲要求和各项实验,积极开展第二课堂教学活动,敦促教师严格遵守教育卫生制度,积极推广使用现代化教学手段,并大力开展器材的自制和创新工作。

四、严格遵守实验的各项管理规定，配合教师对学生进行爱护公共财产的教育，做好仪器保养维修，充分发挥器材的使用率。

五、仪器室要按类存放，摆列整齐，保持室内清洁。

六、切实做好防火防毒防盗工作，要随手关门关电，杜绝事故发生，保证安全。

七、主动配合各教研组，征求教师对实验教学的意见，及时了解教学情况，提供有关仪器、教具等器材。

八、每学期要作出预算上报学校，从节约出发，有计划添置充实本实验室的设备和实验品，以供教学之需。

九、每学期根据教学进度表，安排好实验课日程表，并及时与教研组通气。

十、要挤出时间了解教学进度和内容，更好地为教学服务。

（三）化学生物实验室管理规则

一、购进和调拨的仪器药物应先验收，再进行分类编号、立卡入账。做到账目标签实物三统一。实验室与学校总务处定期对账，做到物物有账，账物相符。

二、器物分科分类存放，标签齐全清楚，摆列有序。按保管要求，做好仪器、药物的防潮、防尘、防震、防压，避光避磁等工作，损坏的仪器应及时修理，使仪器设备经常处于完好状态。

三、易燃、易爆、剧毒、放射性的药品应存放在危险品贮存室里，并设有相应的安全措施，由专人管理。

四、一切仪器药物的领用、借出和归还，都应及时办理登记手续，并检查它的完好情况，不论何种仪器设备任何人都不得以任何理由长期占用。

五、仪器的损坏、丢失应由当事人填写“仪器损失报告单”，及时按有关规定处理。对违反操作规程造成的损失原则上应由当事人赔偿。

六、每学期结束时，应清点、整理一次仪器药物等，并编制下学期的购置计划。

七、遵守、执行实验各项规章制度，若因工作调动时应及时做好移交工作。

(四)化学生物实验员职责

一、实验员树立为教学服务的思想,努力学习教材及教学仪器药物的有关资料,研究业务,熟悉多种仪器药物的规格、性能、用途及保管知识,掌握仪器维修的基本技能,会排除仪器的一般故障。

二、实验课前,按“实验通知单”准备好实验时需用的仪器药剂和用具,将演示实验的仪器配置在准备桌上或放在提盒内,学生分组实验的器材等配置在学生实验桌上。

三、要坚守工作岗位,协助教师辅导学生实验,解决实验中临时出现的问题,如调换仪器补充药品等。

四、实验完毕后立即清点归还仪器数量,检查仪器有无损坏。如有损坏丢失,要查明原因,按有关规定及时处理,然后可在学生协助下清洗,整理仪器及实验室。

五、做好仪器药物的保管工作和实验室安全工作。经常保持仪器室药品架、实验室及仪器设备的整洁。每周至少打扫擦洗一次。下班时注意关好门窗水电。应熟悉实验室的安全规则和发生事故的应急措施,并学会使用消防器材。

(五)学生实验规则

一、实验前应认真预习实验内容,明确实验目的要求,了解基本原理、方法、步骤。

二、准时上实验课,不得提前进入实验室自行摆弄仪器、药物。组别和座次应跟班级相对应,以保持良好的课堂秩序。

三、进入实验后应安静。认真听老师讲解实验目的、步骤注意事项。实验时要认真仔细操作,观察详细并记录有关数据,积极思考,分析实验结果。

四、爱护仪器设备,爱惜药品材料,一切仪器药品材料,未经老师同意,不得带出实验室。

五、废液、废纸、火柴梗以及玻璃碎片等物,不得随便抛扔或倒入水槽,应倒入废液缸内或垃圾箱里。

六、实验完毕,各组同学应认真清理仪器装置,搞好清洁卫生,关好水源、电源。

七、学生在实验中损坏仪器，应主动向老师报告。凡不按操作流程进行操作而损坏仪器的均应赔偿。

编后絮语

启蒙教育的时候，孩子不懂事，对孩子的教育问题是一道摆在父母面前的“难题”，于是父母们便将学习来的“成功”经验、方法不断地应用在孩子身上……

当孩子背起书包上学的时候，却又走入了由“第一节”、“第一章”，“第一册”……构筑的教育“轨道”……

当孩子的意识开始形成的时候，我们抓住了一切教育机会，诱导着他们“听话”

几个不成熟的建议：

一、师范类院校开设市场和教育市场课程。

二、创办中国民办大学

三、创办《中国民办教育报》

四、建立民办教育评价、认证机制，规范民办学校及民办人才的评价体系。对民办学校的人才实行《准入制度》和定级制度，与现行的教育职称评价接轨。

编者

图书在版编目（CIP）数据

民办学校经略/张永俊,刘祥著. --北京：九州出版社，2011.6

ISBN 978-7-5108-1015-2

Ⅰ．①民… Ⅱ．①张… ②刘… Ⅲ．①民办学校一研究一中国 Ⅳ．①G522.74

中国版本图书馆CIP数据核字(2011)第101521号

民办学校经略

作　　者 张永俊 刘 祥 著

出版发行 九州出版社

出 版 人 徐尚定

地　　址 北京市西城区阜外大街甲35号(100037)

发行电话 (010)68992190/2/3/5/6

网　　址 www.jiuzhoupress.com

电子信箱 jiuzhou@jiuzhoupress.com

印　　刷 北京市通州富达印刷厂

开　　本 710毫米×1000毫米　16开

印　　张 38.25

字　　数 400千字

版　　次 2011年7月第1版

印　　次 2011年7月第1次印刷

书　　号 ISBN 978-7-5108-1015-2

定　　价 98.00元